현대 한국어 구어의 형성과 변천 2

고려대 구어 연구 총서 · 2

현대 한국어 구어의 형성과 변천 2

홍종선 · 도원영 · 차재은 · 유혜원

김서형 · 장혜진 · 송인성 · 정경재 · 정연주

한국문화사

고려대 구어 연구 총서· 2
현대 한국어 구어의 형성과 변천 2

1판1쇄 발행 2017년 3월 30일

지 은 이 홍종선 · 도원영 · 차재은 · 유혜원 · 김서형
장혜진 · 송인성 · 정경재 · 정연주
꾸 민 이 홍 윤 환
펴 낸 이 김 진 수
펴 낸 곳 **한국문화사**
등 록 1991년 11월 9일 제2-1276호
주 소 서울특별시 성동구 광나루로 130 서울숲 IT캐슬 1310호
전 화 02-464-7708
팩 스 02-499-0846
이 메 일 hkm7708@hanmail.net
홈페이지 www.hankookmunhwasa.co.kr

책값은 뒤표지에 있습니다.

ISBN 978-89-6817-485-8 94710
ISBN 978-89-6817-415-5 (전2권)

이 저서는 2013년도 정부(교육과학기술부)의 재원으로 한국연구재단의 지원을 받아 수행된 연구임(NRF-2013S1A5A2A03045098).

■ 서문

오늘날 일상생활에서 자연스럽게 대화를 나누거나 설명 또는 주장 등을 할 때 쓰는 우리말의 구어는 언제 어떻게 형성되었고, 그 변화 과정은 어떠하였을까? 우리말에서 구어와 문어는 어떠한 점에서 같고 또 다른가? 너무나 당연하고 일상적인 한국어 구어에 대한 이러한 궁금증을 풀고자 한국어학 전공자들이 모였다.

언어는 구어와 문어를 모두 포괄하지만, 이 가운데 구어가 일반적인 생활 언어로서 더욱 의의가 있다는 생각을 많이 한다. 그러나 국어학을 포함하여 대부분의 언어학 연구나 논저에서는 구어보다 문어를 중시하는 경향이 있어 왔다. 심지어 내국인들의 국어 교육이나 외국인을 위한 한국어 교육에서도 교재의 구성과 교수 내용 중에 이러한 문어 중심의 사고가 종종 보인다.

언어학에서 구어의 가치를 올바로 인식하고 새로운 언어 이론과 설명을 도입하려는 움직임은 최근 들어 나타나고 있는데, 언어 코퍼스를 활용하면서 더욱 구체적이고 실질적으로 경험할 수 있게 된다. 더구나 요즘 인터넷으로 실시간 오가는 대화가 외면적인 형태는 문어 매체이지만 발화 실체는 오히려 구어에 가깝게 실현되는 경우가 많다. 이제 구어에 대한 본격적인 연구는 언어학에서 필수적인 내용이 되었고, 구어와 문어와의 차이에 대해서도 정밀한 고찰이 요구되고 있다. 그래야만 구어와 문어를 아우르는 우리말 전체의 언어 모습이나 문법 체계를 논의할 수 있을 것이다.

우리말의 구어에 대한 연구가 아직 초기 단계이므로 우리는 먼저 '구어'의 개념이나 범위 문제부터 논의하고, 현대 한국어 초기 시기의 구어 자료를 조사 수집하는 일을 해 나갔다. 현대 한국어 시기라 하더라도 20세기 전반까지의 구어 음성 자료는 현전하는 내용이 너무나 제한적이고 분량도 적어, 구어적 성격이 다소 높은 당시의 문어 자료도 조사·수집 범위에 넣었다. 불과 2~3년 동안에, 20세기 전반부터 후반에 이르기까지 시기별로 골고루 상당한 분량의 다양한 음성 자료를 확보하고 이 가운데 일부는 문자화하고 문법표지달기도 진행할 수 있었던 것은, 이 일에 대한 연구원들의 의욕과 실천이 그만큼 높았던 때문이다.

이러한 1차적인 작업을 어느 정도 진행하면서 현대 한국어 구어의 시기별 실태나 변천 모습을 고찰하는 연구를 함께해 나갔다. 구어의 모습은 음성, 음운, 형태, 통사, 의미, 담화 등 언어학의 전면에 걸쳐 조사되어야 하는데, 3년의 기간에는 이들을 제대로 소화하기도 어려웠다. 그러나 연구원들의 성실한 조사와 연구는 이 분야에서 적어도 몇 가지 음운 현상이나 문법 범주와 형태 등에 관해 매우 의미있는 성과를 얻게 하였다.

이제 본격적인 연구를 시작하는 단계에 와 있음을 생각하는 우리는, 지금까지의 고민과 조사 그리고 연구 성과를 일단 책으로 정리하기로 하였다. 2권으로 된 "현대 한국어 구어의 형성과 변천"은 우리가 한국연구재단으로부터 지원받은 과제의 제목이지만, 앞으로 계속해 나갈 우리의 연구 영역이기도 하다. 이처럼 의의가 높은 연구에 학계의 여러분도 함께 참여하여 우리말 구어 연구에 더욱 커다란 진전이 있기를 기대한다.

2017년 3월

저자들이 다함께

■ 차례

구어와 문어를 아우르는 사용자 중심의 한국어 문법

홍종선

1. 머리말

언어학은 언어를 체계화하는 학문이며, 이 체계에는 당연히 언어 현실이 그대로 반영되어 있어야 한다. 언어는 쉬지 않고 변화하고 있으므로 언어학에서 각 시대나 지역의 언어를 연구할 에는 시간적 공간적 변화에 따른 언어 체계의 변화를 반영하고 있다. 현대 한국어에 대한 연구 역시 오늘날 한국어 현실의 실제성을 반영해야 할 것이다. 언어의 실제성에는 시간과 공간뿐만 아니라 구어와 문어 등 언어의 실현 양상에 따른 다양한 모습도 포함된다.

한국어는 한국인들이 표현하는 구어(입말)와 문어(글말)을 포함하며, 표준어와 더불어 지역적인 방언과 사회적인 방언을 모두 포함하여 이루어진다. 최근 들어 한국어 언중들에게 표준어 외에 방언에 대한 인식이 높아지고, 한국어학자들도 문어와 함께 구어에도 관심이 많아지고 있어 한국어의 사용과 연구 모두에 좋은 전망을 하게 된다. 그러나 아직도 표준어에 비해 지역어(방언)에 대한 관심이 높지 못하듯이, 문어에 비해 구어를 적극적으로 연구하는 성과가 많이 부족하다.

언어학 연구가 문자 언어 일변도에서 음성 언어를 새로이 인식한 지도 한 세기를 넘기고 있지만, 아직도 구어보다 문어에 관심을 더 두고 있는 인식의 틀은 쉽게 바뀌지 않고 있다. 한 예로 외국의 언어학에서나 한국어학 연구 논저에서도 실제 표현의 근거로 들고 있는 예문들은 구어보다 문어가 더 많이 나타난다. 물론 구어와 문어가 구분되지 않는 즉 구어에서도 문어에서도 통용되는 표현들이 대다수지만, 연구 대상이나 예문들에 구어적 표현보다는 문어적 표현이 훨씬 더 많다.

한국어 연구에서 논의의 대상으로 삼거나 예문을 들 때 비교적 형식성이 높고 형태적으로 완형성을 갖추고 있다는 점에서 문어를 선호할 수도 있지만, 좀 더 다양하고 변형이 많은 구어 역시 연구의 대상으로 가치가 충분할 뿐만 아니라 오히려 더 많은 언어학적 정보를 담고 있을 가능성도 있는 것이다. 그럼에도 불구하고 문어에 관심을 더 갖는 것은, 표준어가 방언에 비해 우월하다고 여기는 일반인의 의식이나, 방언보다 표준어를 중요한 연구 대상으로 생각하는 한국어학자들의 인식과 비슷한 성격을 갖는다고 할 것이다. 그러나 이제는 형식화된 표준어에 대한 관심 못지않게 자연성이 높은 방언도 조명을 받아야 하며, 형식적이고 보수적인 문어에 비해 생동감과 다양함이 잘 드러나는 구어에 연구 시각을 넓혀야 할 것이다. 그렇게 함으로써 한국어학은 더욱 완성도를 높이고 실질성을 얻을 것이다.

언어가 사회생활을 영위하면서 자연스럽게 일어나는 대인 관계의 중요한 연결 매체라는 점에서, 대체로 일방적인 지식이나 감정을 표현하는 문어에 비해 상대방과의 호응을 전제로 하는 구어는 좀 더 언중들의 일반적인 언어생활을 잘 반영한다고 말할 수 있다. 이는 언어의 추상적인 이론 체계를 세우는 과정에서 자칫 매몰되기 쉬운, 구체적인 삶의 일상 언어 모습을 충실히 건져 올리는 일이기도 하다.

여기에 더하여 언어학자들은, 언어 현상에 대한 문법적인 해석과 설명이 언중들의 일반적인 의식과 자연스러운 인식에서 크게 유리되지 않는, 언어 사용자 중심의 문법 즉 언중 중심의 문법을 세우는 데에도 유의할 필요가 있다. 언어학적 개념이나 체계를 추상화할 때 여러 가지 언어 현상을 명쾌하게 설명해 내기도 하지만, 학문적인 이론 체계를 지나치게 우선하여 언중들의 인식과 거리를 갖는 문법 체계를 갖는다면 일반인들의 언어 수행을 실질적으로 설명하기 어려울 수도 있는 것이다.

필자는 이 글에서 문어와 대비되는 구어의 개념과 특징을 살피고 구어 문법 연구의 실태와 한국어 연구를 위한 자료 문제를 개관하고 앞으로의 연구 과제와 방향 등을 논의한다. 그리고 이러한 한국어 문법의 체계를 세우고 설명할 때에 언중들이 자연스럽게 받아들일 수 있는, 사용자 중심의 문법을 제안한다. 한국어학계에서 우리말 구어도 중시하고 언중의 인식을 받아들이는 문법 연구가 발전하기를 기대하는 것이다.

2. 구어와 문어

(1) A: 좀 봤으면 하는데 ....
B: 그래요. 낼- 모레? 음, 모레가 좋겠네.
A: 그럼, 좋은 시간, 언제가 좋아요?

(1)은 필자가 서울의 지하철 안에서 직접 들은 대화문이다. 여기서 '좋은 시간, 언제가 좋아요?'는 필자가 듣기에 억양상 두 문장이 아니었다. 발화 도중에 고쳐서 말한 표현이거나 보충 표현이 덧붙은 것으로 보이는데, 지금까지의 문법 체계 안에서는 그 구조를 해석하기 어려운 표현이다.

(2) A: 이게 뭐야?
　　B: 책이요.

(2)에서 '책이요'와 같은 표현은 현재의 한국어 문법에서는 설명하기 어렵지만, 구어에서 아주 흔하게 나타나는 형태이다. '책이오'에서 '이' 순행동화로 보면 이 표현이 하오체가 되어야 하는데, 이 대화에서 B는 결코 하오체를 쓴 것이 아니고 해요체로 말한 것이다. 그렇다면 '책이어요/책이예요/책예요'나 '책요'로 말해야 하나 (2B)의 말은 그 어느 것도 아니다.

흔히 '구어'와 '문어'를 '음성으로 표현된 말'과 '문자로 표현된 글'이라 하여 표현체에 따라 구분하고 있다. 그런데 이와 함께 많이 사용되고 있는 '구어체/문어체'라는 용어나 '구어적/문어적'이란 말은 구어와 문어를 문체적 성격으로 말하는 것이다. 같은 구어라고 해도 대화와 강연은 표현 양상이 크게 다르고, 문어 가운데에서도 드라마 대본과 논설문은 성격에 차이가 많기 때문일 것이다. 그리하여 많은 연구들에서 구어와 문어의 분류를 크게 네 가지 유형으로 나누어 논의하고 있다. 즉 장소원(1986:193)에서 분류한 '구어체 구어, 문어체 구어, 구어체 문어, 문어체 문어'와 용어는 달리하더라도 유형화와 범위는 대체로 유사하다. 구어체 구어는 일상 대화, 문어체 구어는 연설이나 강연, 구어체 문어는 소설의 대화문이나 드라마 대본, 문어체 문어는 설명문이나 논설문 또는 기사문 등이 대표적으로 해당될 것이다.[1] 구어 연구는 이 가운데 구어체 구어가 주된 대상이 되겠지만, 문어체 구어에 대한 연구도 포함해야 하며, 구어체 문어 역시 여러 면에서 참고 자료가 되어야 할 것이다.[2] 물론 이들은 문어체 문어와의 대조를 통해 그 언어적 특성이 더욱 두드러지게 인식될 수 있을 것이다.

위의 네 가지 유형으로 나눌 때 구어와 직접적인 연관을 갖는 세 가지 형태는 각기 특성이 있다. 구어로서의 특징을 가장 잘 갖추고 있는 형태는 물론 일상 대화이고, 음성 형태로 나타나기는 하지만 연설은 문자 언어로 쓰인 대본에 비해 구어적 특성이 더 적게 반영되는 부문도 있을 수 있다.[3] 하지만 연설은 음성적 정보가 살아있어, 형태나 통사 및 담화 정보만 제공되는 대본이 나타낼 수 없는 구어로서의 특징 정보들을 좀 더 간직하고 있는 것이다. 이진희(2003:538)에서는 Koch/Oesterreicher(1994)를 한국어에서 아래의 표와 같이 적용해 보였다.

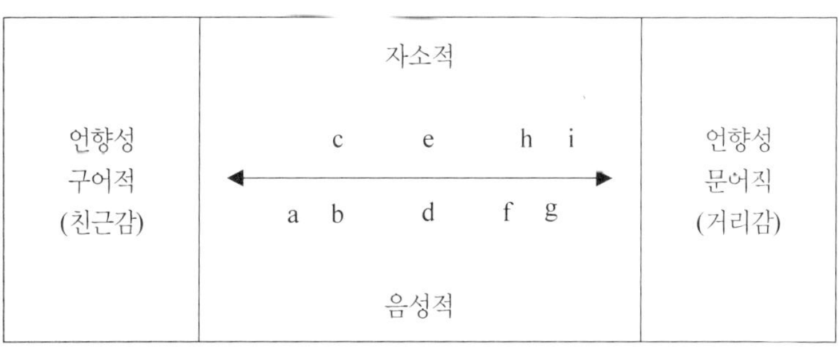

a = 친밀한 대화　　b = 전화통화　　c = 사적인 편지,
d = 면접, 자기소개　　e = 신문 인터뷰기사　　f = 설교,
g = 학술강연　　h = 신문의 사설　　i = 법규정집

1) 이후부터 '일상 대화'는 '대화', '연설이나 강연'은 '연설', '소설의 대화문이나 드라마의 대본'은 '대본', '설명문, 논설문, 기사문'은 '설명문'으로 줄여 말한다.
2) 흔히 구어체 문어를 '준구어'라 이름하기도 하며, 준구어에 문어체 구어까지 포함하기도 한다.
3) 예를 들어, 미리 계획된 발화가 주를 이루면서 방해 없이 진행되는 연설에서는 문장 성분 일부가 생략된다든지 군더더기가 덧붙는 표현 등이, 자연스러운 구어를 지향하며 만들어진 대본에서보다 더 적게 나타난다.

위의 표를 보면 여러 표현 방식이 구어성과 문어성에서 정도의 차이를 가질 뿐 대부분 어느 한 가지 성격만으로 이루어지지 않음을 알 수 있다. 강범모 외(1998)에서는, Biber(1988)에서 분류한 방식을 따라 한국어 자료를 대상으로 82개의 언어적 특성이 텍스트에 출현하는 빈도를 측정하고 이들 간의 상관관계를 통계화하는 텍스트 분석을 하여, 한국어 텍스트에 6가지 차원의 인자가 존재하며 텍스트를 8가지 유형으로 나눌 수 있음을 말하였다. 또한 구어의 특징으로 '상호 교류'와 '실시간/상황성'을 들고, 소설 속 대화나 드라마와 연극의 대본과 같은 전사 자료와 모형 대화는 모두 실제 대화보다 상호 교류의 측면이 강조됨을 밝히었다. 이처럼 구어들은 실현 방식이나 조건, 환경 등에 따라 그 성격과 특징이 매우 다르게 나타나고 있다.

구어가 문어에 비해 일반적으로 보이는 특징도 여러 가지를 꼽을 수 있다. Chafe(1982)는, 두 표현 방식은 사용 시간의 차이와 청자/독자와의 공유 내용에 차이를 가져, 문어가 구어에 비해 명사화, 소유격 주어와 목적어, 현재 분사, 한정 형용사, 접속문, 관형절, 전치사구, 피동태 등을 훨씬 더 많이 사용한다고 하였다. Brazil(1995)는 '대화 교환, 대화쌍, 비종결 요소' 등을 구어의 특징으로 들었다. Eggins(2004)는 實現域(register)[4]의 세 가지 변수로 '방법 mode, 역할 tenor, 영역 field'을 설정하고, 이 가운데 '방법', 즉 언어의 수행을 구어 담화와 문어 텍스트로 나누어 '상호작용, 면대면, 같은 시간과 장소, 자발적, 일상적'을 구어 담화의 상황으로 보았다. 이에 따라 구어의 특성으로 '말차례 교대, 맥락 의존적, 동적 구조, 동시적, 일상적 어휘, 비표준적 문법, 문법적 복잡성, 빈약한 어휘'를 들었다.

---

4) 흔히 'register'를 '사용역'으로 번역 사용하나, 이는 그러한 표현이 실현되는 장면이나 영역을 말하므로 본고에서는 '실현역'으로 쓴다.

노대규(1996:21)는 한국어에서 입말의 특징으로 '다양성, 즉각성, 친교성, 표현성, 포함성, 구체성, 순간성, 동태성, 모호성, 비논리성, 비격식성, 상황 의존성'을 들었다. 이에 반하여 글말은 '단순성, 계획성, 제보성, 서술성, 분리성, 추상성, 영구성, 정태성, 명시성, 논리성, 격식성, 문맥 의존성'을 띤다는 것이다. 지현숙(2006:57)은 구어 담화의 특징을 '면대면성, 실시간성, 대화참여자 특성'에서 찾았다. 유혜원(2009)는 구어에서 '격 실현의 오류, 주격 중출 현상, 어순의 도치, 동일한 요소의 반복, 발화 단위의 재구성'의 특성을 살피었다. 이 밖에도 많은 연구에서 문어와 대비되는 구어의 특징들을 논의하였는데, 이들은 대개 위에서 말한 구어체 구어의 대표적인 표현인 '일상 대화'가 갖는 특성일 것이다.

구어는 그 발화의 양상이 가지는 언어적인 속성과 비언어적인 조건에 의해 문어와 차이가 나타난다. 구어는 음성으로 실현되므로 음성이 갖는 억양 등 각종 운소를 활용하여 언어 표현을 풍부하게 한다. 구어는 상대방과 주고받는 언어의 실현이라서 표현 길이가 짧고 역동적이며 친교성이 높고 즉각적인 성격을 가진다. 또한 구어는 발화 상황의 영향을 비교적 많이 받거나 상황의존적이어서 생략, 반복, 어순 변형 등이 많이 일어난다.

구어와 문어에서 차이가 나는 형태의 규범 범위에 대해선 이견이 있을 수 있다. 구어에서 많이 쓰이는 형태라면 그것이 문어와 다를지라도 규범 안에 수용해야 한다는 견해는 대체로 가지고 있지만, 어디까지를 인정하느냐 하는 정도에는 의견에 차이가 있다. 그것은 어떠한 수치나 형태의 범위로 나타내기도 어려워 각 표현 형태마다 개별적으로 판단할 수밖에 없어 보이기도 한다. 예를 들어, '-길래'와 '-기에', '- 구'와 '-고' 등의 수용에 대해 의견들이 엇갈린다. '짜르다'와 '자르다'나, '니가'와 '네가',

'꽃이'의 발음 [꼬시]와 [꼬치], (보따리를) '풀러서'와 '풀어서', '맨날'과 '만날' 등도 수용 범위를 망설이게 한다. 이들에서는 현재 후자만이 규범에 맞는 발음이거나 형태이다. '삼가하다(삼가다), 한 개 이상(두 개 이상), 숫놈(수놈), 삼오제(삼우제), 라스베가스(라스베이거스), 스프링쿨러(스프링클러)' 등 잘못 쓰는 어휘도 많다. 그런데 이러한 사용들을 모두 단순히 오류로만 볼 것인지는 좀 더 생각해 봐야 한다.

구어에서는 '기'(氣)와 '끼'[氣]가 구별되어 쓰이고 있다. 구어에서는 '퍽'이나 '매우'보다는 '되게'를 더 많이 쓴다. 문어에서는 구어와 달리 '인제'를 거의 사용하지 않고 '이제'를 쓴다. '-에게'와 '-와'는 문어에서, '-한테'와 '-하고, -랑'은 구어에 많이 쓰인다. 구어에서는 종결 어미로 '-잖아(요), -거든(요), -대(요)'를, 연결 어미로 '-어 가지고' 등을 널리 쓴다. 이러한 사실이 문법에서 설명되어야 하는데, 이러한 문제에 아직은 등한하다. 구어에서 매우 많이 쓰이는 '- 을게'라는 독특한 종결어미 목록을 들거나 설명해 놓은 문법서가 아직 거의 없다.

구어와 문어에서 쓰이는 표현상 차이는 어느 언어에서나 있다. 마이클 머카씨(2010:163-165)에서는, '영어에서 미래 의미로 쓰이는 'to be'는 '권위성'과 '거리 두기'의 성격을 갖는 표현으로, 구어에서는 잘 사용되지 않는다(1백만 낱말로 된 노팅엄 담화뭉치에서도 4번만 나오는데, 강의 1번, 격식적인 업무 회의 3번이다). 구어에서 화자들은 압도적으로 'supposed to'나 'going to'와 같이 '더 부드러운' 표현으로 나타내기를 선호한다.'는 등의 지적을 하였다.

문어에 비해 구어에는 각 지역 방언이나 사회 방언이 좀 더 적극적으로 광범위하게 포함되어 있다. 또한 구어에는 속어, 비어, 신어, 유행어 등이 많이 반영되기도 한다. 특히 전국 방언은 구어의 모습에 그대로 나타나고 있다. 구어에도 '표준발음법'(1988)이나 『우리말의 예절』(1997, 국립국어연구원)과 같은 규범이 있으나, 문어에 비해 현실적으로 규범 준수의 정도가 낮다.

그러나 언어 전달 매체와 방식이 다양해진 오늘날 구어와 문어의 특징을 뚜렷하게 구별하기가 점차 어려워지고 있다. 언중들에게 言文一致의 의식이 있어서 구어와 문어의 차이는 조금씩 줄어드는 경향이다. 특히 채팅이나 휴대전화의 문자 언어 등은 문어임에도 불구하고 구어체에 매우 가깝고 실시간적인 경우가 많다. 대체로 문어가 구어와의 격차를 줄여 나가면서 구어를 뒤쫓는 양상을 보이고 있지만 두 표현체 사이에 차이는 앞으로도 어떠한 형태로든 있을 것이다.

3. 구어의 연구

(3) 영이가 원하는 건, 사실 니가 가길 원하고 있어.

실제 구어에서는 (3)과 같은 표현이 자주 쓰이고 있는데, 이러한 표현은 주어와 서술어가 호응하지 못하여 비문법적이므로 고쳐야 한다고 끝낼 것인가, 아니면 구어에서 종종 나타나는 현상 가운데 하나로 보고 문법 체계 안에 들여올 것인가? 이처럼 구어에는 기존의 문법 체계에서 벗어나는 표현이 수시로 나타난다.

(4) 사과가 먹었는데 맛없더라.

정명숙(2011:84)에서는 (4)와 같은 문장이 구어에서는 문법적인 문장이 될 수 있는데, 이를 위해선 '사과가'와 '먹었는데'와 '맛없더라'가 각

각 별도의 억양구로 실현되어야 한다고 하였다. 그리하면 기존의 문법에서보다 손쉽게 예문 (4)가 잘 해석된다.

(5) ㄱ. 너 걔 좋아하니?
ㄴ. 너, 걔 좋아하니?
(6) ㄱ. 걔 너 좋아하니?
ㄴ. 걔, 너 좋아하니?

(5)에선 (5ㄱ)이나 (5ㄴ)의 의미에 차이가 크지 않다. 그러나 (6ㄴ)에서 '너'의 발음에 따라 그 의미가 (6ㄱ)과 같을 수도 있고 다를 수도 있다. (6ㄴ)에서 '너'를 짧은 上昇調로 말하면 (6ㄱ)과 거의 같은 뜻이지만, '너'를 길고 하강조로 발음하면 대개 '너'는 주어이고 '걔'는 목적어인 문장으로 들린다. 왜 (5ㄴ)에선 (6ㄴ)과 같은 현상이 나타나지 않는 것일까? '좋아하니'도 어감에 따라선 긍정적인 또는 부정적인 의미를 갖기도 한다. 이처럼 구어는 문어에 비해 발음에 따라, 어휘나 발화 상황에 따라 의미의 분화와 표현의 섬세함이 더 다양하게 나타날 수 있다. 따라서 구어에서는 음운론 및 음성학과 문법론 그리고 의미론은 물론 담화와 화용론 등의 통합적 연구가 더욱 필요하다.

플라톤 이래 서구의 형이상학자들은 구어를 언어의 본질로 보고 문어는 언어의 부차적 요소 즉 표지로서의 언어로 보았으나, 데카르트 이후 18세기부터 인간의 언어관이 구어 중심에서 문어 중심으로 바뀌었다고 한다(윤석빈 2012: 91-92 참조). 그러나 이는 대화, 웅변, 강론을 중시하는 형이상학자들의 인식일 뿐, 중세 이전의 언어학은 동서양을 막론하고 고전 문헌에 대한 이해와 해석을 근간으로 문어 중심의 연구를 지속해 왔다. 르네상스 이후에도 서구에서는 그리스나 로마의 성서 등에 관심을 가진 문헌학적 언어 연구가 이어졌고, 근대의 '학문 문법'이라 이름하여 본격적으로 언어학의 성격을 가진 19세기의 역사 언어학 이후 역시 언어 연구의 대상은 주로 문어에 한정되어 있었다.

언어를 음성과 의미가 결합된 의미 체계로 본 소쉬르가 그의 「일반언어학강의」에서 '랑그는 청각 영상의 축적이고, 문자 체계는 이들 영상의 감지할 수 있는 형태이다.'라고 말한 것은 문자 언어와 함께 음성 언어의 중요성을 인식한 커다란 진전이었지만, 역시 랑그 중심의 언어학은 계속되었다. 생성 문법에서는 이상적인 언어 표현을 상정하고 이를 연구 대상으로 삼아, 무계획적이고 비문법적인[5] 구어보다 문법적인 定型性을 보이는 문어에 관심을 더 가질 수밖에 없었다. 문법 체계에 치중한 그 동안의 언어학자들은 대개 정형적인 문법 정보를 잘 보여주는 문어 위주의 연구를 계속해 온 것이다.

그러나 한편 20세기에 들어 코퍼스가 구축되면서 언어 연구에 새로운 시각과 방법이 열리었다. 특히 구어 코퍼스 구축으로 확대되는 코퍼스 언어학 연구자들은 그 표현 양상에서 문어와 많은 차이를 보이는 구어에 새로운 관심을 갖기 시작하였다. 최근 기능주의 언어학 등에서는 언어 수행 측면을 중시하면서 자연스럽게 구어에 대한 관심이 높아지고 있다. 확실히 구어에 대한 해석이나 문법은 형식주의보다는 기능주의적인 성격을 많이 도입해야 할 것이다. 언어의 형태나 통사적인 구조만을 우선하기보다 그 표현이 갖는 수행 기능도 중요하게 보는 것이다. 이런 점에서 언어 표현의 해석에서 통사적 구조 외에 상대방과의 관계(interpersonal)를 또 하나의 시각으로 삼은 Holliday(1994) 등은 좋은 연구 이론이 될 것이다.

국내에서 구어에 대한 관심은 그리 오래 되지 못한다. 이상태(1983), 신지연(1993), 노대규(1996) 등 일부에서 구어에 대한 관심을 보이기는

5) Hughes(2002:134-135)에서는, 구어의 특징으로 무계획적이고 비문법적인 점을 들었다.

하였으나, 2000년을 전후하여 한국어의 언어 코퍼스를 대량으로 구축하기 시작하면서 구어 코퍼스도 조금씩 확보되고, 이에 따라 구어를 대상으로 하는 한국어학과 한국어 교육 연구도 그 인식의 폭과 깊이를 더해 가고 있다. 이는 20세기 후반 영어 코퍼스 언어학과 더불어 구어 연구가 활성화한 서구의 사정과 비슷하다. 이처럼 구어 연구는 구어 코퍼스를 전제로 하여야 제대로 이루어질 수 있는 것이다.

초기에는 문어와 대비되는 구어의 종합적인 특징을 찾았지만(이상태 1983, 노대규 1996), 곧이어 구어에 나타나는 문법 현상들을 논의하기 시작하였다. 구어의 분류(민현식 1994, 이진희 2003, 장경현 2003, 김미형(2004), 문법 범주(강소영 2007), 문형(이소영 1996, 서은아 2004, 목정수 2010), 담화 분석(강범모 외 1998), 조사(김건희·권재일 2004, 박석준·남길임·서상규 2005, 유혜원 2009, 목정수 2011), 어미(이은경 1999), 지시어(신지연 1993), 부사(김혜영 2009), 의향법(권재일 2004), 접속(남길임 2006, 전영옥 2007), 억양(김해연 2003, 전영옥 2003), 어휘(장경희 외 2012), 국어 사전(안의정 2009), 한국어 교육에의 적용(이해영 2003, 지현숙 2006, 최정순 2006, 정명숙 2011, 이주미·김수은 2012, 서상규 2013) 등의 연구 성과들이 꼽힌다.

북한 지역에서도 일찍부터 구어를 문어와 대비적으로 연구한 성과를 내었다. 최명식(1985)와 강상호(1998)은 구어와 문어의 사용 환경과 특징 등에 대하여 종합적으로 살피며 비교한 연구이다. 북한어에서도 구어의 성격은 남한어와 유사하다. 북한어의 구어에 대한 연구도 함께 진행하여 남과 북의 구어에 대한 비교와 종합 연구가 이루어져야 한다.

구어 문법과 문어 문법을 얼마나 달리 보는가에 따라 구어 연구의 방법은 달라질 수 있다. 영어권에서도 구어는 문법으로 체계화할 수 없다고 보는 견해도 있으나, 구어를 문어의 문법 체계 안에서 논의하려 하거나, 구어와 문어의 문법을 달리 설정하기도 한다. 특히 구어 문법을 독자적으로 보는 Brazil (1995)는, 문어 문법이 문법 항목들이 위계화한 건축학적 모형(architec- tural model)이라면 구어 문법은 시간을 향해 역동적으로 달리는 선형 모형(linear model)과 같다고 하였다.

한국어학이나 한국어 교육학 전공자들 가운데에는 한국어의 구어 문법이 문어 문법과 구별되는 독자적인 문법 체계를 갖고 있다고 보거나 (권재일 2004, 지연숙 2006, 최정순 2006, 목정수 2010, 정명숙 2011), 두 문법이 기본적으로는 같다고 보는(노대규 1996, 김미형 2004, 배진영 외 2013) 등 견해에 차이를 보이고 있다. 그러나 이들은 대부분 두 문법 체계가 얼마나 다른지, 또 어떻게 다른지에 대해선 매우 국부적인 예들을 들면서 비교하고 있을 뿐이다. 유혜원(2009:149)에선 '구어와 문어가 별개의 언어로 분리될 수 있을 만큼 현격한 차이가 있다고 보는 입장은 아니지만, 구어가 문어와 언어 표현이 생성되는 도구로서의 기제와 언어 장면이 다르기 때문에, 언어 실현에 있어서 차이가 날 수밖에 없다'고 하였다. 이러한 차이는 별개의 체계로 설정하기보다 실현 양상에서의 차이나 다양성으로 수용될 수 있을 것이다. 따라서 '구어 문법'이나 '문어 문법'이라는 말은 구어를 대상으로 하는가 문어를 대상으로 하는가의 차이가 있을 뿐 서로 다른 문법 체계가 아니므로 편의적으로 사용하는 용어라고 할 것이다. 이제 한국어의 구어를 대상으로 좀 더 적극적이고 전면적인 연구를 진행해 나가면서, 문어의 문법과 어떠한 점에서 차이가 있고 공통 요소는 어떠한 점이 있는지, 그리하여 어떻게 종합할 수 있는지를 체계적으로 고찰하면서 구어와 문어 모두를 아우르는 한국어의 문법을 이루어 나가야 할 것이다.

문어와 구어의 체계를 달리 보는 인식은 그 분석 단위를 설정하는 데에서도 나타난다. 지금까지 문어 중심의 언어학에서는 단어와 문장을 통사나 담화의 분석 단위로 삼아 왔지만 구어의 담화에서는 억양을 근거로 기본 단위를 설정하기도 한다. 김해연(2003:143)에선 '구어담화를 분석대상으로 삼는 최근의 기능주의적 담화분석에 있어서는 억양 단위(Intonation Unit)를 기본단위로 삼아 많은 연구 성과를 내고 있다.'고 하였다. 이는 Halliday(1994)에서 정보 단위(information unit)가 되고 있는 '音調 단위'(tone unit)와 유사한 것이다. Chafe(1994)는 음운론적 음조 단위에 인지적 요인을 결합한 '억양 단위' 개념을 세웠다. 이와 같은 억양 단위나 음조 단위는 기존 문법에서의 문장 단위와 일치하지 않는 경우가 많다.

그러나 한국어에서 억양 단위는 문법론이나 담화 분석에서 문장을 대신하는 단위가 되기에 문제가 있어 보인다. 문법론이나 담화에서 단위가 되는 '문장'은 기본적으로 통사적인 구조에 근거하고 있으나 억양 단위는 통사적으로 문장이 가지는 완결성과 대응되는 구조체가 아니다. 더구나 구어에서의 억양은 매우 다양한 발화 진행에 따라 정보성의 실현 양상과 관련을 가지므로 전통적으로 문장이 갖는 통사성과 성격을 달리한다. 따라서 구어에서 억양 단위를 설정하여 음운이나 의미 기능의 파악에 어느 정도 기여할 수는 있겠지만, 구어와 문어를 아우르는 문법을 설계할 때에 문장에 상응하는 단위가 되기는 어렵다고 할 것이다.

최근 들어 구어 문법은 한국어학 전반에서 새롭고도 중요한 영역으로 한국어학자나 한국어 교육자들에게 인식되고 있다. 근래 화용론이나 담화 분석 등의 연구는 구어를 대상으로 이루어지는 경우가 많다. 그러나 이들은 양명희(2013:53)에서 지적하였듯이, 구어의 문법을 체계화, 이론화하기보다 의사소통의 관점에서 구어의 구조와 기능 등을 연구하는 것이다. 구어 연구는 화용론이나 담화 분석뿐만 아니라 어휘론, 음운론, 문법론, 의미론 전반에 걸쳐 이론적 체계화에 관심을 가져야 한다.

언어 교육에서는 담화적 진행을 중시하는 과제 기반 교수법에서 구어 문법이 유용하게 적용될 수 있음을 인식하게 되었다. 외국어의 학습의 목표점은 모어 화자들이 진행하는 언어 수행처럼 자연스럽게 그 언어에 대하여 구어와 문어 모두의 언어 활동을 하도록 하는 것이다. 언어 표현자와 이해자가 동일 공간이나 시간에 위치하지 않는 문어와 달리, 발화의 생산이나 수용이 대개 면대면으로 함께 진행되는 역동적인 구어를 잘 수행하기 위해선 문어적인 언어 능력만으로는 부족함이 있다. 즉 표현문의 단순한 생성과 이해만으로는 유창한 언어 행위에 이르지 못하는 것이다. 상호작용 기술을 동반하는 대인적인 과정으로 진행되는 구어 수행 능력의 습득이 외국어 학습자들에게 요구되는 것이다. 따라서 좀 더 효율적으로 한국어 교육을 하기 위해서는 한국어의 구어에 대한 광범위하고 체계적인 연구가 필수적이라고 할 것이다.

2011년엔 한국어학회에서 구어 문법을 주제로 학술대회를 열고, 2013년엔 구어와 한국어 교육을 주제로 국제한국어교육학회에서 학술대회를 개최하기도 하였다. 이와 같이 순수 한국어학이나 응용언어학이 함께 정보를 공유하면서 공동으로 연구를 해 나가는 것이 구어 연구에서 매우 큰 의미를 갖는다고 하겠다.

학계의 관심을 모으고 있는 구어 연구에는 그러나 여러 가지 어려운 점들이 있다. 이들을 문어 연구와 비교하여 살펴본다.

1) 구어에는 순수 언어적 요소 외에도 고려해야 할 참여 요인들이 더 많다. 몸짓, 표정 등 준언어적인 것과 발화 상황이나 배경 등 비언어적인 요소들도 적극적으로 정보화해야 한다.

2) 표현된 구어에 대해 언어 직관에 따른 해석이 뚜렷하거나 단일하지 않은 경우가 많다.
3) 구어는 분절 단위나 범위가 분명하지 않은 경우가 많다.
4) 화자 외에 청자와의 관계나 소통성에도 유의해야 한다.
5) 구어 발화 내용에는 담화적, 화행적 요인이 많이 개입한다. 이와 관련하여 유혜원(2009)에서는 구어 문법을 구성하는 하나의 층위로 '담화 층위'를, 정명숙(2011)에선 '상황 층위'를 설정하였다.
6) 구어 표현에 생략, 탈락, 축약, 첨가, 변형, 반복 등이 많은데, 이에 대한 해석이 단순하지 않다.
7) 구어 연구에는 코퍼스 자료의 필요성이 크지만, 적절한 언어 자료를 찾기가 쉽지 않으며, 자료를 다루기도 어렵다. 음성 자료는 모으고 이용하기에 번거롭고 까다로우며, 구어 전사도 복잡하다.
8) 구어에는 층위와 영역을 달리하는 다양한 변인 요소들이 복합적으로 나타나는데, 이 정보들은 대개 순간적이고 역동적이며 복합적이어서 파악하기에 어려움이 많다.
9) 구어 연구를 하려면 언어학 내에서 여러 부문들은 물론 여타 인문학과 사회학 또는 더 다양한 분야와의 학제적인 연구도 요구되기도 한다. 연구자 개인도 언어학 여러 부문 등에 대한 연구 능력을 충실히 갖추어야 한다.
10) 구어는 실현 양상이 매우 복잡 섬세하여 몇 가지로 유형화하거나 규칙성을 형상화하기 어렵고, 현재까지의 언어학 이론의 적용도 제한적이다.

이상과 같은 어려운 요건들이 구어 연구에는 있지만, 그럼에도 불구하고 언어 연구의 충실성을 얻기 위해선 구어에 대한 탐구가 필요하다.[6] 장경현(2010:112-114)에선 앞으로 구어를 연구할 때 '비규범성과 구어성의 문제, 격식성과 문어성의 동일시, 결과론적 기술'을 경계해야 한다고 하였다. 지현숙(2010:292-293)에서는 한국어 구어에 대한 연구가 보다 발전하고 확실한 문법적 위상을 확보할 수 있도록 하기 위하여 '구어 연구

6) 위의 각 항목들에 대해 실제 예들을 들고 자세히 논의하는 것은 다른 기회로 미룬다.

의 정체성 확립, 온전한 구어 자료의 구축, 구어 연구 방법론에 대한 연구 활성화'가 필요하다고 하였다.

구어 연구는 음성, 음운, 어휘, 형태, 통사, 의미, 담화, 화용 등 모든 부문에서 연구가 필요하며, 이러한 순수 언어학적인 접근과 더불어 관련을 갖는 분야와의 학제적 연구도 있어야 하는데, 이들이 서로 유기적인 관계를 가지며 이루어지는 것이 바람직하다. 또한 이러한 연구 성과는 응용언어학과의 관계 속에서 더 진전될 수 있다. 지금까지 언어학적 연구는 담화 부문에서 비교적 많은 접근이 시도되었고, 한국어 교육 분야에서의 활용 논의들이 눈에 띈다. 이제 언어학의 모든 분야에서 더 활발한 연구가 진전되어야 할 것이다.

4. 현대 한국어 구어의 자료

문어 연구에서도 그러하지만 특히 구어를 분석할 때에는 연구자의 자의적 언어 직관이나 해석을 경계해야 하며, 논의하는 언어 자료의 실제성과 실재성이 항상 검증되어 있어야 한다. 문어에서는 대다수 사람들이 공감 인정할 수 있는 예문 등 언어 자료를 연구자가 책상 위에서 만들어 제공하는 일이 어느 정도 가능하지만, 구어에서 그러한 공감대를 갖는 언어 자료를 연구자가 임의로 만드는 것은 위험한 일이다. 이를 극복하기 위하여 구어 연구에서는 언어 코퍼스를 이용하게 되는데, 이에는 음성 형태의 코퍼스와 이를 문자 등으로 전사한 구어 코퍼스가 있다.

영국 등 유럽에서는 19세기 말에 이미 구어 코퍼스 구축을 시작하면서 구어 연구 논저가 나오기 시작하였고, 구조주의 언어학이 대세를 이루던 20세기 중반엔 미국을 위시로 서구에서는 문어와 함께 구어의 코퍼스가 여러 대학이나 사전 출판사 등에서 구축되었다. 이러한 코퍼스의 이용이 생성문법 연구에서는 소홀해졌지만 최근 들어 기능주의 언어학 연구에서 다시금 활용의 폭을 넓히고 있다.

우리나라에서는 코퍼스 구축이 20세기 말부터 이루어져, 광복 이전의 구어 자료가 그렇게 많지 못하고, 현전하는 자료들도 대화는 매우 드물다. 20세기 초기의 음성 자료는 무척 희귀하고 대체로 1920년대부터의 음성 자료를 조금씩 접할 수 있는데, 대개는 가요의 음반이나 무성영화에서 나오는 변사의 해설 음성이다. 그런 점에서 이 시기의 이상재 선생 육성(1926), 이극로 선생 육성(1928), 김복진 구연 동화(1920~1930년대) 자료는 매우 소중하다. 1930~1940년대로 내려오면서 유성기 연극이나 영화 속의 대화와 해설 자료가 조금씩 늘어나며, 라디오 방송 자료도 단편적으로 찾을 수 있다. 이들 광복 이전의 음성 자료는 녹음 상태가 좋지 못하여 구어 자료로 전사할 때에 어려움이 많다.[7)]

문자로 된 현대 국어 초기의 구어적 자료로는, 19세기 말부터 발행된 신문이나 잡지 등에 실린 광고와 만화의 언어들을 꼽을 수 있다. 이들 가운데에는 구어체의 표현이 상당수 있어서 당시의 구어를 제한적으로나마 추정할 수 있다. 이 밖에 각종 신문이나 잡지에 실린 좌담회 자료나 구어 관련 기사 등도 당시의 구어 모습에 접근하는 데에 도움을 준다.[8)]

---

7) 초기 유성기 음반 자료들은 동국대학교 고음반 아카이브에서 상당수 소장하고 있고(2013년 10월 현재 1,329편이라 함), (주)아이온에서도 386편의 고음반 스트리밍 서비스를 하며, 1930년대 유성기로 듣던 연극과 무성 영화 각 27편이 신나라 레코드로 판매되고 있다. 1945년 이전에 한국어로 제작된 영화 10여 편을 한국영상자료원에서 웹으로 볼 수 있다.

8) 한국언론진흥재단의 '미디어 가온'에서 제공하는 1883년부터 1945년까지 나온 신문의 광고 자료 18,959건이 피디에프 또는 이미지 파일로 제공되어 주요한 자원이 된다. 이 밖에 1920년대 이후 신문 만화 자료를 네이버 뉴스 라이브러리 등에서 이미지 파일로 볼 수 있고, 각종 신문이나 잡지에 실린 좌담회 자료도 국사편찬위원회 한국사데이터베이스에서 텍스트 파일로 검색할 수 있다.

광복 이후에는 '대한 뉴스'나 기록 영상의 음성 자료도 있지만 1950년대까지도 자료가 그리 많은 편이 못 되고 1960년대에 들어서면서 자료의 양이 제법 늘어나지만, 이들에 대해서 기초조사조차 아직 제대로 이루어져 있지 못하다.[9] 그러나 이 시기까지도 연구를 충족시킬 만큼 다양하고 많은 구어 자료가 남아 있지는 못한 듯하다. 20세기 들어 시작한 현대 한국어는 20세기의 중반이 넘는 시기까지의 음성 자료를 제대로 확보하지 못한 실정이다. 이제 이 시기의 음성 자료들을 더 발굴하고 한데 모아서 구어 전사하는 등으로 확보하여 현대 우리말 구어의 변천 연구에 제공되어야 할 것이다.

서구에서도 구어에 대한 인식과 구어 코퍼스의 확보는 문어에 비해 늦게 나타났다. 구어 코퍼스 구축과 이에 의한 구어 연구는 19세기 말부터 일부 연구자에 이루어지기도 하였지만 그 범위와 규모는 크지 않았다. 컴퓨터 전산 코퍼스의 초기에 형성된 미국의 브라운 코퍼스(Brown Corpus)나 영국의 LOB는 모두 균형 코퍼스를 표방하였지만 여기에 구어는 포함되지 못하였다. 이후, 코빌드 영어 사전의 기반이 된 버밍엄 코퍼스(Birmingham Corpus)는 문어가 약 75%, 구어가 약 25%로 구성되어 있다. 1991~1994년 동안 옥스퍼드 대학 출판부, 롱맨 출판사 등이 주관한 영국 영어의 국가적 코퍼스인 BNC(British National Corpus)는 1억 단어 가운데 구어 부분이 약 10%를 약간 넘는 정도이다.[10] 런던 대학의 ICE(International Corpus of English)는 각 지역의 영어 사용을 비교 연구하기 위한 코퍼스로, 현재 23개 나라에서 100만 단어씩 구축하였는데 이 가운데 60%가 구어이다.

---

9) 1950년대 이후의 대한뉴스나 기록 영상 등은 국가영상기록관에서 볼 수 있다.

10) BNC 구어 코퍼스는 독백 40%, 대화 60%의 비율 구성이며, 분야별로는 교육, 사업, 공공, 여가가 각각 25%의 구성을 이룬다.

음성 코퍼스를 구축하는 일은 문어 코퍼스 구축과는 비교할 수 없을 만큼 많은 어려움과 노력 및 비용이 든다. 최근에는 해외에서도 여러 업체와 기관에서 공동으로 사용할 수 있는 표준화한 대규모 음성 코퍼스 구축을 국가의 지원 아래 진행하고 있는 경우가 많다. 대표적으로 미국의 국방부에서 지원하고 펜실베니아 대학에서 주관하는 LDC(Linguistic Data Consortium)이나 일본의 전자산업개발협회의 지원을 받는 GSK의 음성 코퍼스, 일본 국립국어연구소가 주관한 CSJ(Corpus of Spontaneous Japanese)를 들 수 있다.

우리나라에서도 언어 코퍼스 구축이 1980년대부터 이루어지기 시작하였는데, 초기엔 주로 문어를 위주로 하는 코퍼스가 이루어졌다. 1995년 고려대 민족문화연구소에서 구축한 균형 코퍼스 '한국어 말모둠 1'은 약 1,000만 어절 가운데 구어와 준구어를 합한 분량이 전체의 11.7%이다. 현대한국어대사전 편찬을 위한 연세대 언어정보개발연구원의 약 4,200만 어절 '연세 말뭉치'(1998)는 구어라고 할 방송 스크립트를 5%만 설정하였다.

개인적으로 구축한 구어 코퍼스로, 권재일(2004)의 자료가 된 코퍼스는 20~30대 학생과 회사원 등의 일상생활 대화 360분 분량이고, 신지연(1997)에서 밝힌 한국어 구어 코퍼스(CSK93)는 방송된 발화를 전사한 약 16만 어절의 구어 코퍼스이다. 한양대 한국교육문제연구소에서 2005년부터 2008년까지 구축한 초·중·고 학생들의 연령별 대화 주석 말뭉치는 350만 어절로, 구어 코퍼스로는 큰 규모라 할 것이다.

최근에는 균형 코퍼스라 하더라도 문어와 구어를 따로 구축하는 경우가 많다. '21세기 세종계획'(1998~2007)에서 구축한 세종 말뭉치도 약 1,000만 어절의 '형태 문어 형태분석 말뭉치'와 별개로, 약 80만 어절의 '현대 구어 말뭉치'를 따로 구축하였다.[11] 이 밖에 ETRI의 공통 음성 데

이터베이스, 원광대학교 음성정보기술산업지원센터(SITEC)의 음성 코퍼스가 대규모로 구축되어 있다.

개인적으로 필요한 내역에 적합한 구어 코퍼스를 소규모로 구축하여 사용할 수도 있겠지만 공공 기관에서 대규모의 원시 및 균형 구어 코퍼스를 구축하여 일반에게 공개하여야 할 것이다. 현재는 세종계획 결과물만 국립국어원에서 제공하고 있지만 아직 그 규모가 작다. 여러 대학 기관 등에서 각자 확보한 구어 말뭉치도 널리 이용될 수 있다면 각각 특색 있는 코퍼스로서 그 값어치가 확대될 것이다.

음성 코퍼스를 구축하는 데에 요구되는 국내의 표준화 작업은 어느 정도 진전을 보았으나, 아직까지는 음성 코퍼스를 구어 자료로 전사하는 작업은 각 기관이나 개인에 의해 개별적으로 이루어지고 있다.[12] 구어 코퍼스로서 효율성을 높이기 위해선 적어도 한국어학계와 전산 분야가 공동으로 협의한 공통적인 전사와 표지 넣기 방식이 마련되어야 할 것이다. 그렇게 함으로써 전사할 때 요구되는 여러 가지의 정보 내용들을 체계적이고 일관성 있게 표시할 수가 있다. 예를 들어, 화자와 청자에 대한 정보, 장소나 시간에 관한 배경 정보 등을 기록하는 방식과, 언어 내용면으로도 문장 구분, 억양, 강세, 고저, 장단, 휴지 등의 정도성 표시, 주저하는 발화, 녹음 상태가 좋지 않은 부분, 대화 중 상대방의 말을 가로채거나

---

11) 주석이 되어 있는 '현대 구어 말뭉치'(2011년 12월 수정판)의 구성은 아래와 같다.

대화/일상	대화/전화	방송극/연극	토론/회의	즉흥적 독백	연설/강의/강연	전체
369,859	13,325	13,559	39,675	123,111	246,117	805,646
45.91%	1.65%	1.68%	4.92%	15.28%	30.55%	100%

12) 예를 들어 현재 ETRI에서는 자체적으로 설정한 표준형 철자 및 발음 전사 규칙을 사용하고 있다. '21세기 세종계획'에서도 '현대 국어 구어 전사 말뭉치 전사 및 마크업 지침'과 '현대 국어 구어 전사 말뭉치 형태소 분석 지침'이 마련되었다.

말이 끝나기 전에 화자가 바뀐 경우, 끼어든 말, 군말 표현, 얼버무림, 두 사람 이상의 동시 발화, 발화 시 표정이나 몸짓, 주된 화자와 끼어든 화자, 청자 또는 청중의 반응, 동반 또는 배경으로서의 효과음이나 소음, 발화 시 언어 수행이나 해석에 영향을 줄 수 있는 주변 환경 조건 등[13) 매우 많은 정보가 효율적으로 이용될 수 있도록 기록되어야 한다.

듣기보다는 읽기 자료가 해석하기에 좀 더 쉽고, 또 아직까지는 음성 자료보다는 서사 자료가 전산 프로그램 등으로도 여러 가지 분석이 잘 이루어질 수 있으므로, 음성 자료를 연구할 때에도 종종 음성을 문자로 전사한 자료를 이용하게 된다. 동영상으로 구축한 구어 자료도 필요에 따라 읽기 자료로 전사할 경우가 있을텐데, 여기에서는 발화 표현의 해석에 영향을 줄 만한 더욱 많은 주변 정보가 있을 것이다. 이들을 어떻게 읽기 자료로 전사할 것인가를, 활용성과 현실성 등의 여러 측면을 고려하면서 모색해야 한다.

음성 자료의 전사는 국내 및 국제적인 호환성과 한국어학 등의 연구에서 효율성을 높이는 방안을 함께 고려해야 할 것이다. 따라서 국제표준기구(ISO)의 규약에 따라 국제적으로 전자 문서의 표준을 제정한 TEI(Text Encoding Initiative)의 표준적 양식을 기본적으로 따르면서 한국어 코퍼스의 표준 양식, 한국어 음성 코퍼스의 표준 양식을 섬세하게 제정 시행하며, 음성 자료의 전사와 표지 넣기 방식에도 이러한 점들을 고려해야 할 것이다.

더불어 구어 연구자들은 문자로 전사하지 않은 음성 자료를 직접 다룰 수 있는 음성학 지식을 갖추어야 한다. 아무리 전사 방식이 세밀하고 체계적이라 하더라도 음성 자료나 동영상 자료를 직접 듣고 보면서 언어학

---

13) 여기에서는 세종 구어 말뭉치로 전사할 때에 표지화(마크업)하지 못하였거나 표지화를 하였지만 미흡하다고 생각되는 정보 요소들을 일부 들어 보았다.

적인 분석을 할 수 있다면 그 성과는 훨씬 높아질 것이다. 또는 구어 전사 자료를 조사하다가 필요에 따라선 해당 음성 자료를 직접 살펴야 할 경우도 있으므로 문법론이나 담화 분석에서도 음성학 지식은 필요한 것이다. 더불어 구어 전사 코퍼스는 해당 음성 자료가 동기화해야 한다. 세종 구어 말뭉치도 음성 자료와의 동기화가 필요하다.

5. 구어 중심의 문법: 사용자 중심의 문법?

우리는 앞에서 구어 문법이 문어 문법과 별개의 체계를 갖기보다 발화의 실현 상황에 따라 표현에 차이가 나타날 수 있음을 말하고, 구어에 대한 연구를 많이 진전시켜서 구어와 문어를 충실히 아우르는 문법 체계를 이루기를 기대하였다. 이러한 문법은 언어의 규범성 못지않게 언어 현실이 중시되는 성격을 가질 것이다. 그리고 여기에 더하여 (그 언어나 언어 문법의) 사용자의 인식이나 직관을 상당 부분 수용하는 문법이 될 수도 있다.

우리가 추구하는 한국어 문법이 구어와 문어의 현실적인 실현 현상을 잘 반영하는 형태이겠지만, 한편 편의에 따라 또는 목적에 따라 '구어 중심의 문법'이나 '문어 중심의 문법'을 상정할 수도 있다. 이 때 구어 중심의 문법은 특히 '사용자 중심의 문법'이라는 성격을 더 가질 수 있을 것으로 생각된다.[14] 사용자 중심의 문법은 그 언어를 사용하는 일반 언중들의 인식에 충실한 '언중 중심의 문법'이다. '사용자 중심의 문법'에 상대적인 위치에 '연구자 중심의 문법'을 상정할 수 있겠는데, 후자가

14) 사전에서도 편찬자 중심의 편찬과 사용자 중심의 편찬이 있듯이, 문법(/문법서)의 구성이나 체계도 이러한 두 가지 성격이 있을 수 있다고 본다. 언어 사용자를 설정하는 것이다.

언어의 내적 질서를 분석적이고 원리적인 체계에 따라 설명한다면, 전자는 언어 수행의 현실에 대해 언중들의 인식을 충분히 참고하면서 그려내는 것이다. '언중들의 인식'이(언어학 지식 부족으로) 문법적 원리를 잘 모르는 채 잘못 생각하거나 착각 등에 의한 그릇된 직관까지 포함하는 것은 아니며, 다만 언어학적 분석에 너무 치중하여 일반 언중(사용자)의 인식이나 직관과 멀어지는 것을 경계하는 것이다.

이제 한국어 높임 표현의 체계를 예로 들어 본다. 현대 한국어의 상대 높임 표현을 크게 여섯 가지로 나누는 체계는 한국어학계와 (한)국어교육학계에서 공통으로 거의 정설처럼 되어 있다. 격식체와 비격식체로 나뉘어, 격식체는 '하십시오, 하오, 하게, 해라'라는 등급을 가지며, 비격식체는 '해, 해요'의 등급을 이루고 있다. 그러나 이는 오늘날의 언어 현실과 많은 거리가 있으며, 따라서 언중들의 일반적인 인식과도 다르다.

우선 '하오'와 '하게'는 현재 적어도 중부 지역에선 쓰임이 아주 적다. 현행 일반적인 문법서가 중부 지역어를 중심으로 하는 표준어를 대상으로 문법 체계를 기술하고 있다는 점을 생각한다면 '하오체'와 '하게체'의 설정은 곤란하다. 70대 이하의 언중들이 하오체나 하게체를 쓰는 일은 거의 없다시피 하다.[15) 이런 상태라면 적어도 '하오체'와 '하게체'는 일부 노년층이나 남부 지역 등에서만 사용한다는 단서가 있거나, 참고적인 높임 체계로 언급되어야 할 것이다.[16) '하오'는 오히려 문어에서 일부 쓰이는 '하시오'로 나타날 뿐인데, '하시오'는 후술할 '하세요'에 포함하여도 좋을 것이다.

15) 필자가 정밀하고 넓게 조사하지는 못하였지만, 50~60대 언중들 다수에게 질문한 결과 모두 '하오'와 '하게'를 모르지는 않지만 한 번도 써본 일이 없다고 하였다.

16) 실제로 종교 단체 등에서 '하소서, 하옵소서' 등의 표현을 사용하지만 이는 특수하거나 극히 일부에서만 사용되므로 일반적인 높임 표현 체계에는 들어오지 않고 있다.

'해'와 '해요'를 비격식체로 배당하는 것도 언중들의 인식과는 거리가 멀다. 고영근·구본관(2008:473)에는 장면이 단독적일 때 격식체를, 상관적일 때는 비격식체를 쓴다고 하였는데,[17] 그렇다면 '(비)격식체'라는 용어도 적절하지 않으며, 실제 사용에선 이러한 구분이 거의 기능하지 않고 있다. 화자와의 친근 거리 등의 관계 정도에 따라 '해'와 '해라'가 선택되는 경우가 대부분이다. 격식적인 자리에서는 '해'나 '해라'가 잘 사용되지 않지만 비격식체라고 하는 '해요'는 얼마든지 사용되고, 오히려 격식적인 자리에선 '해라'를 사용하기 어려운 것이 현실이다. 언중들에게는 거의 단선적으로 '해오>해>해라'라는 대우(높임) 체계가 인식될 뿐이므로 격식체와 비격식체로 나누는 체계 자체가 별 의미가 없다고 본다.

여기에 더하여 '하세요체'를 제안한다.[18] '하세요'는 '해, 해요'와 더불어 일상생활에서 매우 많이 쓰이는 형태이지만, '하시어요'에서 '-시-'가 주체 높임이므로 상대 높임의 어미에서 제외하고 이를 해요체로 간주할 뿐 높임 등급에서 따로 설정하지 않고 있다. 그러나 명령형에서 주체 높임은 곧 상대 높임이다. 그것이 주체 높임에서 왔건 상대 높임에 원래 있는 것이건, 청자가 높임의 정도를 어떻게 인식하고 받아들이는가가 상대 높임의 등급으로 반영되어야 한다. 청자는 '하세요'가 '해요'보다 한 등급 높은 대우 표현으로 인식한다. 이를 '하세요'에 들어있는 주체 높임을 분석하지 못한 결과라고 해석하는 것은 연구자 중심의 문법이다. 언중들의 인식을 위주로 하는 사용자 중심의 문법에서는 하세요체를 얼마든

17) '장면이 단독적일 때, 상관적일 때'라는 표현은 그 의미 자체도 모호하지만, 상대 높임 표현이 화자와 청자 사이의 관계가 반영되는 것임을 생각할 때 '단독적'이라는 말은 적절하지 못하다고 할 것이다.

18) '하세요'는 원래 '하시어요'의 축약형이므로 '하셔요'가 되어야 하나, 중부 방언 화자들은 대부분 '하세요'를 사용하므로 홍종선(2008)에서도 이를 택하였다. 이들은 복수 표준어이다.

지 인정하고 이것이 언어 분석의 몰이해라고 생각하지 않는다. 물론 이것은 구어에만 해당하는 것이 아니라 문어에도 적용되는 높임 표현 체계이다. 실제로 구어체 문어에서는 '하세요'를 많이 쓰고 있다.

'하세요'에 대해서, 이를 명령문에서 하나의 높임 등급으로 설정한다고 해도 다른 종결법에서는 이 말 안에 있는 '-시-'가 주체 높임으로 해석되므로 체계적으로 일관성을 갖지 못한다는 반론이 나올 수 있다. 그러나 높임 등급을 명령형으로 체계화하기로 하면 일단 명령문에서 이루어지는 언어 실현 모두를 충족시켜야 한다. 그 체계 가운데 일부가 다른 종결법에서 빈칸이 되거나 달리 해석된다면 그러한 사실 그대로 설명하면 될 것이다. 어떠한 문법 형태가 모든 문법 범주에서 똑같은 기능을 하지 않을 수도 있으며, 어떠한 문법 기능이 하나의 형태만으로 실현되지 않을 수도 있다.[19] 다만, 상대 높임의 등급은 명령문에서 가장 민감하고 뚜렷하게 인식되므로 여러 종결법 어미 가운데 명령형에서 체계화하는 것이 좋을 것이다.

그렇다면 오늘날 한국어의 상대 높임 체계는 기본적으로 '하십시오, 하세요, 해요, 해, 해라'라는 다섯 등급의 일원적 체계가 된다. 앞에서 나왔던 문어체 '하시오'는 대부분의 언중들에게 구어체의 '하세요'와 거의 같은 등급으로 인식되므로 달리 나누지 아니하고 하세요체에 포함할 수 있을 것이다. 여기에 더한다면, 앞서 언급한 대로 아직은 일부에서 쓰이는 '하오'와 '하게'를 부가적으로 설명할 수 있다고 본다. 이와 같은 상대 높임의 체계는 구어와 문어를 아우르고 사용자가 중심이 되는 현대 한국어의 문법이라고 할 것이다.

---

19) 예를 들어 '하세요' 안에 있는 '-시-'가 명령문에서는 상대 높임으로, 평서문에서는 주체 높임이 되며, 과거 시제의 관형사형이 동사에서는 '-은'이지만 형용사에서는 이른바 회상 시제 '-더-'가 덧붙은 '-던'이 되듯이, 형태와 문법 기능이 항상 일 대 일로 일치하는 것은 아니다.

6. 마무리

언어 연구가 언중들의 언어 수행 현실을 제대로 반영하기 위해선 문어와 함께 구어에 대한 연구가 적절하게 竝行되어야 할 것이다. 최근 들어 이전까지 주로 문어 위주로 이루어진 언어 연구를 극복하고 구어에도 관심을 갖게 된 것은 다행한 일이다.

우리말에서 구어 연구는 서구에 비해 다소 늦게 시작하여 이제 시작 단계를 겨우 넘어서고 있다. 몇몇 뜻있는 연구자들에 의해 진행해 온 구어에 대한 관심은 코퍼스 구축과 연구 모두에서 조금씩 성과를 거두어 가고 있다. 그러나 담화 분석이나 한국어 교육 등 일부 분야에 치우치고 있어 한국어학 전반에서 더 넓고 깊게 전개되어야 한다. 특히 구어에 대한 연구는 일반 언중들의 인식에서 멀지 않은 성격을 가질 수도 있을 것이다. 구어 연구는 여러 면에서 어려운 점이 많지만, 한국어에 대한 체계적이고 충실한 연구를 위해 더욱 적극적으로 접근하여, 구어와 문어 모두를 아우르는 사용자 중심의 한국어 문법을 이룰 수 있을 것이다.

■ 참고 문헌

강범모·김흥규(2004), 『한국어 형태소 및 어휘 사용 빈도의 분석 2』, 고려대학교 민족문화연구원.

강범모·김흥규, 허명회(1998), 「통계적 방법에 의한 한국어 텍스트 유형 및 문체 분석」, 『언어학』(한국언어학회) 22, 3～57.

강상호(1989), 『조선어입말체연구』, 사회과학출판사.

강소영(2007), 『구어와 문어 자료의 실제적 연구 방법론』, 한국문화사.

강지수(2005), 「구어체 담화와 문어체 담화의 문법 현상 비교」, 『어문연구』(어문연구학회) 47, 63～82.
고영근·구본관(2008), 『우리말 문법론』, 집문당.
권재일(2004), 『구어 한국어의 의향법 실현방법』, 서울대학교출판부.
김건희·권재일(2004), 「구어 조사의 특성」, 『한말연구』(한말연구학회) 15, 1～22.
김미형(2004), 「한국어 구어와 문어의 특징 연구」, 『한말연구』(한말연구학회) 15, 23～73.
김해연(2003), 「억양단위와 구어담화의 분석」, 『인문학연구』(중앙대학교 인문과학연구소) 36, 143～166.
김혜영(2009), 『구어에서 나타나는 정도부사의 사용의미』, 고려대학교 석사학위논문.
김흥규·강범모(2000), 『한국어 형태소 및 어휘 사용 빈도의 분석 1』, 고려대학교 민족문화연구원.
노대규(1996), 『한국어의 입말과 글말』, 국학자료원.
마이클 머카씨 지음, 김지홍 뒤침(2010), 『입말, 그리고 담화 중심의 언어교육』, 경진.
목정수(2010), 「구어 한국어를 위한 문법 모형」, 『한국어학』(한국어학회) 46, 81～121.
목정수(2011), 「한국어 구어 문법의 정립 –구어와 문어의 통합 문법을 지향하며-」, 『우리말연구』(우리말학회) 28, 57～96.
민현식(1994), 「개화기 국어 문체 연구」, 『국어국문학』(국어국문학회) 111, 37～62.
박석준·남길임·서상규(2003), 「대학생 구어텍스트에서 조사·어미의 분포와 사용에 대한 연구」, 『텍스트언어학』(한국텍스트언어학회) 14, 139～167.
방성원(2013), 「구어 문법과 한국어 교재」, 『제39차국내춘계학술대회 한국어교육에서의 구어 문법』(국제한국어교육학회), 46～52.
배진영·손혜옥·김민국(2013), 『구어 문어 통합 문법 기술의 탐색』, 박이정.
서상규(2013), 「한국어교육과 구어, 그리고 문법」, 『제39차국내춘계학술대회 한국어교육에서의 구어 문법』(국제한국어교육학회), 15 ～33.
서상규 · 구현정(2002), 『한국어 구어 연구 (1) – 구어 전사 말뭉치와 그 활용 – 』, 한국문화사.
서상규 · 구현정(2005), 『한국어 구어 연구 (2): 대학생 대화 말뭉치를 중심으로』, 한국문화사.
서상규 외(2013), 『한국어 구어 말뭉치 연구』, 한국문화사.
신지연(1993), 「구어에서의 지시어의 용법에 대하여」, 『어학연구』(서울대학교 언어교육원) 29(3), 363～382.
신지연(1997), 「코퍼스 언어학의 이론과 실제」, 『어문학연구』(목원대학교 어문학연구소)

6, 131～152.

신지영(2014), 「구어의 의미 연구와 운율」, 『한국어의미학회 제34차 전국학술대회 논문집』(한국어의미학회).

안의정(2009), 『국어사전에서의 구어 어휘 선정과 기술 방안 연구』, 한국문화사.

양명희(2013), 「구어 문법과 표현, 무엇을 가르칠 것인가?」 『제39차 국내 춘계 학술대회 한국어교육에서의 구어 문법』(국제한국어교육학회), 53～62.

유혜원(2009), 「구어에 나타난 주격조사 연구」, 『한국어의미학』(한국어의미학회) 28, 147～169.

윤석빈(2012), 『입말과 글말 그리고 인간의 실존』, 충북대학교출판부.

이상억(2006), 『서울말 진경 구어 연구』, 박이정.

이상태(1983), 「입말에 대하여」, 『배달말교육』(배달말교육학회) 1, 21～ 42.

이소영(1996), 『현대 국어의 구어 문형 연구』, 숙명여자대학교 박사학위논문.

이은경(1999), 「구어체 텍스트에서의 한국어 연결어미 기능」, 『국어학』(국어학회) 34, 167～198.

이주미·김수은(2012), 「한국어교육에서의 구어 문법 활용을 위한 비판적 검토」, 『한국언어문화교육학회 학술대회』(한국언어문화교육학회), 199～212.

이진희(2003), 「언어의 구어성과 문어성에 관한 연구」, 『독일문학』(한국독어독문학회) 85, 528～542.

이해영(2003), 「한국어 학습자의 시제표현 문법항목 발달패턴 연구」, 『이중언어학』(이중언어학회) 22, 269～298.

장경현(2003), 「문어/문어체, 구어/구어체 재정립을 위한 시론」, 『한국어의미학』(한국어의미학회) 13, 143～165.

장경현(2010), 「구어와 문어 문법 연구의 현황과 전망」, 『언어사실과 관점』(연세대학교 언어정보연구원) 26, 97～120.

장경희(2009), 「구어 연구의 현황과 전망」, 『한국어학』(한국어학회) 45, 1 ～26.

장경희 외(2012), 『초·중고등학생의 구어 어휘 조사』, 지식과교양.

장소원(1986), 「문법연구와 문어체」, 『한국학보』(일지사) 12(2), 191～212.

전영옥(2003), 「한국어 억양단위 연구-통사적 특징을 중심으로」, 『담화와 인지』(담화인지언어학회) 10, 241～265.

전영옥(2009), 「구어와 담화 연구」, 『한국어학』(한국어학회) 45, 45～93.

정명숙(2011), 「한국어 구어 문법 평가의 방향」, 『문법교육』(한국문법교육학회) 15, 73～95.

지현숙(2006), 『한국어 구어 문법 능력의 과제 기반 평가 연구』, 서울대학교 박사학위논문.

최명식(1988), 『조선말 구두어 문법』, 료녕민족출판사.

최명식(1985), 『조선말 입말체 문장연구』, 김일성종합대학출판사.

최정순(2006), 「한국어교육 방법론의 재검토-의사소통적 구어능력 개발을 위한 제언-」, 『국어교육연구』(서울대학교 국어교육연구소) 18, 91～121.

허재영(2011), 「근대 계몽기 언문일치의 본질과 국한문체의 유형」, 『어문학』(어문학회) 114, 441～467.

홍종선(2008), 「현대 국어의 상대 높임 체계」『국어 높임법 표현의 발달』(박문사), 9～30.

Biber, D. et al(1999), *Longman Grammar of Spoken and Written English*, London: longman.

Biber, D.(1988), *Variation across Speech and Writing*, Cambridge: Cambridge University Press.

Brazil, D.(1995), *A Grammar of speech*, Oxford: Oxford University Press.

Chafe, W.(1982), "Integration and Involvement in Speaking, Writing and Oral Literature", in Tannen, D. (ed.) *Spoken and Written Language*, Norwood. N.J: Abex.

Chafe, W.(1994), *Discourse, consciousness, and time: The flow and displacement of conscious experience in speaking and writing*, Chicago: The University of Chicago press.

Eggins, S.(2004), *An Introduction to Systemic Functional Linguistics*, London: Pinter Publishers.

Halliday, M.A.K.(1994), *Introduction to functional grammar (2nd edition)*, London: Edward Arnold.

Hughes, R.(2002), *Teaching and Researching Speaking*, Harlow: Longman.

Koch, P. & W. Oesterreicher(1994), "Schriftlichkeit und Sprache", in Günther, H. & O. Ludwig (Hrsg.), *Schrift und Schriftlichkeit: Ein interdisziplinäres Handbuch internationaler Forschung (1 Halbband)*, Berlin: zusammen mit Jurgen Baurmann, 587～603.

Miller, J. & R. Weinert(1998), *Spontaneous Spoken Language: Syntax and Discourse*, Oxford: Clarendon Press.

Rühlemann, C.(2012), "Conversational grammar", *The Encyclopedia of Applied Linguistics*, 1～7.

20세기 전기 구어 말뭉치에 나타난 감탄사에 대한 어휘론적 고찰

도원영

1. 머리말

구어는 다양하고 변형이 많아 연구의 대상으로 그 가치가 충분할 뿐만 아니라, 많은 언어학적 정보를 담고 있다(홍종선, 2014). 특히 구어에 등장하는 어휘는 현실 언어의 생생한 용법을 고스란히 담고 있기 때문에 연구의 의의가 크다. 하지만 어휘 연구 분야에서 구어 어휘부에 대한 연구는 그리 활발하지 못하다. 뿐만 아니라 우리말 어휘 전반을 포괄하고 있는 국어사전에서도 가장 엄격하고 인색하게 처리된 부류가 바로 구어 어휘라고[1] 할 수 있다. 그중에서도 감탄사가 대표적이다.[2] 감탄사는 화

1) 감탄사 외 '맴', '고거', '니', '지', '모' 등과 같은 체언, '짤르다', '기달리다', '꼬소하다', '션찮다' 등의 용언, '대따, 얼릉, 빨랑' 등의 부사, '보담', '두' 등과 같은 조사, '-구'와 같은 어미, '절다', '재' 등과 같은 구 구성 등이 있다.

2) 현재 <표준국어대사전>에 등재된 표제어 511,314항목 중 감탄사는 877항목에 불과하다. 약 39만 개 표제어를 등재한 <고려대 한국어대사전>에도 827개 항목의 감탄사가 등재되었

자가 발화 상황에 따라 자유롭게 만들어내기 때문에[3] 다른 어휘보다 음성적 변이형의 스펙트럼이 넓다. 음운적 변이형, 형태적 변이형, 중첩형 또는 반복형 등으로 다채롭게 쓰여 실제 언어 자료 속 실현 형식을 살펴야 할 필요성이 크다. 그래야 국어사전에서 비표준어로 처리되거나 아예 등재되지 못하고 있는 문제를 제대로 들여다볼 수 있다. 특히 구어 자료를 살피는 일이 중요하다.

최근 들어 다양한 구어 말뭉치, 특히 음성 자원들이 확보되어 연구재로 활용되고 있어[4] 이제는 구어의 특성을 근거로 감탄사의 형태적 통사적, 의미적 선정 기준을 마련하여 어휘론적 관점에서 감탄사를 기술할 수 있는 환경이 되었다고 할 수 있다. 이 연구에서 20세기 전기에 나타나는 감탄사를 연구 대상으로 삼은 것은 구어 특성을 확인할 수 있는 음성 자료가 이때부터 출현하기 때문이다. 또한 현대 국어의 초기로 분류되는 20세기 전기에 녹음, 녹화된 음성 자료를 통해 우리말 감탄사의 실제 발음은 물론 문법과 의미, 화용에 이르기까지 총체적 면모를 확인할 수 있기 때문이다.

본디 감탄사란 화자가 특정한 상황에서 자신의 느낌이나 의지 따위를 개념적인 단어를 사용하지 않고 직접 나타내는 말이다. 놀람이나 느낌 따위를 나타내는 감정 감탄사, 청자와의 소통 과정에서 표현하는 부름, 응답 등의 행위를 유도하는 의지 감탄사, 담화 과정에서 삽입되는 군말

고 100여만 개를 수록한 <우리말샘>에도 1853개 항목이 등재되어 있다. 품사가 있는 표제어로 보면 보통 0.2% 안팎의 비중을 차지할 정도로 미미하다.

3) 구본관 외(2015: 191)에서는 의성 부사처럼 자의성이 약하여 화자의 의지대로 자유롭게 형성하기도 한다고 보았다.

4) 최근 문어에 편중된 문법에 대한 반성과 구어 기반의 문법에 대한 접근이 지속적으로 제기되고 있다. 구현정(2007), 민현식(2007), 목정수(2009, 2010, 2011), 지현숙(2006, 2009), 신지영(2013), 홍종선(2014)등에서 구어 문법의 설정 가능성과 근거에 대해 다루고 있다. 국내외 구어 연구의 흐름은 홍종선(2014) 참조.

등과 같은 형식 감탄사로 분류된다. 최근 국어 감탄사 연구에 구어적 특성에 주목한 연구들이 나오고 있다. 전영옥(2012)에서는 구어 말뭉치에 나타난 감탄사의 유형을 분류하였고 이현희(2016)에서는 구어 특성을 반영한 감탄사의 전형성을 다루고 있다.

이에 본 연구에서는 20세기 전기에 녹음, 녹화된 음성 자료를 대상으로 우리말 감탄사를 추출하여 목록화하고 그 어휘론적 특성을 살피고자 한다. 이를 통해 달성하고자 하는 목표는 20세기 전기를 관통하면서 실제로 사용된 감탄사 목록을 작성하고 구어 상황에서 쓰인 감탄사의 어휘적 특성을 정리하기 위해서이다.[5)]

이를 위해 본 연구에서는 20세기 전기 구어 말뭉치를 활용하려고 한다.[6)] 20세기 전반기에 녹음, 녹화된 음성 자료를 대상으로 우리말 감탄사를 분석하고 그 목록을 작성할 것이다. 이 연구에서 말하는 구어는 음성으로 발화된 언어를 말하며 구어 자료는 음성을 전달 매체로 하는 언어 자료를 뜻한다.[7)] 문자로 확인할 수 있는 우리말 자료는 고대 국어까지

---

5) 향후 20세기 후반의 음성 자료에 등장하는 감탄사의 발화형까지 추적, 관찰하여 감탄사 대표형과 다양한 변이형을 통합적으로 기술하는 기준을 마련하고자 한다.

6) 기존의 감탄사 연구에서는 대량의 자연언어 자원인 코퍼스는 음성 자료를 충분히 활용하기가 어려웠다. 세종 말뭉치 통합본과 이를 보충한 세종-민연 말뭉치(SJ-RIKS Corpus) 역시 1억 어절이 넘는 최대 규모 코퍼스이지만, 문어 대 구어의 비중이 94 대 6 정도로 문어 위주임을 알 수 있다. 이를 활용한 사전 역시 구어에서 주로 쓰이는 어휘를 제대로 선정하지 못했고, 구어 상황에 맞는 의미와 용법을 세밀하게 기술하지 못하였다. 구어 자원에 기초한 구어 어휘에 대한 연구가 이루어져야 하며 사전에서도 구어 어휘의 등재 기준, 기술 범위와 방법론에 대해 논의되어야 한다.

7) 반면 문자로 표현된 언어를 문어로 칭한다. 음성의 형태로 되어 있지 않은 자료 가운데에서도 구어의 특성을 반영하고 있는 일부 자료가 있다. 이를 선행 연구에서는 구어체 문어 혹은 구어적 특징을 지닌 문어, 구어적 특성 등으로 언급하고 있다. 구어체 혹은 구어적 문어는 문자의 형식으로 표현된 언어 가운데 구어적 속성이 드러나는 것을 말한다. 구어 어휘에 관한 연구에는 구어 자료가 주된 대상이 되지만 구어체 문어 역시 구어의 연구 대상에 포함할 수 있다. 특히 20세기 초기와 같이 음성 자료가 매우 제한적인 시기에는 이와 같은 '구어체 문어' 자료가 구어의 특성을 밝히는 데 도움이 되기 때문이다. 이에

소급되지만 음성으로 확인할 수 있는 우리말 자료는 20세기 초부터 전해진다. 1899년 유성기가 우리나라에 처음 소개되고, 1907년 첫 상업 음반이 발매된 이후[8] 노래는 물론 대담, 연설, 강연, 만담, 연극, 영화, 강독에 이르는 다양한 장르의 음성 자료가 남아 있다. 이들 자료를 수집, 분석, 전사한 구어 말뭉치에서 감탄사를 추출한 다음, 각 감탄사의 용법을 세 유형에 따라 분석한 뒤 분류할 것이다. 그런 다음 국어사전에 등재된 감탄사 목록과 비교할 예정이다. 문세영(1942)의 <조선어사전(수정증보판)>, 국립국어원의 <표준국어대사전>(1999), 고려대 민연의 <고려대한국어대사전>(2009)의 감탄사 목록을 비교하여 구어 말뭉치에 나타난 감탄사의 수와 쓰임을 확인한다. 각 사전은 20세기 전기와 후기, 21세기 전기의 감탄사 목록을 등재하고 있기 때문에 구어 말뭉치에 나타나는 감탄사의 형태와 쓰임을 비교·분석하기에 적절하다.[9]

2장에서는 구어 말뭉치의 특징에 대해 간략히 소개하고 감탄사 목록 추출 결과를 제시할 것이다. 3장에서는 각 국어사전과의 비교 분석한 결과를 제시할 것이다.

2. 20세기 전기 구어 말뭉치를 통한 감탄사 분석

1) 감탄사의 유형별 목록

현대 국어 초기의 감탄사 용법을 확인하기 위해서는 이 시기의 음성

대한 논의는 장혜진 외(2014) 참조.

8) 배연형(2011: 15) 참조.

9) 한편으로 이런 과정은 사전에 등재된 감탄사 목록과 형태, 기술 내용을 음성 자료를 통해 검증하여 그 적절성에 대해 비판하고 감탄사 표제어 등재 기준을 마련하는 데 유용한 절차가 될 수 있다.

자료를 찾고 국어의 연구 자료로 가공하는 작업이 매우 중요하다. 또한 감탄사의 어휘사적 특성을 포착하기 위해서는 시기별 감탄사를 목록화하여 활용할 수 있어야 한다. 이 연구에서 활용한 구어 말뭉치는 '고려대 구어 말뭉치(I)'이다[10]. 현대 구어사 연구를 위해 구축한 20세기 전반기 음성 자료 데이터베이스인 고구말(I)은 총 995분 분량의 음성 자료를 전사한 말뭉치이다. 고구말(I)을 구성한 음성 자료로는 월남 이상재 선생의 연설 자료, 고루 이극로 선생의 '조선의 말소리' 음성 자료, 손기정 선수의 올림픽 당시 소감 녹음 자료, 김복진 동화 구연 자료, '보통학교 조선어독본' 낭독 자료, 영화 설명, 극, 영화 등이다.[11] 고구말(I)은 수집한 음성 자료를 직접 듣고 철자 전사를 원칙으로 하여 구축되었다. 형태소 태깅은 지능형 형태소 분석 프로그램을 이용하였는데, 세종 형태소 분류 기준을 따랐다. 전체 규모는 총 58,765어절이다. 이 중에서 감탄사를 추출한 결과 감탄사 형태소는 154개, 총 빈도는 2,519번으로 확인되었다.[12] 감탄사 목록과 고구말 빈도, 각 감탄사의 비율을 제시하면 다음과 같다.

[표 1] 고구말(I) 추출 감탄사 목록

	감탄사	고구말 빈도	비율	누적 비율		감탄사	고구말 빈도	비율	누적 비율
1	아	555	22.0%	22.0%	78	올라잇	2	0.1%	96.3%
2	네	291	11.6%	33.6%	79	위이	2	0.1%	96.3%
3	응	250	9.9%	43.5%	80	임마	2	0.1%	96.4%
4	오	150	6.0%	49.5%	81	자장자장	2	0.1%	96.5%

10) 이하 '고구말(I)'로 줄여 이른다.

11) 20세기 초 구어 음성 자료의 특성과 유형은 오재혁 외(2014) 참조.

12) 1차로 세종 형태소 분석기를 통해 결과를 추출하여 엑셀 프로그램으로 정리한 뒤 필자가 수작업으로 개별 형태소를 확인하여 산출한 목록이다.

5	어	112	4.4%	53.9%	82	컷	2	0.1%	96.6%
6	그래	80	3.2%	57.1%	83	거참	2	0.1%	96.7%
7	아니	75	3.0%	60.1%	84	아구	2	0.1%	96.7%
8	참	66	2.6%	62.7%	85	어어	2	0.1%	96.8%
9	아이	65	2.6%	65.3%	86	에이구	2	0.1%	96.9%
10	여보	58	2.3%	67.6%	87	에이그머니나	2	0.1%	97.0%
11	자	53	2.1%	69.7%	88	엣	2	0.1%	97.1%
12	글쎄	44	1.7%	71.4%	89	예잇	2	0.1%	97.1%
13	음	40	1.6%	73.0%	90	오라	2	0.1%	97.2%
14	뭐	38	1.5%	74.5%	91	웬걸	2	0.1%	97.3%
15	아가	35	1.4%	75.9%	92	으음	2	0.1%	97.4%
16	예	32	1.3%	77.2%	93	이히	2	0.1%	97.5%
17	아유	29	1.2%	78.3%	94	저런	2	0.1%	97.5%
18	아이구	29	1.2%	79.5%	95	쳇	2	0.1%	97.6%
19	에이	27	1.1%	80.5%	96	흠흠	2	0.1%	97.7%
20	오냐	26	1.0%	81.6%	97	가만	1	0.04%	97.7%
21	원	26	1.0%	82.6%	98	그러믄요	1	0.04%	97.8%
22	여보게	21	0.8%	83.4%	99	그럼요	1	0.04%	97.8%
23	여보세요	16	0.6%	84.1%	100	그렇지	1	0.04%	97.9%
24	암	15	0.6%	84.7%	101	글쎄다	1	0.04%	97.9%
25	야	14	0.6%	85.2%	102	아서라	1	0.04%	97.9%
26	아이고	14	0.6%	85.8%	103	어기어차	1	0.04%	98.0%
27	천만에	13	0.5%	86.3%	104	어려렵쇼	1	0.04%	98.0%
28	예끼	12	0.5%	86.8%	105	여보오	1	0.04%	98.0%
29	저	12	0.5%	87.3%	106	여봐	1	0.04%	98.1%
30	어디	12	0.5%	87.7%	107	옳소	1	0.04%	98.1%
31	흥	12	0.5%	88.2%	108	워리	1	0.04%	98.1%
32	에	11	0.4%	88.6%	109	응응	1	0.04%	98.2%
33	아아	11	0.4%	89.1%	110	이러	1	0.04%	98.2%
34	애	10	0.4%	89.5%	111	이보게	1	0.04%	98.3%
35	옳지	10	0.4%	89.9%	112	이봐	1	0.04%	98.3%

36	뭘	10	0.4%	90.3%	113	자장	1	0.04%	98.3%
37	허	8	0.3%	90.6%	114	그것참	1	0.04%	98.4%
38	아이참	7	0.3%	90.9%	115	깜짝이야	1	0.04%	98.4%
39	글쎄요	6	0.2%	91.1%	116	맙소사	1	0.04%	98.5%
40	쉬	6	0.2%	91.3%	117	무어	1	0.04%	98.5%
41	하하	6	0.2%	91.6%	118	세상에	1	0.04%	98.5%
42	그럼	5	0.2%	91.8%	119	아그머니	1	0.04%	98.6%
43	왜	5	0.2%	92.0%	120	아야	1	0.04%	98.6%
44	말이다	5	0.2%	92.2%	121	아으어아아	1	0.04%	98.7%
45	아냐	4	0.2%	92.3%	122	아이구머니	1	0.04%	98.7%
46	아니요	4	0.2%	92.5%	123	아이구머니나	1	0.04%	98.7%
47	여보시오	4	0.2%	92.7%	124	아이유	1	0.04%	98.8%
48	아따	4	0.2%	92.8%	125	아주	1	0.04%	98.8%
49	아휴	4	0.2%	93.0%	126	아차	1	0.04%	98.8%
50	이찌먼	4	0.2%	93.1%	127	아하	1	0.04%	98.9%
51	어휴	4	0.2%	93.3%	128	악	1	0.04%	98.9%
52	에잇	4	0.2%	93.4%	129	어따	1	0.04%	99.0%
53	이그	4	0.2%	93.6%	130	어우우우	1	0.04%	99.0%
54	하	4	0.2%	93.8%	131	어이구	1	0.04%	99.0%
55	흠	4	0.2%	93.9%	132	어이그	1	0.04%	99.1%
56	네네	3	0.1%	94.0%	133	얼시고	1	0.04%	99.1%
57	아뇨	3	0.1%	94.2%	134	에고머니	1	0.04%	99.2%
58	아니야	3	0.1%	94.3%	135	에구	1	0.04%	99.2%
59	어이	3	0.1%	94.4%	136	에구머니	1	0.04%	99.2%
60	옛다	3	0.1%	94.5%	137	에그	1	0.04%	99.3%
61	아이그	3	0.1%	94.6%	138	에라	1	0.04%	99.3%
62	앗	3	0.1%	94.8%	139	에익	1	0.04%	99.4%
63	어유	3	0.1%	94.9%	140	에잉	1	0.04%	99.4%
64	예이	3	0.1%	95.0%	141	에효	1	0.04%	99.4%
65	이런	3	0.1%	95.1%	142	온	1	0.04%	99.5%
66	천하에	3	0.1%	95.2%	143	요런	1	0.04%	99.5%

67	허허	3	0.1%	95.4%	144	으아	1	0.04%	99.6%
68	흐	3	0.1%	95.5%	145	으으음	1	0.04%	99.6%
69	어허	2	0.1%	95.6%	146	이크	1	0.04%	99.6%
70	정말	2	0.1%	95.6%	147	저기	1	0.04%	99.7%
71	그러게	2	0.1%	95.7%	148	제길	1	0.04%	99.7%
72	글쎄올시다	2	0.1%	95.8%	149	제랄	1	0.04%	99.7%
73	싸구려	2	0.1%	95.9%	150	조런	1	0.04%	99.8%
74	아무렴	2	0.1%	96.0%	151	쯧쯧	1	0.04%	99.8%
75	여	2	0.1%	96.0%	152	허어어어	1	0.04%	99.8%
76	여보십쇼	2	0.1%	96.1%	153	호	1	0.04%	99.9%
77	여보십시오	2	0.1%	96.2%	154	흐흐	1	0.04%	99.9%
							2519	100.0%	100.0%

현존 자료의 한계로 인해 말뭉치 규모가 크지 않아 당대 감탄사의 대부분이 분석되었다고 하기는 어렵지만, 실제 발화형에서 확인한 목록이라는 점에서 의의가 크다.[13] [표 1]에서 보듯이 구어 말뭉치에서 분석된 감탄사의 빈도를 알 수 있다. 빈도가 높은 감탄사의 경우 현재의 사용 빈도와 견주어도 크게 다르지 않을 만큼 당시에도 널리 쓰였음을 알 수 있다.

감탄사는 일반적으로 청자에 상관없이 감정을 표현하는 감정 감탄사, 대답이나 부름, 행동을 유발하는 의지 감탄사, 군말과 같은 형식 감탄사로 유형화한다. 그러나 각 감탄사의 용례를 확인하면 감정적 용법이나 의지적 용법 또는 군말과 같은 형식적 용법 단 하나로만 쓰이는 게 아니라 복수의 용법으로 쓰이는 단어가 적지 않음을 알 수 있다. 예를 들어 보자.[14]

13) 당시 국어사전의 감탄사 목록과 비교한다면 고구말(I)의 구어 자료가 어느 정도 현실 언어를 반영하고 있는지를 가늠할 수 있다. 이는 3장에서 다룬다.

14) 예문은 고구말(I)에서 인용하였다.

(1) ㄱ. 감독: 음, 그 얼굴도 아주 훌륭하던데.
이영일: 음, **그래**? <반도의 봄, 1941>
ㄴ. 딸: 정말이우?
애순: **그래**. <미몽, 1936>
ㄷ. 인규: 자네가 그렇게까지 소원이라니까, **그래**, 이왕 내버려두다시피 한 집 자네에게 제공하지. <집 없는 천사, 1914>

위의 예를 보면 감탄사 '그래'는 화자와 청자 간의 특정 상황에서 감정적, 의지적, 형식적 기능을 하고 있음을 알 수 있다. (1ㄱ)에서는 상대방의 말에 대한 가벼운 놀라움을 표현하고 있다. (1ㄴ)에서는 청자의 권유에 대해 긍정의 뜻으로 하는 대답을 하고 있으며 (1ㄷ)에서는 발화 중간에 삽입하는 군말로 쓰이고 있다. 그래서 용례별로 각 감탄사의 의미를 확인하여 분류하였다.[15] 본고에서는 154개의 감탄사에 대해 각 예문을 확인하여 어떤 감탄사의 유형인지, 그 의미에 따라 정리하였다. 이를 정리하면 다음과 같다.

[표 2] 고구말(I) 추출 감탄사 유형별 목록표 2

분류	항목 (비율)	목록
감정	100 (55.3%)	거참, 그것참, 그래1, 깜작이야, 맙소사, 무어, 뭐1, 세상에, 아1, 아구, 아그머니, 아니1, 아따, 아아, 아야, 아유, 아으어아아, 아이, 아이고, 아이구, 어려렵쇼, 어이구머니, 아이구머니나, 아이그, 아이유, 아이참, 아주, 아차, 아하, 아휴, 악, 앗, 야1, 애1, 어1, 어따, 어어, 어우우우, 어유, 어이구, 어이그, 어쩌면, 어허1, 어휴, 얼시고, 에,

15) 이러한 의도는 이미 오승신(2006), 전영옥(2012)에서 시도된 바 있다. 기존 감탄사 유형이 특정 상황에 쓰이는 감탄사의 의미를 충분히 보여주지 못함을 전제한 뒤 새로운 유형 분류를 시도하였다. 본고에서는 감탄사 목록과 용법을 확인하는 데 일차적 목적이 있으므로 기존 유형 분류를 따르되, 의미와 용법을 복수로 선택하는 방식을 선택하여 정리하였다.

		어고머니, 에구, 에구머니, 에그, 에라, 에이, 에이구, 에이그머니나, 에익, 에잇, 에잉, 에효, 엣, 에끼1, 예이, 예잇, 오1, 온, 옳아, 옳지1, 요런, 원, 웬걸, 으아, 으으음, 으음, 음1, 응1, 이그, 이런, 이크, 이히, 자1, 저런, 정말1, 제길, 제랄, 조런, 쯧쯧, 참1, 천하에, 쳇, 하하, 하하, 허, 허어어어, 허허, 호, 흐, 흐흐, 흠, 흠흠, 흥
의지	69 (38.5%)	가만, 그래2, 그러게, 그러믄요, 그럼, 그럼요, 그렇지, 글쎄, 글쎄다, 글쎄올시다, 글쎄요, 네1, 네네, 뭐2, 뭘, 쉬, 싸구려, 아2, 아가, 아냐, 아뇨, 아니2, 아니야, 아니요, 아무렴, 아서라, 암, 야2, 얘2, 어2, 어기어차, 어디1, 어이, 어허2, 여, 여보, 여보게, 여보세요, 여보시오, 여보십쇼, 여보십시오, 여보오, 여봐, 예1, 예끼2, 옜다, 오2, 오냐, 올라잇, 옳소, 옳지2, 왜, 워리, 워이, 음2, 응2, 응응, 이러, 이보게, 이봐, 임마, 자2, 자장, 자장자장, 저1, 정말2, 천만에, 컷
형식	11 (6.2%)	그래3, 네2, 말이다, 뭐3, 어3, 어디2, 예2, 음3, 저2, 저기, 참2

위의 표에서 알 수 있듯이 감정 감탄사, 의지 감탄사, 형식 감탄사의 순으로 나타난다. 감탄사의 대표 용법이라고 할 수 있는 감정 감탄사의 수가 반을 넘는다. 하지만 의지 감탄사의 비중 역시 적지 않다. 이러한 결과는 전영옥(2012)에서 밝힌 세종 형태 분석 말뭉치에 나타나는 감탄사의 유형과 실현 빈도에 대한 결과와 차이가 난다. 세종 말뭉치에서는 감정 감탄사의 유형 빈도는 71.4%로 가장 높고, 의지 감탄사가 20.6%, 형식 감탄사가 8.0%로 나타났다. 비중의 순서는 '감정>의지>형식'의 순으로 동일하지만, 각 수치는 상당한 차이가 있다. 고구말(I)에 나타난 감탄사의 유형별 항목의 비율은 감정 감탄사 55.3%, 의지 감탄사 38.5%, 형식 감탄사 6.2%이다. 문어 비중이 높은 세종 말뭉치에 비해 고구말은 구어로만 구성되어 있기 때문에 청자와의 관련성이 상대적으로 덜 중요한 감정 감탄사의 비중이 줄고 청자와의 대화 중에 화자가 의도적으로 발화하는 의지 감탄사의 비중이 증가한 것이라고 할 수 있다.[16]

이런 결과는 고구말(I)을 구성한 자료의 특성에서도 확인된다. 오재혁(2016)에 따르면 독백 형식으로 이루어진 연설, 강연, 인터뷰가 포함되기는 하였지만, 전체적으로 양방향 대화, 스토리 중심의 동화 구연과 영화 속 대화가 대부분이어서 화자와 청자가 함께 등장하는 장면에서 쓰인 감탄사가 대부분이라고 할 수 있다.17)

[표 2]에서 제시하였듯 복수의 의미 기능을 가진 감탄사들이 정리되었다. 기존 연구에서는 하나의 감탄사를 하나의 유형으로 분류하였으나 이는 감탄사의 용법을 세밀하게 기술하는 데에 한계가 있다. 그래서 본고에서는 이들을 의미 기능에 따라 차이가 난다고 보고 달리 처리하였다. 여러 유형의 감탄사 용법을 가진 목록을 정리하면 다음과 같다.

[표 3] 복합적인 의미와 용법을 가진 감탄사 목록표 3

감정+의지+형식	4	그래, 뭐, 어, 음
감정+의지	11	아, 아니, 야, 애, 어허, 예끼, 오, 옳지, 응, 자, 정말
감정+형식	1	참
의지+형식	4	네, 이디, 에, 저

이로써 20세기 초반 음성 자료에 나타나는 감탄사가 한정된 의미로만 쓰이는 게 아니라 감정적 용법, 의지적 용법, 형식적 용법으로 확장되어 쓰이고 있음을 알 수 있다. 구어 상황에 맞게 화자가 특정한 표현 기능을 발현하는 데 사용하고 있다.

16) 전영옥(2012: 235)에서 사용한 말뭉치는 세종 형태소 주석 말뭉치로서, 문어 말뭉치가 3,203,793어절, 준구어 말뭉치는 2,089,561어절, 구어 말뭉치는 805,646 어절로 화자와 청자가 실시간으로 생산한 구어 말뭉치는 그 규모가 가장 작다.

17) 16시간 35분 가량의 분량 중 동화 구연과 대화, 영화 속 대화 분량이 15시간 40분에 이른다.

2) 감탄사의 어휘론적 특징

이 절에서는 고구말(I)에 나타난 감탄사를 대상으로 어휘적 특징을 살펴보고자 한다. 첫째, 현재 통용되고 있는 사전에 등재된 형태와 차이가 나는 감탄사가 여럿 등장한다. 특히 모음이 교체되는 형태들이 다양하게 추출되었다.

(2) ㄱ. 아이고, 아이구, 아이그, 어이구, 어이그, 에이구, 에구, 에그
ㄴ. 아그머니, 아이구머니, 아이구머니나, 에고머니, 에구머니, 에이그머니나
ㄷ. 어려렵소
ㄹ. 이히, 에효,

(2ㄱ)의 감탄사는 아프거나 힘들 때, 반갑거나 좋을 때, 원망하거나 좌절할 때 내는 소리들이다. 양성 모음과 음성 모음이 교체하기도 하고 '에' 계열의 형태도 나타난다. 이 중에서 규범적으로 인정받은 말은[18] '아이고', '어이구', '에구', '에그'뿐, 나머지는 북한어이거나 비표준어이거나 아예 사전에 등재되어 있지 않다. 감탄사의 표현적 기능과 구어 상황의 특수성을 인정하여 규범 안에서 유연하게 해결할 필요가 있다. 이는 (2ㄴ)의 경우도 마찬가지이다. (2ㄷ)에 나타나는 '어려렵소'는 뜻밖의 일을 당하였거나 일이 생각과 달리 진행될 때 하는 말이다. 아래 예문에서 화자는 자신이 인지한 사실에 대해 표출할 때 '어려렵소'라고 발화하고 있다.[19]

---

18) <표준국어대사전>의 처리 방식을 기준으로 보았다.
19) 인물의 특징이 배어나오는 감탄형이라고 할 수 있다. 당시의 보편적인 형태라기보다 장면의 특수성이 반영된 개인 방언의 성격이 강하다. 국어사전에는 '어렵쇼'로 등재되어 있다.

(3) 방자: 한양까지 갔다 곧 돌아올 테니 염려 말고 기다리라구. **어려렵소.** 벌써 다 가버렸네. <반도의 봄, 1941>

둘째, 형태적 반복형이 나타난다. 감탄사의 실제 발화형이 반복을 통해 다양하게 분석되었다. 전체 반복형과 일부 반복형으로 구분할 수 있다. 그 중에는 표준적인 용법으로 인정된 것과 그렇지 않은 것이 있는데, 20세기 전기에도 다양하게 쓰였다.

(4) ㄱ. 네네, 아아, 어어, 응응, 자장자장, 쯧쯧, 하하, 허허, 흐흐, 흠흠
ㄴ. 어우우우, 으으음, 허어어어

(4ㄱ)은 '네, 아, 얘, 어, 응' 등과 같은 단일 형태를 반복하여 표현적 기능을 강화하고 있다. <표준국어대사전>에서는 이런 반복형을 모두 인정하지는 않고 있다.[20] (4ㄴ)에서는 한 음절만 반복하여 발화한 경우이다. 표현적 기능을 강화하기 위해 강조하여 발화한 것으로 보인다.

셋째, 개인적 발화형으로 짐작되는 형태도 확인된다. 대화 장면에서 화자의 표현적 의도에 따라 특정한 형태로 발화되는 것으로 보인다. 아래 (5ㄱ)은 한탄의 감탄사를 길게 발화한 것으로 보인다. (5ㄴ)은 언짢고 불평스러울 때 내는 욕의 하나인 '제기랄'을 줄여 표현한 것으로 판단된다. (5ㄷ)의 '위이'는 그 의미를 정확히 밝히기가 어렵다.

(5) ㄱ. 장철수: **아으어아아.**
친구: 자네 요새 암만해도 또 무슨 일이 생겼지? <어화, 1939>
ㄴ. 만수: 그 자식은 날마다 돈 내라고 야단지랄이고, 저녁에 올 텐데. **제랄.** 암만 기다려두. <어화, 1939>

20) '네네'는 등재되어 있지 않으며 '흐흐'의 경우 '흐'조차 올라 있지 않다. 반복형에 대한 일관적 처리 기준이 적용되었는지 재고할 필요가 있다.

ㄷ. 노인: 앞길이 아직도 먼데, 어인 잠을 저리들 자노? **위이**.
<동방의 비가, 1934>

넷째, 술어형 감탄사의 수가 상당히 많다. 특히 청자와의 관계에 따라 높임의 어미가 유표적으로 쓰인다.

(6) ㄱ. 그럼/그럼요
ㄴ. 아니/아니야/아니요
ㄷ. 글쎄/글쎄다/글쎄요/글쎄올시다
ㄹ. 옳아/옳지/옳소
ㅁ. 여보/여보게/여보세요/여보시오/여보십시오/여보십쇼/여보오/여봐

(6ㄱ)은 해요체의 '그럼요'가 무표적인 '그럼'과 함께 쓰인다. (6ㄴ)은 해체의 '아니야'와 해요체의 '아니요'가 '아니'와 함께 쓰인다. (6ㄷ)은 해라체의 '글쎄다', 합쇼체의 '글쎄올시다', 해요체의 '글쎄요'가 '글쎄'와 다른 화계에서 쓰인다. (6ㄹ)은 형용사 '옳다'의 활용형으로, 해체와 합쇼체의 형태가 고정되어 감탄사로 쓰인다. (6ㅁ)의 '여보'는 또래나 부부 사이에 상대를 부르는 말이다. '여보'는 각각 하게체, 해요체, 하오체, 하십시오체, 합쇼체, 해체까지 다양한 종결 어미가 결합한 감탄사가 쓰였다.[21] 이렇게 감탄사에도 화계에 따른 종결형이 다양하게 쓰이고 있으니만큼 이에 대해 유연한 자세를 취할 필요가 있다.[22]

다섯째, 다품사적 특징이 나타난다. 감탄사 중에는 명사, 대명사, 관형사, 부사, 형용사와 같은 품사로 쓰이고 있는 경우가 상당하다.

---

21) 유일하게 해라체 '여봐라'가 나타나지 않았다.
22) '그래요, 그러게요, 아무렴요, 암요' 등 사용 빈도가 상당하지만 <표준국어대사전> 등에 표제어로 등재되지 않은 경우가 많다. 일정한 기준을 정해 일관되게 처리할 필요가 있다.

(7) ㄱ. 아가, 정말, 참, 컷
ㄴ. 무어, 뭐, 어디, 저기
ㄷ. 이런, 요런, 조런
ㄹ. 가만, 그럼, 아주, 어쩌면, 참, 아니,
ㅁ. 그래, 그렇지, 옳지, 옳소, 옳아, 싸구려,
ㅂ. 깜짝이야, 뭘, 세상에, 천만에, 천하에, 얘, 올라잇, 임마(<인마)

20세기 전기 음성 자료에서 확인된 감탄사 중에는 (7ㄱ)의 명사, (7ㄴ)의 대명사, (7ㄷ)의 관형사, (7ㄹ)의 부사, (7ㅁ)의 형용사와 통용하여 쓰이는 경우가 확인되었다. 어휘 형태소가 특정한 발화 상황에서 독립적인 성분으로 기능하여 감탄사로서의 용법을 확장해 나갔다고 할 수 있다. 말뭉치에서 추출한 예문을 살펴보자.

(8) ㄱ. 옥임: **아가**, 왜 우니? <어머니의 힘, 1937>
ㄴ. 카츄샤: 지금도 그런데요, **뭘**.
네프류드: **어디**, 그런가 볼까? <부활, 1930년대>[23)]
ㄷ. 관섭: 아니, 요 녀석 그래도 안 가? **요런**. 그럼 보트 타는 데까정 같이 가. <집 없는 천사, 1941>
ㄹ. 인규: 아저씨가 다 처치해 주마. 응? **가만**. 얘, 우리 밖으로 나가지. <집 없는 천사, 1941>
ㅁ. 수일: 자, 이렇게 망토 속으로 좀 바티 들어와. **옳지**, 됐어. <신장한몽, 1930년대>

(8ㄱ)에서 '아가'는 딸을 부르는 말로 쓰였다. (8ㄴ)의 '어디'는 지시대명사가 아니라 남의 주의를 쓸 때 쓰는 감탄사이다. '무엇을'이 준 '뭘'은 화자의 행동에 대해 상대방이 칭찬하거나 감사할 때 대단치 않음을

23) 정확한 녹음 시기가 알려지지 않아 1996년에 '신나라레코드'사가 발매한 '유성기로 듣던 무성 영화 모음'에 제시된 대략의 시기를 제시하였다. 1996년 8월 22일자 경향신문에 따르면 1923년에서 1934년경에 제작된 것으로 알려져 있다고 하였다.

겸손하게 나타내는 감탄사이다. (8ㄷ)은 관형사의 용법이 아니라 뜻밖에 놀라운 일을 보았을 때 하는 감탄사 용법이다. (8ㄹ)의 '가만'은 부사로 쓰인 게 아니라 상대방의 행동을 제지할 때 쓰는 감탄사로 쓰였다. (8ㅁ)의 '옳지'는 형용사 '옳다'의 활용형이 아니라 상대방의 행동이 마땅하다고 생각될 때 하는 감탄사이다.

앞의 (7ㅂ)은 구 단위의 감탄사들이다. '올라잇'(all right)과 같은 외국어가 감탄사로 쓰인 경우도 확인된다. 아래 예문의 경우에서 '좋아', '됐어'의 의미로 쓰인 '올라잇'을 확인할 수 있다.

(9) 감독: **올라잇**, 컷! 음, 아주 훌륭했습니다. 대성공이야, 대성공.
<반도의 봄, 1941>

고구말(I)은 20세기 전기의 구어를 수집, 분석, 전사한 말뭉치이다. 한정된 자원이기는 하지만, 음성 언어가 갖는 진보적이고 표현적인 특성에 따라 신어 감탄사가 분석되었다. '올라잇, 컷' 등과 같은 신어 감탄사가 이 시기에 발화되었음을 확인할 수 있다.

3. 국어사전 감탄사 목록과의 비교

20세기 전기에 쓰인 감탄사를 확인할 때 국어사전에 실린 감탄사 목록과 비교하는 일은 유의미하다. 국어사전은 당대의 어휘를 선정, 등재하여 그에 대한 의미와 용법을 제시하는 참조 텍스트이기 때문이다. 하지만 기존의 사전이나 자료를 참고하여 수록하다 보니 이전에 쓰인 말도 담긴다. 그래서 사전 속에 있는 말이 그 시절에 실재한 말인지 확인하는 과정이 필요한데 구어 자료가 그에 대한 근거가 될 수 있다. 고구말(I)에서 추출된 감탄사 목록과 비교함으로써 당시에 많이 쓰인 감탄사를 확인할 수 있다. 그뿐만 아니라 당대 사전에 미처 등재되지 않았던 감탄사를 발견할 수도 있다. 그래서 이 연구에서는 20세기 전기에 출간된 문세영의 <조선어사전>(1942)와 20세기 후기 이후에 출간된 <표준국어대사전>(1999), <고려대 한국어대사전>(2009)에 실린 감탄사 목록과 고구말(I)의 감탄사 목록을 비교하고자 한다.

1) <조선어사전>(1942)의 감탄사 목록과의 비교

이 연구에서는 20세기 전기에 출간된 문세영(1942)의 <조선어사전>을 선택하여 감탄사 목록을 비교하였다. <조선어사전>을 선택한 이유는 첫째, 표제어 약 95,000개를 수록한 중사전으로서 이전에 나왔던 조선총독부의 <조선어사전>(1920)의 58,000여 개를 능가하는 규모이다. 당대의 종합 사전으로 볼 수 있다. 둘째, 1933년 '한글 마춤법 통일안'을 표기의 기준으로 삼았고 1936년 '표준어 사정안'을 어휘 선정의 기준으로 삼았다. 다양한 구어형까지는 등재하지 못하였더라도 대표형은 수록하였을 가능성이 크다. 셋째, 81,000개를 수록한 <조선어사전>(1938)보다 표제어가 만여 개 추가되었다. 감탄사는 총 234개가 등재되어 있다. 넷째, 한글 전용 사전으로서 이해하기 쉽고[24] 특히 뜻풀이가 간명하게 제시되어 있다. 다섯째, 전자 파일로 존재하여 가공하기 수월한 장점이 있다.[25]

---

24) 황용주(2014)에서는 <조선어사전>이 1940년대부터 1960년대까지 대중적으로 각광을 받았던 사전이었음을 당시의 신문 자료 등을 통해 소개하고 있다.

25) 국립국어원 언어정보나눔터에서 제공하는 파일에는 'ㅇ' 일부가 누락되어 있고 교정 등이 제대로 되지 않기 때문에 원본과의 대조가 필요하다. 세종계획에서 입력한 사전은 소화 17년(1942년)에 출간된 것이다.

우선 <조선어사전>의 감탄사 234개를 엑셀 파일로 옮긴 뒤 개별 형태를 고구말(I)에서 확인하였다. 그 결과 총 51개의 감탄사만이[26] 20세기 초 음성 자료에서 확인되었다. 해당 목록은 아래와 같다.

(10) 그래, 그럼, 그렇지, 글쎄, 깜짝야, 네, 무어, 뭐, 쉬, 아, 아니, 아따, 아서라, 아유, 아이고, 아차, 아하, 앗, 야, 얘, 어, 어따, 어이, 어허, 에, 에구, 에구머니, 에라, 에잇, 여보, 여보게, 예, 예끼, 옜다, 오, 오냐, 오라, 올으라잍[27], 옳지, 왜, 워리, 으아, 응, 이러, 이런, 저, 저런, 하, 하하, 허, 흥

위의 목록은 고구말(I)에서 추출된 감탄사 중 <조선어사전>에 등재된 것이다. 전체의 33%만이 <조선어사전>의 감탄사와 일치하였다. 이를 통해 우리는 일반적으로 사전이 가지는 보수성에 따라 현실적으로 쓰이는 감탄사가 사전에 충분히 실리지 못했다는 점을 알 수 있다. 과거 전통 시대의 사전 편찬자는 기존 자료에서 수집된 단어나 편찬자 개인의 경험에 따라 표제어를 등재할 수밖에 없다. 지금처럼 대규모 관련 자료를 활용하던 시대가 아니기 때문이다. 구어 말뭉치에서 보기 어려운 문어투의 감탄사나 한정된 지역이나 장면에서 쓰이는 어휘들이 사전에 실려 있다. <조선어사전>에 등재된 나머지 172개의 감탄사 중 일부를 통해 이해할 수 있다. 아래 예를 보면 '시재시재, 시호시호' 등과 같은 감탄사는 문어체, 특히 한문에서 쓰이는 감탄사이다. 고유어 '고드래뽕, 쒜쒜' 등은 특정 장면에서 쓰였을 법하다.[28]

26) <조선어사전>의 감탄사 중에는 감탄형 어미, 의성의태 부사 등이 혼재되어 있다. 이를 제외하면 57개이다.

27) '올으라잍'은 'all right'에 대한 음차 표기가 고구말(I)의 '올라잇'과 차이가 날 뿐 동일한 감탄사이다.

28) 실제 발화형을 확인하지 못해 짐작할 따름이다.

표 4. <조선어사전>에 수록된 감탄사 예시

표제어	원어	뜻풀이
고드래뽕		일이 끝났을 때에 쓰는 말
쒜쒜		어린애가 몸을 다치었을 때 위로하는 말
시재-시재	時哉時哉	좋은 때를 만난 것을 탄미하는 말
시호-시호	時乎時乎	시재시재'와 같음
압다		의외 또는 불쾌한 일이 있을 때에 나오는 소리
어일사		뜻밖으로 생각하고 비웃는 뜻을 표할 때에 나오는 말
에끄나		에그머니'와 같음
움		비분의 뜻을 나타내는 소리

이들 감탄사의 당대 용법을 확인하기 위해서는 조선총독부 <조선어사전>(1920)과 심의린의 <보통학교 조선어사전>(1925) 등 <수정증보> 이전에 나온 사전을 찾아볼 필요가 있다.[29] 그 외 구어적 성격을 지닌 딱지본 소설이나 근대 소설, 1930년대 '별건곤', '삼천리', '동광' 등 잡지에 실린 좌담회 기록 등을 확인해서 그 의미와 용법을 추정해야 한다.[30]

2) <표준국어대사전>(1999), <고려대 한국어대사전>(2009)의 감탄사 목록과의 비교

고구말(I)에서 추출한 감탄사를 20세기 후반기 이후에 출간된 국어대사전과 비교하였다. 당대 사전에는 미처 등재되지 않았던 고구말(I)의 감

29) <조선어사전>(1920)과 <보통학교 조선어사전>(1925)에는 위에 제시된 감탄사 대다수가 등재되지 않았다. 다만 '에끄나'는 <조선어사전>에 '에구'와 동의어로 등재되어 있다.

30) 흥미로운 점은 <조선어사전>의 감탄사 234개 대부분이 <표준국어대사전>이나 <고려대 한국어대사전>에 실려 있다는 것이다. 하지만 이들 사전에 용례가 제시되어 있지 않아 용법을 이해하기는 어렵다. <조선어사전> 이전 자료를 찾아 의미와 용법을 명확히 기술해 둘 필요성이 크다. 감탄사의 의미와 용법에 대한 변천사를 기술하기 위해서는 사전별 감탄사 표제어를 목록화하여 상호 대조할 수 있어야 한다.

탄사가 후대의 사전에 등재되었는지 확인하기 위해서이다. <표준국어대사전>과 <고려대 한국어대사전>의 감탄사 목록을[31] 추출하여 상호 비교하였다. 그 결과 두 사전에 모두 등재된 감탄사는 725개, <표준>에만 실린 감탄사는 134개, <고려대>에만 실린 감탄사는 100개이다. 두 사전에 모두 실린 감탄사를 대상으로 고구말(I)의 감탄사 목록과 비교한 결과, 총 725개 중 120개의 감탄사가[32] 고구말(I)의 감탄사 목록과 일치하였다.[33] 해당 표제어 목록은 아래와 같다.

(11) 가만, 거참, 그것참, 그래, 그러게, 그럼, 그렇지, 글쎄, 글쎄다, 글쎄올시다, 글쎄요, 깜짝이야, 네, 맙소사, 무어, 뭐, 뭘, 세상에, 쉬, 싸구려, 아, 아가, 아냐, 아뇨, 아니, 아니야, 아니오, 아니요, 아따, 아무렴, 아서라, 아아, 아야, 아유, 아이, 아이고, 아이구머니, 아이참, 아주, 아차, 아하, 아휴, 악, 암, 앗, 야, 얘, 어, 어기여차, 어디, 어따, 어렵쇼, 어어, 어이, 어이구, 어쩌면, 어허, 어휴, 얼씨구, 에, 에구, 에구머니, 에그, 에라, 에이, 에잇, 여, 여보, 여보게, 여보세요, 여보시오, 여보십시오, 여봅시오, 예, 예끼, 예이, 옜다, 오, 오냐, 온, 옳소, 옳아, 옳지, 왜, 요런, 워리, 원, 웬걸, 으아, 으음, 음, 응, 응응, 이러, 이런, 이보게, 이봐, 이크, 자, 자장자장, 저, 저기, 저런, 정말, 제길, 조런, 쯧쯧, 참, 천만에, 천하에, 첫, 컷, 하, 하하, 허, 허허, 호, 흠, 흠흠, 흥

고구말(I)에서 추출된 감탄사 153개 중 120개가 '표준+고려대'에 등재된 감탄사이다. 무려 78.4%에 이르는 감탄사가 일치하였다. 당시에 출간된 <조선어사전>의 감탄사 목록과의 일치도보다 훨씬 높게 나타났다.

---

31) <표준국어대사전>에는 877개의 감탄사가, <고려대 한국어대사전>에는 826개의 감탄사가 등재되어 있다.

32) '어렵쇼'의 변이형인 '어려렵쇼'까지 합하면 121개가 일치한다고 볼 수 있다.

33) 고구말(I)의 감탄사 중에 한쪽 사전에만 실린 감탄사로는 <고려대 한국어대사전>의 '예잇'이 있다. 비위에 거슬려서 불쾌할 때 내는 소리를 나타나는 말이다. <표준국어대사전>과 고구말(I)이 일치하는 감탄사는 확인되지 않았다.

20세기 전기 구어 말뭉치에서 추출된 감탄사가 20세기 후기 사전에 등재됨으로써 우리말 어휘로서 자리 잡게 되었다고 할 수 있다.[34)]

4. 마무리

본 연구는 20세기 전기에 녹음, 녹화된 음성 자료를 말뭉치로 구축한 '고구말(I)'을 대상으로 우리말 감탄사를 추출하여 목록화하고 그 어휘론적 특성을 살폈다. 2장에서는 우선 20세기 전반기 음성 데이터베이스인 고구말에서 총 154개의 감탄사를 분석하여 목록을 제시하였다. 감탄사의 총 출현 빈도는 2,519번으로 확인되었다. 이어 154개의 감탄사에 대해 각 예문을 확인하여 의미와 용법을 구분한 결과, 감정 감탄사 55.3%, 의지 감탄사 38.5%, 형식 감탄사 6.2%로 나타났다. 문어 비중이 높은 세종 말뭉치와 비교했을 때 고구말(I)에서는 청자와의 관계가 덜 중요한 상황에서 발화되는 감정 감탄사의 비중이 줄고 청자가 상정된 상태에서 화자가 의지적, 의도적인 발화를 할 때 나타나는 의지 감탄사의 비중이 증가한 것이라고 할 수 있다. 2.2절에서는 고구말(I) 추출 감탄사의 어휘론적 특징을 다양한 발화형과 반복형, 개인적 발화형의 측면과 화자와 청자 간 화계의 측면, 다품사의 측면에서 살폈다. 다양한 발화형이 자연스럽게 사용되고 있는 당시 현실 언어를 통해 오늘날의 규범적 기준에 대해 재고해야 할 필요성을 다시 한번 강조하였다. 3장에서는 국어사전에 등재된 감탄사 목록과 비교하여 고구말(I)의 감탄사 목록의 특성을 확인하였다. 우선 문세영의 <조선어사전>과는 일치율이 33%에 그쳤으나 <표준

34) 전기 말뭉치에서 확인되었으나 사전에 등재되지 못한 형태에 대해서는 20세기 후기 구어 말뭉치를 검토하여 그 쓰임을 확인한 뒤에 사전에 등재 여부를 결정할 필요가 있다.

국어대사전>과 <고려대 한국어대사전> 공통 감탄사와의 일치율은 78.4%에 이르렀다. 보수적인 당대 사전에 미처 등재되지 않았던 감탄사를 고구말(I)에서 발견할 수 있었다는 점, 당대 사전에는 미처 등재되지 않았던 감탄사를 후대의 사전에 등재되어 있었다는 점을 확인하였다. 이를 통해 20세기 전기 구어 자료의 가치를 재확인할 수 있었다.

이 연구는 20세기 전기 녹음, 녹화 자료를 전사한 구어 말뭉치를 통해 감탄사의 목록과 용법을 확인하였다는 점에서 의의가 있다. 향후 이 시기 감탄사의 의미와 용법을 정치하게 다루는 연구가 뒷받침되어야 할 것이다. 해당 자료에 드러난 맥락과 장면을 통해 분석하고 특히 변이형의 사용 환경을 명세화하여 감탄사 대표형을 선정하는 근거 또한 논의할 필요가 있다. 아울러 20세기 후기 구어 말뭉치와 연계하여 계량화하는 연구도 후속되어야 할 것이다.

■참고 문헌

구본관·박재연·이선웅·이진호·황선엽(2015), 『한국어 문법 총론 Ⅰ』, 집문당.
구현정(2011), 「구어와 담화 : 연구와 활용」, 『우리말연구』 28, 25~56쪽.
김일환·이도길·강범모(2010), 「SJ-RIKS Corpus: 세종 형태의미 분석 코퍼스를 넘어서.」, 『민족문화연구』 52, 373-403쪽.
목정수(2009), 「구어 한국어를 위한 문법 모형」, 『한국어학』 45, 81~122쪽.
박용규(2011), 「문세영 조선어사전의 편찬 과정과 국어사전사적 의미」, 『동방학지』 154, 259-300쪽.
배연형(2007), 「한국 유성기음반 아카이브 DB구축 연구」, 『한국음반학』 17, 63-69쪽.
신지연(1989), 「간투사의 화용론적 특성」, 『주시경학보』 3, 165-169쪽.
신지연(2001), 「간투사의 의미 구조」, 『한국어의미학』 8, 241-259쪽.
신지영(2014), 「구어 연구와 운율: 소리를 담은 의미·통사론, 의미를 담은 음성학·음운론을 위한 제언」, 『한국어의미학』 44, 119-139쪽.

오승신(2006), 「감탄사」, 『왜 다시 품사론인가』, 커뮤니케이션북스.

오재혁·송인성·도원영·홍종선(2014), 「20세기 초 구어 연구를 위한 음성 자료의 유형과 특징에 대한 고찰」, 『어문논집』 70, 225-258쪽.

오재혁(2016), 「20세기 초 구어 말뭉치에 나타난 국어의 문법적 특징」, 『한국어학』 71, 23~47쪽.

오재혁·장혜진·홍종선(2015), 「20세기 전기 구어 자료에 나타난 종결형 양상-대화 음성 자료를 중심으로」, 『어문논집』 73, 183-221쪽.

유혜원(2014), 「구어에 나타난 운율적 실현의 문법적 해석」, 『한국어학』 64, 59-86쪽.

이성하(2008), 「문법화 연구에서의 구어의 의의」, 『언어과학연구』 47, 209~235쪽.

이진희(2003), 「언어의 구어성과 문어성에 관한 연구」, 『독일문학』 85, 528~542쪽.

장혜진(2016), 「20세기 전기 구어에 나타난 정도부사의 실현 양상」, 『한국어학』 71, 153-179쪽.

장혜진·신우봉·유혜원·홍종선(2014), 「20세기 초 구어 연구를 위한 문어 텍스트의 활용 문제」, 『어문논집』 71, 325~351쪽.

전영옥(2009), 「말뭉치를 바탕으로 한 한국어 감탄사 연구」, 『텍스트언어학』 27, 245-274쪽.

정경재·정연주·홍종선(2015), 「20세기 구어 자료에 나타난 하오체 어미 {-오}의 실현 양상 변화」, 『한국어학』 69, 277-311쪽.

조두상(1984), 「한·영 구어와 문어의 차이점 비교연구」, 『언어연구』 7, 53~19쪽.

지현숙(2010), 「한국어 구어 문법을 어떻게 기술할 것인가?: 기존점의 선정과 그 논의」, 『한국어교육』 21-4, 307~332쪽.

황용주(2014), 「문세영의 <수정증보 조선어사전>의 계량적 분석 연구」, 『한국사전학회 학술대회 발표논문집』, 111-139쪽.

홍종선(2014), 「구어와 문어를 아우르는 사용자 중심의 한국어 문법」, 『어문연구』 42-1, 7-35쪽.

홍종선(2015), 「현대국어 초기 구어체의 실현과 문학적 수용」, 『한국언어문학』 92, 33-61쪽.

홍종선(2016). 「한국어사에서 20세기 초 한국어의 위상과 문법적 특징.」 『한국어학』 71, 1-22쪽.

Biber, D(2000), *Variation across speech and writing*, Cambridge University press.

Brazil, D.(1995), *A Grammar of Speech*, Oxford University Press.

Halliday(1985), *An Introduction to Functional Grammar*, London:Edward Arnold.

참고 사전

고려대 민족문화연구원(2009), <고려대 한국어대사전>, 고려대 민연 출판부.

국립국어원(1999), <표준국어대사전>, 두산동아.

문세영(1938), <朝鮮語辭典>, 박문서관.

문세영(1942), <修整增補朝鮮語辭典>, 영창서관.

심의린(1925), <보통학교 조선어사전>, 태학사(박형익 편).

조선총독부(1920), <조선어사전>, 『한국학 고사전 총서』(서울아세아문화사 편).

참고 사이트

고려대 민족문화연구원(2016), 현대한국어 용례검색기, SJ-RIKS ext, 일러두기, http://db.koreanstudies.re.kr/

20세기 초 베를린 한인 음원의 음운과 형태

차재은 · 홍종선

1. 머리말

'지금', '여기'에 존재하지 않는 언어의 실체를 알아내려 할 때 연구자들은 일반적으로 문헌에 의존하게 된다. 문헌은 자료가 기록된 시기의 음운, 형태, 어휘, 문법에 관한 풍부한 정보를 담고 있는 언어 자료이기 때문이다.

그러나 문헌에 남아 있는 언어 자료는 문자 언어일 뿐으로 기록 시점의 구어가 가지고 있는 음성, 음운, 형태의 특징을 그대로 재현해 주지는 못한다. 따라서 특정 시기의 문헌 자료와 음성 자료가 공존한다고 할 때, 말소리 연구에서는 음성의 자료적 가치가 우위에 서게 된다. 가령 100년 전의 문헌과 음원이 동시에 남아 있다면, 말소리 연구자들에게 최상의 연구 자료는 음원이 될 것이다.

하지만 100여 년 전의 우리말 소리를 담고 있는 음원 자료는 매우 희소하다. 1877년에 에디슨이 세계 최초로 음성을 재생할 수 있는 축음기를 만들었다. 1896년에는 한민족 최초의 음원이 미국에서 녹음되었고[1] 1899년에는 대한제국에 유성기가 처음 도입되었으며 1907년에는 첫 상업 음반이 발매되었다.

그 이후부터 1945년 이전까지, 즉 대략 20세기 초의 한국어 음성 자료가 구연, 연설, 강연, 연극, 영화 등의 형태로 남아 있지만 저작권 등의 문제로 실제 언어 연구에서 자유롭게 이용할 수 있는 우리말 음성 자료는 여전히 풍부하다고 할 수 없다.[2]

이런 의미에서 1896년 미국에서 녹음된, 한민족 최초의 음원인 미 의회도서관 민요 자료와 1917년 베를린에서 녹음된 러시아 출신 한인들의 음원 자료에 주목할 필요가 있다. 이 자료들은 고음반 및 우리 노래의 역사를 다루는 학문 분야에서도 중요하지만 이 자료를 통해 당시 우리말의 음성, 음운, 형태에 접근할 수 있다는 점에서 국어학적으로도 중요하다.

미 의회도서관 민요 자료에 대해서는 兪弼在(2014)에서 모음의 음가와 모음조화를 중심으로 검토된 바 있다. 兪弼在(2014)에서는 이 민요에 나타난 노랫말을 서울·경기 지역, 청년층의 방언으로 보았다. 자료 검토 결과 모음 /ㅔ/와 /ㅐ/가 어두에서는 변별되지만 비어두, 특히 속격조사 '의'에서는 중화되었으며 한자음에 사용된 'ㅢ'는 비어두 위치에서 'ㅡ'로 실현된다고 하였다. 또 어간모음 'ㅗ'는 어미 'ㅏ'와 결합하지만 어간모음 'ㅏ'는 'ㅓ'계 어미와도 결합한다는 점에서 이 시기 모음조화의 양상이 현재 서울말과 유사하다고 보았다.

---

1) '미 의회도서관 소장 경기 민요 녹음 자료(이하 미 의회도서관 민요 자료로 부르기로 함)'가 현재까지 알려진 음원 중 한민족 최초의 음원이라는 사실은 고음반 연구자인 정창관 선생에 의해 밝혀졌다.(자세한 내용은 정창관(2009) 참조). 필자들에게 미 의회도서관 민요 자료 음반과 1917년 베를린 음원을 소개하고 제공해 주신 정창관 선생께 이 자리를 빌어 깊은 감사를 드린다.

2) 20세기 초 음원 자료의 규모, 성격, 이용 가능성에 대한 자세한 논의는 오재혁 외(2014)를 참조할 수 있다.

이미 국어학적 검토가 이루어진 미 의회도서관 민요 자료에 비해 1917년 베를린 한인 음원 자료에 대해서는 아직 구체적인 연구가 이루어지지 않고 있다.

이에 본고에서는 베를린 한인 음원 자료를 소개하고 이 자료에 보이는 당시 우리말의 특징에 대해 음운과 형태를 중심으로 고찰하고자 한다. 이 음원에 대한 음성, 음운, 형태의 분석 결과는 20세기 초 우리말의 전모를 파악하기 위한 기초 자료가 될 것이다.

2. 자료 및 연구 방법

본고의 연구 대상은 2014년 국립국악원에서 발간한 '그리움의 노래-베를린에 남겨진 20세기 초 한인의 소리-'에 나타난 한인 음성 자료이다.[3] 국립국악원(2014)는 베를린 민족학 박물관 포노그림 아카이브 소장 음원(왁스 실린더 음반 11개)과 훔볼트 대학교 라우더 아카이브 소장의 음원(셸락 음반 17개)을 디지털 변환하여 무보정 음원(Disc1)과 잡음 제거 보정 음원(Disc2)으로 나누어 시디(CD)에 담고 이에 대한 해설서를 첨부한 것이다.

이 음원은 1차 대전에 러시아군으로 입대하였다가 독일에서 전쟁 포로로 잡힌 한인 5인과 한인 최초의 독일 박사로 독일 이 민족 음악 녹음 프로젝트에 참여한 김중세 박사[4], 총 6인이 녹음한 민요, 독립 운동 가요,

3) 이 음반은 '국립국악원(2014)'로 칭하기로 한다. 2장의 자료 소개는 국립국악원(2014) 중 '베를린 음원의 의미와 가치(송지원, 국립국악원 국악 연구 실장)', '독일 포로수용소에 울려 퍼진 한인 포로들의 노래(명현, 국립국악원 학예 연구관)'를 바탕으로 필자가 정리한 것이다.

4) 김중세(1882-1946)는 개성 출신으로 한국 최초의 독일 박사이다. 1909년 독일로 유학하여 베를린 대학에서 철학, 정치경제학을 전공했고 1916년 독일 외무부 동양국에서 근무했으며 1926년 라이프치히 대학에서 박사 학위를 취득하였다. 독일 이민족 음악 녹음 프로젝트에서

간단한 낭송 등으로 구성돼 있다.

한인 포로들의 녹음 시기는 1916~1917년으로, 이들은 녹음 당시 23~41세인 청장년층이었으며 자신, 혹은 부모가 함경북도, 평안북도 출신이라는 화자 특성을 가지고 있다. 따라서 함경, 평안 방언이 반영되어 있는 이 음원은 20세기 초의 방언 음성이라는 점에서 희소성이 인정된다.

다음 [표 1]은 포로 출신 녹음 참여자의 방언 배경을 정리한 것이다.

[표 1] 포로 출신 녹음 참여자의 방언 배경

인물 / 정보	김그리고리 (김홍준)	안스테판	강가브리엘 (강홍식)	유니콜라이	유니키포르
생년월일	1889.1.28	1877	1907.10.7[5)]	1895.10.18	1895.6.22
출생지	니콜스크-우수리스크	자레치에	평안북도 강계군	자레치에	자레치에
20세 이후 거주지	프리모르스키	블라디보스토크	17세까지 강계, 이후 시베리아	자레치에	자레치에
학력	러시아 학교	러시아 공립학교	시민학교	러시아 학교	
부모 출신지	함경북도 경흥군	함경북도 경흥군	평안북도 강계군	자레치에	함경북도 경흥군
국적 모국어	한국 한국어	한국 한국어	한국 한국어	한국 한국어	한국 한국어
사용가능 언어	한국어 러시아어 (말하기)	한국어 러시아어 (읽기,쓰기, 말하기)	한국어 러시아어 (읽기,쓰기, 말하기)	한국어 러시아어 (읽기,쓰기,말하기)	한국어
직업	농업	상업	마을학교 교사	상업	농업

동양학자인 프리드리히 빌헬름 칼 뮐러의 조수로 참여한 김중세는 베를린 한인 음원에서 독서성 1곡과(44번 트랙) 염불 1곡(45번 트랙)을 녹음하였으며 녹음 시기는 1923년이다.

5) 국립국악원(2014)는 녹음 시기인 1916~17년을 고려하면 1907년생이 되기 어려우므로 1894년 이전으로 추정하였는데, 이러한 추정은 온당한 것으로 보인다.

국립국악원(2014)는 무보정 음원(Disc1)과 잡음 제거 보정 음원(Disc2) 두 개의 시디로 구성되어 있으며 각 디스크 당 45 트랙이 있는데, 본고에서는 잡음 제거 보정 음원인 Disc2를 분석 대상으로 삼았다. 다음 [표 2]는 Disc2의 트랙을 중심으로 제목, 시간, 창자(唱者) 정보를 정리한 것이다.

[표 2] 수록곡 관련 정보

트랙	제목	시간	창자	트랙	제목	시간	창자
1	아리랑	02:00	김그레고리	24	기생점고	00:45	김그레고리
2	아리랑	01:40	김그레고리	25	성주풀이	01:33	김그레고리
3	수심가	01:13	김그레고리	26	성주풀이	01:28	김그레고리
4	애원성	01:51	김그레고리	27	아리랑	03:08	안스테판
5	수심가	01:54	김그레고리	28	담바고타령	01:05	안스테판
6	기생점고	01:38	김그레고리	29	백로타령	00:57	안스테판
7	성주풀이	01:41	김그레고리	30	숫자세기	00:37	안스테판
8	아리랑	01:57	안스테판	31	조국강산	01:30	안스테판
9	담바고타령	01:10	안스테판	32	숫사세기	00:36	안스테판
10	애원성	00:51	안스테판	33	조국강산	01:42	안스테판
11	백로타령	01:00	안스테판	34	숫자세기	00:42	안스테판
12	조국강산	00:48	안스테판	35	애원성	01:14	안스테판
13	대한사람의	01:03	강가브리엘	36	염불	00:50	안스테판
14	염불	00:49	안스테판	37	애원성	00:22	안스테판
15	아리랑	01:19	김그레고리	38	염불	00:15	안스테판
16	아리랑	00:53	김그레고리	39	국문뒤풀이	03:19	강가브리엘
17	수심가	01:42	김그레고리	40	국문뒤풀이	02:16	강가브리엘
18	수심가	00:59	김그레고리	41	대한사람의	00:55	강가브리엘
19	애원성	01:35	김그레고리	42	만났도다	02:40	유니콜라이
20	애원성	01:20	김그레고리	43	성주풀이	02:43	유니콜라이 유니키포르
21	수심가	01:00	김그레고리				
22	수심가	01:04	김그레고리	44	논어	03:38	김세중
23	기생점고	00:45	김그레고리	45	염불	03:19	김세중

Disc2에 수록된 음원 총 45 트랙 중 5건은 숫자 세기(트랙 30, 32, 34) 및 가락 없는 민요 낭송(트랙 37, 38)이며 2건은 각각 유교 경전(44번 트랙)과 불교 경전(45번 트랙) 낭독이고 나머지 38건은 노래이다.

노래는 반복 녹음된 것이 많은데, 중복된 것을 제외하면 총 12종이 확인된다. 이중 9종은 '아리랑, 애원성' 등의 민요이고 3종은 독립 운동 가요 '조국강산, 대한사람의, 만났도다'이다. 노래는 김 그레고리와 안 스테판 2인이 부른 것이 대부분이나 43번 트랙 '성주풀이'는 유 니콜라이와 유 니키포르 두 사람이 함께 부른 것이다.

위 음원은 관찰 가능한 언어 정보의 종류에 따라 숫자 세기와 민요 암송, 경전 낭송, 노래의 세 갈래로 가를 수 있다. 먼저 숫자 세기는 당시 구어의 음운적 특징을 관찰할 수 있다는 점에서 노래나 경전 낭송 자료에 비해 언어학적으로 의미가 있다. 자료의 분량은 적지만 숫자 세기에는 노래나 낭송의 가락이 실려 있지 않아서 분절음의 음성적 특징을 관찰하기에 적합하다.[6)]

다음으로 경전 낭송 자료는 낭송 운율을 관찰할 수 있다는 점에서 흥미롭다. 중세, 근대 시기 유교나 불교 경전의 구결문들은 소리 내어 읽고 외우기 위한 텍스트였는데 이 텍스트에는 성조를 표시하는 방점이 표기되어 있었다. 따라서 낭송은 중세, 근대에서 현대로 오는 동안 낭송 운율에 어떤 변화가 나타났는지를 살펴볼 수 있는 흥미로운 자료이나 본고에서는 지면상 이에 대해 다루지 못하였다.

마지막으로 노래 자료는 '노래 가락' 때문에 '말소리의 가락'인 억양을 살펴볼 수 없다는 한계를 가지고 있으나 음운 규칙이나 형태적 특징, 어휘 목록 등을 관찰하는 데는 큰 문제가 없다. 음원에 실린 노래 중 20세기에 창작된 독립 운동 가요에는[7)] 당시 함경, 평안 방언의 구어가 반영되어

---

6) 본고에서는 주로 분절음의 음성, 음운적 특징에 주목하였다. 단, 잡음이 심하기 때문에 마찰음과 파찰음의 소음 에너지는 음향음성학적으로 관찰하기 어려워 청취에 의존하였다. 이 시기의 운율에 관한 종합적 논의는 진행 중인 별도의 논문에서 다루기로 한다.

7) 베를린 음원의 독립 운동 가요를 고찰한 김보희(2012)의 내용을 종합해 보면, 이 가요들은 20세기 초에 북한 방언을 토대로 창작된 것으로 볼 수 있다.

있지만 민요 자료에는 고형(古形)을 간직한 어휘 및 문법 형태가 남아 있다는 점에 주의할 필요가 있다.

본고에서는 위 세 가지 분류 틀에 따라 자료를 나누고 각 자료에서 발견할 수 있는 언어적 특징을 음운과 형태로 나누어 기술하였다. 먼저 음운적 특징은 자음, 모음 체계를 중심으로 기술하고 형태 및 어휘는 곡용, 활용에 보이는 형태 변화 및 어휘 목록을 중심으로 살펴보았다.

숫자 세기 및 낭송 자료는 웨이브 파일로 변환한 후[8] 청취와 스펙트로그램 관찰을 통해 각 분절음의 특징을 파악하였다. 노래는, 화자별로 1차 분류, 노래별로 2차 분류한 후 분절음을 중심으로 IPA로 간략 전사하여 어휘, 형태적 특징을 살펴보았다.

3. 결과 및 논의

3.1 음운 체계와 이음

음운적 특징은 숫자 세기(30, 32, 34 트랙)와 민요 암송(37, 38번 트랙)에 기초하였는데 이 트랙들은 모두 안 스테판(상업 종사, 부모 출신지 함경북도 경흥) 1인이 발화한 것이므로 이 자료를 통해 관찰된 분절음의 음성, 음운적 특징은 넓게는 함경북도 육진 방언의[9] 단편을 보여주는 것이라 하겠다.

이 외 노래 자료도 일부 참조하였는데 베를린 음원 자료는 전반적으로

8) 보정 음원은 .wma 방식으로 저장되어 있는데 .wma와 .wav 모두 비압축 방식이므로 저장 방식 변경으로 인한 정보 손실은 없다고 할 수 있다.

9) 육진은 함경북도 경원진, 회령진, 종성진, 온성진, 경흥진, 부령진 등 조선 초기에 개척된 육진이 있던 지역을 말한다. 육진 방언의 음운론에 대해서는 郭忠求(1994)에서 상세히 검토된 바 있다.

소음이 많아서 /ㅈ/의 마찰 소음을 관찰할 수 없었다. 따라서 /ㅈ/의 실현은 주로 청취에 의존하였고 /ㄹ/는 스펙트로그램 분석을 통해 주요 특징을 관찰하였다.

3.1.1. 자음 체계 및 변이음

다음 [표 3]은 숫자 세기와 민요 암송 등을 통해 얻은 베를린 음원의 자음 체계이다. 각 자음의 주요 변이음은 ( ) 안에 표시하였는데 이 방언의 특성상 특히 파찰음과 유음의 변이음에 주목할 필요가 있다.

[표 3]에 보이듯, 베를린 자료의 자음 체계는 표준어와 큰 차이를 보이지 않는다. 19개의 자음이 5가지 조음 방법과 5개의 조음 위치로 분류되며 음절의 초성 위치에 /ŋ/이 오지 못하고 종성에서 7개의 자음이 소리 난다는 음절 구조 제약도 표준어와 동일하다.

[표 3] 자음 체계 및 주요 변이음

조음 방법	발성 유형 (조음 위치)	양순	치경	치경 경구개	연구개	성문
폐쇄음	평음	p(p~b)	t(t~d)		(k~g~ɣ)	
	격음	p^h	t^h		k^h	
	경음	p^*	t^*		k^*	
파찰음	평음			tɕ(tɕ~ts)		
	격음			$tɕ^h$		
	경음			$tɕ^*$		
마찰음	평음		s(s~ɕ)			h
	경음		s^*(s^*~$ɕ^*$)			
비음		m	n		ŋ	
유음			l(l~ɾ~ɹ)			

일반적으로 육진 방언의 파찰음은 조음점이 치경인 경우가 많은 것으로 알려져 있지만 이 자료의 파찰음은 치경경구개음으로 지각되는 예가 많았다.10) /ㅈ/의 '조'와 같은 예가 치경 파찰음으로 들리기도 했지만 /ㅉ, ㅊ/는 표준어와 크게 다르지 않았다.

/ㅈ/의 음가에 관해 노래 '국문뒤풀이'(평안도 강계 출신 강흥식이 부름)가 흥미로운 자료를 제공한다. 이 노래 가사 중 '하탄통학을 하야러니 후토신랑이 하품을 하누나 자쟈저져, 자로 정정 하자던 님이 절저리고 돌아를 서누나 저져주쥬'처럼 '자음+ㅏ ㅑ ㅓ ㅕ' 연쇄의 뒤풀이가 반복되는 부분이 있는데, 이때의 '자'와 '쟈'는 다른 소리로 들리지 않는다. 현대국어와 같이 '자=쟈'임을 보여주는 예이다.

유음 /ㄹ/는 변이음의 실현에서 표준어와 차이를 보인다. 이 자료의 /ㄹ/는 (어중) 초성에서는 탄설음 [ɾ](예:서른)11), 어중 종성과 어중 /l/ 뒤 초성 위치에서에서는 설측음 [l](예:열써이, 얄러이)로 실현되는데 이는 표준어와 공통적이다. 그러나 어말 종성(예:얄)에서는 중앙부 폐쇄가 일어나지 않은 유음 [ɹ]로 실현되어 표준어와 다른 양상을 보인다.

다음 <그림 1>은 어중 초성에서 /ㄹ/가 탄설음으로 실현된 예를 보여준다.

---

10) 이 자료의 파찰음은 음향 분석을 하기 어려우므로 청취에 의존하였다. 고동호(2011)에서는 조부가 함북 경원 출신인 고려인의 자발화를 녹음하여 파찰음의 소음 에너지와 무게 중심을 분석한 결과, 이 화자가 발화한 파찰음은 치경음이 아닌 '설단전위경구개음', 즉 치경경구개음이라고 보고하였다. 본고의 관찰과 같은 결과이다.

11) 베를린 음원에서 어두 초성의 /l/는 [n]로 나타나는 경우가 많다. 가령 '룡천검'은 [농천검]으로, '랄라'는 [날라]로 소리 나기도 하는데 자료의 양이 적으므로 이에 대해서는 더 검토가 필요하다.

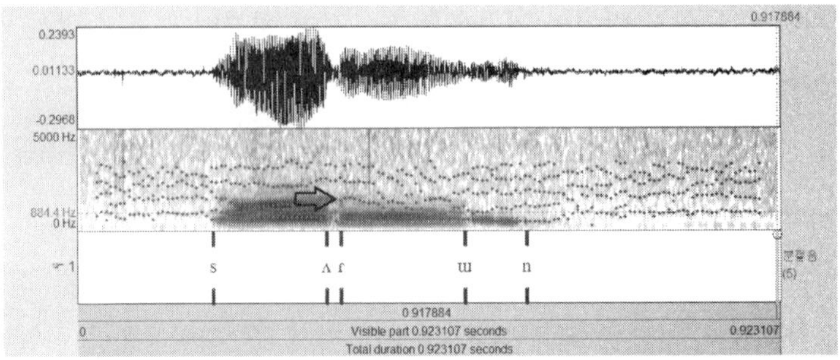

[그림 1] '서른(30)'의 파형, 스펙트로그램

그림의 화살표 부분에서 보이듯 /ㄹ/는 어중 초성에서 폐쇄음의 일종인 탄설음 [ɾ]로 실현되므로 공명음의 특징인 포먼트가 관찰되지 않는다. 즉 선행 모음 [ʌ]와 후행 모음 [ɯ] 사이에서 탄설음 [ɾ] 구간은 공백으로 나타난다.[12]

다음 <그림 2>는 어중에서 자음이 후행할 때 음절 말의 음소 /ㄹ/가 설측음 [l]로 실현되는 예를 보여준다.

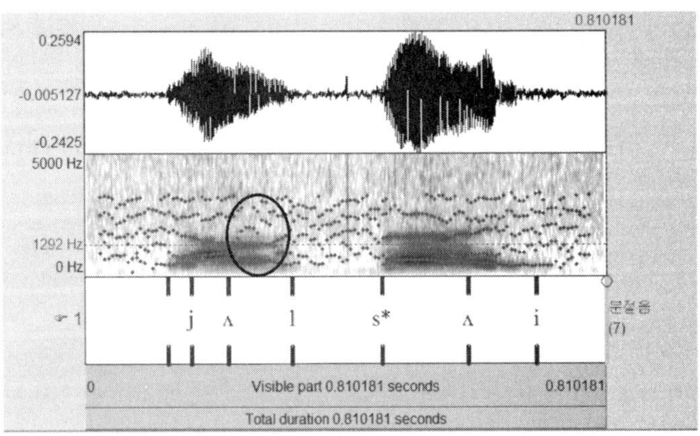

[그림 2] '열써이(13)'의 파형, 스펙트로그램

12) 보정 음원도 여전히 잡음이 심하므로 스펙트로그램 관찰을 위한 Dynamic range를 35로 설정하였다. 그럼에도 불구하고 잡음 때문에 깨끗한 공백은 보이지 않는다.

위 그림의 타원 구간은 모음과 유사한 포먼트 구조를 보이되, 모음보다는 강도가 약하고 선행 모음인 [ʌ]에 비해 F2가 상승한다. 안정 구간에서 선행 모음 [ʌ]의 F1, F2, F3가 631, 859, 1,384Hz인데 비해 [ㄹ]는 605, 1,215, 1,961Hz로 나타난다. 이처럼 개모음에 비해 F2가 상승하는 것은 설측음의 음향적 특징이다.

다음 <그림 3>은 종성 /ㄹ/ 뒤에서 실현되는 [l]을 보여준다.

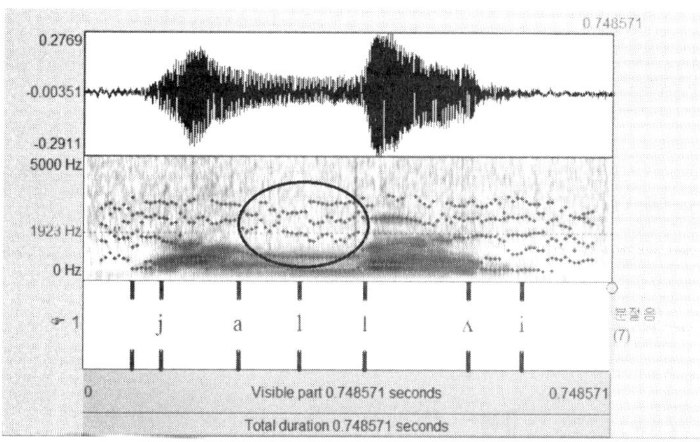

[그림 3] '얄러이(14)'의 파형, 스펙트로그램

위 그림의 타원 구간에서는 긴 포먼트를 관찰할 수 있는데[13] 선·후행 모음에 비해 그 강도는 약하게 나타난다. 안정 구간에서 선행 모음 [a]의 F1, F2, F3는 677, 933, 1,188Hz인데 비해 [l]는 388, 944, 1,837Hz로, 개모음에 비해 F1이 낮아지고 F2, F3가 상승하는 설측음의 특성을 보여준

13) [얄러이]의 기저형은 /얄(十)+ 너이(四)/이다. [얄러이]는 두 단어가 하나의 음운구를 이루면서 설측음화 규칙이 적용된 예이다. 기저형 /l+n/의 연쇄가 음운 규칙의 적용으로 [ll]로 실현된 것이므로 '열써이'의 [l]에 비해 길이가 길다. '열써이'의 [l]가 78msec인데 비해 '열러이'의 [l]구간은 185msec로 두 배 이상 길다. 음성적으로 긴 [l]을 음운론적으로는 두 개의 분절음 /ㄹ/의 연쇄로 해석하는 것이다.

다. 지각적으로나 음향적으로 <그림 2> '열써이'의 [l]와 '얄러이'의 [l]는 다르지 않은 것이다.

다음 <그림 4>는 어말 종성에서 /ㄹ/의 실현을 보인 것이다.

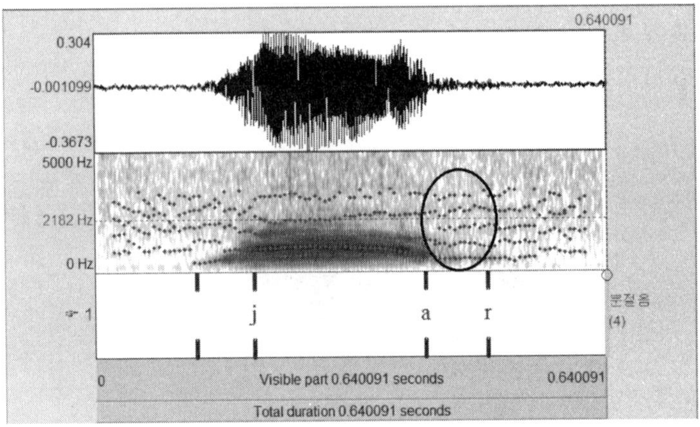

[그림 4] '얄(10)'의 파형, 스펙트로그램

위 그림의 /ㄹ/는 <그림> 2, 3의 /ㄹ/에 비해 포만트가 매우 흐리며 지각적으로도 덜 선명하여 영어의 유음 /r/과 유사하게 들린다. 실제로 타원 구간의 전반부에서 F1, F2, F3를 측정해 보니 483, 1,037, 1,694Hz로 나타났는데, 이 값은 '열써이'에 보이는 설측음 [l]의 F1, F2, F3인 605, 1,215, 1,961Hz와는 차이를 보인다. 즉, 어말 종성의 /ㄹ/는 어중 종성의 /ㄹ/에 비해 F1, F2, F3 값이 모두 낮게 나타나고 포먼트도 선명하지 않는다.

지각적으로도 '열써이'의 /ㄹ/가 선명하게 들리는 반면 '얄'의 /ㄹ/는 영어 단어 car[kɑ:(r)]의 /r/에 가깝게 들린다. 영어 /r/의 F1, F2, F3는 300, 1,300, 1,600Hz(Ladefoged 2001), 혹은 320, 1,090, 1,670Hz (Nolan 1983)로 보고되고 있는데, 이에 따르면 이 자료에 나타난 어말 종성의 /ㄹ/(F1

483, F2 1037, F3 1694Hz)는 영어의 /r/에 가까운 것이다. 실제로 자료를 청취해 보면 '얄(10)'의 /ㄹ/은 /r/에 가깝고 '둘(2)'과 '스물(20)'의 /ㄹ/는 거의 들리지 않는다.

이상 숫자 세기를 통해 관찰한 음소 /ㄹ/의 환경적 변이음을 정리하면 다음 [표 4]와 같다.[14]

[표 4] 음소 /l/의 이음

환경	변이음	예
V_V (어중 초성)	ɾ(탄설음)	jaɾahanna(11) sʌɾuɯn̆(30)
V_C, l_ (어중 종성, l 뒤)	l(설측음)	jʌlt*u:l(12) jʌls*ʌ:j(13)
		jʌllʌj(14) jʌlligup̚(17)
V_ (어말 종성)	ɹ(접근음)	ja:ɹ(10) sɯmuɹ(20)

3.1.2. 모음 목록 및 모음 체계

숫자 세기(30, 32, 34 트랙)와 민요 암송(37, 38번 트랙) 및 기타 민요를 통해 (1)과 같은 단모음, 이중모음의 목록을 얻었다. ( ) 안에 용례를 함께 제시한다.

(1) 단모음과 이중모음 목록
　ㄱ. 단모음: a(sam, 三) ʌ(ʌk̚, 億) o(oɕip̚, 五十) u(ku, 九) ɯ(mauɯn, 四十)
　　　　　i(il, 一) e(ne, 四) ɛ(pɛ:k̚, 百)
　ㄴ. 이중모음
　　j계(상향): ja(ja:ɹ, 十) jʌ(tʰaɾjʌŋ, 타령) jo(joŋgamɦal, 용감할)
　　　　　ju(junsʌn, 輪船) jɛ(jɛʃju:n, 六十)

14) 위 [표 4[는 육진 방언 화자로 볼 수 있는 안 스테판의 발화에서 도출한 것이다. 따라서 [표 4]와 육진 방언 /ㄹ/에 관한 음운론적 논의(곽충구 1994, 러쓰 킹·연재훈 1992, 소신애 2008 등)를 연결하여 종합적으로 논의할 필요가 있으나 원고의 분량 상 후고를 기약하기로 한다.

w계(상향): wa(wannja, 왔냐) wʌ(sewʌɾa, 세월아) wi(ʨwinda, 쥔다)
wɛ(kʌls*wɛ, 걸쇠)

(1)에서 8개의 단모음과 5개의 /j/계 이중 모음, 4개의 /w/계 이중 모음을 확인할 수 있다. 'ㅟ, ㅚ'가 전설 원순 단모음으로 실현된 예, /jɛ/와 변별되는 이중모음 /je/ 및 /ɯj/ 계 상향 이중모음 /ɯi/는 발견되지 않았다.15)

단모음의 음성적 특징을 고찰하기 위해 안 스테판의 발화만 따로 뽑은 후 모음의 안정 구간에서 'praat'의 'get pitch' 기능을 이용하여 F1, F2 값을 측정하였다. 다음 [표 5]는 8개 단모음의 F1, F2 값의 평균과 표준 편차이다. 단모음 옆 ( ) 안에 해당 단모음의 빈도를 제시하였다.

[표 5] 단모음별 F1, F2의 평균과 표준 편차(Hz)

평균 \ 모음		ㅏ (62)	ㅓ (25)	ㅗ (21)	ㅜ (29)	ㅡ (25)	ㅣ (68)	ㅔ (7)	ㅐ (7)
F1	평균	805	639	640	539	540	462	578	707
	표준편차	70	66	73	78	85	58	79	78
F2	평균	1203	1194	1046	1024	1344	1929	1488	1556
	표준편차	101	139	89	117	225	172	200	90

모음의 개구도와 관련 있는 F1 값은 'ㅏ>ㅐ>ㅓ, ㅗ>ㅔ>ㅜ, ㅡ>ㅣ'의 순서로 나타났다. 표준편차가 크지 않아 각 모음들이 높이와 관련하여 고유한 구역을 가지고 있을 것임을 예측할 수 있다. 전후설과 관련 있는 F2 값은 'ㅣ>ㅐ>ㅔ>ㅡ>ㅏ, ㅓ>ㅗ, ㅜ'의 순서를 보였는데, 이중 'ㅡ'와

15) '쉰'의 'ㅟ'를 전설 원순 단모음으로 볼 수도 있지만 차재은(2006)에 따르면, 치경음 뒤의 'ㅟ'는 /ㅟ/의 환경적 변이음으로 볼 수도 있으므로 일단 제외하였다.

'ㅔ'는 상대적으로 표준편차가 커서 넓은 영역에 분포할 것임을 예측할 수 있다.

다음 <그림 5>는 F1을 세로축, F2를 가로축으로 하여 위 8개 단모음의 분포를 표시한 산점도이다.

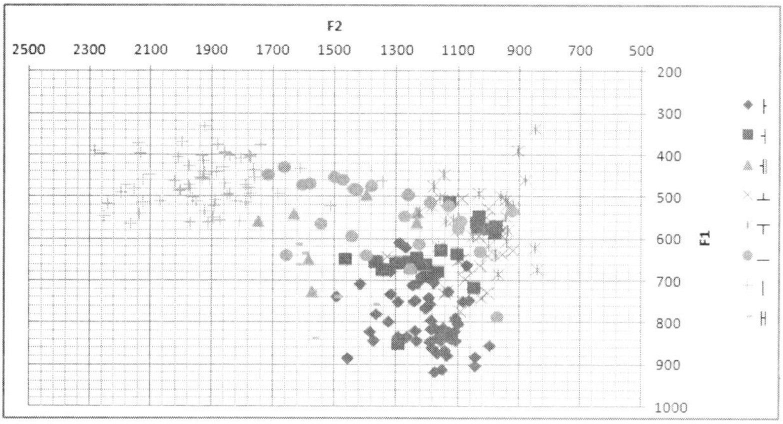

[그림 5] 단모음의 분포

위 분포도를 보면 'ㅡ'는 후설의 'ㅜ, ㅗ, ㅓ' 및 전설의 'ㅣ, ㅔ'의 영역에까지 넓게 분포하고 있다. 이는 음소 /ㅡ/의 불안정성을 반영하는 것이다.[16] 반면 'ㅣ'와 'ㅏ', 'ㅐ'는 상대적으로 안정된 영역을 구축하고 있어 'ㅡ'와 대조적이다.

한편 다음 <그림 6>은 각 단모음의 평균값을 취하여 F1, F2 좌표에 표시한 것이다.

---

16) 북한의 문화어에서도 'ㅡ'와 'ㅜ', 'ㅓ'와 'ㅗ'는 이미 합류한 것으로 보인다. 북한 조선 중앙 티비의 아나운서 발화에서 '구름'은 [그룸], '그럼'은 [구롬]처럼 들린다.

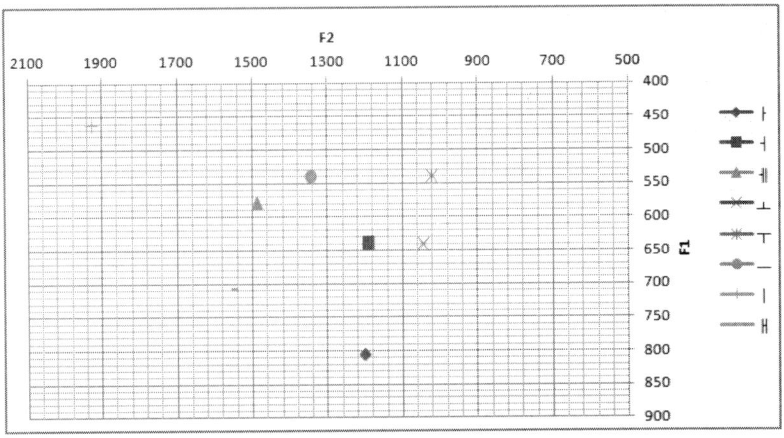

[그림 6] 단모음의 포먼트 평균값

이 그림을 통해, 개별 모음의 음성적 실현은 다양하지만 평균값이 보여 주는 모음 사각도에서는 8개의 모음이 변별적임을 알 수 있다. 따라서 이 자료의 단모음 체계는 다음 [표 6]과 같이 설정할 수 있는데, 이는 차재은(2006)에 제시된 20세기 초 중앙어의 모음 체계와 다르지 않다.

[표 6] 단모음 체계

고저 \ 전후	전설모음	후설모음	
	평순	평순	원순
고모음	i(ㅣ)	ɯ(ㅡ)	u(ㅜ)
중모음	e(ㅔ)	ʌ(ㅓ)	o(ㅗ)
저모음	ɛ(ㅐ)	a(ㅏ)	

3.2. 어휘와 형태

이 절에서는 베를린 한인 음원에 보이는 어휘, 형태의 특징에 대해 살펴본다. 3.2.1에서는 노래 가사를 중심으로[17] 품사별 빈도 및 고유어계 수사 목록에 대해 살펴보고 3.2.2에서는 곡용과 활용에 보이는 조사, 어미 목록 및 형태 변화에 대해 논의한다.

3.2.1. 어휘 빈도와 고유어계 수사 목록

전사된 노래 가사 중 해독이 어려운 21개 어절을 제외하고 총 1,170어절을 얻었다. 이 중 조사를 제외한 단어의[18] 유형 빈도, 품사 및 명사 어종별 유형 빈도를 살펴본 결과는 다음 [표 7]과 같다.

[표 7] 어휘 빈도

<table>
<tr><th>품사</th><th>출현빈도</th><th>유형빈도</th><th>예</th></tr>
<tr><td>감탄사</td><td>50</td><td>11</td><td>아, 아이고, 예, 얼싸네라, 어라...</td></tr>
<tr><td>관형사</td><td>25</td><td>9</td><td>모든, 무슨, 어떤, 요, 이, 저, 한...</td></tr>
<tr><td>동사</td><td>331</td><td>114</td><td>가다, 가져오다, 감다, 갚다, 거두다...</td></tr>
<tr><td rowspan="6">명사</td><td colspan="2">고유어</td><td rowspan="2">가게, 걸쇠, 겉, 고개, 곳, 곱, 꽃...</td></tr>
<tr><td>357</td><td>166</td></tr>
<tr><td colspan="2">한자어</td><td rowspan="2">고(苦), 광풍, 국민, 군함, 동지, 동포...</td></tr>
<tr><td>262</td><td>172</td></tr>
<tr><td colspan="2">외래어</td><td rowspan="2">담바고</td></tr>
<tr><td>6</td><td>1</td></tr>
<tr><td>부사</td><td>96</td><td>41</td><td>가득히, 거의, 길이, 내리, 너리, 덥석...</td></tr>
<tr><td>형용사</td><td>40</td><td>18</td><td>곱다, 급하다, 깊다, 낯설다, 많다, ...</td></tr>
</table>

위 표에서 감탄사의 빈도가 높은 것은 이 텍스트가 노래라는 것과 관련이 있다. 한자어의 출현 빈도는 적으나 유형 빈도는 오히려 고유어보다 많은데

17) 중복 녹음된 노래의 가사는 하나로 집계하였다. 가령 '눈질'이라는 어휘가 두 번 녹음된 경우 전체 출현 빈도에 포함하지 않았다.

18) '내'는 '나의'가 줄어든 말이라 품사를 부착할 수 없지만 편의상 명사로 처리하였다. 또 한자 어구도 편의상 명사로 보았다.

이는 '수심가, 애원성, 기생점고' 등의 전통 민요에 한자어가 많이 쓰였기 때문이다. 반면 '국문뒤풀이'나 '아리랑'과 같은 노래에는 상대적으로 고유어가 많이 나타나는데 이들 고유어는 대부분 <표준국어대사전>에 등재된 어휘이지만 '엇(반찬/국?)'이나[19] '품어리(품)'[20] 등은 미등재어에 해당한다.

베를린 음원은 방언 화자가 부른 노래들이 대부분이지만 정형화된 민요를 불렀기 때문에 '뉘기(누구)' 정도를 제외하면 방언 어휘가 많이 드러나지 않는다. 다만 안 스테판이 발화한 고유어 숫자 세기에는 다음 (2)에 보이듯, 육진 방언 어휘가 나타난다

(2) 고유어계 수사 목록(음소 표기)
hanna(1) tu:l(2) sʌ:i(3)[21] nʌi(4) tasɯ(5) jʌ:s*ɯ(6) ilgup(7) jadɯp(8) aup(9) ja:l(10) jalahanna(11) jʌlt*u:l(12) jʌls*ʌ:i(13) jʌllʌi(14) jʌlt*asɯ(15) jɛɾʌs*ɯ(16) jɛlligup(17) jʌlʌdɯl(18) jʌlaup(19) sɯmul(20) sʌɾɯn(30) maɯn(40) ʃi:n (50) jɛʃju:n(60) ilɯn(70) ja:dɯn(80) aɯn(90)

(2)에서 확인되는 고유어계 수사는 모두 27종으로, 1~10까지의 고유어계 기수사 중 중앙어와 형태가 일치하는 예가 많지 않다. 가령 중앙어의 '셋', '다섯', '여덟'은 (2)에서 '서이', '다스', '야듭'에 대응하는데, 이는 곽충구(2007)에 제시된 육진 방언의 수사 목록 '한나, 두울, 서이, 너이, 다슷, 여슷, 닐굽, 야듧, 얄'과 일치한다.

이는 안 스테판이 육진 방언(六鎭方言) 화자임을 고려할 때 설명된다. 다만 안 스테판은 5와 6을 '다스, 여스'로 종성 없이 발화하였는데 '다스,

19) '밥을 먹다 들여다보니 엇이 없어서 못 먹겠구나<국문뒤풀이>'에서, '엇'이 문맥상 반찬이나 국이라고 추정할 수 있다.

20) '우리네 정든 님 품어리 단잠이라<수심가>'에서 '품어리'가 '품'임을 알 수 있다.

21) '서이'의 'ʌ'는 'i'에 비해 강도가 세고, 길이가 길며, 음높이가 높아서 음성적으로는 'sʌ:j'와 같은 하향 이중 모음으로 볼 수 있으나 이 방언에서 하향 이중 모음이 음운론적 지위를 가지고 있는지를 확정하기 어려우므로 j가 아닌 i로 표기하였다.

여스'가 육진 방언의 변이형인지 안 스테판 개인의 발화 특성인지는 확정하기 어렵다.

다음 [표 8]은 안 스테판이 발화한 수사 목록을 중심으로 중세국어, 표준어, 문화어, 북한 방언과의 대응을 보인 것이다.22)

[표 8] 수사 형태의 대응

수	형태	중세국어	표준어	문화어	북한 방언
1	hanna	ᄒᆞ낳/ᄒᆞᆫ낳	하나	하나22	한나(평북, 량강)
2	tu:l	:둟/두을/두울	:둘	둘2:	둘
3	sʌ:i	:셓/세	:셋	셋	서이(함경)
4	nʌi	:넿	:넷	넷	너히(함남, 황해)
5	ta:sɯ	다·ᄉᆞᆺ	다섯	다섯22	다슷(함경)
6	jʌ:s*ɯ	여·슷	여섯	여섯	여슷
7	ilgup	닐·굽	일곱	일곱22	닐곱, 일굽(함경)
8	jadɯp	여·듧/ᄋᆢ듭	여덟	여덟	야듧(함경)
9	aup	아·홉	아홉	아홉22	아홉(함경)
10	ja:l	·엻	:열	열	열

'hanna'는 중세국어의 'ᄒᆞᆫ낳' 계열에 연결되는데 이 '한나'는 북한 방언에도 남아 있다. 'tu:l'은 중세국어의 ':둟'과 관련되는데, '둘'은 표준어, 문화어에서 모두 장음으로 나타난다. [jadɯp]은 훈민정음 해례 합자해에서 '兒童之言 邊野之語'에 있다고 한 상향 이중 모음 'ᄋᆢ' 및 韻解訓民正音의 'ᄋᆢ㊜'과 연결된다. 중세국어의 'ㅔ'가 하향 이중 모음이었음을 고려할 때 안 스테판이 발화한 [sʌ:i]는 고형을 반영한 것이라 하겠다. 모두 이 방언의 수사가 중세국어를 반영하고 있다는 것을 보여준다.

22) 표준어는 <표준국어대사전>, 중세국어는 <이조어사전>, 문화어와 북한 방언은 <조선말대사전>을 기준으로 제시하였다. 중세국어의 ':'은 상성, 문화어의 ':'은 음장, 숫자 2는 고, 중, 저 중 중조의 음높이를 뜻한다. <조선말대사전>의 방언 항목에는 초분절음 정보가 표시되어 있지 않다.

3.2.2. 조사, 어미 및 활용형

3.2.2에서는 곡용과 활용에 보이는 주요 조사, 어미 목록 및 활용에 보이는 형태 변화에 대해 살펴보기로 한다. 다음 [표 9]는 조사 중 표준어와 차이를 보이는 예를 제시한 것이다.

[표 9] 주요 조사 목록

격	형태	예	출전
대격	을	돛줄을	수심가
	를	돛대를	수심가
	르	너르	만났도다
	ㄹ	뉘길	국문뒤풀이
속격	이	너의	담바고타령
	으	낭군의, 이천만의	만났도다
	에	대한사람에	대한사람의
처격	으	적의	만났도다
	에	경복궁에	애원성
공동	과	산과	대한사람의
		날과, 널과	국문뒤풀이

위 표에 제시된 조사 목록에서 몇 가지 특징을 발견할 수 있다. 먼저 독립 가요 <만났도다>에 대격 조사 '르'가 나타나는데 이는 육진 방언의 구어가 반영된 결과로 보인다.

속격 조사 '의'는 '이, 으, 에'로 다양하게 실현된다. 대명사 '너' 뒤에서는 '이'로 실현된 예가 나타나는데 이는 중세국어 속격형 '네'의 흔적일 수 있다. '으'는 주로 한자어 뒤에서 나오며 '(대한) 사람에'처럼 고유어 뒤에서는 '에'로 나타난다. 20세기 초까지 '이, 으, 에'로 분화되었던 속격 조사가 점차 '에'로 통일된 것으로 볼 수도 있는데 그 구체적 과정에 대해서는 별도의 논의가 필요하다.[23)]

처격 조사는 'ㅔ'가 우세한 가운데 '적의'와 같은 예에서 '으'로 나타나며 공동격 조사는 '과' 하나만 출현한다. 표준어에서 '와'가 기대되는 위치에 '날과, 널과'처럼 '과'가 출현하는데, 이 어형의 출전인 <국문뒤풀이>가 민요이기 때문에 '날과'가 육진 방언의 반영인지 고형의 반영인지를 확정하기는 어렵다.

다음 [표 10]은 동사, 형용사와 결합하는 어미 및 어미 결합형의 유형별 목록을 제시한 것이다.[24] '어간+단일 어미' 및 '어간+어미 결합형'으로 구성된 활용형을 연결, 종결, 전성 어미로 나누어 어미의 가나다순으로 제시하고 ( )안에 활용형을 함께 보였다. 의존 형식을 표시하는 '-'는 따로 표시하지 않았으며 출전은 생략하였다.

[표 10] 어미 결합형의 유형별 목록

종류	예
연결 (39)	거나(날거나) 거날(생기거날) 거든(생기거든) 건마는(좋건마는) 고(놓고) 구(보구) 구서(믿구서) ㄴ다고(준다고) 느라고(빽느라고) 니(하니) 다가(오다가) 든(노든) ㄹ래(어떻길래) ㄹ세(지나칠세) ㄹ지도(갈지도) ㄹ깡(줄깡, 말깡) ㄹ진대는(갈진대는) 려(주려) 려고(만나려고) 면(병들면) 아(빨아) 아도(보아도) 아서(깎아서) 았더니(감았더니) 았던(갔던) 야(사랑하야) 얄러니(하얄러니) 어(빌어) 어다(들여다) 어서(막혀서만) 었거늘(벌였거늘) 었으니(되었으니) 엉(빌엉만) 여(어이하여) 오리니(하오리니) 으면(늙으면) 자고(가자고) 지(되지) 지만(원했지만)
종결 (36)	겄네(놀겄네) 게(하게, 연결) 게요(말게요) 겠네(놀겠네) 구나(열었구나) 구레(하구레) 구요(보구요) 기요(말기요) ㄴ다(논다) 노(왔노) 노라(없노라) 누나(서누나) 다(노다) 더냐(열었더냐) 든고(왔든고) ㄹ까(할까) ㄹ까요(볼까요) ㄹ리라(노리라) ㄹ세(무정할세) 랴(무엇하랴) 리라(띄우리라) 세(마세) 소서(살피소서) 아라(말아라) 았난고(나왔난고) 았냐(왔냐) 았네

23) 이와 관련하여 20세기 초의 음성 자료에서 속격 조사 '의'가 환경에 따라 어떻게 실현되는지 정밀하게 살펴볼 필요가 있다.

24) 'N+이다' 구성은 제외하였다.

	(나왔네) 았도다(만났도다) 았든고(왔든고) 어라(뛰어라) 었구나(되었구나) 었네(됐네) 었소(들었소) 오(가오) 으리라(갚으리라) 자(노자)
전성 (8)	기(하기가) ㄴ(정든) 는(씻는) ㄹ(펼) 었든(붙었든) 은(낯설은) 을(앉을) 이(어이없이)

[표 10]의 어미들 중 상당수는 표준어와 형태와 기능이 일치하지만, '게요(말게요), 기요(말기요), ㄹ깡(줄깡, 말깡)' 등은 방언이 반영된 형태로 보이며 '얄러니(하얄러니), 거날(생기거날), ㄹ세(지나칠세), ㄹ진대는(갈진대는)' 등은 고형이 반영된 것으로 보인다. 방언형 어미는 독립 운동 가요에 나타나며 고형을 반영하는 어미는 주로 민요 자료에 출현한다.

베를린 음원 자료의 활용형에 보이는 형태 교체 중 주목할 만한 것은 'ㄹ 탈락 규칙'이다.[26] 이 자료에서 'ㄹ' 탈락은 다음 (3)과 같이 매우 생산적으로 일어난다. 현재 표준어에서 '놀다, 놀리라, 말자'로 활용되는 어형이 이 자료에서는 '노다, 노리라, 마자'를 유지하고 있다. 특히 '노리라'는 'ㄹ'이 후행할 때도 탈락한다는 점에서 일반적인 'ㄹ' 탈락 규칙의 적용 환경이 확대된 예로 볼 수 있다.

(3) 베를린 음원의 ㄹ 탈락
노다(←놀+다) 노든(←놀+든) 노자(←놀+자) 노리라(←놀+리라)
마자(←말+자) 부질(←불+지+를) 사자(←살+자)

이 자료에 보이는 형태 변화 중 또 하나 흥미로운 것은 관형형 어미

25) 앞의 [표 7]에 따르면 동사, 형용사의 활용형이 371 예인데, [표 10]에 보이는 어미 결합형이 83유형이므로 '-며, -으며'와 같은 이형태를 고려하더라도 이 자료에 나타난 어미와 어미 결합형의 종류는 다양하다고 하겠다.

26) 중세국어에서 매우 활발했던 'ㄹ탈락 규칙'은 활용이나 합성어 형성에서, ㄹ로 끝나는 어간이나 어근 뒤에 치경음 'ㄴ, ㄷ, ㅅ, ㅿ, ㅈ' 등으로 시작하는 어미나 어근이 올 경우 'ㄹ'이 탈락하는 것을 말한다. (예: 돌+니 → 도니, 솔+나모 → 소나모). 이에 대한 자세한 내용은 이동석(2000) 참조.

'ㄴ'의 탈락이다. '관형형+명사' 구성의 일부 예에서 '오느님(오+는#님), 가느님(가+는#님), 정드님(정들+ㄴ#님)'처럼 관형형 어미 'ㄴ'이 탈락된다. '화초밭에 기는 년은<성주풀이>'처럼 'ㄴ'이 탈락되지 않는 예도 보이지만 위 세 가지 예에서는 'ㄴ'이 탈락된다. 이는 표준어에서 볼 수 없는 형태 변화이다.

베를린 자료는 관형형 어미 'ㄹ'의 분포도 표준어와는 조금 다르다. 표준어에서 관형형 어미 'ㄹ'은 동사와 자유롭게 결합하는 반면 형용사와는 결합 제약이 있다. 가령 '긴 다리'는 자연스럽지만 특별한 문맥이 주어지지 않는 한 '길(=앞으로 길어질) 다리'는 비문법적이다.

반면 베를린 자료에서는 '형용사+ㄹ#명사'의 구성을 발견할 수 있다. 다음 (4)는 독립 운동 가요 '조국강산' 가사의 일부이다. 노래인 점을 고려하여 4음절씩 끊어서 제시하였다.

(4) 조국강산
조국강산 사랑하고 동포형제 사랑하야
우리들이 용감할맘 일호라도 변치마세
우리들이 땀을흘려 물영부강 하게하고
우리들이 피를흘려 독립자주 하여보세
두려움을 당할때나 어려움을 당할때에
우리들이 용감할맘 일호라도 변치마세 (이하 생략)

위 가사 중 '용감할 맘'은 '용감하+ㄹ#맘'의 구성이다. 문맥상 '미래에 두려움과 어려움을 당할 때', 그때 미래 시점에서의 '용감할 맘'이다. 형용사와 결합하는 관형형 어미 'ㄹ'에서 미래 시제의 속성을 발견할 수 있는 흥미로운 예이다.

이외에도 '앉을 때나 서실 때나<만났도다>'의 '서실(중세국어:셔#(이)

시+ㄹ)'에서 중세국어와의 관련을 볼 수 있다. 또 '무서 말게요, 겁내 말기요, 깊다 말기요<대한사람의>'에서 부정어 '말다' 앞에서 어미를 취하지 않는, 육진 방언 '말다' 부정문의 형태적 특징도 엿볼 수 있다.

4. 마무리

1917년에 녹음된 베를린 한인 음원은 당시 우리말의 음성과 구어를 연구하는 데 최적의 자료이나 아직 국어학계에 소개된 바 없었다. 이에 본고에서는 베를린 한인 음원 자료를 소개하고 음운과 형태를 중심으로 이 자료에 보이는 당시 우리말의 특징에 대해 고찰하였다.

베를린 한인 음원 자료는 발화자 특성상 함북, 평북의 청장년층 화자의 방언을 반영하고 있는데, 언어 정보를 기준으로 숫자 세기, 암송, 노래로 분류된다. 본고에서는 숫자 세기와 노래를 중심으로 자음, 모음 체계 및 어휘, 형태적 특성을 고찰하였다.

이 자료의 자음 체계는 19자음, 5조음 위치, 5조음 방법으로 분류된다. 음소 /ㄹ/는 어중 초성에서는 탄설음 [ɾ], 어중 종성과 어중 /ㄹ/ 뒤 초성에서는 설측음 [l]로 실현되어 표준어와 같은 변이음을 가지나 어말 종성에서는 중앙부 폐쇄가 일어나지 않은 유음 [ɹ]로 실현되어 표준어와 차이를 보인다.

이 자료의 단모음 체계는 8모음으로, 전설/후설 대립, 고설/중설/저설 대립, 원순/비원순 대립을 보이고 /e/와 /ɛ/의 차이가 뚜렷하다는 점에서 20세기 초의 중앙어 모음 체계와 유사하다.

이 자료의 어휘에는 방언 특성이 분명히 드러나지는 않았으나 1~10까지의 고유어 수사는 중세 국어와 뚜렷한 관련을 보여주었다. 속격 조사는 음성적으로 '이/의/에'로 분화되었으며 공동격 조사는 '과'만 출현하였다.

또 이 자료에는 고형, 방언형 등 비교적 다양한 어미 결합형이 출현하였으며 활용에서 'ㄹ 탈락 규칙'이 예외 없이 유지되는 점, '관형형 어미 ㄴ+명사' 결합에서 'ㄴ 탈락'이 나타나는 점, '용감할 맘'처럼 '형용사+관형형 어미 ㄹ'의 결합이 보이는 점 등은 표준어와 다른 형태적 특징이라고 할 수 있다.

이 음원에 대한 음성, 음운, 형태적 분석 결과는 20세기 초 우리말의 전모를 파악하기 위한 기초 자료가 될 것이다. 다만 한정된 지면으로 인해 분석 결과와 관련된 방언학적, 국어사적 의미에 대해 더 자세하게 논하지 못한 것은 본고의 한계라 할 것이다. 이에 대해서는 후고에서 다루기로 한다.

■ 참고 문헌

고동호(2011), 「고려말의 파찰음과 파찰음화-경원출신 사료 제공인의 발화 분석 결과」, 『한글』(한글학회) 292. 5~27.

郭忠求(1994), 『咸北 六鎭 方言의 音韻論』, 太學社.

곽충구(2007), 「동북방언의 어휘-함북 방언을 중심으로-」, 『한국방언학』(한국방언학회) 5, 23~70.

국립국악원(2014), 『그리움의 노래-베를린에 남겨진 20세기 초 한인의 소리』.

김보희(2012), 「1917년 독일포로 고려인이 부른 독립운동가요」, 『한국독립운동사연구』(독립기념관한국독립운동사연구소) 42, 75~106.

소신애(2008), 「중세 국어 음절말 유음의 음가와 그 변화-방언 자료와 문헌 자료에 근거하여」, 『國語學』(國語學會) 53, 35~64.

오재혁 외(2014), 「20세기 초 구어 연구를 위한 음성 자료의 특징에 대한 고찰」, 『어문논집』(민족어문학회) 70, 225~258.

兪弼在(2014), 「미국 의회도서관 소장 민요 녹음 자료와 19세기말 국어의 모음 및 모음조화」, 『진단학보』(진단학회) 122, 175~196.

이동석(2000), 「ㄹ 탈락 현상의 적용 환경과 발생 및 소멸 시기에 대하여」, 『한국어학』(한국어학회) 12, 237~259.

장혜진·외 (2014), 「20세기 초 구어 연구를 위한 문어 텍스트의 활용 문제」, 『어문논집』(민족어문학회) 71, 325~351.

정창관(2009), 「한민족최초의 녹음-우리가 찾아와야할 6개의 에디슨 원통형 실린더 음반」, 『한국음반학』, (한국고음반학회) 19, 165~170.

차재은(2006), 「20세기 초의 한국어 모음 체계: 1930년대의 음성 자료를 중심으로」, 『한국어학』(한국어학회) 37, 361~396.

킹, 러쓰·연재훈(1992), 「중앙 아시아 한인들의 언어-고려말」, 『한글』(한글학회) 217, 83~134.

홍종선(2014), 「口語와 文語를 아우르는 사용자 중심의 한국어 문법」, 『어문연구』(한국어문교육연구회) 42(1), 7~35.

20세기 현대국어 구어 자료에 나타난 정도부사의 변화 양상

장혜진

1. 머리말

정도부사는 상황적 맥락에 따라 그 쓰임이 다양하게 나타난다. 임규홍(1998: 237)에서는 정도부사가 이를 사용하는 이의 주관적인 심리 상태에 따라 언제든지 부가되거나 삭제되는 것이 가능하기 때문에 상황적인 의존성이나 의미의 유동성을 전제로 하는 어휘라고 하였다. 정도부사를 대상으로 한 기존 연구가 구어와 문어 등 다양한 사용역에서의 사용 양상 비교(안주호, 2003; 한영균·고은아, 2011; 배진영, 2012 등), 성별과 언어 사용의 상황에 따른 차이(김혜영·강범모, 2010) 등을 다룬 것도 이러한 정도부사의 속성을 보여준다고 할 수 있다.

이처럼 정도부사는 사용자의 특성이나 사용역에 따라서도 그 실현 양상에서 차이를 보이지만, 시기별로도 특징적인 사용 양상이 나타난다.

(1)에서 (1ㄱ)의 '퍽'이나 (1ㄴ)의 '몹시'와 같은 정도부사는 현재 구어에서 잘 사용되지 않는 것으로 여겨지는 반면, (1ㄷ)의 '되게'나 (1ㄹ)의 '완전'은 비교적 최근부터 구어에서 사용된 것으로 보인다.

(1) ㄱ. 혜옥이는 **퍽** 좋겠어. <1936영화_미몽>
ㄴ. 할머니 **몹시** 아프세요? <1940영화_수업료>
ㄷ. 둘이 **되게** 친했던 거 같은데. <1994드라마_마지막승부>
ㄹ. 뭘 또 이렇게 받아쳐 **완전** 신나게. <2013드라마_상속자들>

이와 같이 정도부사의 실현 양상은 시기별로 차이를 보인다. 그러나 정도부사에 관한 선행 연구 가운데 정도부사의 시기별 차이나 그 변화 양상에 대해 관찰한 연구는 찾아보기 어렵다. 현대국어 정도부사에 대한 연구는 대부분 1990년대 이후 자료를 기반으로 한다(박동근, 2007; 김혜영·강범모, 2010; 한영균·고은아, 2011; 배진영, 2012 등). 20세기 전기(~1945년) 구어 자료를 대상으로 정도부사를 연구한 장혜진(2016)이 있으나, 20세기 후기(1946~1999년) 구어 자료를 대상으로 한 연구는 이루어진 바 없기 때문에 정도부사의 시기별 변화 양상을 관찰하기 어려운 실정이다.

따라서 이 연구는 기존 연구에서 분석된 바 없는 20세기 후기(1946~1999년)를 포함하여 20세기 구어 자료에 나타난 정도부사의 실현 양상을 관찰함으로써 정도부사의 변화 양상에 대해 고찰하고자 한다. 이를 위해 20세기 구어 자료를 바탕으로 정도부사에 대한 계량적인 분석을 수행하고, 20세기 전기와 후기를 비교하여 특징적으로 드러나는 정도부사의 변화 양상에 대해 논의할 것이다.

2. 자료

20세기 구어 자료에 나타난 정도부사의 변화 양상을 고찰하기 위해 이 연구에서 분석한 자료는 '고려대 구어 말뭉치: 20세기 전기, 후기'이다. 이 자료는 방법(mode), 역할(tenor), 영역(field)에 따라 각각 일방향과 양방향, 격식과 비격식, 전문과 일반으로 사용역이 분류되어 있다. '고려대 구어 말뭉치: 20세기 전기'는 기존 연구에서 상세히 소개된 바 있기 때문에 이 장에서는 '고려대 구어 말뭉치: 20세기 후기'에 대해서만 소개한다.[1)]

'고려대 구어 말뭉치: 20세기 후기'는 1946년에서 1999년까지의 구어 자료를 수집하여 전사한 것으로, 다양한 사용역과 10년 단위 시기별로 자료가 세분화되어 있다.[2)] 20세기 후기 구어 자료에 대한 세부적인 정보는 [표 1]과 같다.[3)]

---

1) '고려대 구어 말뭉치: 20세기 전기'에 대한 설명은 오재혁 외(2014), 정연주·정경재·홍종선(2015), 장혜진(2016) 등을 참조할 수 있다.

2) 익명의 심사자께서 본고의 연구 자료를 '진정한 구어 자료'라고 볼 수 있는지 의심스럽다는 의견을 주셨다. 본고에서는 구어와 문어를 매체적 속성에 따라 분류하여 음성의 형태로 실현된 것을 모두 구어로 본다. 이와 같은 구어 자료는 격식성이나 전문성 등과 같은 특성에 따라 다양한 스펙트럼을 가진다. 기존 연구에서 구어 혹은 구어적 특성이라고 할 때 주로 비격식적인 일상 대화를 대상으로 한 경우가 많았으나, 이는 구어 전체의 특성을 대표할 수 없다. 해당 자료의 구축과 관련하여 구어의 개념과 범위에 대해 언급한 연구로 홍종선(2014), 장혜진 외(2014) 등을 참고할 수 있다.

3) *로 표시한 자료는 일방향과 양방향 자료가 혼재되어 있다. 이 가운데 주된 방법(mode)을 기준으로 사용역을 제시하였다. 현재 '고려대 구어 말뭉치: 20세기 후기'는 말뭉치 정제 작업이 진행 중이기 때문에 해당 자료의 어절 수는 변동이 있을 수 있다.

[표 1] 20세기 후기 구어 자료

자료	시기	분량(분)	어절 수	사용역
기록영상	1950~1990년대	487	31,167	일방향 격식 전문
다큐멘터리	1960년대, 1990년대	350	24,967	
강의*	1990년대	249	25,259	
리포트	1970년대	155	8,909	일방향 격식 일반
영화설명*	1990년대	239	21,373	
토론	1980~1990년대	441	46,592	양방향 격식 전문
인터뷰	1960년대	502	38,403	양방향 격식 일반
대담	1960~1970년대	215	18,884	
영화	1945~1990년대	2,841	118,117	양방향 비격식 일반
드라마*	1960~1990년대	1,784	97,775	
애니메이션*	1960~1990년대	745	36,616	
합계		8,068	468,062	-

먼저 <기록영상>은 대한민국을 알리는 홍보 및 문화 영상 자료이다.[4] 해당 자료는 1950년대부터 2000년대까지 10년 단위로 시기 구분이 되어 있고, 주제별로도 하위분류가 되어 있다. 이 가운데 '정치/행정', '산업/기술', '사회'의 세 가지 주제에서 10년 단위 시기별로 각 10개씩의 영상을 수집·전사하여 자료를 구축하였다. 이 자료는 주로 성우의 내레이션으로 이루어진 일방향 자료이고, 격식적인 성격을 지닌 전문 자료이다.

<다큐멘터리>는 1960년대 라디오 자료와 1990년대 TV 자료로 구성되어 있다. 1960년대 자료는 동아방송 라디오의 '다큐멘터리 한국찬가'에서 수집한 것으로, 총 7회 분량이다. 1990년대 TV 자료는 'MBC 다큐스

4) e영상역사관의 분야별 기록영상 http://film.ktv.go.kr/page/movie/culture_record.jsp

페셜'의 3회 분량이다. 주로 해설자의 해설로 구성되기 때문에 일방향 자료에 속하고, 격식적인 전문 자료이다.

<강의>는 1990년대 TV 자료로 'MBC 명강의 일요광장'의 6회분 자료이다. 이 자료는 진행자의 진행과 강의자의 강의 부분은 일방향 자료이지만 진행자와 방청객, 강의자와 방청객의 질의응답 부분이 있기 때문에 양방향 자료도 일부 포함되어 있다.[5)]

다음으로 <리포트>는 동아방송 라디오 자료인 'DBS 리포트' 10회 분량으로 구성된 자료이다. 이 자료는 각 지역의 민요나 관광지 등을 소개하는 내용을 다루고 있다. 해당 지역 화자를 인터뷰한 내용이 일부 포함되어 있으나 주로 성우의 해설로 이루어진 일방향 자료이다. 격식적인 성격을 띤 일반 자료에 해당한다.

<영화설명>은 1990년대 TV 프로그램인 'MBC 출발 비디오 여행'의 6회분 자료로 구성되어 있다. 이 자료는 영화를 소개하는 내용이 주를 이루고 있는데, 남녀 각 1인으로 구성된 진행자가 전체적인 프로그램을 진행하고, 리포터나 패널 1인이 나와 영화나 영화제, 배우 등을 소개한다. 내용 소개 부분은 일방향 자료이지만, 진행자 간 혹은 진행자와 패널 간 대화가 일부 포함되어 있다.

<토론>은 1980년대 라디오 자료와 1980~1990년대 TV 자료로 구성된다. 1980년대 라디오 자료는 동아방송의 '어떻게 생각하십니까'로, 1회 분량(35분)의 자료가 있다. 그리고 TV 토론 자료는 'MBC 시사토론' 1회(1980년대), 'MBC 백분토론' 1회(1990년대), 'KBS 심야토론' 4회(1980년대 1회, 1990년대 3회)로 구성되어 있다.

---

5) <강의> 자료 총 6회분 가운데 '신영옥 편'은 강의 부분이 없고, 진행자와 신영옥의 대담으로 구성되어 있다.

<인터뷰>는 동아방송 라디오 프로그램인 '나의 데뷰(1963~ 1967)', '일요방문(1963~1972)'이다. '나의 데뷰' 5회, '일요방문' 10회분이 자료로 구축되었다. '나의 데뷰'는 진행자 1인과 인터뷰 대상자 1인의 대화이고, '일요방문'은 진행자 1인 외에 직접 인터뷰를 수행하는 아나운서와 인터뷰 대상자 여러 명으로 구성되어 있다.

<대담>은 동아방송 라디오 프로그램인 '얘기의 샘', '유쾌한 응접실' 자료이다. '얘기의 샘'은 1965~1969년에 방송된 라디오 대담 자료로, 총 8회 분량이 자료로 구축되었다. 이 자료는 진행자 1인과 대담 참여자 2인의 발화로 이루어져 있는데, 진행자는 대담의 시작과 끝을 알리고 참여자를 소개하는 역할만 하고 대부분 대담 참여자의 발화로만 구성된다. '유쾌한 응접실'은 1963~1979년의 자료로, 60년대 자료 4회분, 70년대 자료 4회분으로 총 8회 분량이 자료로 구축되어 있다. 진행자 1인과 대담 참여자 4~5인의 발화로 이루어져 있는데, '얘기의 샘'과 달리 진행자도 적극적으로 대담에 참여한다.

<영화>는 '자유만세'(1946)에서 '접속'(1997)까지 총 28편의 영화로 구성되어 있다.[6] 1946~1949년까지는 총 3편의 영화가 있고, 그 외에는 10년 단위 시기별로 각 5편씩의 영화로 구성되었다.[7]

<드라마>는 1960년대 라디오 드라마 27편과 1970~1990년대 TV 드라마 21편으로 구성되어 있다. 라디오 드라마는 동아방송의 '태평양전쟁'(10편), '이 사람을'(4편), '여명 80년'(10편), '향토무대'(3편)이다. TV 드라마는 KBS '여로'(1편), '사랑이 꽃피는 나무'(3편), '초원에 뜨는 별'(1편), '창공'(3편), '바람의 아들'(2편), MBC '수사반장'(5편), '전원일

6) 한국영화데이터베이스 http://www.kmdb.or.kr/index.asp

7) 영화 자료의 구체적인 목록은 정경재·정연주·홍종선(2015: 311)를 참조할 수 있다.

기(1편)', '파일럿(2편)', '마지막 승부(3편)'이다.

<애니메이션>은 1960년대 극장용 애니메이션과 1970~1990년대 TV 애니메이션으로 구성되어 있다. 극장용 애니메이션은 '우주의 왕자 황금철인(1968)' 1편이고, TV 애니메이션은 1970년대 '미래소년 코난', '빨간머리 앤', '이상한 나라의 폴', 1980년대 '아기공룡 둘리', '달려라 하니', 1990년대 '영심이', '배추도사 무도사', '축구왕 슛돌이'이다. <애니메이션>의 경우 양방향 자료로 분류되어 있지만 일부 자료에서는 내레이션이 포함되어 있기도 하다.

이와 같이 20세기 후기 자료는 크게 5가지 사용역으로 분류될 수 있고, 각 사용역 안에 여러 가지 유형의 자료가 포함되어 있다. 하지만 [표 1]에 제시한 바와 같이, 사용역별 자료의 양이 균형 잡혀 있지 않고 시기별 분포도 고르지 않기 때문에 전체 자료를 대상으로 정도부사의 변화 양상을 관찰하기에는 무리가 있다. 또한 20세기 전반에 걸친 정도부사의 실현 양상을 비교하기 위해서는 20세기 전기와 후기에서 같은 사용역에 해당하는 자료를 선정하여야 한다.

따라서 이 연구에서는 20세기 전기에도 상대적으로 많은 자료가 존재하면서, 20세기 후기를 10년 단위로 나누었을 때 모든 시기에 자료가 비교적 골고루 나타나는 영화 자료를 분석 대상으로 한다. 그리고 보다 풍부한 자료를 관찰하기 위해 영화 자료와 같이 '양방향 비격식 일반' 사용역에 해당하는 자료를 함께 분석한다. 이때 20세기 전기에는 유성기 연극 자료를, 20세기 후기에는 드라마 및 애니메이션 자료를 함께 이용하였다. 분석 대상이 되는 구어 자료의 수는 20세기 전기 31,957어절, 20세기 후기 252,508어절이다.

20세기 전기 구어 자료는 20세기 후기에 비해 그 규모가 매우 작다.

이를 보완하기 위해 필요한 경우 20세기 전기 소설 자료의 대화 부분을 보조 자료로 활용한다.[8)]

3. 20세기 구어 자료에 나타난 정도부사

1945년을 기준으로 20세기를 전기와 후기로 나누어 각 시기별 구어 자료에 나타난 정도부사의 실현 양상을 살핀다. 먼저 20세기 전기 구어 자료에 나타난 정도부사의 목록과 빈도는 [표 2]와 같다.[9)]

[표 2] 20세기 전기 구어 자료에 나타난 정도부사

		빈도 (회)	비율(%)				빈도 (회)	비율(%)	
			실현	누적				실현	누적
1	참	38	13.3	13.3	12	하도	6	2.1	91.2
2	너무	34	11.9	25.3	15	정말	5	1.8	93.0
3	퍽	32	11.2	36.5	16	많이	4	1.4	94.4
4	조금	26	9.1	45.6	17	꽤	3	1.1	95.4
5	더	24	8.4	54.0		매우	3	1.1	96.5
6	아주	22	7.7	61.8	19	오죽이나	2	0.7	97.2
7	너무나	21	7.4	69.1		훨씬	2	0.7	97.9
	얼마나	21	7.4	76.5	21	가뜩이나	1	0.4	98.2
9	제일	9	3.2	79.6		가장	1	0.4	98.6
10	아무리	8	2.8	82.5		기껏	1	0.4	98.9
11	몹시	7	2.5	84.9		잔뜩	1	0.4	99.3
12	대단히	6	2.1	87.0		실로	1	0.4	99.6
	더욱	6	2.1	89.1		적이	1	0.4	100.0

8) 본고에서 이용한 20세기 전기 소설 자료의 구체적인 목록은 김현주(2010: 316-318)을 참조할 수 있다. 해당 자료는 1921년에서 1949년까지의 현대소설 자료를 모은 것으로, 본고에서는 20세기 전기 구어의 특성에 대한 보조 자료로 활용하기 위해 이 가운데 1921년에서 1945년까지의 소설 자료만 이용하였다.

9) 정도부사의 목록을 선정한 기준은 장혜진(2016)을 참조할 수 있다. 다만 이 연구에서는 일부 한정된 형용사만을 수식하는 '결코, 그리, 마치, 여간' 등과 같은 특수 정도부사(서정수, 2005)는 연구 대상에서 제외하였다.

20세기 전기 구어 자료에는 26개 유형의 정도부사가 총 285회 실현된다. 가장 높은 빈도를 보이는 정도부사는 '참'으로, 38회(13.3%) 관찰된다. 다음으로 '너무'와 '퍽'이 각각 34회(11.9%), 32회(11.2%) 실현되며, '조금'과 '더'가 뒤이어 나타난다. '참, 너무, 퍽, 조금, 더'의 5개 정도부사가 전체 정도부사에서 50% 이상의 비율로 실현된다. 다음으로 '아주, 너무나, 얼마나, 제일, 아무리, 몹시, 대단히, 더욱, 하도'를 합하여 총 14개의 정도부사가 전체 정도부사 실현에서 90% 이상을 차지한다.

다음으로 20세기 후기 구어 자료에 나타난 정도부사의 목록과 빈도는 [표 3]과 같다. 20세기 후기 구어 자료에는 45개 유형의 정도부사가 1,773회 실현된다. '너무'(240회, 13.5%)와 '아주'(232회, 13.1%)가 높은 빈도를 보이고, 다음으로 '더'(198회), '정말'(178회), '참'(149회)의 순으로 실현된다. '너무, 아주, 더, 정말, 참'의 5개 정도부사가 전체 정도부사에서 50% 이상의 비율로 나타난다. 여기에 '조금, 얼마나, 제일, 가장, 꽤, 더욱, 거의, 굉장히, 대단히, 무척, 훨씬, 되게, 퍽'을 더하여 총 19개 정도부사가 90%의 비율을 차지한다.

[표 3] 20세기 후기 구어 자료에 나타난 정도부사

		빈도(회)	비율(%)				빈도(회)	비율(%)	
			실현	누적				실현	누적
1	너무	240	13.5	13.5	24	상당히	12	0.7	95.4
2	아주	232	13.1	26.6	25	아무리	11	0.6	96.1
3	더	198	11.2	37.8	26	지극히	9	0.5	96.6
4	정말	178	10.0	47.8	27	한결	8	0.5	97.0
5	참	149	8.4	56.2	28	제법	7	0.4	97.4
6	조금	122	6.9	63.1	29	매우	6	0.3	97.7
7	얼마나	116	6.5	69.6	30	오죽	5	0.3	98.0

8	제일	60	3.4	73.0	31	깊이	4	0.2	98.3
9	가장	44	2.5	75.5		어찌	4	0.2	98.5
10	꽤	36	2.0	77.5	33	극히	3	0.2	98.6
11	더욱	28	1.6	79.1		더욱더	3	0.2	98.8
12	거의	27	1.5	80.6		무지	3	0.2	99.0
	굉장히	27	1.5	82.1		잔뜩	3	0.2	99.2
	대단히	27	1.5	83.7	37	그토록	2	0.1	99.3
15	무척	26	1.5	85.1		보다	2	0.1	99.4
16	워낙	25	1.4	86.5		썩	2	0.1	99.5
	훨씬	25	1.4	87.9		자못	2	0.1	99.6
18	되게	24	1.4	89.3		한층	2	0.1	99.7
19	퍽	22	1.2	90.5	42	거진	1	0.1	99.8
20	몹시	21	1.2	91.7		더한층	1	0.1	99.8
21	너무나	19	1.1	92.8		덜	1	0.1	99.9
	많이	19	1.1	93.9		엄청	1	0.1	99.9
23	하도	16	0.9	94.8					

20세기에 나타난 정도부사의 변화를 구체적으로 살펴보기 위해 20세기 전기와 후기를 비교하여 사용 비율의 변화를 보이는 정도부사를 관찰하였다. 20세기 전기와 후기 자료는 말뭉치의 규모에서 큰 차이를 보이기 때문에 출현 빈도가 아닌 실현 비율을 기준으로 비교하였다. 20세기 전기-후기에 사용 비율이 1% 이상 감소하거나 증가한 정도부사의 실현 비율을 10년 단위 시기별로 제시한 것이 [표 4]이다.

[표 4] 20세기 구어 자료에 나타난 정도부사의 시기별 실현 비율(%)

연도 / 목록	20세기 전기	20세기 후기							전-후기 증감
		전체	46	50	60	70	80	90	
퍽	11.2	1.2	4.6	4.3	2.1	0.7	0.2	0.2	-10.0
너무나	7.4	1.1	3.1	0.0	1.3	1.7	1.0	0.6	-6.3
참	13.3	8.4	9.2	17.7	10.1	11.5	5.1	4.5	-4.9

조금	9.1	6.9	7.7	13.4	8.2	4.7	6.6	4.9	-2.2
아무리	2.8	0.6	0.0	0.0	1.1	0.3	0.7	0.6	-2.2
몹시	2.5	1.2	1.5	5.5	1.9	0.3	0.5	0.2	-1.3
하도	2.1	0.9	1.5	1.2	1.9	0.3	1.0	0.2	-1.2
...	...	...	...	...	...	...	...	...	...
꽤	1.1	2.0	1.5	1.2	1.1	1.0	2.9	3.0	1.0
되게	0.0	1.4	0.0	0.0	0.0	0.7	2.2	2.8	1.4
훨씬	0.0	1.4	0.0	0.0	2.7	1.4	0.5	1.9	1.4
무척	0.0	1.5	1.5	1.2	0.5	1.7	1.5	2.2	1.5
굉장히	0.0	1.5	1.5	0.0	0.8	2.4	1.7	1.9	1.5
대단히	0.0	1.5	4.6	1.8	2.9	1.0	1.7	0.0	1.5
너무	11.9	13.5	7.7	15.2	10.9	8.8	16.2	16.6	1.6
가장	0.4	2.5	0.0	3.0	2.7	2.0	2.2	3.0	2.1
더	8.4	11.2	15.4	5.5	13.0	8.8	12.0	11.8	2.7
아주	7.7	13.1	6.2	6.7	12.2	13.9	19.1	11.2	5.4
정말	1.8	10.0	4.6	0.6	6.1	17.2	6.9	15.5	8.3

[표 4]를 통해 다음과 같은 세 가지 측면으로 나누어 20세기 구어 자료에 나타난 정도부사의 변화를 기술할 수 있다.

첫째, 20세기 전기에 비해 후기에 실현 비율이 낮아진 정도부사로 '퍽, 너무나, 참' 등이 있다. 두 시기를 비교해 보았을 때 사용 비율의 감소 폭이 가장 큰 정도부사는 '퍽'이다. 20세기 전기와 후기를 비교해 보았을 때 '퍽'은 그 실현 비율이 10%p 감소하였다. '퍽'은 20세기 전기에는 전체 정도부사에서 11.2%를 차지하였으나, 40년대 후반~50년대에 5% 미만으로, 70년대 이후 1% 미만으로 감소한다.

다음으로 '너무나'는 20세기 전기에 7.4%에서 20세기 후기 1.1%로, 6.3%p 감소하였다. '너무나'는 50년대부터 매우 낮은 빈도로 실현된다. '참'의 경우 20세기 전기에 전체 정도부사가 가운데 가장 높은 실현 비율(13.3%)을 보였으나, 20세기 후기에는 8.4%로, 4.9%p 감소하였다. 40년대 후반~70년대에는 대체로 10% 이상의 높은 비율로 실현되나, 80~90년대에는 약 5%로 사용 비율이 감소하는 양상을 보인다.

둘째, 20세기 전기에 비해 후기에 사용 비율이 증가한 정도부사로 '정말, 아주' 등이 있다. 20세기 전기와 후기를 비교하였을 때 사용 비율의 증가 폭이 가장 큰 정도부사는 '정말'이다. '정말'은 20세기 전기에는 전체 정도부사에서 1.8%에 불과하였으나, 20세기 후기에는 10%의 실현 비율을 보여 8.2%p 증가하였다. '정말'은 50년대까지는 실현 비율이 낮으나 60년대부터 실현 비율이 높아져 70년대에 17.2%로 전체 정도부사 가운데 실현 비율이 가장 높고, 90년대에도 15.5%로 실현 비율이 매우 높다.

'아주'의 경우 20세기 전기에 7.7%, 후기에 13.1%의 실현 비율을 보여 20세기에 전반적으로 실현 비율이 높으면서 전기와 후기를 비교해 보았을 때도 5.4%p 증가하였다. '아주'는 50년대까지 7% 전후의 비율로 실현되다가 60년대 들어 실현 비율이 10% 이상으로 높아져 이후 계속해서 높은 비율로 사용된다.

셋째, 20세기 전기 구어 자료에는 나타나지 않고 20세기 후기 구어 자료에서 관찰되는 정도부사로 '대단히, 굉장히, 무척, 훨씬, 되게' 등이 있다. 빈도가 낮아 표에 제시하지 않았으나 '상당히, 지극히, 한결, 제법, 오죽, 깊이, 어찌, 더욱더, 무지, 잔뜩, 그토록, 보다, 썩, 자못, 한층, 거진, 더한층, 덜, 엄청' 등의 정도부사도 20세기 후기 구어 자료에서만 발견되었다. 그러나 20세기 전기 구어 자료에 나타나지 않는다고 해서 20세기 전기에 해당 정도부사가 사용되지 않았다고 단정지을 수 없다. 20세기 전기의 경우 대상 자료의 수가 3만 2천여 어절로, 자료의 규모가 해당 시기 구어의 모습을 총체적으로 관찰하기 충분하다고 보기 어렵기 때문이다.

20세기 전기 구어 자료의 양이 충분치 않음을 보완하기 위해 20세기 전기 소설 자료의 대화 부분을 보조적으로 활용하여 앞서 언급한 정도부사가 20세기 전기에 관찰되는지 확인해 볼 수 있다. (2)에 제시한 '굉장히, 대단히, 무척, 훨씬, 상당히'를 포함하여 '지극히, 한결, 제법, 오죽, 깊이, 어찌, 더욱더, 잔뜩, 그토록, 썩, 자못, 한층, 거진, 더한층, 덜'은 20세기 전기 소설 자료의 대화 부분에 사용된 예가 관찰되기 때문에 이 시기에 사용되었던 것으로 볼 수 있다. 따라서 20세기 후기에 새롭게 사용된 정도부사는 '되게, 무지, 보다, 엄청'으로 한정할 수 있다.

(2) ㄱ. 이 집이 꽉 차면 우리는 이 집버덤 더 큰 집, 또 그 버덤도 더 **굉장히** 큰 집을 짓겠읍니다! <1935소설_상록수2,221>

ㄴ. 나는 늬가 넘어 울기만 하닛가 **대단히** 렴러가 되더라. <1922소설_젊은이의시절42>

ㄷ. 아 참 전기 회사의 감독 되기가 **무척** 힘드나 보든데. <1936소설_슬픈이야기278>

ㄹ. 그러면 취직운동 하는 것보담 **훨씬** 낫잔흔가? <1945소설_레디메이드人生524>

ㅁ. 자랑이 아니라 나도 그 길엔 **상당히** 밝기는 하나 설마 그런 흠이 있을 줄야 뉘 알었겠소. <1930소설_薔薇병52>

20세기 후기 들어 새로이 관찰되는 정도부사 가운데 가장 높은 비율로 나타난 것은 '되게'이다. '되게'는 70년대부터 정도부사로 사용된 예가 관찰되기 시작하여 80~90년대에 2~3%의 비율로 실현된다. 이 외에 '무지, 보다, 엄청' 등이 있으나 빈도가 낮게 나타나 그 특징을 관찰하기는 어렵다.

각 정도부사의 실현 비율 이외에 20세기 전기와 후기의 정도부사에서 나타나는 흥미로운 차이는 정도부사의 중출에 관한 것이다. 20세기 전기에 나타나는 정도부사 가운데 정도부사가 중복되어 나타난 예는 (3)에 제시한 '더욱더욱'이 유일하다.

(3) 그러니 **더욱더욱** 분발하여서 훌륭한 사람이 되어 다고.
<193-유성기연극_모성애>

그러나 20세기 후기에는 (4)에 제시한 '많이많이', '정말정말', '너무너무', '무지무지'와 같이 정도부사가 중복되어 사용되는 예가 다수 발견된다. 그리고 (5)와 같이 '정말 참', '아주 엄청', '아주 꽤', '아주 대단히'와 같이 서로 다른 정도부사가 중복해서 사용되는 경우도 관찰된다.

(4) ㄱ. 응 **많이많이** 좋지 부인. <1968라디오드라마_예성강>
ㄴ. 우리도 처음 이 나라에 왔을 땐 **정말정말** 슬펐어.
<1978애니메이션_이상한나라의폴>
ㄷ. 잠깐 봤는데 정말 **너무너무** 멋있든데. <1994드라마_마지막승부>
ㄹ. 어 **무지무지** 보고 싶은 영화가 있는데 같이 볼 사람이 한 사람도 없을 때. <1997영화_접속>

(5) ㄱ. 이제부터 아저씨와 함께 살면서 아저씨네 집 아이가 된다니 **정말 참** 좋아요. <1979애니메이션_빨간머리앤>
ㄴ. 그 총각이 영애를 **아주 엄청** 좋아하나 봐요.
<198x드라마_전원일기>
ㄷ. 허허 우리 저 남홍이 걔가 **아주 꽤** 야무져요.
<197x드라마_수사반장>
ㄹ. 어유 그거 **아주 대단히** 힘들 텐데. <198x드라마_전원일기>

지금까지 20세기 구어 자료에 나타난 정도부사의 실현 양상을 살펴보았다. 그 결과, 특정 정도부사의 사용이 증가하거나 감소하는 변화를 확인하였으며, 정도부사의 중출이 확대되거나 새로이 정도부사로 사용되는 어휘가 나타나는 등의 변화도 관찰하였다. 이제 장을 바꾸어 이와 같은 분석 결과를 토대로 변화가 관찰된 어휘의 특성을 살펴 20세기 구어 자료에 나타난 정도부사의 변화 양상에 대해 논의할 것이다.

4. 20세기 구어에 나타난 정도부사의 변화 양상

20세기 구어 자료에 나타나는 정도부사의 실현 양상을 살펴본 결과, 특정 정도부사의 사용이 증가하거나 감소하고 새로이 정도부사로 사용되는 어휘가 나타나는 등의 변화를 관찰하였다. '너무나'는 50년대, '퍽'은 70년대 이후 구어 자료에서 거의 관찰되지 않으며, '정말'은 60년대부터 사용이 증가하여 70년대 이후 높은 비율로 사용된다. 또한 20세기 전기 구어 자료에서 가장 높은 비율로 실현되던 '참'은 80년대 이후 사용이 감소하며, '아주'는 60년대부터 이후 사용이 증가한다. 그리고 '되게'는 70년대부터 정도부사로 사용된다. 그리고 20세기 후기 들어 정도부사의 중출이 확대되는 현상도 관찰되었다.

이와 같이 정도부사의 사용에 변화가 나타난 원인에 대해 고찰하기 위해 이들 어휘가 가진 속성을 살펴볼 필요가 있다. 먼저 정도부사의 실현 비율을 기준으로 해당 정도부사의 사용이 증가하거나 감소한 어휘에 대해 살펴본다.

사용이 감소하는 정도부사인 '퍽, 너무나, 참'은 모두 통사적, 의미적 제약을 보인다. 먼저 '퍽'은 화자의 주관을 전제로 하기 때문에 화자가 명제 내용에 대해 자신의 생각을 갖지 못한 경우에는 사용에 제약을 받으며(손세모돌, 1998; 박동근, 2007 등), 기본적으로 [-부정문]의 통사 환경을 필요로 하기 때문에 부정문에 사용되면 자연스럽지 못하다(손세모돌, 1998). 20세기 구어 자료에서도 '퍽'이 가진 의미적, 통사적 제약이 잘 드러난다. (6ㄱ)과 같은 추측이나 (6ㄴ)과 같은 확신 표현에서 화자의 주관적인 판단을 전제하고 있으며, 의문문에 사용될 때는 (6ㄷ)과 같은 확인 의문문에서 나타난다.

(6) ㄱ. 갠 좀 덜렁대지만 명랑하고 **퍽** 순진한 편이야. <1958영화_자유결혼>
ㄴ. 지금 난 퍽 영광스럽다우. <196x라디오드라마_여명80년>
ㄷ. **퍽** 피로했지? <1958영화_자유결혼>

'너무나'는 사전에 '너무'를 강조하여 이르는 말로 기술되어 있다. 그런데 '너무'는 20세기 구어 자료에서 지속적으로 사용 비율이 높게 나타나는 반면, '너무나'는 20세기 후기 들어 사용 비율이 급격히 감소한다. 홍사만(2002b)에서 '너무'는 부정적인 의미를 가진 피한정어가 오는 것을 원칙으로 하였으나 현대국어에서 긍정적인 의미의 피한정어와도 공기하면서 의미 기능의 변용이 나타나 부정적 피한정어와만 공기하는 제약이 소멸된 것으로 보았다. 20세기 구어 자료에서 '너무'는 20세기 전기에 긍정적인 피한정어를 수식하는 예가 관찰되고, 후기로 오면서 점차 긍정적인 의미를 가진 피한정어와 공기하는 빈도가 높아지는 양상을 보인다. 이처럼 '너무'에서 피한정어의 의미 제약이 사라진 것을 확인할 수 있다.

(7) ㄱ. 당신이 **너무** 아름다워서요. <1936영화_미몽>
ㄴ. 여보게 오해 말게. **너무** 반가워서 그러는 걸세.
<영화_자유결혼(1958)>
ㄷ. 또순 씨를 깨우려다가 또순 씨 얼굴이 **너무** 고와서.
<영화_또순이(1963)>

ㄹ. 기뻐서 **너무** 기뻐서 그러는 거예요. <영화_인간 사표를 써라(1971)>
ㅁ. 사랑하는 당신 당신 전화를 받고 나서 **너무** 기뻐 밤새 울었어요.
<영화_겨울나그네(1986)>
ㅂ. 아유 이런 방 하나만 우리한테 있었으면 **너무** 좋겠다.
<영화_돼지가 우물에 빠진 날(1996)>

그러나 20세기 구어 자료에서 관찰되는 '너무나'는 (8)에 보인 바와 같이 부정적인 의미의 피한정어를 수식하는 데만 사용되는 제약을 보인다. '너무'가 부정적인 피한정어와 공기하는 제약이 소멸되고 20세기 현대국어에서 높은 사용 빈도를 보이는 것과 달리 '너무나'는 부정적인 의미의 피한정를 수식하는 데만 사용되다가 20세기 후기 들어 사용이 감소하여 50년대 이후 구어 자료에서 잘 관찰되지 않는다.

(8) 오빠: 네가 가져오던 돈이 모다 정당한 돈 깨끗한 돈인 줄만 알았던 것이 **너무나** 오해였었다. 이 더러운 년 같으니.
영숙: 오빠 아닙니다. 오빠.
오빠: 더럽다 이년아. 오빤 너같이 더러운 년이 누이로 둔 내가 **너무나** 더럽다.
영숙: 오빠 그것은 **너무나** 야속한 말씀입니다. 오빠 **너무나** 야속해요.
오빠: 야속해? 무엇이 야속하단 말이냐 이년아. (중략)
영숙: 오빠 그렇지만 오빠가 학교를 마칠래면 우리 집안이 **너무나** 가난한 것을 어떻게 합니까? (중략) 아무리 제가 여기서 돈을 번대도 쥐꼬리만 한 월급으로는 겨우 밥이나 지었지 오빠 학비까지 대기는 **너무나** 제 짐이 무거웠습니다. <193-유성기연극_정희의옵바>

'참'은 홍사만(2002b)에서 화자의 긍정적인 인식을 나타내는 +지향성을 가진 정도부사로 분류되었다. (9)에 제시한 바와 같이 20세기 구어 자료에서도 '참'은 대체로 긍정적인 의미를 가진 피한정어의 정도를 강화하는 기능을 수행한다.

(9) ㄱ. 어머나 **참** 예쁘구나. <1946영화_자유만세>
ㄴ. 그대는 **참** 아름다운 여성이야. <1958영화_그대와영원히>
ㄷ. 어머 그럼 인물도 많고 물색도 **참** 좋겠네요. <1968라디오드라마_예성강>
ㄹ. 아주머니 전 다이아나를 **참** 좋아해요. <1979애니메이션_빨간머리앤>
ㅁ. 이야 그 라면 **참** 맛있겠습니다. <1988영화_개그맨>
ㅂ. 허허허헛 이 **참** 수완이 좋으십니다. <1995드라마_바람의아들>

이처럼 20세기 구어 자료에서 사용이 감소하는 '퍽, 너무나, 참'은 모두 의미적 혹은 통사적 제약을 보임을 알 수 있다. 실현 비율에 큰 차이가 나타나는 것은 아니지만 '하도'나 '몹시' 등과 같은 정도부사도 같은 맥락에서 사용이 감소된다고 할 수 있다. '하도'는 이유, 원인을 나타내는 선행절에만 사용된다는 제약이 나타나고(손세모돌, 1998: 208), '몹시'는 부정적인 의미 특성을 가진 피한정어를 수식하는 제약을 보인다(손세모돌, 1998; 홍사만 2002b).

(10) ㄱ. 아씨 털부채가 **하도** 이쁘고 좋아서 저도 어머니가 오시면 맨들어 드리려고 잡았어요. <1949영화_마음의고향>
ㄴ. 하모니카를 너무 잘 불어서 내가 **몹시** 미워했지. <1958영화_그대와영원히>

반면 사용이 증가하는 정도부사인 '아주, 정말'이나, 20세기 후기 들어 새로이 정도부사로 사용되는 '되게'와 같은 어휘들은 통사적, 의미적 제약을 보이지 않는다. '아주'는 20세기의 전 시기에 사용 빈도가 높고, 60년대 이후 사용 비율이 더욱 높게 나타난다. 앞서 살펴본 '퍽, 너무나, 참'과 같은 정도부사가 피한정어의 정도성을 강화하는 기본적인 의미 외에 다른 의미 특성을 가지거나 그 사용에 있어 의미적 혹은 통사적 제약을 보이는 것과 달리, '아주'는 (11)에 제시한 예문과 같이 그러한 제약이 없이 실현된다.

(11) ㄱ. 오늘 파트너는 **아주** 젊고 근사하단다. <1958영화_그대와영원히>
ㄴ. 그다음부터는 **아주** 형편이 어렵게 되었어요. <196x라디오드라마_이사람을>
ㄷ. 제가 **아주** 말라깽이죠? <1979애니메이션_빨간머리앤>
ㄹ. **아주** 위독한가요? <1975영화_바보들의행진>
ㅁ. 야 저 자식 **아주** 만만찮은 거 시키네. <1993드라마_파일럿>

'정말'은 60년대부터 빈도가 높아지기 시작해서 70년대 이후 고빈도 정도부사로 사용된다. 임규홍(1998)에서는 '정말'이 [진실·확인], [정도·강조], [단순 강조]의 의미로 사용된다고 하였는데, 이 가운데 두 번째 의미인 [정도·강조]의 의미로 사용된 것이 정도부사이다.[10] '정말'이 '거짓이 없이 말 그대로'라는 어휘적 의미 없이 피수식어의 정도를 강화하는 정도부사의 용법으로 사용되는 경우, 앞서 살펴본 '아주'와 같이 대체로 의미적, 통사적 제약 없이 사용된다.

(12) ㄱ. 인철 씨 **정말** 감사해요. <1967영화_일월>
ㄴ. 어유 다이아나의 목소리를 **정말** 아름다울 거야. <1979애니메이션_빨간머리앤>
ㄷ. 영화배우가 겉으론 화려하게 보여도 **정말** 고되고 힘든 거야. <1988영화_개그맨>

10) 임규홍(1998)에서는 '정말'이 [정도·강도]의 의미로 사용될 때는 [진실·확인]의 의미로 사용될 때와 몇 가지 특성에서 차이를 보인다고 하였다. 본고에서 구어 자료에 나타난 '정말'이 정도부사로 사용되었는지 여부를 판단할 때 이 가운데 다음의 2가지 특성을 주로 참조하였다. 첫째, '거짓말이 아니라'라는 반대 정보를 삽입하면 원래의 의미와 달라지는가. 둘째, '아주, 매우'와 같은 다른 정도부사와 바꿀 수 있는가. 그 외 다른 특성에 대해서는 임규홍(1998: 245-248)을 참조할 수 있다.

'되게'는 구어 자료에서 70년대부터 용례가 관찰된다. 앞서 언급한 바와 같이 20세기 전기 소설 자료에서도 정도부사로 사용된 '되게'가 발견되지 않기 때문에 '되게'가 정도부사로 사용된 시기는 20세기 후기로 볼 수 있다. '되게' 역시 '아주, 정말'과 마찬가지로 별다른 의미적, 통사적 제약이 없다.

(13) ㄱ. 아이구 **되게** 무겁다. <197x드라마_수사반장>
ㄴ. 야 우리 남자들이 **되게** 곤란해지겠다. <1987애니메이션_달려라하니>
ㄷ. **되게** 예뻐. <1987드라마_사랑이꽃피는나무>
ㄹ. 둘이 **되게** 친했던 거 같은데. <1994드라마_마지막승부>

안주호(2003)에서는 구어에서 '되게'가 '아주, 너무'와 함께 활발하게 사용된다고 하였다. 이때 방송대화나 토론에서는 '너무'와 '아주'가, 전형적인 구어에서는 '되게'와 '너무'가 많이 사용된다고 하였다. 본고의 자료에서 '되게'는 70년대부터 나타나기 시작하여 80~90년대에 빈도가 늘어난 양상을 보이는데, 동일한 성격의 자료는 아니지만 안주호(2003)의 결과를 통해 구어에서 '되게'의 사용 빈도가 2000년대 이후 더욱 증가하였음을 짐작할 수 있다.

이처럼 20세기 구어 자료에서 사용이 크게 감소하는 '퍽, 너무나, 참'은 모두 의미적 혹은 통사적 제약을 보이는 반면, 20세기 내에서 사용 빈도가 증가하거나 높게 유지되는 정도부사는 '아주, 정말, 되게'와 같이 의미적, 통사적 제약이 없거나 '너무'와 같이 기존에 있던 제약이 사라진 것임을 알 수 있다.

20세기 구어 자료의 정도부사에는 이와 같이 사용이 증가하거나 감소한 변화 외에 앞서 언급한 바와 같이 정도부사의 중출이 확대되는 변화도 나타난다. 기존 연구에서는 기본적으로 정도부사는 중복되어 사용되지 않는다고 하면서 그 이유를 크게 2가지로 언급하였다. 비슷한 정도부사가 중복되는 것은 잉여적이라는 점과, 다른 정도성을 갖는 정도부사들과는 의미에 충돌이 생기기 때문이다(손세모돌, 1998; 홍사만 2002b). 그러나 구어 자료에서는 같거나 비슷한 정도부사가 중복되는 현상이 다수 관찰되며, (5ㄷ)에 제시한 '아주 꽤'와 같이 정도의 등급이 다른 정도부사도 중복되어 사용됨을 확인할 수 있다.[11)]

정도부사의 중출은 잉여적이라기보다는 화자의 의도를 보다 강조하는 기능을 수행하는 것으로 보인다. 앞서 (4)에서 제시한 '많이많이, 정말정말, 너무너무, 무지무지'를 각각 '많이, 정말, 너무, 무지'로 바꾼 (14)와 비교해 보면 정도부사를 중복해서 사용한 경우에 정도의 강화 기능이 더 큰 것을 알 수 있다.

(14) ㄱ. 응 **많이** 좋지 부인.
ㄴ. 우리도 처음 이 나라에 왔을 땐 **정말** 슬펐어.
ㄷ. 잠깐 봤는데 정말 **너무** 맛있든데.
ㄹ. 어 **무지** 보고 싶은 영화가 있는데 같이 볼 사람이 한 사람도 없을 때.

이처럼 20세기 현대국어에서 정도부사는 의미적, 통사적 제약이 없거나 그러한 제약이 배제되는 변화가 나타난 어휘의 빈도가 증가하는 변화가 관찰된다. 또한 구어에서 정도부사는 후행 요소의 정도를 강화하거나 약화하고자 하는 화자의 의도를 보다 잘 드러내기 위해 정도부사의 중출과 같은 속성의 변화가 나타나기도 하고, 기존에 정도부사로 사용되지 않던 어휘가 정도부사로 사용되기도 한다.[12)]

---

11) 정도부사의 등급을 분류하면 '아주, 엄청, 대단히'는 1등급, '정말, 참'은 2등급, '꽤'는 3등급에 해당한다. 등급 분류 기준에 대해서는 홍사만(2002b), 장혜진(2016)을 참조할 수 있다.

12) 예를 들어 최근 구어에서 정도부사로 사용되는 '완전'과 같은 예를 생각해 볼 수 있다. (1)에 제시한 바와 같이 '완전 신나다'와 같은 표현은 '아주/너무/정말/되게 신나다'에 비해 정도의 강화 정도가 더 높은 것으로 판단된다.

5. 마무리

이 연구는 20세기 구어 자료에 나타난 정도부사의 변화 양상에 대해 논의하는 것을 목적으로 하였다. 20세기 전기와 후기의 구어 자료를 이용하여 각 시기별 정도부사의 사용 양상을 살핀 결과, 사용이 증가하거나 감소하는 정도부사의 변화를 관찰할 수 있었다.

'너무나'는 50년대, '퍽'은 70년대 이후 구어 자료에서 거의 관찰되지 않으며, '정말'은 60년대부터 사용이 증가하여 70년대 이후 높은 비율로 사용된다. 또한 20세기 전기 구어 자료에서 가장 높은 비율로 실현되던 '참'은 80년대 이후 사용이 감소하며, '아주'는 60년대부터 이후 사용이 증가한다. 그리고 '되게'는 70년대부터 정도부사로 사용되며, 20세기 후기에 정도부사의 중출이 확대되기도 하였다.

사용이 증가하거나 감소한 정도부사의 어휘적 속성을 관찰한 결과, 의미적, 통사적 제약이 있는 어휘는 사용이 감소하고, 제약이 없거나 그러한 제약이 배제되는 변화가 나타난 어휘는 사용이 증가함을 관찰하였다. 또한 화자의 의도를 보다 강화하여 드러내기 위해 정도부사의 중출과 같은 속성의 변화가 나타나기도 하고, 정도부사의 용법을 가진 새로운 어휘가 사용되기도 하였다.

정도부사는 화자 특성이나 화자의 심리 상태, 상황적 맥락에 따라 그 쓰임이 다양하게 나타나기 때문에 구어 연구에서 흥미로운 연구 대상으로 여겨져 왔다. 이 연구는 기존 정도부사 연구에서 대상으로 한 바 없는 20세기 후기 시기를 포함하여 20세기 구어 자료에 나타난 정도부사의 변화에 대해 고찰하였다. 이를 통해 정도부사 연구의 외연을 확장하고, 상대적으로 연구가 부족한 현대국어 초기 시기의 구어에 대해 연구하였다는 데서 의의를 찾을 수 있다. 개별 정도부사에 대한 세밀한 분석을 시도하지는 못하였기 때문에 정도부사의 의미 기능의 변화에 대해서는 심도 있게 다루지 못하였다. 이에 대해서는 후고를 기약한다.

■ 참고문헌

김현주. 2010. "국어 대우법 어미의 형태화 연구." 고려대학교 박사 학위논문.

김혜영·강범모. 2010. "구어 속 강조적 정도부사의 사용과 의미." 『한국어학』(한국어학회) 48, 101-129.

박동근. 2007. "현대국어 강조부사 범주의 설정과 기능적 분석." 『한글』(한글학회) 275, 129-163.

배진영. 2012. "구어와 문어 사용역에 따른 정도부사의 분포와 상용 양상에 대한 연구." 『국제어문』(국제어문학회) 54, 95-140.

서상규. 1991. "정도부사에 대한 국어학사적인 조명과 그 분류에 대해." 『연세어문학』23, 219-266, 연세대학교 국어국문학과.

서정수. 2005. 「한국어의 부사」 서울: 서울대학교 출판부.

손세모돌. 1998. "정도부사들의 유표적 자질 분석." 『한말연구』(한말연구학회) 4, 179-211,.

안주호. 2003. "한국어 구어에서 정도부사 '되게'에 대하여." 『언어과학연구』(언어과학회) 24, 149-166.

오재혁 외. 2014. "20세기 초 구어 연구를 위한 음성 자료의 유형과 특징에 대한 고찰." 『어문논집』(민족어문학회) 70, 225-258.

유혜원. 2016. "20세기 구어자료에 나타난 '요'의 분포와 기능의 변화." 『한국어학』(한국어학회) 71, 181-210.

이석규. 1987. "현대국어 정도 어찌씨의 의미 연구." 건국대학교 박사 학위논문.

임규홍. 1998. "부사 '정말'류의 담화적 의미." 『한국어의미학』(한국어의미학회) 2, 237-254.

임규홍. 2004. "정도부사 '너무'의 어형성과 공기 특성." 『우리말글』(우리말글학회) 32,

77-100.

장혜진. 2016. "20세기 전기 구어에 나타난 정도부사의 실현 양상." 『한국어학』(한국어학회) 71, 153-179.

장혜진 외. 2014. "20세기 초 구어 연구를 위한 문어 텍스트의 활용 문제." 『어문논집』(민족어문학회) 71, 325-351.

정경재·정연주·홍종선. 2015. "20세기 구어 자료에 나타난 하오체 어미 {-오}의 실현 양상 변화." 『한국어학』(한국어학회) 69, 277-311.

정연주·정경재·홍종선. 2015. "20세기 전기 구어 자료에서의 '안' 부정법." 『어문논집』(민족어문학회) 75, 109-145.

한영균·고은아. 2011. "유의적 정도부사의 빈도·분포·결합관계의 분석과 그 활용." 『한국어의미학』(한국어의미학회) 35, 335-394.

홍사만. 2002a. "국어 정도 부사의 피한정어 연구." 『어문학』(한국어문학회) 76, 153-176.

홍사만. 2002b. "국어 정도 부사의 하위 분류." 『어문론총』(경북어문학회) 36, 31-74.

홍종선. 2014. "口語와 文語를 아우르는 사용자 중심의 한국어 문법." 『어문연구』(한국어문교육연구회) 161(제42권1호), 7-35.

20세기 전기 구어 자료에서의 '안' 부정법

정연주 · 정경재 · 홍종선

1. 머리말

본고는 20세기 전기[1]의 구어 자료를 대상으로 하여 당시의 '안' 계열 부정문이 보이는 특성을 다양한 측면에서 살피는 데 목적이 있다. 부정문에는 '안'과 '못', '말-' 계열이 있지만, 가장 대표적인 부정 표현인 '안'을 우선 연구 대상으로 선택하였다. 이 시기의 문어 자료를 대상으로 한 부정법 연구는 간혹 있었으나 구어 자료를 살핀 연구는 찾아보기 어려운데, 적은 양이나마 구어 자료를 확보할 수 있는 시기임에도 자료에 대한 접근성이 높지 않았기 때문일 것이다.

1) 본고는 1945년까지를 20세기 전기, 그 후를 20세기 후기로 본다. 1945년을 기준으로 전기와 후기를 구분한 것은 홍종선(2009)에 따른 것이다. 홍종선(2009:2장)에서는 현대국어를 제1기(1894년~1910년대 말), 제2기(1920년대 초~1945년), 제3기(1945년~현재)로 나눈 바 있는데, 이는 새로운 언어 표현 의식을 가진 글들이 주류를 이루어 우리말의 표현과 문법에도 자연스럽게 변화가 많이 나타나게 된 1920년대를 한 분기점으로 삼고, 우리말이 국어의 지위를 되찾은 시기, 또 사회적 격변과 함께 일어나는 국어의 변화에 중요한 계기가 된 시기인 1945년을 또 하나의 분기점으로 삼은 결과이다.

본고에서 이용하는 자료는 20세기 구어 자료를 전사한 '고려대 구어 말뭉치: 20세기 전기' 자료이다.[2] 이는 전체 981분가량의 음성 자료를 수집하여 전사한 것으로, 총 규모는 약 60,000어절이다. 이 자료의 구성은 아래와 같다.

[표 1] 연구 대상 자료 목록

<table>
<tr><th>연도</th><th>자료명</th><th>규모(어절)[3]</th></tr>
<tr><td>1926</td><td>월남 이상재 선생 연설</td><td>638</td></tr>
<tr><td>1928</td><td>고루 이극로 선생 강연</td><td>221</td></tr>
<tr><td>1935</td><td>보통학교 조선어독본 낭독</td><td>3,712</td></tr>
<tr><td>1936</td><td>손기정 선수 소감</td><td>270</td></tr>
<tr><td>1939</td><td>영화 <조선 우리의 후방></td><td>713</td></tr>
<tr><td>1930년대</td><td>김복진 동화 구연(10편)</td><td>4,391</td></tr>
<tr><td>1930년대</td><td>유성기 연극(27편)</td><td>17,095</td></tr>
<tr><td>20세기 전기</td><td>유성기 영화(27편)</td><td>17,510</td></tr>
<tr><td>1936~1941</td><td colspan="2">발성 영화(9편)
<table>
<tr><th>연도</th><th>제목</th><th>규모(어절)</th></tr>
<tr><td>1936</td><td>미몽</td><td>1,248</td></tr>
<tr><td>1937</td><td>심청전</td><td>497</td></tr>
<tr><td>1938</td><td>군용열차</td><td>1,738</td></tr>
<tr><td>1938</td><td>어화</td><td>2,381</td></tr>
<tr><td>1939</td><td>국기 아래서 나는 죽으리</td><td>215</td></tr>
<tr><td>1940</td><td>수업료</td><td>1,924</td></tr>
<tr><td>1941</td><td>반도의 봄</td><td>1,977</td></tr>
<tr><td>1941</td><td>지원병</td><td>1,883</td></tr>
<tr><td>1941</td><td>집 없는 천사</td><td>3,673</td></tr>
</table>
</td></tr>
</table>

2) 이 자료는 한국연구재단의 지원을 받아 수행하고 있는 과제(20세기 현대국어 구어의 형성과 변천)를 진행하면서 구축한 것이다. 이 자료에 대한 자세한 소개는 오재혁 외(2014)에 제시되어 있는데, 본고에서도 해당 논문의 내용을 인용하면서 자료의 성격에 대해 간단히 소개하고자 한다.

먼저 '월남 이상재 선생 연설'은 1926년 11월 21일에 녹음된, '조선 청년에게'라는 제목의 연설을 전사한 것이다.

또 '고루 이극로 선생 강연'은 1928년 파리대학 음성학부 실험실에서 녹음된, '조선 글씨와 조선 말소리'라는 제목의 강연을 전사한 것이다.

'보통학교 조선어독본 낭독'은 일제 강점기 초등학교 국정 교과서인 <보통학교 조선어독본>의 내용을 일부 발췌해 녹음한 것을 전사한 것이다. 이는 문자로 먼저 기록된 언어 자료를 음성으로 구현한 것이어서 구어 자료 중에서도 다소 특수한 성격을 갖는다(오재혁 외, 2014:248).

한편 '손기정 선수 소감'은 손기정 선수가 1936년 제11회 베를린 올림픽 마라톤에서 금메달을 획득한 후 일본으로 가서 소감을 남긴 것을 전사한 것이다.

그리고 영화 <조선 우리의 후방>은 변사의 해설만으로 이루어신 영화 설명 자료이다.

'김복진 동화 구연'은 동화 구연가 김복진이 10편의 동화를 구연한 것을 전사한 것이다.

'유성기 연극'은 1930년대 유성기 음반에 녹음된 연극 27편을 전사한 것이다. 등장인물 간의 대화가 주를 이루고, 변사의 해설과 노랫말, 등장인물의 편지나 시 낭독이 일부를 차지하고 있다. 또 총 27편의 연극 중에는 <동방의 비가>, <일편단심: 고려말엽 정몽주 실전>, <낙랑공주와 마의태자>처럼 시대 배경이 달라 다소 인위적인 언어를 포함하고 있는 것도 있다. 총 17,095어절인데, 등장인물의 대사가 15,133어절을, 해설 및 노랫말이 1,962어절을 차지한다.

3) 자료가 정비되고 있는 중이기 때문에 최종 결과물의 규모와 조금 차이가 날 수 있음을 밝힌다.

'유성기 영화'는 27편의 무성 영화에 대한 변사의 구연 음성을 전사한 것이다. 등장인물의 대사도 있으나 해설과 노랫말이 많은 비중을 차지하고 있다. 총 17,510어절 중 해설과 노랫말이 10,707어절을, 등장인물의 대사가 6,803어절을 차지한다. 유성기 영화는 등장인물 간의 대화도 한 명의 변사가 처리하는 경우가 많아 유성기 연극 자료보다 문어적인 성격을 띤다.

'발성 영화' 자료는 총 15,536어절 규모이다. 대부분 등장인물의 대사로 이루어져 있고, 다만 <어화>에 노랫말 51어절이 포함되어 있다.

위의 모든 자료는 음성 매체를 통해 전달되고 있다는 점에서 넓은 의미에서 '구어 자료'로 포함할 수 있으나, 글로 작성된 대본을 분명히 가지고 있거나 적어도 가지고 있을 가능성이 있다는 점에서 전형적인 구어를 보여 주는 자료라고 하기는 어렵다. 그러나 그 중에는 전형적인 구어와 성격이 꽤 다른 것으로 판단되는 자료뿐 아니라 전형적인 구어에 가까운 것으로 판단되는 자료도 있다. 가령 유혜원(2015:412)에서는 주격 조사와 목적격 조사의 실현·비실현 비율에서 유성기 영화·연극과 발성 영화가 차이를 보임을 언급하였다. 유성기 영화·연극보다 발성 영화에서 조사의 비실현 비율이 더 높았는데, 이는 발성 영화가 자연스러운 자유 발화와 유사한 특성을 가짐을 보여 준다.[4)]

현재 접근할 수 있는 20세기 전기의 음성 자료 중 대본이 없다고 확신할 수 있는 자유 발화는 거의 찾아보기가 어려우므로, 20세기 전기의 한국어 구어 연구는 현실적으로 (대개 대본을 기반으로 한 것으로 추정되는) 위의 자료들을 토대로 하여 짐작될 수밖에 없다. 이에 따라 본고에서는 20세기 전기의 한국어 구어 연구는 다음과 같이 진행되어야 한다고

---

4) 정경재 외(2015:279)에서는 발성 영화가 유성기 영화보다 구어성을 더 잘 보여 주는 것은, 1930년대에 무성 영화에서 발성 영화로 전환이 이루어지면서 배우들에게 일상적이고 사실적인 연기가 요구되고 있었다는 점에 영향을 받았을 것이라고 본 바 있다.

본다. 첫째, 어떤 장르 또는 담화 유형이 20세기 전기의 실제 구어를 잘 보여 주고 있는지를 속단할 수 없으므로, 우선은 구어의 범위를 넓게 보아 음성 매체를 통해 전달된 한국어 자료를 연구 대상으로 삼는다. 둘째, 해당 자료들이 장르마다 혹은 담화 유형마다 서로 다른 언어적 특성을 보일 수 있으므로 장르나 담화 유형을 기준으로 삼아 자료를 나누고 각각의 언어적 특성이 어떠한지를 정리한다. 셋째, 이런 방식으로 수집된 결과들을 토대로 하여 어떤 자료가 구어성을 가장 많이 띠고 있는지를 판단하고, 그 자료를 토대로 하여 당시의 구어가 가졌을 특성을 가늠해 본다.

본 연구는 이런 목적을 달성하기 위한 일환으로서 위의 자료들을 대상으로 하여 '안' 부정법의 실현 양상을 살펴보려 하며, 언어적 특성이 달라지는 데 있어 장르(가령 동화 구연, 유성기 연극, 유성기 영화, 발성 영화 등)와 담화 유형(가령 대화, 서사 등) 모두가 중요한 영향을 비칠 수 있으므로 필요한 부분에서 장르와 담화 유형을 기준으로 삼아 자료들을 나누고 각각에서 나타나는 '안' 부정법의 양상을 기술하려고 한다. 다만 '월남 이상재 선생 연설', '고루 이극로 선생 강연', '손기정 선수 소감'은 분량이 적어 '안' 부정법이 실현된 사례도 매우 적으므로[5], '안' 부정법의 장르별 또는 담화 유형별 실현 양상을 표로 정리할 때에는 포함하지 않고 필요한 경우에만 언급할 것이다.

2. 형태적 특성

고려대 구어 말뭉치(20세기 전기)에서 '안' 계열 부정문이 어떤 형식으로 실현되고 있는지를 살펴보면, 부정부사로 '안'과 '아니', 부정 보조용언

5) '월남 이상재 선생 연설'에서 2건, '손기정 선수 소감'에서 1건이 발견된다.

으로 '-지 않다', '-지 안하다', '-지 아니하다'를 발견할 수 있다. 이 중 부정부사 '안'과 부정 보조용언 '-지 않다', '-지 안하다'를 '안'형으로 묶고 부정부사 '아니'와 부정 보조용언 '-지 아니하다'를 '아니'형으로 묶어서 '안' 계열 부정문의 형식적 실현 빈도를 표로 보이면 아래와 같다.[6)]

[표 2] 고려대 구어 말뭉치(20세기 전기)에서 부정소의 형식적 실현 양상

	동사		형용사		보조용언		
					장형[7)]		
	단형	장형	단형	장형	-어 있다	-고 있다	-고 싶다
'아니'형	49	25	0	4	0	0	1
'안'형	188	232	2	102	3	2	10

이 표를 통해 볼 수 있는 부정소의 형태적 특징은 다음과 같다.

(1) ㄱ. 단형 부정에서 '아니'형은 20.5%(전체 단형 부정 239개의 사례 중 49개)를, '안'형은 79.5%(전체 단형 부정 239개의 사례 중 190개)를 차지하고 있다.

ㄴ. 장형 부정에서 '아니'형은 7.9%(전체 장형 부정 379개의 사례 중 30개)를, '안'형은 92.1%(전체 장형 부정 379개의 사례 중 349개)를 차지하고 있다.

ㄷ. 즉 '아니'형은 단형 부정보다 장형 부정에서 덜 쓰이고 있다.

ㄹ. 또한 장형 부정의 '아니'는 동사(9.7%; 장형 부정된 동사의 사례 총 257개 중 25개)보다 형용사(3.8%; 장형 부정된 형용사의 사례 총 106개 중 4개)에서 덜 쓰이고 있다.

아래에서 (1)의 특징들에 대해 짚어 볼 것이다.

---

6) '안되다', '마지않다', '귀치않다(>귀찮다)' 등 어휘화된 것은 연구 대상에서 제외하였고, 또 시조의 일부같이 고어성을 띠는 부분도 연구 대상에서 제외하였다.

7) '안' 계열로 부정되는 보조용언에는 '-어 있다', '-고 있다', '-고 싶다'가 있었는데, 이들 앞에 단형 부정소가 오는 경우는 없다.

2.1. '아니'형과 '안'형의 실현 비율

(1ㄱ)에서 언급했듯 20세기 전기 구어 자료에서는 '안' 계열 부정부사 중 '아니'가 약 20%를, '안'이 약 80%를 차지하는 것으로 나타난다. 이 양상을 보다 자세히 살피기 위해 장르별로 '아니'와 '안'의 실현 빈도를 보이면 아래와 같다.

[표 3] 고려대 구어 말뭉치(20세기 전기) 단형 부정 자료에서 장르별 '아니'와 '안'의 실현 빈도

	조선어 독본	영화 설명[8]	동화 구연	유성기 연극	유성기 영화	발성 영화	총계
아니	3	2	0	27	15	2	49 (20.5%)
안	5	1	8	64	12	100	190 (79.5%)

[표 3]을 통해, '김복진 동화 구연'에서는 '아니'가 실현된 사례가 보이지 않고, 또 '발성 영화'에서는 '아니'의 사례가 보이기는 하지만 '안'의 실현이 '아니'의 실현보다 뚜렷하게 높음을 볼 수 있다. 한편 '보통학교 조선어독본 낭독'과 '영화 <조선 우리의 후방>', '유성기 영화'에서는 '아니'와 '안'의 실현이 비슷한 정도로 나타난다. 그리고 '유성기 연극'은 '안'의 실현 비율이 '아니'보다 높기는 하나 '김복진 동화 구연'과 '발성 영화'보다 그 비율 차이가 적다는 점에서 중간적인 성격을 보인다.[9]

그런데 이 차이가 정말 장르에 따른 것인지, 혹시 대화와 비대화라는

---

8) 앞서 언급했듯 변사의 해설만으로 이루어진 영화 <조선 우리의 후방>이 영화 설명 자료로 분류되었다.

9) 1장에서 언급했듯 '유성기 연극' 총 27편 중에는 <동방의 비가>, <일편단심: 고려말엽 정몽주 실전>, <낙랑공주와 마의태자>처럼 시대 배경이 달라 다소 인위적인(즉 인위적으로 옛 말투를 구사하는) 언어를 포함하고 있는 것이 있다. 이 세 편에서 부정부사 '아니'는 6회, '안'은 1회 나온다. 이 세 편을 제외하고 계산해 보아도 '유성기 연극'에서 부정부사 '아니'는 전체 부정부사 중 25%를 차지한다.

담화 유형이 이런 차이에 더 중요한 영향을 미치고 있는 것은 아닌지를 검증할 필요가 있다. '안'은 '아니'의 축약형이고, 축약형은 구어성이 높은 맥락에서 잘 발달하여 널리 쓰인다. 따라서 대화 부분과 비대화 부분에서 '안'과 '아니'의 실현 양상을 살폈을 때 만약 '안'의 쓰임이 대화 부분에서 유의미하게 많이 발견된다면, 장르 자체보다는 각 장르 속에 포함되어 있는 대화의 구어성이 '안'의 실현에 큰 영향을 미치고 있다고 볼 수 있기 때문이다. 하지만 그런 것 같지는 않다. 아래의 표를 보자.

[표4] 고려대 구어 말뭉치(20세기 전기) 단형 부정 자료에서 담화 유형별 '아니'와 '안'의 실현 빈도

	비대화						대화				
	조선어 독본	영화 설명	동화 구연	유성기 연극	유성기 영화	발성 영화	조선어 독본	동화 구연	유성기 연극	유성기 영화	발성 영화
아니	2	2	0	0	2	0	1	0	27	13	2
안	0	1	6	0	3	1	5	2	64	9	99

'안'이 지배적이었던 '발성 영화'에서 '아니'의 두 사례는 오히려 대화 부분에서 나온 것이었다. '안'과 '아니'의 실현이 비슷했던 '유성기 영화'의 경우, 비대화 부분과 대화 부분으로 나누어서 살펴보아도 '안'과 '아니'의 실현이 비슷함을 볼 수 있으며, 오히려 대화 부분에서 '아니'의 실현 빈도가 '안'보다 높음을 볼 수 있다. 다만 '보통학교 조선어독본 낭독'의 경우에는 '안'의 다섯 사례가 모두 대화 부분에서 나오고 있어서 담화 유형이 '안'의 실현에 영향을 미치고 있다고 볼 만한 결과를 보여 준다. 하지만 절대 빈도가 적으므로 단정짓기는 어려운 상황이다.

10) '비대화'는 해설과 편지/시 낭독 등, 등장인물의 대화가 아닌 부분을 모두 포함한 것이다. '김복진 동화 구연'과 '보통학교 조선어독본 낭독'에서도 마찬가지로 등장인물의 대화에 해당하는 부분은 '대화'로, 그 외의 부분은 '비대화'로 포함하였다.

따라서 본고가 살핀 자료 내에서는, 부정부사 '안'과 '아니'의 실현 양상에 담화 유형보다는 장르가 영향을 미치고 있다고 결론을 내리는 것이 합리적이라 생각된다. 구어성이 높은 맥락에서 '아니'에서 '안'으로의 축약이 빈번히 일어났을 것이므로 실제 언어 변화 과정에서는 대화 상황이 이 변화를 주도했을 것이다. 그러나 현재 구축할 수 있는 20세기 전기 구어 말뭉치는 대부분 문어적 구어이므로 장르에 따라 등장인물 간의 대화에도 구어성이 반영되는 정도에 차이가 있었다고 볼 수 있다.

이제 이 양상이 같은 시기의 문어 자료에서는 어떻게 나타나는지 비교해 보자. 안예리(2013:4.3절)에서는 문어 자료인 대중종합지 <삼천리>(1929~1942)를 대상으로 부정 표현의 양상을 살핀 바 있다.[11] 이 자료에서는 '아니'가 부정부사의 41%를 차지하며 '안'과 함께 널리 쓰였다고 한다.

[표 5] 〈삼천리〉에서 부정부사 '아니'와 '안'의 실현 빈도 (안예리, 2013:206)

	〈삼천리〉
아니	2,102 (41%)
안	3,039 (59%)

안예리(2013:206)에서는 이전에 '아니'의 비중이 높았다가 <삼천리>로 오면서 '안'이 '아니'를 약간 앞서게 되었다고 하면서, 20세기 전반기에는 '안'과 '아니'가 둘 다 널리 쓰였지만 '안'이 점차 득세해 가고 있었다고 언급하였다.

하지만 고려대 구어 말뭉치(20세기 전기)에서는 '안'이 약 80%를 차지하여([표 3]), <삼천리>에서 보이는 양상과 꽤 차이가 난다. 특히 '동화

11) <삼천리> 말뭉치는 약 290만 어절의 원시 말뭉치로, 소설, 수필, 기행문, 회고, 수기 등의 문학 텍스트가 44%, 논설, 보도, 비평, 설문 조사, 사고 및 편집 후기 등 비문학 텍스트가 56%를 차지한다고 한다(안예리, 2013:21).

구연'과 '발성 영화'에서 뚜렷한 차이가 보인다('아니'가 2% 이하의 비율을 차지). 즉 적어도 전달매체 면에서 구어성을 띠고 있는 여러 장르 중 부정소의 형태와 관련한 언어 변화가 가장 일찍 반영된 장르, 달리 말해 구어성을 잘 보여 주는 장르는 동화 구연과 발성 영화라고 할 수 있고, 여기에서 보이는 '아니'의 쓰임 양상은 <삼천리>와 매우 다르다. 예상할 수 있듯이 문어성을 띠는 자료에서 언어 변화의 반영이 지연되면서 '아니'가 더 오래 유지되고 있었던 것이다.

또한 (1ㄴ)에서 언급했듯 고려대 구어 말뭉치(20세기 전기)에서는 '안' 계열 보조용언 중 '아니'형(즉 '아니하다')이 약 8%를, '안'형(즉 '안하다'와 '않다')이 약 92%를 차지하는 것으로 나타난다. 이 양상도 장르별로 나누어 보이면 아래와 같다.

[표 6] 고려대 구어 말뭉치(20세기 전기) 장형 부정 자료에서 장르별 '아니'형과 '안'형의 실현 빈도

	조선어 독본	영화 설명	동화 구연	유성기 연극	유성기 영화	발성 영화	총계[12)]
아니하다	2	0	0	12	16	0	30(8.0%)
안하다	0	0	0	0	2	0	2(0.5%)
않다	13	4	17	103	68	139	344(91.5%)

모든 장르에서 '안'형이 '아니'형보다 훨씬 많이 실현되기는 하나, '유성기 영화'에서 '아니'형의 실현 비율은 18.6%이고 '보통학교 조선어독본 낭독'과 '유성기 연극'에서도 '아니'형이 조금 보이고 있으며[13)], '김복

12) '월남 이상재 선생 연설'에서의 2건, '손기정 선수 소감'에서의 1건이 이 표에서는 빠져 있기 때문에 [표 2]와 총계에서 차이가 난다.

13) 유성기 연극에서 '아니'형이 10.4%를 차지하고 있으나 <동방의 비가>, <일편단심: 고려말엽 정몽주 실전>, <낙랑공주와 마의태자>를 제하면 그 비율은 5.6%로 떨어진다. 이 세 편에서 '아니'형 부정 보조용언은 6회, '안'형은 2회 나오므로 이를 제외하면 유성기 연극에

진 동화 구연'과 '발성 영화'에서는 '아니'가 실현된 사례가 없었다.

이 양상을 담화 유형별로 살핀 결과는 아래와 같다.

[표 7] 고려대 구어 말뭉치(20세기 전기) 장형 부정 자료에서 담화 유형별 '아니'형과 '안'형의 실현 빈도

	비대화						대화				
	조선어 독본	영화 설명	동화 구연	유성기 연극	유성기 영화	발성 영화	조선어 독본	동화 구연	유성기 연극	유성기 영화	발성 영화
아니하다	2	0	0	1	15	0	0	0	11	1	0
안하다	0	0	0	0	1	0	0	0	0	1	0
않다	6	4	12	8	36	6	7	5	95	32	133

'유성기 연극'에서는 비대화 부분과 대화 부분에서 '아니'형과 '안'형의 실현 비율이 별 차이를 보이지 않는다.[14] 하지만 '보통학교 조선어독본 낭독'에서 보이는 '아니'형의 두 사례는 모두 비대화 부분에서 나왔고, 특히 '유성기 영화'에서 보이는 '아니'형의 사례 대부분이 비대화 부분에서 나오고 있다는 점이 특징적이다. 이 두 장르의 비대화 부분에서 나온 '아니'형 부정 보조용언의 사례는 다음과 같다.

(2) ㄱ. 우리들은 이 편리한 언문을 사용할 때마다 언제든지 세종 대왕의 공덕에 대하야 감사를 드리지 <u>아니할</u> 수 없습니다. <1935조선어독

서 '아니'형 부정 보조용언은 총 6회가 나올 뿐이다.

14) <동방의 비가>, <일편단심: 고려말엽 정몽주 실전>, <낙랑공주와 마의태자>를 제외하고 계산하면 아래와 같다. 즉 이 세 편을 제외해도 제외하지 않은 것과 결과에서 별 차이가 없다.

	비대화	대화
아니하다	0	6
안하다	0	0
않다	8	93

본_언문의 제정>

ㄴ. 주부와 나그네 젊은이와 젊은이 그들의 사이는 멀지 아니하여서 두 가슴에 숨어 있은 청춘의 붉은 꽃은 사랑의 이슬을 받아 바야흐로 피어난다. <19-유성기영화_아리랑>15)

ㄷ. 운명이란 뜻하지 아니한 불행을 말없이 갖다 주는 것이었었다. <19-유성기영화_처녀총각>

부정부사의 실현 형식을 살필 때와 마찬가지로 '보통학교 조선어독본 낭독'이 보여 주는 수치는 절대 빈도가 적기 때문에 유의미하게 해석하기에 무리가 있다. 다만 '유성기 영화'의 부정 보조용언 실현에 있어서는 담화 유형이 중요한 영향을 미치고 있는 것으로 보인다. 하지만 일반인이 아닌 '변사'의 내레이션이라는 장르적 특성도 무시할 수는 없을 것이다.

한편 <삼천리>에서 부정 보조용언의 형식은 다음과 같이 실현되었다고 한다.

[표 8] 〈삼천리〉에서 부정 보조용언의 형식별 실현 빈도(안예리, 2013:210)

	〈삼천리〉
아니하다	2,092 (14%)
안하다	98 (1%)
않다	12,250 (85%)

또 소설 자료를 대상으로 20세기 국어의 부정법을 살핀 남윤진(2011)에서도 부정 보조용언의 형식별 실현 빈도를 제시한 바 있는데, 그 중 1920~1940년대의 양상만을 발췌하여 보이면 아래와 같다.16)

15) '19--'은 20세기 전기이지만 정확한 연도를 알 수 없는 것이다. 또 '193-'은 1930년대이나 정확한 연도를 알 수 없는 것이다. 이후에도 이와 같은 방식으로 기술한다.

16) 원문에서는 각 형식이 표기상 연철되었는지 분철되었는지 중철되었는지 등까지 고려하여 표기형마다 그 실현 빈도를 나누어 제시하였으나, 여기에서는 표기형의 차이를 고려하지 않고 통합하여 실현 빈도를 제시하였다.

[표 9] 소설 자료에서 부정 보조용언의 형식별 실현 빈도 (남윤진, 2011:174~175)

	1920년대	1930년대	1940년대
아니하다	113 (7.4%)	87 (4.1%)	75 (6.3%)
안하다	53 (3.5%)	91 (4.2%)	58 (4.9%)
않다	1352 (89.1%)	1966 (91.7%)	1060 (88.9%)

[표 8~9]를 통해 보인 양상은 [표 6]의 고려대 구어 말뭉치(20세기 전기)에서 보이는 양상과 큰 차이를 보이지는 않는다. 다만 ([표 6]의 절대 빈도가 [표 8~9]에 비해 매우 적다는 점은 고려해야 하지만,) '동화 구연'이나 '발성 영화'에서 '아니'형이 한 번도 보이지 않았던 것이 [표 8~9]와의 차이점으로 지적될 수 있다.[17] 이 역시 전달매체 면에서 구어성을 띠고 있는 여러 장르 중 부정소의 형태와 관련한 언어 변화가 가장 일찍 반영된 장르, 달리 말해 구어성을 잘 보여 주는 장르는 동화 구연과 발성 영화라고 할 수 있음을 보여 준다.

본 절에서는 구어성이 포함된 다양한 성격의 자료를 살펴 20세기 전기에 부정부사 '안'과 부정 보조용언 '않다'가 문어 자료를 통해 보고된 것보다 더 폭 넓게 사용되고 있었음을 확인하였다. 이처럼 같은 시기의 자료들이 문어성과 구어성에 따라 서로 다른 언어 양상을 보여 주고 있으므로 두 가지 성격의 자료 모두를 언어 연구의 대상으로 삼을 필요가 있으며, 그래야 해당 시기 언어의 전모에 다가갈 수 있을 것이다.

17) 이 외에 '월남 이상재 선생 연설'과 '손기정 선수 소감'에 장형 부정의 사례 세 개가 포함되어 있는데, 모두 '안'형으로 실현된 것이다.

2.2. '아니'의 분포 양상

앞선 절에서 엿볼 수 있었던 것처럼 20세기 전기는 구어에서 '아니'형이 쓰이지 않게 되는 과정을 살필 수 있는 시기이다. 이 절에서는 '아니'형이 어떤 환경에서 더 먼저 사라져 가고 있는지에 대해 살피고자 하는데, '아니'형이 비교적 높은 빈도로 쓰이고 있는 '유성기 연극'과 '유성기 영화'를 대상으로 이 양상을 관찰하고자 한다. 이 장르들에서는 보수적으로 '아니'형이 유지되고 있지만, 그 와중에 '안'형이 잘 실현되는 환경이 있는지를 살피는 것이 유의미하리라 생각되기 때문이다. (1ㄷ, ㄹ)에서는 전반적으로 보아 '아니'형은 단형 부정보다 장형 부정에서 덜 쓰이고 있고, 또 동사보다 형용사를 부정할 때 덜 쓰이고 있음을 언급했는데, '유성기 연극'과 '유성기 영화'만을 대상으로 살펴도 유사한 결과가 나온다.

[표 10] 유성기 연극, 유성기 영화에서 '아니'형과 '안'형의 환경별 실현 빈도

	단형			장형			
	동사	형용사	총계	동사	형용사	보조용언	총계
아니	42	0	42 (35.6%)	**23 (17.2%)**	**4 (6.8%)**	1	28 (13.9%)
안	76	0	76 (64.4%)	111 (82.8%)	55 (93.2%)	7	173 (86.1%)

우선 단형 부정에서는 '아니'형이 약 36%를 차지하는데, 장형 부정에서는 '아니'형이 약 14%를 차지하고 있어 꽤 차이가 난다(음영으로 표시한 부분 참고). 이와 관련하여 이지영(2008:2.2.3절)에서는 '안'이라는 형식 자체가 장형 부정에서 먼저 형성된 것임을 언급한 바 있다. 이 논문에 따르면 '안'이라는 형식이 도출되는 과정은 다음과 같다. 먼저 18세기 말에 '아니

ᄒᆞ다'가 '안ᄒᆞ다'로 변화한다. 그리고 이 영향으로 19세기 말에 부정부사 '안'이 나타난다. 한편으로 19세기에 '안ᄒᆞ다'가 '않다'로 변화한다.

Bybee(2010:3.3.2~3.3.3절)에서는 'I don't know.' 속의 don't에서 모음이 schwa로 삭감되고 어두 자음이 탄설음화되거나 사라지며 어말의 [t]가 사라지는 현상이 나타나는 것을 예로 들면서, 이처럼 매우 빈번히 쓰이는 특정 구절 속에서 음성적 감쇄 현상이 특별하게 일어날 수 있음을 언급했다. 추가로 주목할 수 있는 것은, 이러한 don't의 음성적 감쇄 현상은 I don't inhale이나 what if they don't go for your fantasy? 같은 저빈도 구절에서는 나타나지 않는다는 것이다(Bybee, 2010:41). '아니'가 '아니 V/A'에서보다 '-지 아니ᄒᆞ다'에서 먼저 줄어드는 것도 이에 비추어 보면 자연스럽다. '아니 V/A'의 V/A 자리에는 다양한 요소가 오지만, '-지 아니ᄒᆞ다'는 고정된 표현이고 문법적 기능을 하는 만큼 빈번히 쓰인다. 따라서 장형 부정 구성에서 축약이 더 잘 일어날 수 있었을 것이다. [표 10]에서처럼 장형 부정문보다는 단형 부정문에서 '아니'형이 더 많이 쓰인 것도 이런 맥락 속에 있는 것으로 이해할 수 있다.

한 가지 더 주목할 수 있는 것은 장형 부정문에서 '아니'형이 쓰인 예 중 의문 어미가 이어지는 경우는 보이지 않는다는 것이다. 4장에서 다시 언급할 것이지만 장형 부정문은 의문문 속에서 '화자가 가지고 있는 긍정적 전제에 대해 동의를 요청하는 기능'으로 쓰이는 경우가 많다. 아래의 (3)이 그 예인데, 이러한 예는 일상 대화에서 매우 빈번히 쓰이며, 이때의 '-지 않-'은 순수히 부정의 기능을 하는 것이 아니라 화자의 단언을 좀 약화시키는 기능을 한다. 빈번히 쓰이며 기능이 변한 만큼 이 경우에는 축약이 일어나기가 쉽다. '아니' 형식이 유지될 때 의문문보다 비의문문에서 '아니'형이 더 많이 쓰인 것은 이런 맥락에서 이해될 수 있을 것이다.

(3) 그 일, 나도 해 봤는데 말이야. 시간이 오래 <u>걸리지 않아?</u>

한편, '아니'는 동사보다 형용사에서 덜 쓰이는 경향을 보인다([표 10]의 볼드체로 표시한 부분 참고). 장형 부정에서 동사의 경우 '안'형이 전체의 약 83%를 차지하고 '아니'형이 약 17%를 차지하고 있다. 한편 장형 부정에서 형용사의 경우에는 '안'형이 전체의 약 93%를, '아니'형이 약 7%를 차지하고 있다. 왜 품사에 따라 이런 차이가 나타나는지에 대해 생각해 볼 필요가 있다.

이는 '형용사+부정 표현'의 내적 긴밀도가 '동사+부정 표현'의 내적 긴밀도보다 더 높고, 그래서 '아니하-'에서 '않-'으로 축약된 형태가 더 활발하게 사용된 것으로 해석해 볼 수 있다. 언어 요소들의 긴밀도는 그것들의 공기 빈도가 얼마나 높은가 하는 점에도 영향을 받겠지만, 근본적으로는 의미적으로 얼마나 단일한 개념을 나타내는가 하는 점에도 영향을 받을 것이다.[18] 가령 '편하지 아니하다'는 두 단어로 이루어져 있지만 개념상으로는 '불편하다'나 마찬가지로 단일한 개념을 나타낸다. 또 '많지 아니하다'에는 '적다'의 개념이, '바쁘지 아니하다'에는 '한가하다'의 개념이 들어 있다. 이처럼 형용사가 부정되는 경우에, 그 개념은 단지 "그 형용사가 나타내는 속성이 없음"인 것이 아니라, "그 형용사가 나타내는 속성의 반대편에 있는 속성이 있음"에 해당하는 경우가 종종 있다. 반면 동사가 부정되는 경우에 그 개념은 단지 "그 동사가 나타내는 행위가 일어나지 않음"인 경우가 대부분인데(예: 가지 아니하다, 먹지 아니하다), 이는 하나의 어휘가 나타낼 만한 개념이 아니다.

18) 이지양(1998:3장), 김현주(2010:285)에서는 인접해 있는 서로 다른 단위들이 개념적으로 유사하거나 긴밀하게 관련되어 있는 경우, 이런 상황이 빈번하게 발생하면 이들 사이에서 융합이 일어날 수 있음을 언급했다.

즉 고려대 구어 말뭉치(20세기 전기)의 장형 부정에서 '형용사+-지 아니하다'가 상대적으로 적은 비중을 차지하고 있는 것은 '형용사+-지 아니하다'의 개념상 긴밀도가 동사의 경우보다 높아 '아니하-'에서 '않-'으로의 축약이 더 잘 일어난 결과로 생각된다.

이것과 관련된 것으로 볼 수 있는 현상으로 '-하지 않다'가 '-치 않다'로 축약되는 현상에 주목해 볼 수 있다. 중세국어 자료에서는 아래와 같이 '-티 아니ᄒᆞ다' 형식이 실현된 사례를 빈번하게 발견할 수 있다.

(4) ㄱ. 丈夫는 제여븐 남지니니 부톄 겨지블 調御ᄒᆞ시ᄂᆞ다 ᄒᆞ면 尊重티 아니ᄒᆞ시릴ᄊᆡ 丈夫를 調御ᄒᆞ시ᄂᆞ다 ᄒᆞ니라 <석보상절 9:3b>
ㄴ. 堀애 드러 呪術을 외와 그 ᄯᆞᄅᆞᆯ 비로ᄃᆡ 王ᄇᆞᆺ 너를 ᄉᆞ랑티 아니ᄒᆞ시린댄 커니와 王이 너를 禮로 待接ᄒᆞᄉᆞᆲ딘댄 모로매 願이 이디 말오라 ᄒᆞ더니 <석보상절 11:30a>
ㄷ. 어득ᄒᆞ야 보디 몯ᄒᆞ야 부텨와 受苦 그ᄎᆞᇙ 法을 求티 아니ᄒᆞ고 邪曲ᄒᆞᆫ 보매 기피 드러 이실ᄊᆡ <석보상절 13:57a>
ㄹ. 王ㅅ 夫人 ᄒᆞ나히 그 太子ᄅᆞᆯ ᄉᆞ랑ᄒᆞ야 더러븐 ᄠᅳ들 ᄒᆞ거늘 太子ㅣ 구틔여 從티 아니ᄒᆞᆫ대 <석보상절 24:49a~b>

그런데 현대국어에서는 (4)에서 제시한 것과 같은 축약형들이 잘 쓰이지 않고 있다. 이런 축약이 중세국어에서는 생산적이었으나 현대국어로 오면서 어느 순간부터는 생산적이지 않게 되는 변화를 겪은 것으로 볼 수 있다. 그리고 이런 변화를 겪는 와중에 몇몇 고빈도의 '동사/형용사-치 않다'는 현재까지도 유지되며 쓰이고 있는 듯하다. 가령 고려대 구어 말뭉치(20세기 전기)에서도 '동사/형용사-치 않다'의 사례 총 17개를 볼 수 있다.

(5) ㄱ. (a) 생각하면 당치 않은 일을 저질렀구나. <1935조선어독본_심청>
(b) 그래도 일가 양반들이 양반의 집에 기생 며느리는 당치 않다고 시비들이고 <193-유성기연극_어머니의 힘>

(c) 당치도 않은 세탁소가 뭐요? <1936발성영화_미몽>
(d) 그렇지만 나 같은 건 당신 당신에게 당치도 않은 거 같애. <1941발성영화_지원병>

ㄴ. (a) 글쎄 나도 항상 귀치 않게 여기는 것이니까 주어도 상관없지만 아파서 어떻게 떼여 주나? <1935조선어독본_혹 뗀 이야기>
(b) 노인은 지금까지 귀치 않게 여기든 혹이 없어졌을 뿐 아니라 금은보배까지 많이 얻었으므로 여간 기뻐하지 않았습니다. <1935조선어독본_혹 뗀 이야기>

ㄷ. (a) 영숙아 네 정성만은 고맙다마는 네가 한 행동만은 죽여도 시원치 않는 더러운 짓이란다. <193-유성기연극_정희의 옵바>
(b) 그 말이 그렇게도 분해서 울 것 같으면 이 모욕에 서 있는 이수일이란 천치 놈은 피눈물을 흘려도 시원치가 않단다. <19--유성기영화_장한몽>

ㄹ. 변변치 않은 이 오빠 하나 공부를 시키기 위하여 네 몸까지 팔았다니 고맙다. <193-유성기연극_정희의 옵바>

ㅁ. 시어머님이 편치 않으셔서 못 왔어요. <193-유성기연극_사랑에 속고 돈에 울고>

ㅂ. 당신이 밤을 새워 가면서 웃음을 판 돈으로 밥 술이나 얻어먹고 있으니 살기는 살아 있소마는 그 어찌 미안치가 않겠소. <193-유성기연극_누구의 죄>

ㅅ. 대단치는 않다. <1938발성영화_어화>

ㅇ. 장쇠의 고집으로 말미암아 가련한 그의 몸은 수중고혼이 되어 버리고 전도가 무심치 아니하야 난데없는 호랭이가 튀어 나왔다. <19--유성기영화_장화홍련전>

ㅈ. 시비 매월이는 평소부터 선군에 대하여 가당치도 않은 정욕의 화살을 겨누고 있었으므로 숙영낭자의 존재를 은근히 저주하여 오던 터이었습니다. <19--유성기영화_숙영낭자전>

(6) ㄱ. (a) 다시 서로 못 본다고 할지라도 당신을 사랑하는 이 마음만은 변치 않으리다. <193-유성기연극_저승에 맺는 사랑>
(b) 다시 서로 못 본다고 할지라도 당신을 사랑하는 이 마음만은 변치 않으리다. <193-유성기연극_처량한 밤>

ㄴ. 아 글쎄 관계치 않대도 그래. <1941발성영화_집 없는 천사>

(5)는 '형용사+-치 않다'의 사례이고 (6)은 '동사+-치 않다'의 사례이다. 그런데 이때에도 '형용사+-치 않다'의 사례가 출현빈도 면에서나 유형빈도 면에서나 더 많다.

이 역시 형용사의 장형 부정문에서 '아니하-'가 상대적으로 적은 비중을 차지하는 현상과 같은 맥락에서 해석될 수 있을 것이다. '형용사+부정표현'이 갖는 개념적 속성 때문에 '형용사+-치 않다' 중 일부는 단일한 개념을 나타내는 표현으로 굳어 '동사+-치 않다'에 비해 더 오래 유지되어 올 수 있었을 것이라고 생각된다. 여기에서 형식이 더 축약되고 의미가 변하여 현재 하나의 어휘로 인정받고 있는 '괜찮다', '편찮다', '귀찮다' 등도 이런 흐름 속에 있다고 볼 수 있을 것이다.[19)]

3. 분포적 특성

이 장에서는 고려대 구어 말뭉치(20세기 전기)에서 나타나는 부정소의 분포적 특성을 살피고자 한다. 먼저 [표 2]를 통하여 동사에 비해 형용사에서 단형 부정소가 극도로 잘 쓰이지 않고 있음을 볼 수 있는데, 이 특성에 대해 검토할 것이다. 또 홍종선(2009:52)에서는 현대국어에 들어서면 부정소가 합성동사의 선·후행어 결합을 분리하거나 동사의 어근과 접사를 분리하면서 그 중간에 분포하던 방식(예: '솟아 안 오르다')이 없어진다는 것을 언급한 바 있는데, 이 현상이 고려대 구어 말뭉치(20세기 전기)에서는 어떻게 나타나고 있는지를 보이고자 한다.

---

19) 김선영(2005:40)에서는 'X(하)지 않-' 형식으로 주로 쓰임에도 불구하고 완전히 축약된 형태로 잘 쓰이지 않는 경우도 존재한다고 하면서 '마지않-, 굴하지 않-, 서슴지 않-, 변치 않-, 개의치 않-'의 사례를 들었다. 김선영(2005:41)에서도 지적하고 있듯이 이들은 모두 동사와 관련되어 있다.

3.1. 형용사와 단형 부정

[표 2]에서는 형용사가 부정된 사례 총 108개 중에서 단형으로 부정된 사례는 두 개밖에 나타나지 않음을 확인할 수 있다. 동사의 경우에는 단형으로 부정된 사례가 전체의 48% 정도를 차지하고 있는 것과 대비된다. 홍종선(2009:52)에서는 이처럼 형용사에 단형 부정이 제약되는 현상이 현대국어 제1기(1894~1910년대 말)부터 뚜렷해짐을 언급하였다. '안'과 형용사가 결합한 두 사례를 아래에 제시한다. 두 사례 모두 '발성 영화'에서 나온 것이다.

(7) ㄱ. 속 안 쓰리세요? <1936발성영화_미몽>
ㄴ. 배 안 고프겠니? <1940발성영화_수업료>

동사에 비해 형용사가 단형 부정으로 잘 실현되지 않는 것은 오늘날에도 마찬가지이다. 강범모(2014)에서도 지적되었듯이 부정문 표현 양상을 전체적으로 살펴보면, 동사에 비해 형용사가 단형 부정으로 실현되는 비율이 뚜렷하게 적다.[20] 필자가 80만 어절 규모의 세종 구어 형태 분석 말뭉치를 대상으로 조사한 결과에 따르면, 장형으로 부정되는 형용사의 유형 빈도는 총 174인데, 단형으로 부정되는 형용사의 유형 빈도는 총 49(장형 부정 유형 빈도의 약 28%)이다. 반면 장형으로 부정되는 동사의 유형 빈도는 총 451이고, 단형으로 부정되는 동사의 유형 빈도는 총 364 (장형 부정 유형 빈도의 약 81%)이다.

그렇기는 하지만, 20세기 전기와 비교한다면 오늘날에 이르기까지 형

20) 강범모(2014:16)에 따르면 부정부사 '안'과 용언의 결합 가능성에 영향을 미치는 요인들은 아래와 같은 순서로 효력을 갖는다고 한다.
어원-고유어 > 품사-동사 > 빈도-높을수록 > '하다' 여부-'하다' 용언(-) > 음절수-많을수록(-)

용사를 단형 부정 형식으로 더 활발히 부정할 수 있게 되는 변화가 있었던 것으로 보인다. 현대국어 내에서 이 현상이 어떤 변화를 보여 왔는지를 살피기 위해 1920년대부터 1990년대까지의 구어 자료(고려대 구어 말뭉치: 20세기 전기, 후기)를 함께 검토해 보면, 단형 부정으로 실현되는 형용사의 유형 빈도가 1980년대에 들어 늘어나고, 또 장형 부정으로 실현되는 형용사 유형 빈도에 비춘 비율도 이때쯤 늘어남을 볼 수 있다.

[표 11] 고려대 구어 말뭉치(20세기 전기, 후기)에서
'안' 계열로 단형 부정 및 장형 부정 되는 형용사의 유형 빈도

	장형 부정 유형 빈도	단형 부정 유형 빈도	단형으로 부정된 형용사 목록[21]
1920~1940년대	54	3 (5.6%)	쓰리다, 고프다, 그렇다
1950년대	21	2 (9.5%)	그렇다, 아프다
1960년대	49	3 (6.1%)	바쁘다, 아프다, 그렇다
1970년대	22	1 (4.5%)	그렇다
1980년대	28	5 (17.9%)	좋다, 크다, 그렇다, 아프다, 부럽다
1990년대	36	6 (16.7%)	아프다, 그렇다, 춥다, 좋다, 비싸다, 고프다

형용사가 단형 부정으로 실현되는 사례가 점차 늘어난다고 할 때, 그 양상이 어떠한지 살피기 위한 목적으로 고려대 구어 말뭉치(20세기 전기, 후기)에서 단형 부정으로 실현된 형용사의 사례를 전부 제시하면 아래와 같다. 시기순으로 제시하되 같은 형용사가 쓰인 사례들은 묶어서 제시하였으며, '그렇다'는 제외하였다.

21) 형용사 목록은 출현 시기순으로 제시하였다.

(8) ㄱ. 속 안 쓰리세요? <1936발성영화_미몽>

ㄴ. (a) 배 안 고프겠니? <1940발성영화_수업료>

(b) 배 안 고파? <1990만화_영심이>

ㄷ. (a) 그럼 인제 안 아퍼? <1958발성영화_그대와 영원히>

(b) 아 그 뭐 가슴이 좀 아프죠. 안 아프다고 볼 수 있습니까? <1965드라마_이 사람을!>

(c) 어우 하나도 안 아프겠다. <198-만화_빨강머리 앤>

(d) 언제 니가 안 아프다구 한 적 있냐? <1992발성영화_결혼 이야기>

ㄹ. 선생님은 오널 안 바쁘세요? <1961발성영화_서울의 지붕밑>

ㅁ. (a) 니가 아버지를 잘 살피도록 해. 몸이 아주 안 좋으시다. <1981발성영화_난장이가 쏘아올린 작은 공>

(b) 요즘 공기가 안 좋다구요. <1986발성영화_겨울 나그네>

(c) 별로 안 좋은 인연 같은데 <1988발성영화_칠수와 만수>

(d) 오늘은 저 컨디션이 안 좋아서 그렇죠. <1988발성영화_칠수와 만수>

(e) 기분 안 좋아. <1988만화_아기공룡 둘리>

(f) 니가 웃으면 난 기분 안 좋아. <1988만화_아기공룡 둘리>

(g) 요즘 분위기가 안 좋아. <1993발성영화_투캅스>

(h) 분위기가 아주 안 좋구만유. <1995드라마_바람의 아들>

(i) 요샌 몸이 안 좋아 갖구 여기 내려 있다 하더구만유. <1995드라마_바람의 아들>

(j) 어떤 운동이 좋고 어떤 운동이 안 좋은지 좀 가르켜 주세요. <1995명강의 일요광장_김성윤>

(k) 류마티스 관절염 앓으신 분들이 특히 좀 피하셔야 할 거는 좀 안 좋으신 운동이라면 무게를 많이 드는 그런 운동입니다. <1995명강의 일요광장_김성윤>

(l) 그런데다 인제 온몸이 굉장히 무거우시니까 이 무릎이 또 안 좋으세요. <1995명강의 일요광장_신영옥>

(m) 타이밍이 안 좋았어. <1997발성영화_접속>

ㅂ. "좀 크지?" "안 커." <198-만화_미래소년 코난>

ㅅ. 형 이런 말도 있잖아요. 잘 키운 방위 하나 열 꽁수 안 부럽다. <1988발성영화_칠수와 만수>

ㅇ. 안 추워? <1992발성영화_아래층 여자와 윗층 남자>
ㅈ. 여기 여관보다 만 원밖에 안 비싼데 너무 깨끗하다.
<1996발성영화_돼지가 우물에 빠진 날>

(8ㄱ, ㄴa, ㄷa)에서 볼 수 있듯이 초기 사례는 '쓰리다', '고프다', '아프다'처럼 형용사와 동사의 성격을 모두 갖는 것이 주를 이루고 있다. '쓰리다'는 형용사 활용을 보이기도 하고 동사 활용을 보이기도 한다(예: 속이 자주 {쓰리다/쓰린다}; 도원영, 2002:2.3.2절 참고). 또 '아프다', '고프다'는 도원영(2002:46)에서 동사성 형용사로 분류되었는데, 이들은 형용사 활용을 하면서도 '종종/자주/잘'과 같은 빈도 부사와 공기하고, 보조동사 '오다'나 '있다'와 결합하고(예: 다리가 점점 아파 온다), '-기 쉽다', '-기 마련이다' 같은 구성에서 쓰이며(예: 많이 먹으면 배가 아프기 마련이다/쉽다) 보조용언 '보다'와 결합하여 경험적 사실을 표현할 수 있음(예: 몸이 아파 봐야 다친 사람 심정을 알 수 있다)이 지적되었다. 이런 특성들은 전형적으로 동사가 갖는 특성인데, 형용사인 '아프다, 고프다'도 이런 점에서 동사성을 공유하고 있는 것이다. 본고가 살핀 자료 내에서는, 형용사가 단형 부정으로 실현될 가능성이 늘어나는 데 있어서 동사와 유사한 형용사가 그 출발점 역할을 하는 것으로 나타난다.

또 '쓰리다', '고프다', '아프다'를 비롯하여 '좋다', '부럽다', '춥다' 같이 화자의 내적인 감각, 감정을 나타내는 형용사가 단형 부정으로 실현되는 경우가 많음을 볼 수 있다. 이는 형용사가 단형 부정으로 잘 실현되지 않는 것이, 단형 부정 형식이 갖는 단호한 부정의 느낌 때문일지도 모름을 생각하게 한다. 한송화(2014)에서는 단형 부정과 장형 부정의 기능 차이에 대해 다음과 같이 언급하였다. 먼저, 단형 부정에서 화자는 부정부사 '안'을 자신이 수정하고 싶어 하는 정보 앞에 위치시킴으로써 청자의 전제나 믿음, 발화에 대한 좀 더 강력한 수정의 효과를 볼 수 있다. 이에 비해 장형 부정은 명제에 대한 태도나 양상을 드러내기 위해 사용하는 경우가 많은데, 가령 보조사 '는'과 함께 부분적인 수정을 하려고 할 때나(예: 어렵지는 않다) '보다, 생각하다' 등의 사유나 양상동사와 함께 쓰여 완곡적으로 자신의 생각을 표현하는 화자의 태도를 드러낸다(예: '좋을 것 같다' - '안 나쁠 것 같다' - '나쁠 것 같지 않다'). 그런데 형용사는 주로 대상의 속성을 평가하기 위해 쓰인다. 평가는 늘 주관적인 성격을 띠기 때문에 화자의 입장에서는 청자의 반박 가능성을 고려하며 좀 더 완곡하게, 즉 장형 부정 형식으로 말하게 되기 쉽다. 하지만 '좋다', '부럽다', '춥다' 같은 형용사는 화자 자신의 내적인 감각, 감정을 드러낼 때 쓰이는 것이므로 그에 대한 청자의 반박 가능성을 별로 고려할 필요가 없을 때가 많다. 따라서 다른 형용사에 비해 단형 부정으로 더 잘 쓰일 수 있었을 것이다.[22] 요컨대 화자의 내적인 감각, 감정을 나타내는 형용사가 단형 부정으로 실현되는 형용사 초기 사례의 주류를 이루는 데에는 이들 형용사의 의미, 즉 청자의 반박 가능성을 별로 고려하지 않아도 된다는 의미론적 특성이 영향을 미치고 있다고 추정해 볼 수 있다.

이처럼 동사와 비슷한 성격을 갖는 형용사가 쓰일 때, 또 단형 부정 구문의 기능과 어울리는 형용사가 쓰일 때를 중심으로 하여 형용사가 점차 단형 부정 구문 속에서의 쓰임을 넓혀 왔음을, 고려대 구어 말뭉치를 통하여 볼 수 있다.

---

22) 다만 (8ㅁ)에서 b, c, g, h, j, k, m의 '좋다'는 대상(즉 '공기', '인연', '분위기', '운동', '타이밍')을 평가하기 위해 쓰이고 있으므로, 청자의 반박 가능성을 별로 고려할 필요가 없는 경우에 단형 부정으로 잘 실현된다는 설명으로 함께 설명되기가 어렵다. 추정컨대 '좋다'가 감각('몸이 안 좋다')과 감정('기분이 안 좋다')의 의미로 쓰일 때 단형 부정과 잘 어울리던 특성이, 감각이나 감정이 아닌 다른 의미로 쓰일 때로도 확장되어 적용된 것일 가능성이 있다.

3.2. 어근 분리 현상

다음으로는 부정부사가 어근과 접사를 분리하거나 합성동사의 선·후행어 결합을 분리하며 분포하는 현상에 대해 살펴보자. 앞서 소개했듯 <삼천리> 말뭉치를 대상으로 20세기 전기 국어를 연구한 안예리(2013:208~209)에서는, 오늘날은 본용언 뒤에 보조용언이 쓰일 때 부정부사가 본용언 앞에 나타나는 것이 일반적이지만, 20세기 전반기에는 부정부사가 본용언과 보조용언 사이에 올 수도 있었다고 언급하고 있다. '작업이 충분하게 아니 되어서였다', '죽엄을 두려워 아니 하고', '조곰도 무서워 안 하고' 등이 그 사례이며, 이는 20세기 전반기에 흔히 나타나던 현상이었다고 언급하였다.

하지만 이 기술은 문어성이 높은 자료에만 적용되는 것이 아닌가 한다. 고려대 구어 말뭉치(20세기 전기)에서는 그런 사례가 잘 발견되지 않는다. 아래의 두 예 정도만이 부정부사가 어근과 접사를 분리하거나 합성동사의 선·후행어 결합을 분리한 사례의 후보가 될 수 있다. 우선 (9ㄱ)의 '상관'은 관형어의 수식을 받는 일에 제약이 있어 어근으로 판단될 수 있을 듯하며(임홍빈, 1979:66~68 참고), 따라서 (9ㄱ)을 어근과 '하다'가 부정부사에 의해 분리된 예로 볼 여지가 있다. 하지만 (9ㄴ)은 부정부사가 '서러워하다'를 분리한 것이 아니라 '서러워 말아라'에서처럼 '하지'가 생략된 것으로 볼 수도 있다.

(9) ㄱ. 지주: 넌 그런 일에 상관 안 해도 좋아.
영애: 어째서 상관을 아니 해도 좋아요? <1941발성영화_지원병>
ㄴ. 흘러가는 너를 서러워도 않고 부르지도 않으며 또 울지도 않으며 황금으로 물들인 저녁노을이 능금나무 가지에서 사라지듯 모두가 흘러간다. <1938발성영화_어화>

즉 고려대 구어 말뭉치(20세기 전기)에 따르면, 1920년대 이후 구어에서는 이미 부정부사가 합성동사 또는 어근-접사 결합을 분리하는 현상이 잘 보이지 않는다.

4. 기능적 특성

한송화(2014)에서는 부정문의 기능을 다음과 같이 정리한 바 있다.

(10) [부정 서술문에서 부정의 기능]

① 정보 수정 기능: 청자가 사실이라고 믿는 것 또는 긍정문에 의해 함축된 것을 수정 혹은 보완하는 기능.

예) P2: 언니 나중에 시어머니 되면 깐깐할 거 같애.

P3: 나 <u>안 깐깐해</u>. 난 조신해.

② 발화의 완곡 기능: 명제에 대한 태도나 양상을 드러내는 기능. 보조사와 결합하여 청자의 전제에 대해 부분적인 부정을 하거나, 사유동사·양상동사와 함께 쓰여 선행하는 명제를 부정하고 완곡적으로 자신의 생각을 표현하는 태도를 나타냄.

예) P1: 독해 문제가 쉬운 줄 아나? 진짜 어려워.

P2: 솔직히 어렵지 <u>어렵지는 않다</u>, 근데, 쉬운 거는 되게 쉬워, 토플 토익 독해는,

예) 네. 거 어떻게 보면 가장 실망::스런 일 중 하난데요, 헤럴드 쪽에서도 그다지 뾰족한, 대안을 가지고 있는 것 <u>같지는 않더라구요</u>,

[부정 의문문에서 부정의 기능]

③ 부정적 전제 확인 기능: 화자가 사실로 알고 있는 긍정적 명제가 거짓이고 그에 대응하는 부정 명제가 사실인 듯이 드러난 상황에서 부정적 상황이 사실인지 확인하는 기능.

예) 오늘 학교 <u>안 가</u>?

④ 긍정적 전제의 동의 요청: 긍정의 상황에 대한 화자의 확신에 동의해 주기를 청자에게 요청하는 기능.

예) 가: 이거 좀 촌스럽지 않아요?
나: 네, 좀 촌스러운데요.

⑤ 긍정적 전제의 환기: 청자에게 대답이나 동의를 요청하지 않고 긍정적 사실에 대한 청자의 믿음이나 전제를 환기시키는 기능.
예) 너 민희 알지? 나 어제 우연히 클럽 갔다가 거기서 걜 보지 않았겠니? 야, 난 정말 거기서 걜 또 만날 줄은 정말 상상도 못했다, 야.

여기에 한 가지 기능을 더해 볼 수 있을 것 같다. 서술문 속 형용사를 장형 부정 형식으로 부정할 때 보이는 '척도 조정 기능'이다. 구종남(1993)에서는 특정 맥락이 상정되지 않고서도 부정문이 담화의 맨 처음에 쓰이는 경우가 있다고 하면서 다음과 같은 예를 들었다.

(11) ㄱ. 우리가 떠나던 날 날씨는 좋지 않았다.
ㄴ. 요즈음 교통난으로 인한 경제 손실이 적지 않다. (구종남, 1993:4)

구종남(1993)에서는 용언의 품사에 대한 언급은 하지 않았지만, 제시된 사례는 위에서 보듯이 모두 형용사가 쓰인 사례였다. 그리고 이런 경우는 사태가 어떠해야 한다는 것(가령 날씨가 좋을 것으로 예상되었다는 것)에 대한 특별한 전제나 기대 없이 부정문이 쓰여 대상의 속성에 대한 서술을 하는 경우인 것으로 보인다. 가령 특정한 날의 날씨는 '좋다'와 '나쁘다'가 양 극단에 위치하고 있는 척도상에서 어느 한 지점의 속성을 가질 수 있는데, 그 속성이 척도상의 중간 어느 지점에 해당함을 나타내기 위해 양 극단의 상태를 나타내는 형용사를 부정하면서 부정 구문을 이용할 수 있는 것으로 보인다. 이 기능을 '척도 조정 기능'으로 부르고자 한다.

이제 고려대 구어 말뭉치(20세기 전기)에서 나타난 '안' 계열 부정문을 이제까지 언급한 여섯 가지 기능으로 분류해 보고자 한다.[23] 모든 장르를 통합하여 조사한 결과는 아래의 [표 12], [표 13]과 같다. 또 여러 장르 중 '안'형의 실현에서나 형용사의 단형 부정 양상에서나 가장 구어성을 많이 보여 주는 발성 영화 자료에서 나온 결과만을 따로 제시하면 [표 14], [표 15]와 같다.

[표 12] 고려대 구어 말뭉치(20세기 전기) 부정 서술문에서 부정의 기능

정보 수정		발화의 완곡		척도 조정	
단형	장형	단형	장형	단형	장형
201 (55.7%)	160 (44.3%)	0	57	0	18

23) 전체 문장이 의문문이더라도 부정소가 의문의 영역에 포함되지 않는 경우에는 부정 서술문으로 판단하여 그 기능을 분류하였다. 가령 '진작에 내한테 왜 의존을 아니 했었니?'에서는 의문사 '왜'만이 의문의 영역에 포함되어 있고, 부정소는 의문의 영역에 포함되어 있지 않다. 이때 부정소는 (10)의 ③~⑤ 같은 기능을 하는 것이 아니라 화자가 가지고 있던 긍정적 전제를 부정하는 기능, 즉 ①의 기능을 하고 있다. 또 인용문 속에 부정소가 나타난 경우와 상대방의 부정문을 반복하여 말한 경우는 [표 12~15]를 작성할 때에는 제외하였다. 남의 말을 인용하거나 반복하는 것일 뿐, 그때의 부정문은 화청자의 전제와는 무관하게 쓰인 것이기 때문이다. 이 외에 '그렇지/그러지 않아도', '-에 지나지 않다'처럼 관용적으로 쓰이는 표현도 [표 12~15]를 작성할 때에는 제외하였다.

한편 '발화의 완곡 기능'과 '척도 조정 기능'을 구별한 기준에 대해 부연 설명을 하자면 다음과 같다. 우선 '척도 조정 기능'에 포함한 사례들은 맥락상 긍정적 전제가 있는 것으로 보기 어렵다고 판단된 것들이다. 가령 '참 좋은 밤이다. <u>춥지도 더웁지도 않고</u> (후략)'라는 발화가 이루어질 때 날씨가 춥다거나 덥다는 전제가 미리 깔려 있는 것은 아닌 것으로 보인다. 이런 경우는 '척도 조정 기능'으로 포함하였다. 한편 '발화의 완곡 기능'에는 맥락상 긍정적 전제가 깔려 있는 것으로 볼 수 있는 사례들 중에서, ① '-지' 뒤에 조사가 결합한 사례 모두와 ② '싶다', '생각하다' 뒤에 부정소가 결합한 사례, ③ '-게 하다'에서 '-게' 앞에 부정소가 결합할 수도 있었는데 '-게 하-' 뒤에 부정소가 결합한 사례를 포함하였다.

또한 '긍정적 전제의 동의 요청 기능'과 '긍정적 전제의 환기 기능'은 기능상 매우 밀접한 관련을 맺고 있는데, 화자가 청자의 대답을 듣지 않은 채 자신의 발화를 계속 이어가는 맥락에서 부정 의문문을 쓰고 있다면 그것을 '긍정적 전제의 환기 기능'으로 포함하였다.

[표 13] 고려대 구어 말뭉치(20세기 전기) 부정 의문문에서 부정의 기능

부정적 전제 확인		긍정적 전제의 동의 요청		긍정적 전제의 환기	
단형	장형	단형	장형	단형	장형
20 (41.7%)	28 (58.3%)	2 (2.3%)	85 (97.7%)	1 (5.3%)	18 (94.7%)

[표 14] 발성 영화 속 부정 서술문에서 부정의 기능

정보 수정		발화의 완곡		척도 조정	
단형	장형	단형	장형	단형	장형
77 (65.8%)	40 (34.2%)	0	17	0	10

[표 15] 발성 영화 속 부정 의문문에서 부정의 기능

부정적 전제 확인		긍정적 전제의 동의 요청		긍정적 전제의 환기	
단형	장형	단형	장형	단형	장형
15 (48.4%)	16 (51.6%)	1 (2.2%)	44 (97.8%)	0	8

이 표를 통해 확인할 수 있는 특징은 다음과 같다.

(12) ㄱ. 정보 수정 기능에서 단형 부정과 장형 부정 모두가 많이 쓰이고 있으나 단형 부정의 쓰임이 좀 더 많다.
ㄴ. 부정적 전제 확인 기능에서 단형 부정과 장형 부정이 큰 차이 없이 쓰이고 있다.
ㄷ. 발화의 완곡 기능과 척도 조정 기능은 장형 부정으로 실현되고 있다.
ㄹ. 긍정적 전제의 동의 요청 기능과 긍정적 전제의 환기 기능도 대개 장형 부정으로 실현되고 있다.

이 중 오늘날과 비교하여 특징적인 것은 (12ㄴ)이다. 지금부터는 (12ㄴ)에 대해 살피고자 한다.

한송화(2014)에서는 세종 구어 말뭉치를 대상으로 한 분석에서, 부정 의문문이 부정적 전제 확인 기능을 하는 경우와 긍정적 전제의 동의 요청 기능을 하는 경우에 다음과 같은 형식적 실현 양상을 보인다고 하였다.

[표 16] 부정 의문문의 기능과 형식적 실현 양상 (한송화, 2014:134)

	부정적 전제 확인	긍정적 전제의 동의 요청
단형	285 (95.3%)	40 (8.5%)
장형	14 (4.7%)	428 (91.5%)

[표 16]에 따르면 현재 부정적 전제 확인 기능은 거의 단형 부정 형식으로 실현된다. 그리고 긍정적 전제의 동의 요청 기능은 거의 장형 부정 형식으로 실현되되 얼마간은 단형 부정 형식으로 실현되기도 한다. 그런데 [표 13]과 [표 15]를 보면, 20세기 전기에는 부정적 전제 확인 기능이 장형 부정 형식으로 실현된 비율이 [표 16]에서 볼 수 있는 것보다 높게 나타나고 있다는 점이 특징적이다.

이 현상을 살피기 전에, 단형 부정인지 장형 부정인지에 따라 부정소에 의한 부정의 범위가 달리 해석되는 경향이 있다는 점을 염두에 둘 필요가 있다. 이 현상은 특히 부정소가 수량 표현과 함께 쓰였을 때 두드러지게 나타난다. 임홍빈(1973)에서는 단형 부정의 경우 1차적 의미는 수량 표현이 부정의 범위에 들지 않는 것이라고 보았고, 장형 부정의 경우 1차적 의미는 수량 표현이 부정의 범위에 드는 것이라고 보았다.

(13) ㄱ. 그는 여러 번 안 먹었다. (1차적 의미: '안 먹은 것'이 '여러 번'이었다는 뜻)
ㄴ. 그는 여러 번 먹지 않았다. (1차적 의미: 드물게 '먹었다'는 뜻)
(임홍빈, 1973:122)

(14) ㄱ. 철수가 영이만 안 만났다.
ㄴ. 철수가 영이만 만나지 않았다.

임홍빈(1973)에서 언급한 것처럼 (14ㄱ)은 동사 '만나다'만 부정의 범위에 포함하는 것이 1차적 해석으로 여겨지고, '영이만'까지 부정의 범위에 포함하는 것이 2차적 해석으로 여겨진다. 다만 (14ㄴ)은 '영이만 만나지'를 휴지 없이 읽는지 휴지를 두고 읽는지에 따라 해석이 달라질 뿐 두 해석 사이에서 선호도 차이가 크게 느껴지지는 않는다. 즉 동사만 부정될 때에는 단형 부정 형식으로 실현되든 장형 부정 형식으로 실현되든 무방하지만, 동사보다 넓은 범위를 부정할 때에는 장형 부정 형식을 사용하는 경향이 있다는 점을 염두에 두어야 한다.

이제 부정적 전제 확인 기능이 장형 부정 형식으로 실현된 사례들을 살펴보자.

(15) ㄱ. 옥분: 저 여기 철수 씨와 같이 있던 여자분 아직도 있습니까?
종업원: 아-니오. 벌써 다른 곳으로 갔습니다.
옥분: 그 후 또 오지 않았이요?
종업원: 아-니오.
<1938발성영화_어화>

ㄴ. 이원진: 영심이 진정으로 나-를 사랑하죠?
영심: 네.
이원진: 그러면 어떠한 일이 있든지 환경에 지지 않겠죠?
<1938발성영화_군용열차>

ㄷ. 성빈: 왜 싸움질이냐?
용길: 아유 아유.
성빈: 근데 어디 다치진 않았니? 어?
<1941발성영화_집 없는 천사>

ㄹ. 손님: 이거 얼마나 하오 이거?

주인: 일 원 구십 전이오.
손님: 왜 이리 비싸. 맞는지 한번 신어 봐라 그럼. 맞기나 할까 원.
주인: 잘 맞네. 발에 꼭 맞진 않니? 꼭 끼진 않아?
<1940발성영화_수업료>

(16) ㄱ. 인순: 왜 이런 걸 사다 주세요?
장철수: 왜 인순이 요즘 OO워지나? 이번엔 꼭 마음먹고 사 온 긴데. 왜 마음에 들지 않아? <1938발성영화_어화>

ㄴ. 김정희: 향단아.
향단: 네?
김정희: 아직 보이지 않니?
향단: 아직 보이지 않아요. <1941발성영화_반도의 봄>

(15)는 동사 이상의 범위가 부정의 영역에 속하는 경우로, 이런 경우에 장형 부정 형식으로 부정이 실현되는 것은 (13~14)에 비추어 볼 때 특이한 것은 아니다. 다만 (16)은 동사만 부정의 영역에 속하는 경우로 판단되고[24], 오늘날에는 (장형 부정 형식으로의 실현이 불가능한 것은 아닐지라도) '왜, 마음에 안 들어?', '아직 안 보이니?'같이 단형 부정으로 실현되는 것이 선호되는 것으로 생각된다. 사실 (15)에서 든 예들도, 현재의 직관에서 '그 후에 또 안 왔어요?', '어디 안 다쳤니?' 등으로 단형 부정으로 표현하는 것이 가능하다. 이에 비추어 볼 때 부정적 전제 확인 기능의 실현 형식에서 보이는 [표 13, 15]와 [표 16] 사이의 괴리는, 그 사이에 ① 동사만 부정할 때 장형 부정도 가능하지만 단형 부정을 더 선호하게 되어 온 과정, 또 ② 동사 이상의 범위를 부정하는 경우라 하더라도 부정적 전제 확인 기능을 위해서는 단형 부정을 선호하게 되어 온 과정이 있었기 때문에 나타나는 것이 아닐까 하는 추정을 해 볼 수 있다.[25]

24) (16ㄱ)에서는 '마음에 들다' 전체가 하나의 동사처럼 기능하고 있다.
25) 이와 관련이 있는 연구로 남윤진(2011:177~179)에서는, 부정문을 기능별로 나누어 조사하지는 않았지만, 1920년대부터 소설 속 회화문에서 단형 부정(원문에서는 '선행부정'이라

물론 이 두 자료를 비교할 때에는 [표 16]에서 대상으로 삼은 자료의 구어성 정도와 [표 13, 15]에서 대상으로 삼은 자료의 구어성 정도에 차이가 있을 것임을 염두에 두어야 한다. 그럼에도 이 추정이 옳을 가능성이 있는지에 대한 상세한 검토는 20세기 후기 자료에 대한 분석과 함께 이루어질 필요가 있으므로 후고로 미룬다. 다만 추정 ②, 즉 부정의 범위와 관계없이 부정적 전제 확인 기능을 위해서는 단형 부정을 선호하게 되는 과정이 있었다면, 그 과정은 (17)과 같이 상정해 볼 수 있다.

(17) ㄱ. 장형 부정의 의문문이 긍정적 전제의 동의 요청 기능으로 매우 빈번하게 쓰인다. ([표 13]에서도 장형 부정 형식으로 실현된 의문문의 예 총 131개 중에서 '긍정적 전제의 동의 요청' 기능으로 쓰인 사례가 85개, 즉 전체의 65% 정도를 차지함을 볼 수 있다. '긍정적 전제의 환기' 기능도 대개 '긍정적 전제의 동의 요청 기능'에서 발달하는 것으로 볼 수 있으므로 이것까지 합하면 전체의 70% 이상을 차지한다. [표 15]의 양상도 이와 비슷하다. 이렇게 이 기능은 구어 담화에서 매우 빈번히 실현된다.)

ㄴ. 이에 따라 장형의 부정 의문문이 쓰이면 긍정적 전제의 동의 요청 기능이 강하게 활성화된다.

ㄷ. 이에 따라 중의성을 피하기 위해 부정적 전제 확인 기능은 단형 부정으로 실현한다.

ㄹ. 이 양상이 반복되면서 의문문에서 점차 단형 부정과 장형 부정이 기능 분담을 하게 되었다.

부름) 사용이 급격한 증가를 보이고 그것이 유지되다가 1970년대, 1980년대 소설에서 다시 한 번 단형 부정의 사용이 증가한다는 것을 보였다. 1920년대의 단형 부정 사용 증가에 대해서는 1920년대 이전의 신소설 텍스트와 1920년대 이후의 현대 소설 텍스트의 문체적 차이를 실증해 주고 있는 것으로 해석하였고, 1970년대와 80년대의 단형 부정 사용 증가 배경에 대해서는 해석을 유보하였다. 20세기 후기의 언어 자료를 다각도로 검토하여 단형 부정의 사용이 정말 증가하는지, 만약 그렇다면 어떤 양상을 보이며 증가하는지를 살필 필요가 있다.

5. 마무리

이제까지 20세기 전기의 구어 자료를 대상으로 하여 당시의 '안' 계열 부정문이 보이는 양상을 살펴보았다. 주요 내용을 요약함으로써 결론을 맺고자 한다.

형태적 특성으로는 '아니'형이 동시기의 문어 자료인 <삼천리>에 비해 적은 비율로 실현되고 있다는 것을 확인할 수 있었다. 특히 동화 구연과 발성 영화 장르에서 보이는 양상이 <삼천리>와 뚜렷하게 달랐다. 동화 구연과 발성 영화에서 부정부사 '안'은 '아니'보다 훨씬 높은 비율(98% 이상)로 실현되고 있었고, 부정 보조용언 역시 모두 '안'형으로 실현되고 있었다.

또한 구형인 '아니'형은 단형 부정보다 장형 부정에서 덜 쓰이고 있었다. '아니 V/A'의 V/A 자리에는 다양한 요소가 오지만, '-지 아니ᄒᆞ다'는 고정된 표현이고 문법적 기능을 하는 만큼 빈번히 쓰이므로 여기에서 축약이 더 잘 일어날 수 있었다고 보았다. 또 장형 부정문에서 '아니'형이 쓰인 예 중 의문 어미가 이어지는 경우가 보이지 않았음을 지적하였다. 이때의 '-지 않-'은 순수하게 부정의 기능을 하는 것이 아니라 화자의 단언을 좀 약화시키는 기능을 하면서 일상 대화에서 매우 빈번히 쓰이는데, 빈번히 쓰이며 기능이 변한 만큼 이 경우에는 축약이 일어나기가 더 쉬웠을 것이라고 보았다.

이에 더해, 장형 부정의 '아니'는 동사보다 형용사에서 덜 쓰이고 있음을 보았다. '형용사+-지 아니하다'는 두 단어로 이루어져 있지만 개념상으로는 단지 "그 형용사가 나타내는 속성이 없음"이 아니라 "그 형용사가 나타내는 속성의 반대편에 있는 속성이 있음"을 드러내어 한 단어가 표현하는 것 같은 단일한 개념을 나타낸다. 이처럼 '형용사+-지 아니하다'의 개념상 긴밀도가 동사의 경우보다 높아 '아니하-'에서 '않-'으로의 축약도 더 잘 일어나는 것이라고 해석하였다.

분포적 특성으로는 동사에 비해 형용사에서 단형 부정이 극도로 잘 쓰이지 않는다는 것을 확인할 수 있었다. 오늘날에 이르기까지 형용사를 단형 부정 형식으로 더 활발히 부정할 수 있게 되는 변화가 있었던 것으로 생각되는데, 그 확장의 출발점은 '쓰리다', '고프다', '아프다' 등 동사와 비슷한 성격을 갖는 형용사가 쓰일 때, 또 '좋다', '부럽다', '춥다' 등 단형 부정 구문의 기능과 어울리는 형용사(즉 단호한 부정의 느낌과 어울릴 수 있는, 화자의 내적 감각·감정을 나타내는 형용사)가 쓰일 때가 중심이 됨을 확인하였다. 또 부정부사의 어근 분리 현상은 <삼천리>와 달리 아주 드물게 보이고 있었다.

기능적 측면에서는, 부정적 전제 확인 기능이 장형 부정 형식으로 실현된 비율이 한송화(2014)의 결과보다 높게 나타나고 있다는 것이 특징적이었다. 이를 보면 현재에 이르기까지 두 가지 과정의 변화, 즉 동사만 부정의 영역에 들 때 장형 부정도 가능하기는 하지만 단형 부정을 더 선호하게 되어 온 과정, 또 동사 이상의 범위가 부정의 영역에 드는 경우라 하더라도 부정적 전제 확인 기능을 위해서는 단형 부정을 선호하게 되어 온 과정이 있었던 것으로 추정하였다. 이 추정이 옳은지에 대한 상세한 검토가 향후 20세기 후기 자료에 대한 분석과 함께 이루어질 필요가 있다.

■ 참고 문헌

강범모(2014), 「부정 요소 '안'과 용언의 결합 제약에 대한 통계적 분석」, 『언어』(한국언어학회) 39(1), 1~25.

구종남(1993), 「용언의 단형부정 제약과 형태, 의미, 화용론」, 『한국언어문학』(한국언어문학회) 31, 1~21.

김선영(2005), 「'X잖/찮-' 형용사에 대하여」, 『형태론』(박이정) 7(1), 23~44.

김현주(2010), 『국어 대우법 어미의 형태화 연구』, 고려대학교 박사학위논문.

남윤진(2011), 「소설자료를 통해 본 20세기 한국어의 부정문 사용양상」, 『한국어와 문화』(숙명여자대학교 한국어문화연구소) 9, 170~188.

도원영(2002), 『국어 형용성 동사 연구』, 고려대학교 박사학위논문.

박상수(2001), 「한국어 부정 요소 '아니하-'와 '아니'의 변화에 대한 통시적 분석」, 『언어과학연구』(언어과학회) 58, 71~92.

배주채(2002), 「'잖' 구문에 대하여」, 『정신문화연구』(한국학중앙연구원) 25(4), 217~240.

손세모돌(1999), 「'-잖-'의 의미, 전제, 함축」, 『국어학』(국어학회) 33, 213~240.

안예리(2013), 『20세기 전반기 국어의 문장 구성에 대한 연구: 대중종합지 『삼천리(1929~1942)』의 말뭉치 언어학적 분석』, 연세대학교 박사학위논문.

오재혁 외 (2014), 「20세기 초 구어 연구를 위한 음성 자료의 유형과 특징에 대한 고찰」, 『어문논집』(민족어문학회) 70, 225~258.

유혜원(2015), 「20세기 전기 구어 자료의 격조사 실현 양상에 대한 연구」, 『우리어문연구』(우리어문학회) 53, 399~429.

이지양(1998), 『국어의 융합현상』, 국어학회.

이지영(2008), 『한국어 용언부정문의 역사적 변화』, 국어학회.

임홍빈(1973), 「부정의 양상」, 『論文集』(서울대학교 교양과정부) 5, 115~140.

임홍빈(1979), 「用言의 語根分離 現象에 대하여」, 『언어』(한국언어학회) 4(2), 55~76.

정경재·정연주·홍종선(2015), 「20세기 구어 자료에 나타난 하오체 어미 {-오}의 실현 양상 변화」, 『한국어학』(한국어학회) 69, 277~311.

한송화(2014), 「구어 언어자료에 나타난 장형부정과 단형부정의 사용과 부정의 담화기능: 단순부정을 중심으로」, 『어문론총』(한국문학언어학회) 60, 115~142.

홍종선(1980), 『국어 부정법의 변천연구』, 고려대학교 석사학위논문.

홍종선(2009), 「20세기 국어 문법의 통시적 변화」, 『국어국문학』(국어국문학회) 152, 35~61.

Bybee, J. L., *Language, usage and cognition*, Cambridge: Cambridge University Press, 2010.

20세기 구어 자료에 나타난 '요'의 분포와 기능의 변화

유혜원

1. 머리말

이 연구는 20세기 구어 자료에 나타난 보조사 '요'의 분포와 기능에 대한 고찰을 통하여, '요'가 분포와 기능면에서 어떤 변화를 겪어 왔는지 살피는 것을 목적으로 한다. 현대국어에서 '요'는 상대높임법에서[1] 해요체를 실현하는 중요한 문법 요소일 뿐만 아니라, 여러 가지 범주와 결합하여 문장이나 발화의 다양한 위치에 나타나는 등 그 기능도 다양할 것으로 생각된다. 그러나 '요'에 대한 기존 연구는 상대높임법 체계에서 해요체와 관련된 연구에 치중되어 있었던 면이 있고, 자연스러운 구어 상황에 나타나는 '요'의 기능에 대한 심도 있는 연구는 부족하다고 할

---

1) 우리말의 높임법 체계에 대해 여러 가지 이견이 있으나, 여기에서는 학교 문법의 용어를 그대로 사용하기로 한다. 현대국어의 상대높임법 체계도 학교문법에 따라 '하십시오체, 하오체, 하게체, 해라체, 해요체, 해체'로 분류하고 기술하기로 한다.

수 있겠다. 따라서 본 연구에서는 실제 구어 자료에 나타난 '요'를 면밀히 분석하여 '요'의 특성을 살피고자 한다.

'요'가 문헌에 출현한 시기는 대략 18~19세기로 추정된다고 알려져 있다.(고광모(2000), 김정시(1993), 김희숙(2000), 허재영(2008, 2012) 등) 따라서 20세기는 '요' 쓰임의 정착, 확산, 변화가 일어난 시기로 추정해 볼 수 있으므로,[2)] 20세기 전기부터 20세기 후기까지 실제 구어 자료에 나타난 '요'의 분포와 기능에 대한 고찰을 통해 '요' 쓰임의 변화상을 포착할 수 있을 것이다. 20세기는 우리나라 역사에서 많은 변화가 있었던 시기이고, 이러한 사회적 변화는 다양한 언어 현상의 변화를 가져왔으리라 추정해 볼 수 있다. 신분제 철폐, 광복과 전쟁, 미디어의 보급 확대 등이 이러한 언어 변화를 견인했을 것으로 예상되는데, 이 과정에서 20세기에 쓰임이 확대되었다고 알려져 있는 '요' 역시 다양한 변화를 겪었을 것으로 추정해 볼 수 있다. 따라서 다양한 사용역의 구어 자료를 면밀히 검토하여, '요' 쓰임의 변화가 어떤 양상으로 나타나는지 고찰하게 될 것이다.

이 연구에서 대상으로 삼은 자료는 고려대구어말뭉치로 1900년에서 1999년까지의 구어를 전사한 자료이다. 이 자료는 1945년을 기점으로 그 이전을 전기 자료로 분류하고, 그 이후를 후기 자료로 분류하고 있는데, 20세기 전기(1945년 이전) 자료는 총 어절 수가 56,178개이고, 1945년 이후부터 1999년 자료는 발화수가 약 88,000개이고, 어절 수는

2) 허재영(2012)에서는 1900년대 이후의 문법서에 나타난 '요'에 대한 기술과 『교린수지』, 『한영문법』, 『ᄉᆞ과지남』등의 문헌 자료를 통해, '요'가 중세국어의 '-이오'에서 19세기에 음운변동을 통해 '-요'의 형태가 출현하였으며, 19세기에 이를 한 형태소로 인식하고, 다시 재구조화에 의해 어미의 일부가 아닌 독립된 형태소로 인식하기 시작하였으며, 20세기 초 비격식체 상대 높임 조사로 기능하게 되었다고 제시하고 있다. 이러한 맥락에서 본고에서는 20세기 구어 자료를 통해 비격식적 상대 높임 조사로서의 기능을 갖는 '요'의 분포와 기능을 시대별 사용역별로 좀 더 면밀히 분석함으로써, 현대국어 '요'의 특징을 고찰할 수 있게 될 것이다.

457,913개이다. 이 자료의 특징은 격식과 비격식, 전문과 일반, 일방향과 양방향의 기준에 따라 자료를 분류하고 이를 시기별로 정리하고 있다는 것이다. 특히 20세기 후기 자료는 10년 단위로 자료를 정리해 두고 있어서 이 시기의 변화상을 살피는데 적절할 것으로 생각된다. 따라서 이 자료를 중심으로 우선 20세기 전기와 후기를 나누고, 필요에 따라서 10년 단위로 자료를 구분하여 '요'의 분포와 기능을 고찰하기로 한다.

이 연구의 주제와 관련된 '요'에 대한 기존 연구는 크게 세 방향으로 나눌 수 있다. 첫 번째는 범주에 대한 연구,[3] 두 번째는 상대높임법의 체계 및 기능에 대한 연구, 세 번째는 담화 기능에 대한 연구이다.[4] 이 중 상대높임법과 관련된 연구가 가장 큰 비중을 차지하고 있는데, 해요체를 하오체와 비교하여 고찰한 연구로는 최현배(1937), 유필재(2014), 정경재 외(2015) 등을 들 수 있으며, 해체, 반말체 등과의 관계 속에서 '요'의 결합 관계를 고찰한 논의로는 고영근(1999), 이익섭·채완(1999), 김혜숙(1987), 이유기(2011) 등을 들 수 있다. 또한 고영근(1999)에서는 '요'가 나타날 수 있는 조건을 자세히 제시하면서도,[5] '요'가 주로 어린이나

---

3) 범주에 대한 연구에서는 '요'를 보조사나 특수조사 등 조사로 보려는 견해(남기심 외(1985) 이원근(1999), 고영근·구본관(2008), 김승곤(2014) 등)와 어미의 일부로 보려는 견해(김석득(1992)), 첨가어나 첨사로 보려는 견해(윤석민(1994), 최규일(2003))가 대표적이다.

4) '요'의 담화적 기능과 관련된 논의로는 이정민·박성현(1991)과 김희숙(1996), 윤석민(1994) 등을 들 수 있다. 이 중 이정민·박성현(1991)과 김희숙(1996)은 비슷한 맥락의 연구라 할 수 있는데, 이정민·박성현(1991)에서는 문중에 나타난 '요'에 주목하면서 '요'의 쓰임은 단순히 청자 대우 표시가 아니라 디딤말(hedge)의 기능을 가지고 있어서, 그 억양이 문장의 끝남을 보이는 내림억양이 아니라 발화 지속의 높은 억양이라고 제시하고 있다. 김희숙(1996)에서도 문중에서 '요'가 수행머뭇소(hedge)라고 하면서 이를 대화격률과 관련지어 설명하고 있다. 이러한 담화적 기능에 대한 연구는 기존 연구가 상대높임법에만 머물러 있던 '요' 연구의 외연을 확장했다는 점에서 의미가 있으나, 다소 피상적인 결론에 머무르고 있다는 점에서 한계가 있다고 하겠다.

5) 고영근(1999:387~388)에서는 우선 '요' 통합형이 합쇼체가 나타날 수 있는 친족, 계급 및 사회적 지위, 연령 관계의 비자가 존자를 대할 때 나타나는데, 개화기 자료에서는 합쇼체가

여성의 발화와 관련됨을 제시하고 있다. 김혜숙(1987:27)에서 해요체는 부드러운 친밀성을 갖는 말씨법으로, 많은 연구자들에 의해 '존대의 반말, 두루 높임'으로 쓰여 왔다는 진술을 통해 '해요체'가 친밀성을 나타낸다는 사실을 확인할 수 있다고 주장한다. 이러한 해요체의 특성으로 인해 해요체가 비격식적 상황에 주로 쓰인다는 인식이 기존 연구에서 지배적이다. 그러나 이유기(2011:74~75)에서는 '격식체 : 비격식체'의 구분은 충분한 객관적 근거를 갖추지 못하고 있다고 하면서 해요체가 비격식적이라고 볼 수 있는 충분한 근거가 없다고 지적하고 있다. 격식성을 결정하는 주요인은 발화의 내용과 어조라서 이에 따라 해요체도 격식적 느낌을 줄 수 있다고 주장한다.6)

이러한 선행연구의 영역 중 본고가 관심을 가지는 것은 주로 '요'의 기능과 분포가 어떤 변화를 겪어 왔는지에 대한 것이다. 따라서 선행연구의 많은 부분을 포괄하는 비교적 넓은 범위의 연구라 할 수 있다. 이 연구에서 고찰할 연구 과제는 아래와 같이 정리할 수 있다.

(1) ㄱ. 20세기 '요' 사용은 20세기 전기에서 후기로 오면서 어떤 변화를 겪었는가?(확산 양상에 집중)
ㄴ. 20세기 전기와 후기에 '요' 결합 양상의 변화가 나타나는가?
ㄷ. 20세기 사용역에 따른 '요' 사용의 속성은 무엇이고, 시대적 변화가 나타나는가?
ㄹ. 20세기 '요'의 문법적 기능은 무엇이며, 시대적 변화가 나타나는가?

보편적이나 1920, 30년대에는 '요' 통합형이 우세한 편이라 하였으며, 하오체가 나타날 수 있는 친족 관계에서 '요' 통합형이 나타나며, 하오, 합쇼가 나타날 수 있는 존비의 낙차를 인정하기 어려운 경우에 쓸 수 있다고 보았다. '요' 통합형만이 쓰이는 경우는 어린이가 성인남녀를 대할 때, 형수와 시동생이 서로 대할 때, 성년에 이른 여자들이 서로 인사할 때 쓴다고 하고 있다.

6) 이러한 기술은 20세기 후반으로 오면서 격식적 장면의 발화에서 해요체가 많이 쓰이는 현상을 설명할 수 있는 중요한 인식이 될 수 있을 것이며, 이 연구에서 격식적 상황의 발화에 나타난 해요체의 속성을 설명하는 근거가 될 수 있을 것이다. 자세한 내용은 3장에서 다루게 될 것이다.

(1ㄱ, ㄴ)은 2장에서 구어 코퍼스에 나타난 어절 목록을 면밀히 분석함으로써 고찰하게 될 것이고, (1ㄷ, ㄹ)은 3장에서 실제 구어에 나타난 언어 자료를 시기별, 사용역별로 나누어 질적 분석을 하게 될 것이다.

2. 20세기 '요'의 분포 양상

이 장에서는 코퍼스에 나타난 '요'의 계량적 현황 및 출현 어절의 속성 등을 통해 '요'의 분포에 대한 속성을 밝혀 보고자 한다. 이 연구에서 연구 대상으로 삼은 코퍼스 자료는 1945년을 기점으로 전기와 후기로 나눌 수 있는데, 이 연구 자료가 가지고 있는 한계가 두 시기의 언어 자료의 규모가 크게 차이가 난다는 것이다. 20세기 전기 자료는 총 어절 수가 56,178개이고, 20세기 후기 자료의 어절 수는 총 457,913개이다. 따라서 자료의 크기를 고려하여 계량적 분석을 해야 한다. 각 자료에 나타나는 '요'의 출현 빈도는 아래와 같다.

[표 1] 20세기 전기와 후기의 '요' 출현 빈도

	20세기 전기	20세기 후기
총 어절수	56,178	457,913
'요' 출현 어절 수	933	14,318
총 어절 수 대비 '요'출현 비율	약 1.7%	약 3.12%

20세기 전기와 후기 자료에서 '요' 출현 비율을 살펴보면 20세기 전기가 약 1.7%, 20세기 후기가 약 3.12%로 나타났다. 코퍼스가 시대별로 다양한 구어 사용역의 자료를 수집하고자 계획되었기 때문에, 이러한

'요' 출현 비율의 차이를 근거로 후기에 오면서 구어에서 '요'의 쓰임이 전기 대비 약 1.5% 포인트 정도 증가했다고 해석할 수 있다.

20세기 전기 구어의 보조사 연구인 유혜원(2016:146)에서는 '요'가 '감탄사, 격조사, 대명사, 명사, 보조사, 부사, 수사, 연결어미, 종결어미' 등과 결합하여 나타나고 있음을 제시하면서, '요'가 종결어미와 결합하는 경우가 가장 많다고 제시하고 있다. 후기 자료에서도 결합하는 선행범주는 크게 다르지 않으나 그 빈도에서는 전기와 차이를 보이고 있음을 확인할 수 있다. '요'가 결합한 선행범주 중에서 연결어미, 종결어미를 제외한 선행 범주의 범주별 빈도는 다음과 같다.

[표 2] '요'가 결합한 선행요소의 범주별 빈도

	감탄사	격조사	부사	명사	대명사	수사	접사	어미	보조사	기타
전기	41	20	8	9	9	1	0	826	12	0
후기	2 (0.24)	64 (7.68)	90 (10.8)	49 (5.88)	25 (3)	2 (0.24)	9 (1.08)	14020 (1682)	81 (9.72)	8 (0.96)

(후기의 ( )안 수치는 코퍼스 크기를 전기와 맞췄을 때 예상 수치임.)

전기 자료는 후기 자료의 12% 정도의 규모이기 때문에, 자료 크기를 고려하여 계산했을 때 전기가 후기보다 많은 빈도로 나타나는 것은 분명 시대적 자료적 성격의 특이성이 반영된 것이라 해석할 수 있다. 후기 자료와 비교했을 때 전기 자료에서 높은 빈도로 나타나는 것은 감탄사와 격조사, 명사, 대명사, 수사, 어미, 보조사 등이다. 전기 자료에서 감탄사와 결합한 형태들은 '암요, 글쎄요, 아무렴요' 등과 같은 표현들이었는데 후기 자료에는 전기에 비해 덜 나타나나, '어서요'처럼 부사 다음에 나타나는 '요'의 비중이 후기에 높게 나타남을 확인할 수 있다. 후기 자료에서 특히 눈에 띄는 것은 '그런데, 그래서, 그리고, 왜냐면' 등과 같은 접속부사들과

'요'가 결합하여 나타나는 경우가 많아졌다는 것이다. 이는 전기 자료에는 잘 나타나지 않았는데, 후기 자료 중 특히 토론과 대담 등의 격식적 구어 자료에서 접속부사가 '요'와 함께 자주 나타나는 것으로 파악되었다.

보조사와 결합한 표현은 전기 자료에서는 '집은요, 양관까지는요'와 같이 명사와 결합하는 경우가 나타났고, 후기 자료에서는 '나는요, 난요, 잠깐만요' 등과 같이 명사류와 결합하는 경우도 있었지만, '되면은요, 들면은요'처럼 연결어미 다음에 결합된 '은요'의 표현이 24회 나타났다. 격조사와 결합하는 '요'는 전기에 더 많이 나타나나 결합 양상은 전기와 후기가 별 차이가 없었다.

후기에 들어와서 '요'와의 결합 빈도가 비약적으로 증가한 것이 바로 연결어미 종결어미를 포함하는 어미류라고 볼 수 있다. 종결어미와 연결어미를 포함하는 어미류는 전기에서 약 826회, 후기에서는 약 14,020회 나타났다. 후기 자료를 전기와 비슷한 자료 크기로 계산하면 약 1,682회가 되어, 전기에 비해 쓰임이 두 배 이상 증가했음을 확인할 수 있다. 이는 전체 코퍼스에서 '요' 쓰임의 증가가 약 1.5% 포인트였던 것을 감안하면, 어미류에서의 쓰임이 더 많이 증가했음을 나타내는 것이라 할 수 있다. 기존의 많은 연구들에서 반말체의 종결어미와 '요'가 결합하여 해요체를 실현하고 있다고 제시해 왔는데, '요'와 결합한 어미 목록을 통하여 이러한 논의의 사실 여부를 확인할 수 있다.

[표 3] '요'와 결합한 어미 목록(20세기 전기 구어)

어미	빈도	어미	빈도	어미	빈도
거든	8	니까	4	면	1
게	2	다고	3	ㅂ니다	2
고	2	다는군	1	ㅂ시다	2
고말고	1	다는데	1	습니다	4

고말구	1	다니	4	십시다	1
구	2	대	4	아	123
구먼	1	대면서	1	아서	4
군	9	댔어	1	아야지	1
ㄴ가	3	더군	4	애	1
ㄴ다나	1	던데	3	야	4
ㄴ다니	1	ㄹ걸	3	어	368
ㄴ다지	1	ㄹ게	6	어서	4
ㄴ대	6	ㄹ까	14	어야지	13
ㄴ대더군	1	ㄹ는지	2	으니까	2
ㄴ데	14	라고	5	을걸	1
나	13	라구	1	은데	1
는걸	2	라니	3	을걸	1
는군	2	라니까	1	을까	13
는대	1	라서	1	지	126
는데	12	래	2	지만	1
라	1	아도	1	아두	1

이익섭·채완(1999)에서 해요체는 대체로 반말에 '요'를 붙인 형태라고 하면서 반말체 어미 '-거든, -게, -군, -나, -네, -ㄴ가, -데, -어, -ㄹ까, -지'에 주로 '요'가 나타남을 제시하고 있다. 위의 목록에서 짙은 색으로 표시된 부분이 이러한 반말체 어미에 속하지 않는 것이라 할 수 있다. 짙은 색으로 표시된 목록의 특징을 살펴보면 문어적 환경에서 잘 나타나지 않았거나, 기존 문법에서 연결어미로 분류되던 것들임을 확인할 수 있다. 실제로 많은 연구에서 구어에서는 연결어미의 종결어미적 쓰임이 빈번하다고 기술하고 있다.[7] 여기에서 한 가지 특징적인 것은 '하십시오체'를 나타내는 종결어미 '-ㅂ니다, -ㅂ시다, -습니다, -십시

7) 유현경(2003)을 비롯한 많은 연구에서 '-거든, -려고, -든지' 등의 연결어미가 구어에서 종결어미적 쓰임을 가진다고 제시된 바 있다.

다' 다음에 오는 '요'의 경우도 총 9회 정도 나타나고 있다는 것이다. 유혜원(2016:149)에서는 이러한 형태가 모두 유성기 연극과 유성기 영화에서만 나타났으며, 이 경우 '해요체'가 갖는 두루 낮춤과는 다른 화계를 갖는다고 해석하고 있다.

후기 자료에서 '요'와 결합한 어미류의 형태와 빈도를 제시하면 아래와 같다.[8)]

[표 4] '요'와 결합한 어미 목록(20세기 후기 구어)

어미	빈도	어미	빈도	어미	빈도	어미	빈도
거든	278	는지	42	라	10	어	5371
걸랑	2	니까	81	라고	19	어서	51
게	32	다	5	라구	77	어야지	11
고	87	다고	13	라나	1	에	1623
구	367	다구	64	라니	7	(요)	462
구만	41	다는군	4	라니까	12	으	6
구말구	1	다니	12	라지	1	으니까	31
군	302	다니까	10	래	33	으래	1
ㄴ가	105	다더군	1	려고	2	으려고	1
ㄴ걸	5	나먼서	12	려구	13	으면서	2
ㄴ다니까	4	대	69	로군	17	으면은	1
ㄴ대	31	더구먼	1	리	2	으세	107
ㄴ데	291	더군	73	면	34	은	2
ㄴ지	11	더라고	3	면서	11	은가	1

8) 이 연구의 대상으로 삼은 전기 구어 자료는 자동으로 형태소 분석을 한 후, 연구원들이 수작업으로 태깅 오류를 수정한 반면, 후기 구어 자료는 자동 형태소 분석으로 태깅한 자료를 사용하고 있어서, 형태소 분석의 오류가 있을 가능성이 매우 높다. 따라서 어미류와 결합한 '요'의 경우에도 어떤 어절의 '요'는 어미의 일부로 분석되거나, 어떤 경우에는 보조사로 분석되는 등 불일치의 문제가 나타났다. 따라서 형태소 분석 결과와 상관없이 '요'가 나타나는 어절을 모두 찾아, 이들이 결합한 선행범주를 다시 정리하여 위의 결과로 제시하였음을 밝힌다. 따라서 여기에서 제시한 빈도가 아주 정확하다고 보기 어려운 것은 한계이나, 이러한 빈도가 이 시기 자료들의 경향을 나타내는 것으로는 문제가 없으리라 생각한다.

나	195	더라구	21	면은	11	은걸	1
냐	1	더래	4	ㅂ니다	1	은데	73
냐구	7	더랬어	2	서두	1	을걸	2
네	217	던가	10	세	144	을게	7
느냐고	2	던데	34	습니까	4	을까	98
느냐구	2	데	17	습니다	9	을께	2
는가	4	두	16	시	3	을라구	2
는걸	11	ㄹ걸	3	씨	2	을래	5
는군	49	ㄹ게	123	아	1514	을텐데	1
는다구	1	ㄹ까	239	아서	57	잖아	282
는다면서	1	ㄹ께	3	아야지	9	자	1
는대	2	ㄹ라	1	애	102	지	259
는데	461	ㄹ래	43	야	3	지만	43
는디	1						

위의 목록을 전기 자료와 비교하면 음성적 변이형에 따라 동일한 형태로 간주될 수 있는 형태가 전기와 후기에 각각 나타난 예(구만, 구말구 등)와 형태소 분석의 불일치로 인한 형태 차이의 예(더라고(더+라고), 세(시+어)) 등을 제외하고, 한 가지 특징적인 면모를 발견할 수 있다. 그것은 후기로 오면서 전형적인 연결어미 다음에 '요'가 결합하는 형태가 많이 나타난다는 것인데, 대표적인 형태로 '-다면서, -으려고, -으면서, -으면(은)'을 들 수 있다. 뒤에서 다시 언급하겠지만, 이는 후기 자료에 자연스러운 자유 대화 형식이 많이 포함되어 있고, 자유 대화에서 종결어미가 아닌 형태로 발화가 중단되거나 발화 순서가 바뀌는 경우가 반영된 결과로 보인다.[9]

전기와 후기를 비교했을 때 또 하나 눈에 띄는 것은 주체존대선어말 어미

---

9) 이것이 자료 구성의 문제인지 시대적 문제인지는 좀 더 많은 자료가 보강되고 검토될 때 판단할 수 있는 문제로 신중한 접근이 필요할 듯하다.

'-시-'와 '요'가 결합하여 나타나는 어절의 빈도수가 전기에 비해 후기에 증가했다는 것이다. '-시-'와 '요'가 하나의 어절에 포함된 경우는 전기는 97회 정도이고, 후기는 총 2060회 정도로, 후기 자료를 전기 자료 수준으로 줄였을 때 약 241회 정도 나타나는 것으로 계산되어, 후기에 와서 '-시-'와 '요'가 하나의 어절에 나타나는 비율이 증가했음을 확인할 수 있다. 주체와 상대를 모두 높여야 할 경우 이 두 가지가 함께 나타날 수 있는데, 이들의 결합 빈도가 증가했다는 것은 해요체가 하십시오와 마찬가지로 존대를 해야 하는 대상에게도 자연스럽게 쓰일 수 있게 되었다는 것을 반영하는 것이다. 따라서 해요체가 하십시오체를 대체하는 경우가 후기로 오면서 증가했으며, 이는 해요체의 화계 변화를 추정해 볼 수 있는 근거가 될 것이다. 또한 후기에도 전기와 마찬가지로 하십시오체 다음에 '요'가 나타나는 경우를 발견할 수 있다. '-ㅂ니다, -습니까, -습니다'가 그것인데 이러한 형태가 총 14회 나타나고 있어, 전기에 비해 다소 줄어든 양상을 보이고 있다.

'요'가 나타난 어절의 계량적 현황을 통해 우리는 서론에서 제기했던 두 가지 질문에 대한 해답을 찾을 수 있었다. 첫 번째는 '요'의 사용은 20세기 전기에서 후기로 오면서 확산되었다는 것인데 이러한 확산은 주로 문장이나 발화의 종결부에 결합하는 어미와의 결합에서 나타났음을 확인할 수 있었다. 두 번째 '요' 결합 양상의 변화를 살펴보면 '요'는 전기부터 다양한 범주와 결합해 왔기 때문에, '요'가 결합할 수 있는 범주의 변화를 확인하기는 어려웠다. 대신 연결어미와의 결합이 후기에 와서 증가하였으며, 주체존대선어말 어미 '-시-'와 함께 나타나는 '요'의 빈도가 후기로 오면서 증가했음을 확인할 수 있었다. 이러한 사실을 통해 20세기 후기로 오면서 해요체가 구어에서 중요한 화계로 부상하였음을 확인할 수 있으며 또한 선행연구에서 제시된 하오체의 쇠퇴와 해요체의 확산을 확인할 수 있다.10) 다음 장에서는 이러한 '요' 쓰임의 변화가 구어 자료의 사용역별로 어떻게 나타나고 있는지 좀 더 자세히 알아보기로 한다.

3. 사용역별 '요'의 쓰임의 변화

이 연구의 대상으로 삼은 고려대학교 구어 말뭉치는 세 가지 기준으로 구어의 사용역을 구분하였다. 전문과 일반, 격식과 비격식, 일방향과 양방향의 세 가지 기준에 의하여 사용역을 구분하고, 이에 해당하는 자료를 각각 수집하였다. 다음은 20세기 전기와 후기의 수집 자료 현황을 위의 기준에 의거하여 사용역별로 제시한 것이다.

(2) 20세기 전기 자료
 ㄱ. 일반 격식적 일방향 : 연설, 강연, 구연 자료
 ㄴ. 일반 비격식적 일방향 : 유성기 음반 무성 영화 일부
 ㄷ. 일반 비격식적 양방향 : 유성기 연극, 유성기 영화, 영화

(3) 20세기 후기 자료
 ㄱ. 전문 격식 일방향 : 명강의 일요광장, 홍보 및 문화 자료, 다큐한국찬가, 다큐스페셜
 ㄴ. 일반 격식 일방향 : DBS 리포트 민요의 고향

10) 유필재(2014)에서는 현대국어의 하오체가 여섯 등급 가운데 사용빈도가 가장 낮고 윗사람에게 쓸 수 없는 등급이 된 것은 해요체의 세력 확장이 원인이 된 것으로 생각된다고 하면서 20세기 초 하오체는 해요체와 함께 쓸 수 있는 등급이라고 주장하고 있다. 정경재 외(2015)에서는 20세기에 하오체가 쇠퇴하며, 해체와 해요체가 확산되는 경향을 보인다고 하면서, 화청자가 어린아이인 경우는 해체로 대체되는 경향을 보이지만, 친밀도가 높은 윗사람, 존대 조건이 엇갈리는 연상자, 처음 만난 사이, 대등한 지위를 지니거나 본인보다 낮은 지위를 지녔으나 격식을 갖추어 상대를 대우해 주어야 하는 경우 등에서 해요체가 확산된다고 제시하고 있다.

ㄷ. 일반 비격식 일방향 : 출발비디오여행
ㄹ. 전문 격식 양방향: 토론 KBS 심야토론, MBC 백분 토론, 어떻게 생각하십니까
ㅁ. 일반 격식 양방향: 나의 데뷔, 얘기의 샘, 유쾌한 응접실, 일요방문
ㅂ. 일반 비격식 양방향: 드라마, 애니메이션, 영화

보조사 '요'의 사용 빈도가 20세기 전기에 비해 20세기 후기에 증가했음을 2장에서 이미 살펴보았는데 이러한 시기적 차이를 차치하고 사용역별로 '요'의 쓰임을 비교했을 때 가장 두드러진 차이를 보이는 기준은 바로 '일방향과 양방향'이다. 또한 '요'의 가장 빈번한 분포와 기능은 발화 종결의 위치에서 상대높임법을 실현하는 것이다. 따라서 시기별 자료별로 상대높임법의 화계를 중심으로 '요' 사용의 사용역별 시기별 차이를 살펴볼 것이다.

3.1 일방향 말하기 자료에 나타난 '요'의 특성

20세기 전기 자료에서 '일방향'에 속하는 거의 모든 자료는 하십시오체가 주된 화계로 나타났다. 그 중 우선 '격식적 일방향 일반'에 해당하는 <월남 이상재 선생 연설>과 <손기정 선수 소감 인터뷰>, <고루 이극로 선생의 육성>에서는 '요'를 찾아볼 수 없었다. 특히 <손기정 선수의 소감 인터뷰>는 '~합니다'처럼 '하십시오체'로만 나타난다. <조선어 독본>의 경우 대부분이 하십시오체로 구성되어 있으나 <조선어 독본> 중 대화가 들어간 부분에서 일부 '요'가 나타나고 있다. <김복진의 동화 구연>의 경우 역시 하십시오체가 주로 쓰이나, 몇몇 특징적 상황에서 해요체의 '요'를 확인할 수 있다.

(4) ㄱ. 현철이하고 옥주는 깜짝 놀라서 생쥐가 아니에요 지나가는 바람이에요 당신의 과자집은 아무도 뜯지 않어요.
ㄴ. 이때 늑대는 돼지 집을 가 보니까 벌써 돼지는 장으로 갔는지 없거든요.늑대는 또 골이 나서 막 달음박질 장으로 뛰어갑니다. 아 돼지가 항아리를 데굴데굴 굴리면서 집으로 가다 보니까 늑대란 놈이 저기서 뛰어오고 있거든요. 그래서 돼지는 굴리고 오던 오지항아리 속으로 쑥 들어갔지요. 그래 가지고는 항아리 속에다 드러누워서 몸을 자꾸 이렁이렁 굴리니까 항아리는 떽데굴떽데굴 굴러갑니다.
ㄷ. 우리 수탉이 죽으려고 하는데요 냇물보고 물을 *좀* 달라니까 아가씨한테서 빨간 헝겁(헝겊)을 얻어 오래요.

(4ㄱ)에서는 동화 구연 중 등장인물의 말을 대신 전달할 때 '해요체'를 쓰는데 아동과 동물의 발화에서 많이 나타나는 특징을 보인다. (4ㄴ)은 상황을 빠르게 묘사할 때 해요체가 많이 나타나는 특징을 보인다. 이처럼 해요체를 섞어서 사용하면 속도감 있게 내용을 전달할 수 있다는 인식이 있었던 것으로 보인다. 마지막으로 '-는데요'와 같이 연결어미의 종결어미적 용법에서도 '요'가 자주 나타나서, '-거든요, -는데요' 등의 형태가 생산적으로 나타나는 특징을 보였다.

20세기 후기 자료 역시 '일방향' 자료는 양방향에 비해 '요'가 덜 쓰이고 있음을 확인할 수 있으나, 세부적인 사용역에 따라 사용 양상은 차이를 보였다. 우선 전문 격식 일방향에 해당하는 '홍보 및 문화 자료'인 <e영상 역사관 분야별 기록영상>을 살펴보면 1950, 1960년대 자료에는 '요'가 나타나지 않는다. 이 프로그램은 주로 내레이션으로 구성되어 있는데, 성우가 하십시오체로 다소 딱딱하게 사실을 전달하고 있는 프로그램이다.[11] 1970년대에는 변화가 좀 있어 내레이션 중에 '요'가 간혹 나타나기도 한다.

11) 이 자료는 국가 간행물의 성격을 띠는 영상으로 1950년대부터 1990년까지의 자료를 모두 볼 수 있다는 점에서 장점이 있는 자료이다.

(5) ㄱ. Na : 한국 목기가 그렇게 단순한데도 불구하고 아름답다는 것은 우선 그 비례를 잘 잡습니다.// 즉 적정한 비례를 잡고 있어요.// 에 다섯 칸의 이 사방OO의 비례가 이 똑같은 거 같지만은 사실은 밑에 칸이 좀 크고 그 위 칸이 작고 또 그 위 칸이 쪼끔 작고 위에 두 칸은 비슷합니다.

<1978 한국의 가구공예>

ㄴ. Na : 공장에서는 예나 다름없이 물건이 만들어져 나오는데 왜 이런 현상이 자주 일어날까요?// 물자가 달리고 소비가 크게 늘고 있는데 편승하여 투기나 매점매석으로 폭리를 노리는 사람들이 있기 때문입니다.// 혼자만의 폭리를 위해 많은 사람들에게 고통을 주는 사람들.// 법이 자신을 다스리기 전에 이웃과 나라가 있기에 자신이 있다는 것을 왜 깨닫지 못할까요?

<1979 저축의 생활화>[12)]

(5ㄱ)에서는 설명 중의 한 부분의 화계를 바꾸어 해요체를 사용하고 있고, (5ㄴ)에서는 의문문에서 '요'를 쓰고 있다. 이 자료만을 놓고 볼 때 1950, 60년대 자료와 1970년대 이후 자료는 '요' 쓰임의 유무로 구분이 가능하여 1970년대를 전후로 하여 이러한 사용역 즉, 전문 격식 일방향 말하기에서 해요체의 쓰임이 나뉜다고 볼 수 있으나, 동일한 사용역에 속하는 다른 자료인 <다큐한국찬가>를 보면 그렇지 않음을 확인할 수 있다. <다큐한국찬가>는 1968년과 1969년의 자료가 수집되어 있는데, 이 자료는 해설을 하는 사람이 어떤 주제에 대해 이야기를 이어나가고 간혹 성우들의 연기가 삽입된 구성이다. 이 자료의 해설은 하십시오체가 주로 많으나 간간히 해설 중에도 '요'의 다양한 형태를 발견할 수 있다.

---

12) 예시를 제시할 때 '//'는 발화 단위를 나눈 표시임을 밝힌다. 발화 단위에 대한 기준은 고려대 20세기 구어코퍼스의 기준을 그대로 따랐다.

(6) ㄱ. Na : 상해 가서 상해에서 누구하고 서로 사귀었는고 하니 이 동아일보 주필로 계시던 장덕수 선생의 아우 장덕진이라고 하는 이가 있는데 *어-* 평남 경찰부에 폭탄을 던진 사람이 그 사람이래는게죠.
<다큐한국찬가: 단발랑 강향란>

ㄴ. Na : 장덕진 씨가 죽었다는 그 말이 보도로 들어오니까 동아일보에 내는 동시에 그 댁에를 내가 갔드니 거기에 강석자씨가 왔더구만요.
<다큐한국찬가: 단발랑 강향란>

(6ㄱ)과 같이 '~지요'의 줄임말 형태인 '~죠'가 많이 나타났으며, '~더구만요'와 같은 형태도 많이 발견할 수 있다. 위의 예를 비롯하여 이 자료에서는 다양한 환경에서 '요'가 나타나고 있다. 따라서 1960년대부터는 전문 영역의 격식적 일방향 말하기에서도 해요체가 쓰이는 것이 자연스러웠다고 볼 수 있을 듯하다. 이렇게 본다면 현대국어의 시기를 나눌 때 1945년을 기점으로 전기와 후기로 나누었으나, '요'가 나타나는 분포의 변화는 그보다 더 이후일 것으로 판단된다.

이 밖에 전문 격식 일방향 자료로 <명강의 일요광장>과 <다큐스페셜>이 있는데, 이 자료들은 모두 1990년대 자료이다.[13] <명강의 일요광장>은 진행자와 청중이 있고, 사회 저명 인사들이 강의를 하는 방식으로 진행된다. 해요체와 하십시오체가 강의에서 주로 사용되지만, 이 두 화계를 선택하는 것은 강연자 개인의 특성이 많이 반영되는 듯하다. 그러나 여기에서 주목해 보아야 할 것은 진행자인 아나운서의 발화에서 문중 '요'가 많이 나타난다는 것이다.

13) <다큐스페셜>은 1996년과 1997년 자료인데, 이 자료의 내레이션은 해라체로 진행되며, 프로그램 중간에 인터뷰 대화 등의 자료에서 해요체가 나온다. 그런데 인터뷰나 대화의 경우 '전문 격식 일방향'으로 보기 어려워 여기에서는 다루지 않기로 한다.

(7) 황선숙: 이 가을이 우리 맘 깊숙이 자리 잡고 있는데요. //이 좋은 계절에 여러분들은 어떤 계획 세우고 계십니까? //좋은 계획에 많이 세우셔서요 멋진 추억으로 장식하시기 바랍니다. //오늘 명강의 일요광장에서는요 계절과 관계된 질환이기도 한 류마티스 관절염에 대해서 알아보도록 하겠습니다. // 류마티스 관절염의 권위자이자 또 전문가이신 한양대학교 의과대학 김성윤 교수님이 오늘의 주인공이신데요. // 함께 모셔서 *어* 명강의도 들어보고 질문 또 대화 나눠보는 시간 갖도록 하겠습니다. // 여러분의 큰 박수로 이 스튜디오로 모시겠습니다. //어서 나와 주세요.

<명강의 일요광장>

(7)은 진행자인 아나운서의 발화로 문말에서뿐만 아니라, 연결어미 다음에, 그리고 조사 다음에 등 다양한 위치에서 '요'가 나타나고 있음을 확인할 수 있다. 이러한 문중 '요'에 대해서 이정민·박성현(1991)과 김희숙(1996)에서는 각각 수행머뭇소(hedge)와 디딤말(hedge)의 기능을 한다고 제시하고 있다. '요'가 하나의 발화 안에서 한 요소와 다음 요소를 이어준다는 점에서 이런 명칭을 사용할 수도 있겠으나, 음성으로 발화된다는 관점에서 '요'는 그 이상의 기능을 하고 있음을 알 수 있다. 격식적 발화에서는 대체로 비격식적 발화에 비해 한 발화의 길이가 긴 것이 보통이다. 이는 문장 형태의 문어 영향을 많이 받은 것으로 생각되는데, 이럴 경우 문제는 한 문장이 하나의 억양 단위로 발화되기 어렵다는 것이다. 예를 들어 위의 예문에서 "오늘 명강의 일요광장에서는요 ~"로 이어지는 문장을 하나의 억양단위로 발화하는 것은 매우 어려운 일이다. 따라서 '요'는 긴 문장을 발화 단위로 끊어주는 역할을 수행하게 된다.[14] 실제로 하나의 억양 단위는 음성적 요인 예

14) 실제로 윤석민(1994:479)에서는 '요'의 본질적 기능은 화자가 청자에 대하여 심리적 거리감을 해소하고 대우해 주는 기능을 하는 한편 부차적 기능으로는 휴지 기능을 하여 말이

를 들어 휴지나 억양 등으로 실현되지만, 특정 문법 형태소가 휴지와 억양과 함께 실현되는 경우가 있다.[15] 실제로 격식적 발화에서 긴 문장 형태를 여러 개의 발화 단위로 나누어 주는 또 다른 형태로 '은'을 들 수 있다.

(8) 배순훈: 이 정보화 시대라 그러지만은 아 지금 이천십 년 이십일 세기 *뭐* 그러면 굉장히 달라질 거 같지만은 이 사람의 *그* 역사를 보면은 그렇게 많이 달라진 게 아니에요. <명강의 일요광장>

(8)의 발화는 강연자로 나온 배순훈의 발화인데, 배순훈의 강연은 거의 해요체가 나오지 않는다. 따라서 문중의 '요'도 거의 나타나지 않는다. 대신 발화가 길어질 때 '은'이 중간 중간에 삽입되어 나타나는 현상을 보이고 있다. 다음은 (8)의 발화에서 '은'을 '요'로 바꾼 것이다.

(9) 배순훈: 이 정보화 시대라 그러지만요 아 지금 이천십 년 이십일 세기 *뭐* 그러면 굉장히 달라질 거 같지만요 이 사람의 *그* 역사를 보면요 그렇게 많이 달라진 게 아니에요.

(9)의 예시는 (8)과 마찬가지로 자연스러운 발화로 인식된다. 즉, '은'과 '요'가 발화 단위를 나누어주는 기능을 한다는 것을 위의 예시를 통해

길어져서 숨을 고르거나 앞에 오는 요소에 초점을 주기 위한 기능을 한다고 제시하고 있다. '말이 길어져서 숨을 고르는 것'이 '요'가 가지는 기능이라고 제시한 점은 본고의 관찰과 일치한다고 하겠다.

15) 구어의 문법 단위가 운율적 요소가 고려되어야 한다는 점에서 문장 대신 억양 단위, 발화 단위 등으로 연구되어 왔다. 억양 단위와 발화 단위를 나누는 기준이 연구자들마다 다르긴 하지만, 남길임(2009)에서는 억양 단위를 '하나의 억양 윤곽에서 나타나는 발화의 길이'라고 정의하고 있다. 이 논의에서는 대체로 이러한 기준을 따르되, 발화는 좀 더 완결적 성격을 갖는다는 점에서 억양단위와 구별하고자 한다. 자세한 내용은 남길임(2009), 안병섭(2007), 유혜원(2014) 등을 참고할 수 있다.

확인해 볼 수 있다. 문중 '요'에 나타난 '요'가 이처럼 억양 단위를 구분하는 기능을 한다고 했을 때, 이것이 해요체와 관련된 기능은 없는지 따져 보아야 한다.[16] 이정민·박성현(1991)과 김희숙(1996)을 비롯한 논의에서는 이것이 해요체와 관련 없다고 제시하고 있지만, 억양 단위를 나누어 주는 언어 요소가 왜 '요'인가에 집중해서 보면, 문중의 '요'의 출현은 상대높임법 해요체의 화계와 일치하고 있음을 확인할 수 있다. 즉, 문중 '요'는 해요체의 화계가 반영된 것으로 해석할 수 있다. 또한 이는 하십시오체와 해요체의 화계 등급이 격식적 상황에서 혼용해서 쓸 수 있을 정도의 지위를 가졌음을 반영하는 것이다. 현재의 자료를 토대로 이러한 현상은 1960년대 자료에서부터 두드러지게 나타나고 있어서, 1960년대에는 하십시오체와 해요체가 거의 비슷한 화계로 사용되었다고 추정해 볼 수 있다.

이러한 양상은 일반 비격식 일방향 자료인 <출발! 비디오여행>에서도[17] 확인할 수 있다. 다음은 <출발비디오여행>의 한 부분의 내용이다.

(10) 김해경: 스타 찾기를 통해서요 매주 한 명씩 영화계의 반짝반짝히는 스타들을 만나보실 수 있는데요. //오늘 첫 시간이죠? 과연 어떤 스타가 기다리고 있을까요? //여러분들 가을의 전설 보셨어

---

16) 문중 '요'와 문말 '요'의 동일성 문제는 '요' 연구의 쟁점이었는데, 윤석민(1994:476)에서는 대부분의 연구가 이 둘의 의미기능면에서의 공통성은 인정하지만 통사상의 자격은 다른 것으로 봐왔다고 하면서, 이 둘의 통사적 자격도 동일하다는 견해를 피력하였다. 문말 '요'와 문중 '요'는 동일하게 분리성의 기준이 적용된 것으로 우선순위에 의하여 분리성이 큰 곳에 '요'가 첨가된다고 하면서 '요'는 결국 분리성이 실현되는 첨가어라고 제시하고 있다.

17) <출발비디오여행>은 방송프로그램이라 격식적 사용역으로 볼 수 있으나, 영화 이야기를 좀 더 편하게 한다는 점에서 비격식 일방향 자료로 분류되었다. 이 자료가 일방향인 것은 여러 명의 진행자가 나오긴 하지만 한 명이 하나의 코너를 진행하면서 설명을 이어가기 때문인 것으로 판단된다.

요? 그 야성적이면서도 부드러운 남자. //사랑하는 여인을 둘 씩이나 잃고 숲속으로 잠적해버려 전설로 남은 사나이 트리스탄 역을 맡았었죠? //근데요 여러분 아쉽게두요 브래드 피트의 누드가 나오는 러브 씬은 보여드릴 수가 없네요. //정 궁금하시면요 이 시간 끝나고 비디오 가게로 달려가시기 바랍니다.// *자* 다음의 영화는요 브래드 피트가 실사와 애니메이션이 합성된 영화 쿨월드에서 출현한 장면입니다.

김해경의 경우 대부분의 발화를 해요체로 진행하고 있을 뿐만 아니라, 문중에서 '요' 삽입이 자주 나타나고 있어서 (7)의 발화와 비슷한 면모를 보여준다. 다만, (7)의 격식적 발화 비해서 '요' 삽입의 빈도가 많음을 발견할 수 있고, 이 경우 역시 '요'가 하나의 억양단위에 위치하고 있음을 확인할 수 있다. 실제 발화를 들어보면 '요'가 나타나는 지점에 반드시 쉼이 나타난다는 점에서 '요'가 억양 단위를 나누는 기능을 하고 있음을 확인할 수 있다.

3.2 양방향 말하기 자료에 나타난 '요'의 특성

20세기 전기 자료에는 양방향 말하기로 일반 비격식 양방향에 속하는 유성기 연극, 유성기 영화, 일반 영화 자료가 있는 반면, 20세기 후기 자료에는 일반 비격식 양방향뿐만 아니라, 전문 격식 양방향, 일반 격식 양방향 자료가 포함되어 있다. 시대별 비교를 한 후 사용역별 비교를 위해 우선 일반 비격식 양방향 말하기에 속하는 자료에 나타난 '요'의 특징부터 살펴보기로 한다.

20세기 전기 구어 보조사 연구인 유혜원(2016:148)에서는 이 시기 '요'가 주로 발화 종결의 위치에 나타나며, 여성과 어린이의 발화에서 주로 나타나고 있음을 지적하고 있다. 실제로 <유성기 연극> 자료에서는 여성 발화에서 해요체가 많이 나타나며, 문중에 나타나는 '요'는 1회 정도에 불과한 것으로 보인다. 이 시기 남성의 발화에서는 주로 '하오체'가 생산적으로 나타나는 특징을 보였다. 변사가 등장하는 유성기로 듣는 무성영화에서는 변사의 설명이 해라체로 주로 구성되어 있으며, 극 중 연기가 들어가는 부분에서는 여성이든 남성이든 하십시오체의 발화가 좀 더 많이 나타나는 특징을 보인다. 또한 종결어미 '-다' 다음에 '요'가 나타나는 표현도 이 자료에 많이 나타났다.

(11) ㄱ. 여자1:이 집 주인을 위해서 우리들이 축배를 듭시다요.
ㄴ. 애경: 저는 술을 먹을 줄을 모릅니다요.

따라서 유성기 연극에 비해 유성기 영화 자료에서 좀 더 장르 특징적인 언어 표현들이 많이 나타나는 것으로 보인다. 일반 영화 자료에서도 여성 발화에 주로 '요'가 나타난다는 사실은 변함이 없는데, 영화 <미몽>이나 1940년에 나온 영화 <수업료> 등에서도 이러한 면모를 확인할 수 있다.[18)]

20세기 후기 영화 자료를 시기를 더 나누어 '요'의 쓰임을 살펴보면 '요' 쓰임의 양상이 달리지는 시기는 대략적으로 1950년대 후반으로 볼 수 있다. 20세기 후기 영화 자료 중 <자유만세(1946년)>, <독립전야(1948년)>, <마음의 고향(1949년)>, <운명의 손(1954년)>에서는 '요'의 쓰임이

18) 김희숙(2000)에서는 해요체가 1920년대에 두루 높임으로 용법이 바뀌었다고 지적하면서 이처럼 높임에서 두루 높임으로의 변화는 우리 사회가 1차 집단 사회에서 2차 집단 사회로 전이되는 과정에서 하류계층이나 중류계층이 상류층의 '해요체'를 사용함으로써 상류층에 접근하기 위한 화자의 의도가 있었음을 밝히고 있다. 그러나 1920년대 이전에 '해요체'가 과연 상류층의 언어 표현이었는지에 대해서는 좀 더 신중한 접근이 필요하다. 정경재 외(2015) 및 이승희(2007)에서 지적된 것처럼 19세기에 해요체를 사용한 화자는 주로 하층민었다는 것이 그 반례가 될 것이다.

많지 않고 여성과 아동의 발화에서 주로 해요체가 나타나며 남성의 발화에서는 주로 하오체가 쓰이고 있다. 그러나 <서울의 휴일(1956년)>, <돈(1958)>에서는 대화를 구성하는 발화의 길이가 짧아지고, 그 발화의 끝에 '요'가 나타나는 경우가 빈번하며, 남성의 발화에서도 '요'의 형태가 종종 발견된다.

(12) 김 순경: 변이지만 치서까지 *좀* 가야겠어. // 영호 : 치서에는 ㉠왜요? // 김 순경 : 응 오늘 새벽에 갑자기 사건 하나가 생겼어. // 영호: 네? //무슨 ㉡사건인데요? <중략> // 김 순경 : 가면 알게 돼. // 영호 : 꼭 필요하다면 얘기하겠소만 왜 남의 사적 관계까지 묻는 ㉢거요? // 순경2 : 범죄 사실과 밀접한 관계가 있어서 묻는 거야.//영호 : 좋소. // 그렇다면 말하겠소. //영호 : 옥경이가 날 좋아하구 내가 또 옥경이를 좋아하는 ㉣사이요. // 순경2 : 좋아 그만하면 알겠어. //그리구 가지고 있는 돈을 다 내놔봐.//얼마지? // 영호 : 한 이만 환 ㉤될게요.

위의 발화에서 (12ㄱ, ㄴ)은 해요체의 '요'로 볼 수 있고, (12ㄷ,ㄹ)은 '이오'의 줄임말로 '요'가 실현된 하오체의 '요'로 볼 수 있다. 이 영화에서 '영호'라는 인물은 어머니와의 대화에서는 해요체로, 김 순경과의 대화에서는 해요체로, 순경2나 다른 남성 화자와의 대화에서는 하오체를 쓰고 있다. 이러한 패턴은 친밀도가 높고 자신보다 높은 사람에게 해요체를 사용하는 반면 일면식이 없었거나 특별히 자신보다 어른이라는 의식이 없는 상황에서는 하오체를 쓰고 있음을 확인할 수 있다. 이러한 패턴은 20세기 전기에 하오체의 등급하락이 있었다는 기존 연구(이익섭·채완(1999), 유필재(2014), 정경재(2015))의 주장을 뒷받침하는 것이며, 한 인물의 발화를 통하여 이 시기에도 하오체가 해요체보다 화계가 낮았음을 확인할 수 있는 부분이라 하겠다. 여기에서 또한 주목해 보아야 할 표현은 (16ㅁ)의 '될게요'이다. 여기에서 '될게요'는 '되+ㄹ+것+이+오'로 분석될 수 있는 것으로 화계는 하오체로 볼 수 있다. 민현식(1999:216~217)에서는 20세기에 해요체의 표기가 이따금 '-오'로 적히는 것을 볼 수 있어서 '오'와 '요'의 혼용이 일어난다고 제시하고 있는데,[19] 구어적 환경에서는 하오체라고 하더라도 많은 형태가 '요'로 발음되고 있어서 오히려 해요체의 '요'가 '오'로 표기되거나 발음되는 것이 아니라, 하오체가 '요'로 발화되는 역방향의 현상이 더욱 생산적으로 나타난다고 볼 수 있다. 이러한 현상은 '요'가 '이오'에서 왔다고 하는 고광모(2000), 허재영(2012) 등의 논의에 뒷받침이 되는 것이라 할 수 있다. 그러한 맥락에서 '될게요'는 형태적으로 'ㄹ게요'와 동일한 형태로 인지될 가능성이 있어서, 이 시기 '오'와 '요'의 발음상의 혼용을 통해 '요'가 확산되었을 가능성 또한 배제하기 어렵다.[20]

영화 자료 중에서 '요'의 출현이 가장 빈번하게 나타나는 영화는 1958년에 나온 <자유결혼>이다. 이 영화의 제목처럼 자유결혼을 추구하는

19) 민현식(1999:216~217)에서 '해요체'의 개화기 예문으로 제시된 것 중 '요'로 나타나는 것과 '오'로 나타나는 것을 각각 제시하면 다음과 같다.

- 평서 : 자목에 아ᄂᆞᆫ 사ᄅᆞᆷ이 잇ᄂᆞ냐, 업서요.(혈 62) 죽이면 죽ᄂᆞᆫ 거시지오.(귀 상112)
- 의문 : 죽기는 무엇을 죽어요.(혈 52) 식젼에 학교에 가셔 시험을 보셔야지오.(목 244)
- 명령 : 글세 고만 긋치셔요.(홍 상2) 고만두고 사랑으로 나아가셔오.(홍 하39)

20) 실제 대화에서 '요'로 발화된 것의 화계가 하오체인지 해요체인지 판단이 모호한 경우가 있다. 특히 '명사+(이)요'의 상황이 그렇다. "영자: 뭔데요?/ 병태:우리 서로 반말합시다./영자:반말이요?/병태: 예 서로 나이도 비슷한데 존댓말 하니까 이상합니다./병태:반말 시작할까요?/영자:조-아요?"라는 대화에서 '반말이요?'는 하오체와 해요체로의 분석이 다 가능하지만, 영자의 화계가 계속 해요체로 발화된다는 점에서 이를 해요체로 볼 수도 있을 듯하다. 실제로 '명사+요'의 경우에도 화자나 억양에 따라서 하오체와 해요체 등으로 해석될 수 있는 여지가 있다고 하겠다.

세 자매의 이야기가 주축이 되는 가족 중심 영화로 한 가족 구성원이 관계를 맺는 여러 사람들과의 대화가 주축이 되는 영화이다. 따라서 세 자매의 연인으로 나오는 남녀 간의 대화에서 해요체가 빈번하게 나타날 뿐만 아니라, 그 집의 막내아들 중2의 캐릭터의 발화에서는 다채로운 '요'의 사용을 발견할 수 있다. 다음은 막내아들 광식의 대화 중 일부이다.

(13) 광식: 아버지 할아버지가요- 오실 시간이 다 됐다고요- 마중 나갈 준비를 하시래요.

위의 발화에서도 광식은 말을 좀 늘여서 하는 듯한 분위기로 '요'를 세 번 발화하고 있는데, 각 '요'가 나타나는 지점에 쉼을 둠으로써 하나의 억양단위에 '요'를 삽입하고 있음을 확인할 수 있다. 이러한 분위기는 1961년에 나온 <서울의 지붕 밑>이라는 영화에서도 이어져 '요'가 매우 생산적으로 나타나고 있으며, 여성과 남성 발화 모두에서 '요'를 확인할 수 있다. 이처럼 1950년대 중반 이후에 나오는 영화에서 한 발화의 길이가 짧아지면서 연결어미나 종결어미가 아닌 명사, 조사 등과 '요'가 결합하여 발화 종결이 나타나는 경우가 빈번하게 나타났다.

(14) ㄱ. 남희원: 그럼 잠깐만 계세요. //여보 집에 가서 링겔 주사약 좀 순이 해서 보내주세요. // 위독해요 빨리요. 송재관 : 김 기자 가세. <서울의 휴일(1956년)>

ㄴ. 어머니: 우리 집을 나갔단다.//영호: 나갔다니요 어머니? //영호: 그럼 옥경이가 멀리 떠났나요? //어머니 : 으음- 옆집 과부 집에 있어.//영호 :네? 옥경이가 술집엘요? <1958년 돈>

위의 대화에서 (14ㄱ)의 '빨리요'는 대화의 맥락에서 '빨리 보내주세요'의 의미를 내포하고 있으며, (14ㄴ)에서 '술집엘요'는 '술집엘 갔어요'의 의미를 내포하고 있다. 위의 예시에서 '요'는 특정 서술구 대신 쓰인 표현으로 해석할 수 있으며, 대화에서 '요'는 이처럼 서술구의 대용적 기능을 수행하여 대화를 경제적으로 이어갈 수 있는 기능을 하는 것으로 보인다. 실제로 이 시기의 많은 대화에서 '명사+(조사)+요'의 형태로 나타나거나, '연결어미+요', '부사+요'의 형태로 나타나는 경우는 위 발화에 나타난 서술구를 생략하고 '요'를 삽입함으로써, '요'가 서술구 대용어로서 기능하고 있음을 확인할 수 있다. '요'가 서술구를 대용할 수 있다는 것의 근거 중의 하나는 '요'가 결합할 수 있는 범주나 문장성분이 매우 다양함에도 불구하고 김혜숙(1987:29)에서 지적된 것처럼 관형어에 '요'가 붙을 수 없다는 것을 통해서도 확인할 수 있다.[21)]

'요'의 이러한 용법과 쓰임은 1960년대 이후 영화 자료에서도 빈번히 나타난다. 특히 1970년대 대학생들의 이야기를 다루는 영화들이 많이 나와서 남성과 여성의 발화 모두에서 해요체가 다양한 형태로 나오고 있다. 영화 자료를 통하여 20세기 전기의 '요'의 특성은 1950년대 전반기까지 비슷한 양상을 보이고, 1950년대 중반 이후의 자료는 현재의 '요' 용법과 크게 다르지 않음을 확인할 수 있다.

일반 비격식 양방향 자료에서 '요'가 1950년대 중반부터 그 쓰임이 확대되고 다양화되는 현상은 격식적 양방향 발화에서도 나타났다. 특히 일반

---

21) 김혜숙(1987:29)에서는 '요'가 독립어와 관형어를 제외한, 조사, 부사, 주어, 목적어, 명사, 명사+조사, 부사+조사 등 다양한 형태와 결합 가능함을 밝히고 있다. 특히 관형어뿐만 아니라 독립어에도 '요'가 붙을 수 없다고 제시되어 있으나, 이는 잘못 기술된 것으로 보인다. 보통 감탄사가 독립어의 역할을 하는 경우가 많은데, 감탄사 다음에 '요'가 나타나는 경우가 20세기 전기 구어에서 많이 나타나기 때문이다. 문장성분으로 독립어 다음에 '요'가 올 수 없다는 것은 '요'가 붙은 감탄사 예를 들어, '아무렴요'를 서술어로 분석했기 때문으로 볼 수 있기 때문에, 이 기술은 문제가 있다고 판단된다.

격식 양방향 자료로 분류되는 <유쾌한 응접실>은 1960년~1970년대 프로그램으로 오늘날의 토크쇼 같은 것으로 해석할 수 있다. 연예인과 교수, 대학생 등 다양한 사람들이 모여서 특정 주제로 이야기를 나누는 형식으로 진행되는 프로그램인데 딱딱한 분위기가 아니라 밝고 유쾌하게 진행된다. 그래서인지 해요체의 비율이 매우 높으며, '요'가 결합하는 범주와 형태도 매우 다양하게 나타나는 듯하다. 또한 남성과 여성의 발화에 차이가 나타나지 않았으며 이 자료에서 1960년대와 1970년대 차이는 거의 없는 듯하다. '요'가 어떻게 나타나고 있는지 좀 더 살펴보기 위해 <유쾌한 응접실(1960년대)>의 '처세'편에 발화종결 형식을 계량적으로 살펴보면 아래와 같다.[22]

[표 5] 일반 격식 양방향 자료에 나타나는 발화 종결 형식

종결발화(상대높임 화계별)					기타 발화			
하십시오	해요	조사+요	하오	해	명사종결	미종결	영어	대답
134	130	6	1	15	16	57	1	3

위의 자료는 총 363 발화로 하십시오체와 해요체가 비슷한 비율로 나타나고 있음을 확인할 수 있다. 이러한 자료를 토대로 1960년대 격식적 양방향 남성 발화에서도 해요체가 빈번하게 나타나고 있음을 확인할 수 있을 뿐만 아니라, 이처럼 격식적 상황에서 하오체는 사용하기 어려울 정도로 화계가 낮아진 반면, 해요체는 하십시오체와 비슷한 정도로 격식적 상황에서 쓰일 수 있을 정도의 화계 등급을 획득한 것으로 보인다.

격식적 자료에서는 해요체를 실현하는 '요'가 나타나는 빈도가 높고,

22) 참고로 이 회차는 중앙공무원들이 특별 손님으로 나왔으며, 출연진 모두가 남성 화자이다. [표5]에서 '대답'은 '네' 등과 같이 단답식 답변을 한 발화이고, '명사'는 명사로 발화가 끝난 경우, 미종결은 종결 형식 없이 발화가 끝난 경우이고, 나머지는 상대높임 화계에 따른 분류이다.

위에서 살펴본 비격식적 대화 자료에 나타난 대용 용법은 그 비중이 낮은 것으로 나타났다. 따라서 한 발화의 길이가 비교적 긴 격식적 발화에서는 '요'가 주로 해요체의 실현으로 나타나고, 비격식적 상황에서는 비교적 짧은 발화에서 종결부가 아닌 언어단위와 결합하여 나타나는 빈도가 높은 것으로 보인다. 영화자료에서 1950년대 후반에 '요'의 쓰임이 증가한 것과 격식적 자료에서 1960년대 '요'의 쓰임이 많아진 것 등을 통해, 1950년대 후반부터 '요' 쓰임이 확산되었다고 판단할 수 있다.

마지막으로 격식성을 띤 양방향 자료 중 전문 영역에 속하는 사용역인 토론에서는 어떠한 양상을 보이는지 살펴볼 필요가 있다. 1989년 박경재의 <시사토론>은 총 발화수가 638개로 [표 5]의 자료보다 길다. 이 자료에서 해요체와 하십시오체의 비율을 살펴보면 [표 5]와 확연히 차이가 남을 알 수 있다.

[표 6] 전문 격식 양방향 자료에 나타나는 발화 종결 형식

종결발화(상대높임 화계별)					기타 발화			
하십시오	해요	조사+요	하오	해	명사종결	미종결	영어	대답
290	87	0	1	117	0	123	0	20

[표 5]와 [표 6]의 차이는 [표 5]는 일반 영역, [표 6]은 전문 영역이라는 것이다. 이렇게 볼 때 '요' 실현과 관련하여 가장 차이가 많이 나는 사용역의 기준은 일방향과 양방향이고, 그 다음으로 차이가 나는 사용역 기준은 전문과 일반이라고 볼 수 있다. 이를 통해 '요'의 사용이 격식과 비격식적 상황의 구분에서는 상대적으로 차이가 덜 나타남을 확인할 수 있다.

지금까지 '요'의 시대별, 사용역별 특성에 대해 논의하였다. 현대국어의 시기 구분에서 1945년 광복을 기점으로 단계를 나누는 것이 일반적인데, 이 연구를 통해 '요'의 경우 1950년 중반 정도가 변화의 기점이 될

수 있음을 살펴보았다. 이러한 원인은 크게 두 가지로 정리할 수 있는데, 첫째는 한국사회가 전쟁을 기점으로 큰 폭의 이동과 변화를 겪었다는 것이다. 많은 사람들이 전쟁을 피하여 고향을 떠나게 되고 그 과정에서 다양한 지역의 사람들이 영향을 주고받으며 언어 사용에 변화가 일어났을 가능성을 생각해 볼 수 있다. 두 번째는 라디오 TV 매체의 보급과 확산이라고 볼 수 있다. 특히 이 시기 동아방송 자료는 매우 다양한 종류의 프로그램을 포함하고 있는데, 이러한 매체들이 일반 언중의 언어생활에 많은 영향을 끼쳤으리라 예측해 볼 수 있다.

4. 마무리

지금까지 20세기 구어 자료에 나타난 '요'의 분포와 기능에 대해 다각도로 살펴보았다. 특히 20세기 전기와 후기, 그리고 사용역별로 '요'의 쓰임에 어떤 변화가 있었는지에 초점을 두었다. 연구의 결과 '요' 사용은 20세기 후기로 오면서 확산되었고, 이러한 확산은 해요체가 정착 확대되는 방향이었음을 확인하였다. 또한 '요' 쓰임에서 가장 많은 차이를 보이는 사용역 구분 기준은 일방향과 양방향이었으며, 양방향 자료에서 '요'의 다양한 쓰임이 더 많이 나타났다. 일방향 자료에서 '요'가 생산적으로 나타나는 시기는 대략 1960년대로 보이며, 일방향 자료에서 '요'는 해요체의 실현뿐만 아니라, 발화단위를 나누는 기능을 하고 있음을 살펴보았다. 양방향 자료에서 '요'의 쓰임이 많이 나타나는 시기는 대략 1950년대 중반 이후로 볼 수 있으며, 일반적인 대화 상황에서 '요'가 서술구를 대용하는 기능을 하고 있음을 살펴보았다. 양방향 자료 중 '요'의 쓰임에 차이가 많이 나는 사용역은 일반 격식 양방향과 전문 격식 양방향 자료로 토론과 같은 전문 격식 양방향 자료에서 '요'의 쓰임이 제한되는 양상을 보였다.

이 연구는 20세기 자료를 토대로 '요' 분포와 기능에 대해 실증적으로 고찰했다는 점에서 의의가 있다. 그러나 이 연구는 20세기라고 하는 100년의 시간 안에서 '요'가 어떤 변화를 가져왔는지에 관심을 두었기 때문에 '요'의 다양한 특성을 검토한 대신, 깊이 있는 논의가 부족한 것은 한계이다. 특히 사용역을 좀 더 세분화하여 '요' 쓰임의 다양한 양상에 대한 연구가 필요하며, 이는 후고를 기약한다.

■ 참고 문헌

강지영(2007), 『20세기 초기 국어 상대경어법의 등급과 실현 양상 연구』, 울산대학교 석사학위논문.

고광모(2000), 「상대 높임의 조사 '-요'와 '-(이)ㅂ쇼'의 기원과 형성 과정」, 『국어학』(국어학회) 36, 259~282.

고영근(1999), 『국어형태론연구』, 서울대학교 출판부.

고영근·구본관(2008), 『우리말 문법론』, 집문당.

김명운(1996), 『현대국어 청자 대우법에 대한 사회언어학적 연구:드라마 대본(78~94)을 중심으로』, 서울대학교 석사학위논문.

김석득(1992), 『우리말 형태론 : 말본론』, 탑출판사.

김승곤(2014), 『국어 조사의 어원과 변천 연구』, 글모아출판.

김정시(1993), 「補助詞(존경) {요}에 對하여」, 『한민족어문학』(한민족어문학회) 24, 75~92.

김혜숙(1987), 「현대 국어의 청자 대우법 체계」, 『목멱어문』(동국대학교) 2, 17~46.

김희숙(1996), 「수행머뭇소 '-요'와 대화격률」, 『인문과학논집』 (청주대학교 인문과학연구소) 16, 47~63

김희숙(2000), 「청자대우 '해요체' 사용과 사회 집단과 상관성」, 『사회언어학』(사회언어학회) 8(1), 167~203

남기심 외(1986), 『표준국어문법론』, 서울:탑출판사.

남길임(2009)「텍스트 장르와 억양단위 통사 구조의 상관성 연구」,『텍스트언어학』(한국텍스트언어학회) 27, 163~187

민현식(1999),『국어의 시대별 변천연구 4: 개화기 국어』, 국립국어연구원.

신창순(1984),『국어문법연구』, 박영사.

안병섭(2007),「언어 분석 단위로서의 '발화' 설정 방법론 연구」,『한국학연구』(고려대학교 한국학연구소) 26, 223~259.

오재혁·송인성·도원영·홍종선(2014),「20세기 초 구어 연구를 위한 음성 자료의 유형과 특징에 대한 고찰」,『어문논집』70, 225~258.

유필재(2014),「현대국어 하오체의 변화에 대하여」,『국어학』(국어학회) 70, 59~83.

유현경(2003),「연결어미의 종결어미적 쓰임에 대하여」,『한글』(한글학회) 261, 123~148.

유혜원(2014),「구어에 나타난 운율적 실현의 문법적 해석」,『한국어학』(한국어학회) 64, 59~86.

유혜원(2016),「20세기 전기 구어에 나타난 국어의 보조사 연구」,『한말연구』(한말연구학회) 39, 125-155.

윤승민(1994),「'-요'의 담화 기능」,『텍스트언어학』(텍스트언어학회) 2, 459~484.

이경우(1998),『최근세국어 경어법연구』, 태학사.

이승희(2007),『국어 청자높임법의 역사적 변화』, 태학사.

이원근(1999),「토씨의 하위 분류 재고」,『한글』(한글학회) 245, 115~138.

이유기(2011),「반말의 성격과 청자대우체계의 실상」,『동악어문학』(동악어문학회) 57, 49~82.

이익섭·채완(1999),『국어문법론 강의』, 학연사.

이정민·박성현(1991),「'-요' 쓰임의 구조와 기능:문장 '-요'의 큰-성분 가르기 및 디딤말 기능을 중심으로」,『언어』(언어학회) 16(2), 361~389.

장혜진·신우봉·유혜원·홍종선(2014),「20세기 초 구어 연구를 위한 문어 텍스트의 활용 문제」,『어문논집』71, 325~351

정경재·정연주·홍종선(2015),「20세기 구어 자료에 나타난 하오체 어미 {-오}의 실현 양상 변화」,『한국어학』(한국어학회) 69, 277~311.

최규일(2003),「'요'에 대한 총체적 연구」,『한국어의미학』(한국어 의미학회) 12, 171~288.

최현배(1937), 『우리말본』, 정음사.

허수미(2010), 「해요체의 두 가지 명사문의 문법적 해석을 두고」, 『한국어학』(한국어학회) 48, 355~375.

허재영(2008), 「높임의 조사 '요'의 문법화」, 『한말연구』(한말연구학회) 23, 473~493.

허재영(2012), 「비격식체 상대 높임 조사 '요'의 기능과 생성·변화 과정」, 『한민족어문학』(한민족어문학회) 60, 245~270.

20세기 구어 자료에 나타나는 '여보'류의 사용 양상 변화

송인성

1. 머리말

이 연구의 목적은 20세기 구어 자료에 나타나는 '여보'류의 사용 양상 변화를 분석하는 것에 있다. 20세기 현대국어에서 호출어 및 호칭어의 기능을 하는 '여보'류의 시기별 사용 양상을 분석하고, '여보'류와 공기하는 청자 대우법 화계의 실현 양상을 살피고자 한다.

'여보'는 현재 주로 부부간에 서로를 부를 때 사용하는 말이다. 그렇기 때문에 '여보'에 대한 논의는 '임자, 여보, 자기, ○○엄마/아빠, 이름' 등과 같은 여러 부부 호칭어의 유형과 사용 현황을 분석한 연구에서 주로 이루어졌다(홍민표, 1999; 김혜숙, 2004; 조태린, 2011; 구현정, 2016 등).

'여보'만을 대상으로 하여 '여보'의 특성을 분석한 홍윤표(2009)에서는 19세기 말과 20세기 초의 문헌 자료를 통해 '여보'의 어원과 기원,

청자 대우법에 따른 다양한 형태의 실현 양상을 분석하였다. 홍윤표(2009: 352)에서 언급한 것과 같이, '여보'의 어원은 대체로 '여기(를) 보오'에서 줄어든 말로 본다. 즉, '여보'는 '여+보'로 분석되고, '여'는 '여기'의 준말이며 '보'는 동사 '보다'의 어간 '보-'에 어미 '-오'가 붙은 '보오'가 줄어들어서 된 말로 해석할 수 있다.

'여보'는 이 말을 사용하는 화자와 청자의 관계에 따라 청자 대우법이 실현된 다양한 형태가 나타난다. 즉, '여보' 계열의 단어는 '여보십시오, 여보시오, 여보게, 여봐라, 여봐요, 여봐, 여보세요, 여보' 등과 같이 나타난다. 이 말에 대하여 『표준국어대사전』에서 정의한 내용은 (1)과 같다.[1]

(1) '여보'류에 대한 사전의 정의
ㄱ. 여보십시오: 가까이 있는 사람을 부를 때 쓰는 말. 합쇼할 자리에 쓴다.
ㄴ. 여보시오: 가까이 있는 사람을 부를 때 쓰는 말. 하오할 자리에 쓴다.
ㄷ. 여보게: 「1」가까이 있는 사람을 부를 때 쓰는 말. 하게할 자리에 쓴다.
「2」사위를 친근하게 부를 때 쓰는 말.
ㄹ. 여봐라: 가까이 있는 사람을 부를 때 쓰는 말. 해라할 자리에 쓴다.
ㅁ. 여봐요: 가까이 있는 사람을 부를 때 쓰는 말. 해요할 자리에 쓴다.
ㅂ. 여봐: 가까이 있는 사람을 부를 때 쓰는 말. 해할 자리에 쓴다.
ㅅ. 여보세요: 「1」'여봐요'를 조금 높여 이르는 말.
「2」전화를 할 때 상대편을 부르는 말. 상대편이 윗사람이거나 아랫사람이거나 관계없이 쓴다.
ㅇ. 여보: 「1」어른이 가까이 있는 자기와 비슷한 나이 또래의 사람을 부를 때 쓰는 말.
「2」부부 사이에 서로 상대편을 부르는 말.

1) 이 연구에서 제시한 '여보'류의 단어는 홍윤표(2009: 355~358)에서 제시한 여러 '여보'류의 단어를 참고하여, 『표준국어대사전』에 등재된 단어를 중심으로 선정한 것이다.

사전의 정의에서 '여보'류는 청자 대우법 화계의 차이가 있지만, 모두 '가까이 있는 사람을 부를 때 쓰는 말'이라는 동일한 의미를 지니고 있다. 이와 같이 사람을 직접 부를 때 쓰는 말을 일반적으로 '호칭어'라고 하고 화자가 상대의 주목을 끌려고 상대를 부르는 말을 '호출어'라고 한다.[2)]

그런데 현재 '여보'류는 청·장년 층의 이하 세대에서 가까이 있는 사람을 부르는 말로 거의 사용되지 않는다. '전화를 할 때 상대편을 부르는 말'로 '여보세요'와 '부부 사이에서 서로 상대편을 부르는 말'로 '여보'가 사용되고 있지만, 화·청자가 직접 만나는 면대면 상황에서 가까이 있는 사람을 부르는 말로는 거의 사용되지 않고 있다.

이에 본 연구에서는 20세기 현대국어에서 나타나는 '여보'류의 사용 양상 변화를 고찰하고, 이와 공기하는 청자 대우법 화계의 실현 양상을 파악하고자 한다. 이를 위해 20세기 전·후기 구어 말뭉치(고려대 구어 말뭉치)를 이용한다. 1930년대부터 1990년대까지 세부적으로 시기를 나누어 각 시기의 해당 자료를 통해 '여보'류가 실현되는 양상과 '여보'류와 공기하는 청자 대우법 화계를 구체적으로 밝힌다.

2. 연구 자료

이 연구에서 사용한 자료는 '고려대 구어 말뭉치: 20세기 전기, 후기'이다. 이 자료는 20세기에 존재하는 음성 및 영상 자료를 구어 유형에 따라 수집하여 구축한 것이다. 20세기 전기 자료는 1926년부터 1941년까

2) 왕한석 외(2005: 18)에서는 상대방을 직접 부르는 말을 호칭어, 청자인 상대방의 주목을 끌기 위해 사용하는 말을 호출어라고 하면서, 호칭어는 이미 상대방의 주목을 끈 상태에서 상대방을 부르는 말이라고 하며 이 둘을 구분하였다. 손춘섭(2010: 100)에서는 화자가 어떤 사람의 시선을 끌거나 주의를 집중시키기 위해 쓰는 '여보세요, 여기요, 저기요, 실례합니다, 잠깐만요' 등과 같은 말을 호출어라고 하며, 상대를 부르는 말인 호칭어와 명백히 다르다고 언급하였다.

지 자료로 58,765어절(981분)의 크기이고, 20세기 후기 자료는 1948년부터 1999년까지 자료로 총 457,913어절(8,019분)이다.3)

본고에서는 '여보'류가 구어에서 실현되는 양상을 파악하기 위하여, 화·청자 간의 일상 대화가 주로 나타나는 영화, 드라마, 만화 자료를 중심으로 자료를 이용하였다. 또한 20세기 전기 자료 가운데 대화의 주고받음이 있는 유성기 음반, 김복진 동화 구연, 보통학교 조선어 독본 자료도 함께 이용하였다. 각 시기별로 이용한 자료의 크기와 자료에 대한 정보는 [표 1]과 같다.4)

[표 1] 사용 말뭉치의 크기와 자료

연도	크기(어절)	자료
1930년대	49,456	유성기 음반(54편), 조선어 독본, 김복진 동화 구연(10편), 영화(4편)
1940년대	16,171	영화(7편)
1950년대	20,620	영화(5편)
1960년대	56,330	라디오 드라마(3편), 만화(1편), 영화(5편)
1970년대	42,435	TV 드라마(2편), 만화(3편), 영화(5편)
1980년대	57,908	TV 드라마(4편), 만화(3편), 영화(5편)
1990년대	53,251	TV 드라마(4편), 만화(1편), 영화(5편)
총합	296,171	-

3) '고려대 구어 말뭉치: 20세기 전기, 후기' 에 대한 자세한 정보는 오재혁 외(2014), 송인성(2016: 210~211), 장혜진(2016: 155~158)을 참조할 수 있다.

4) 각 시기별 사용한 말뭉치의 크기를 보면, 40년대와 50년대 자료의 크기가 다른 시기에 비해 상대적으로 적다. 이 시기는 광복과 6·25전쟁으로 인하여 사회가 전반적으로 혼란스러웠고, 이로 인해 문화·예술 영역이 이전이나 이후 시기보다 침체된 것으로 판단된다. 이 두 시기를 제외하고는 각 시기별 자료의 크기는 4만에서 5만 어절 정도이다.

3. '여보'류의 시기별 실현 양상에 대한 계량적 분석

20세기 구어 자료에 나타난 각 시기별 '여보'류의 출현 빈도는 [표 2]와 같다. '여보'류는 20세기 구어 자료에서 총 432회의 출현 빈도로 실현된다. 이때 '여보'는 239회, '여보세요'는 121회, '여보게'는 47회, '여보시오'는 13회, '여보십시오'는 9회, '여봐'는 2회, '여봐요'는 1회, '여봐라'는 0회로 나타났다.

'여보'류 중에서 '여봐라'는 나타나지 않았고, '여봐, 여봐요'는 각각 출현 빈도가 1회, 2회로 매우 낮기 때문에 이 단어들은 분석에서 제외하였다. 이 세 단어를 제외하고 '여보', '여보세요', '여보게', '여보시오', '여보십시오'를 대상으로 '여보'류가 화·청자 간의 관계에 따라 사용되는 상황과 '여보'류와 공기하는 청자 대우법 화계의 특성을 계량적으로 분석하였다.

[표 2] 시기별 '여보'류의 출현 빈도(회)

	30년대	40년대	50년대	60년대	70년대	80년대	90년대	총합
여보	42	12	42	53	46	31	13	239
여보세요	16	4	12	12	18	29	30	121
여보게	18	3	14	8	4	0	0	47
여보시오	3	1	3	3	3	0	0	13
여보십시오	4	0	2	3	0	0	0	9
여봐	1	0	1	0	0	0	0	2
여봐요	0	0	0	0	1	0	0	1
여봐라	0	0	0	0	0	0	0	0
총합	84	20	74	79	72	60	43	432

3.1. 여보

'여보'는 성인 남녀 화자가 낯선 사람을 부를 때, 친분이 있는 사람을 부를 때, 부부간에 서로를 부를 때 사용된다.5) [표 3]은 20세기에서 각 시기별 '여보'의 사용 상황에 따른 출현 빈도이다.

[표 3] 시기별 '여보'의 사용 상황에 따른 출현 빈도(회)

사용 상황	30년대	40년대	50년대	60년대	70년대	80년대	90년대	총합
낯선 사람을 부를 때	15	0	6	9	0	0	0	30(12.6%)
친분이 있는 사람을 부를 때	23	0	0	11	0	1	0	35(14.6%)
부부간에 서로 부를 때	4	12	36	33	46	30	13	174(72.8%)
총합	42	12	42	53	46	31	13	239 (100.0%)

[표 3]에서와 같이 '여보'는 30년대에서 60년대까지 성인 남녀가 낯선 사람을 부를 때 사용된다. (2ㄱ,ㄴ)의 예문에서 화자는 낯선 상대인 택시 운전수와 식당 직원을 부를 때 '여보'를 사용하였다. (2ㄷ)에서도 성인 남성 화자가 밤에 갑자기 방에 들어온 낯선 여인을 '여보'라고 부르며 대화를 하고 있다.

(2) ㄱ. 애순: **여보** 저 빨리 용산역으로 좀 가주세요. 응?
택시기사: 용산역?
애순: 네 빨리 좀 가주세요. <1936영화_미몽>

5) Eggins(2004: 99~103)에서는 대화 참여자 간의 사회적인 관계에 대하여 힘(power), 접촉 빈도(contact), 정서적 관련성(affective involvenment)을 기준으로 격식과 비격식을 구분하였다. '격식'은 참여자가 힘의 위계적 차이가 있고 접촉이 빈번하지 않거나 일회성이며 정서적 관련이 낮은 반면에, '비격식'은 참여자가 동등한 힘을 가지고 접촉이 빈번하며 정서적 관련이 높다(장혜진, 2016: 158 재인용). 화자가 '여보'류를 '낯선 사람을 부를 때' 사용하는 경우가 주로 격식에 속하며, '친분이 있는 사람을 부를 때' 사용하는 경우가 주로 비격식과 관련이 있다.

ㄴ. 여인: 가을인데두 왜 이리 날씨가 더울까 원.
여인: **여보**.
남직원: 네.
여인: 깡통(맥주) 몇 개 갖다 줘요. <1958영화_돈>
ㄷ. 아내: 자다 말고 웬 소동이요?
학규: 이 여자가 별안간 뛰어 들어왔어.
아내: 아니!
학규: 마누라 이봐. 아 이거 큰일 났네. 이 어떻게 했음 좋다?
학규: 어? 이제 정신이 드는가 보다.
여인: 아이구머니나.
여인: 아이 참 미안해요.
학규: **여보** 미안하나마나 이거 어떻게 했음 좋소?
<1961영화_서울의지붕밑>

'여보'는 낯선 사람뿐만 아니라 친분이 있는 사람을 부를 때도 사용된다. 이 상황에서 '여보'는 주로 30년대와 60년대 자료에서 나타난다. (3ㄱ)에서는 화자가 결혼한 여동생의 시댁에서 일을 봐주는 사람을 부를 때 '여보'를 사용하였다. (3ㄴ)에서는 기혼인 성인 남녀가 불륜 상대를 부를 때 '여보'라고 하였다. (3ㄷ)에서는 화자가 자신의 딸을 좋아하는 이웃집 남성을 부를 때 '여보'라는 말을 사용한 사례이다.

(3) ㄱ. 월초: 이리 오너라.
오빠: 누구십니까 아 서월초씨 무슨 일로 오셨습니까?
월초: 저 다른 게 아니라 아씨께서.
월초: 아씨가 요새 외간 남자와.
오빠: **여보** 그럴 리가 있소?
오빠: 걘 죽어도 그런 짓을 할 얘가 아닌데. <1930유성기연극>
ㄴ. 애순: 하마터면 OOOOO[6] 사람에 눈에 띄일 건데.

---

6) O 표시는 자료의 음질 등의 문제로 인하여 잘 들리지 않는 소리를 음절수대로 표시한 것이다.

남성: 누군데?
애순: 정희 아버지 친구요.
남성: 아니.
애순: **여보** 만일에 당신이 나를 버린다면 난 OO 안 할 테에요.
남성: 아니 인제 와서 왜 그런 말을 헌단 말이요?
남성: 왜 내가 당신을 버릴 리가 있소. <1936영화_미몽>

ㄷ. 두열: 안녕하십니까?
두열: 따님게서 무거운 걸 들고 오시길래 오는 길에.
학규: **여보** 우리 아주 확실하게 배를 갈라놓고 내기하잔 말이야.
학규: 점례 뱃속에 아이가 들었어 안 들었어?
학규: 아니 당신이 점례보고 태산이 아니랬대믄서?
두열: 아니요. <1961영화_서울의 지붕 밑>

'여보'는 현재 부부 사이에서 가장 일반적으로 사용되고 있는 부부 호칭어이다(구현정, 2016: 90). 이와 같이 부부간에 서로를 부를 때 사용되는 '여보'는 30년대에도 사용되었고 이후 90년대까지 높은 비중으로 실현되었다. 특히 70년대 이후에는 부부 외의 사람을 부를 때에는 '여보'가 거의 쓰이지 않고 주로 부부 사이에서 사용되었다. (4ㄱ~ㄹ)은 30년대에서 90년대까지 부부 사이의 대화에서 '여보'가 사용된 사례이다.

(4) ㄱ. 바드: 나는 자식이 벌써 다섯입니다.
바드: 이것이 나의 창작을 할 수 없는 큰 원인이겠지요.
밀트레드: 그러면 나와 같이 우리 집으로 가시지요.
밀트레드: 우리 집은 한없이 조용해서 글쓰기는 참 좋답니다.
아내: 아이구 얘들아 떠들지 말고 조용히 올라가거라.
아내: **여보** 당신의 방을 깨끗하게 치워 놓았습니다.
아내: 다른 데 가실 생각 마시고 글을 쓰세요.
<1930유성기연극>

ㄴ. 고박사: **여보** 시골 아버지한테서 왔구려.

안여사: 네.
고박사: 팔 일 정오 서울 도착 마중 나와라.
고박사: 그럼 내일이군? <1958영화_자유결혼>

ㄷ. 진영처: **여보** 그만 들어가세요.
진영: 아무래도 족보를 살리자면 종가만 빼구는 모두 두 자 성으루 갈아야만 하겠어.
진영처: 아유 빨리 일어나세요. <1978영화_족보>

ㄹ. 철수: 아 영환이는요?
미진: 안녕하세요 **여보** 철수씨 왔어요.
미진: 빨리 와요.
영환: 야 야 몇시냐? <1992영화_아래층여자와 위층남자>

[표 4]는 20세기 각 시기에서 성별에 따라 '여보'와 공기하는 주된 청자 대우법 화계의 실현 양상을 제시한 것이다.[7]

[표 4] '여보'와 공기하는 주된 청자 대우법 화계의 실현 양상(회)

화자	청자 \ 시기	30년대	40년대	50년대	60년대	70년대	80년대	90년대
남성	낯선 사람	하오체 6 해요체 1	×	하오체 2 해체 2	하오체 8 해요체 1	×	×	×
	친분이 있는 사람	하오체 18 해요체 4 해체 1	×	×	해체 6 하오체 2	×	해요체 1	×
	아내	하오체 2 해체 1	하오체 7	하오체 9 해요체 6 해체 2	하오체 8 해체 5	해체 11 해요체 5	해체 10 해요체 2	해체 7 해요체 1
여성	낯선 사람	해요체 2 하오체 1	×	하오체 1 해요체 1	해요체 1	×	×	×
	친분이 있는 사람	해요체 3 하오체 2	×	×	하오체 2	×	×	×
	남편	합쇼체 1	해요체 3 하오체 2	하오체10 해요체 9	해요체15 하오체 5	해요체30	해요체18	해요체 5

7) 화자가 도깨비(1회), 동물(4회)인 경우에는 청자 대우법 화계의 분석에서 제외하였다.

화자가 남성일 때는 청자가 낯선 사람이거나 친분이 있는 사람인 경우 하오체와 해요체가 실현되는데, (5ㄱ)과 같이 주로 하오체가 나타난다. (5ㄴ)과 같이 청자가 친분이 있는 사람인데 화자보다 나이가 어린 경우에는 해체가 나타나기도 한다. 그리고 청자가 아내인 경우는 하오체, 해요체, 해체가 실현되는데, (5ㄷ)과 같이 30년대에서 60년대까지는 주로 하오체로 실현되다가, (5ㄹ)과 같이 70년대에 들어서 90년대까지 대부분이 해체로 실현되는 변화를 보인다.

(5) ㄱ. 니코라이: **여보** 이 양반 당신의 자동차에 사람이 치었는데 도 그냥 가겠다는 말이오? <1930유성기영화>
ㄴ. 학규: 아이 **여보** 당신이 그 입후보를 취소했대는데 그게 정말이야?
두열: 네. 여러모로 생각해본 끝에 아직 자격도 못 갖춘 데다가.
두열: 감히 김 선생님과 대적해서 싸운다는 게 옳지 않다고 깨달았습니다. <1961영화_서울의 지붕밑>
ㄷ. 주막주인: **여보** 술상 한 번 다시 봐와야겠소.
아내: 네 네. <1968라디오드라마_향토무대>
ㄹ. 기사: 점심상 좀 차려 **여보**.
아내: 네. <1979TV드라마_수사반장>

화자가 여성일 때 청자가 낯선 사람이거나 친분이 있는 사람인 경우 '여보'의 출현 빈도가 남성에 비하여 상대적으로 매우 낮은 편이다. 이 경우에 (6ㄱ)과 같이 주로 해요체가 사용된다. 청자가 남편인 경우에는 60년대까지 (6ㄴ,ㄷ)과 같이 하오체와 해요체가 실현되다가 그 이후 70년대부터는 (6ㄹ)과 같이 해요체만 실현되는 현상이 나타난다.

(6) ㄱ. 애순: **여보** 죽지는 않았을까요?
택시기사: 글쎄 말이올시다. <1936유성기영화>

ㄴ. 학규: 최가가 뭐 입후보를 취소를 해?
금순: 아니 **여보** 인젠 됐구려. <1961영화_서울의 지붕밑>
ㄷ. 형님처: **여보** 왜 그래요? 당신.
형님: 거 참 알다가도 모를 일이로구만.
<1968라디오드라마_향토무대>
ㄹ. 영숙: **여보** 어디예요? 어디 있어요 **여보**.
철호: 여기야 여기에 있어. <1971영화_인간 사표를 써라>

3.2. 여보세요

'여보세요'는 화자가 낯선 사람을 부를 때, 친분이 있는 사람을 부를 때, 불특정한 대상을 부를 때, 전화 중에 상대를 부를 때 사용되었다. [표 5]는 20세기에서 각 시기별 '여보세요'의 사용 상황에 따른 출현 빈도이다.

[표 5] 시기별 '여보세요'의 사용 상황에 따른 출현 빈도(회)

사용 상황	30년대	40년대	50년대	60년대	70년대	80년대	90년대	총합
낯선 사람을 부를 때	1	0	4	3	6	4	0	18(14.9%)
친분이 있는 사람을 부를 때	13	2	0	3	2	0	0	20(16.5%)
불특정한 사람을 부를 때	0	2	0	2	0	0	1	5(4.1%)
부부간에 서로 부를 때	2	0	8	4	10	25	29	78(64.5%)
총합	16	4	12	12	18	29	30	121 (100.0%)

'여보세요'는 화자가 낯선 사람을 부를 때 사용된다. (7ㄱ)은 군밤 장사를 하는 어린 남자 아이가 손님인 어른을 부를 때 '여보세요'를 사용하였다. (7ㄴ)은 젊은 여성이 처음 보는 젊은 남성을 부를 때 '여보세요'를

사용하였다. (7ㄷ)은 젊은 남성이 나이 많은 남성을 부를 때 '여보세요'를 사용한 경우이고, (7ㄹ)은 중년 남성이 젊은 남성을 부를 때 '여보세요'를 사용한 사례이다.

(7) ㄱ. 순동: 얼마치나 드려요?
손님1: 십 전어치만 다오.
순동: 네.
손님1: 아 그건 너무 비싸구나 에라 그만 두어라.
순동: 여 여보십시오 더 드릴께 사 가지고 가세요.
순동: **<u>여보세요</u>**.
손님2: 얘 얘 그만 두어라 내 다 사겠다. <1930유성기연극>
ㄴ. 희원: **<u>여보세요</u>** 당신이 김인호 씨죠?
인호: 네 왜 그러시오? <1956영화_서울의 휴일>
ㄷ. 찬우: **<u>여보세요</u>** 영감님 실례합니다.
박주사: 나 말이우?
찬우: 예.
박주사: 왜 그러슈? <1961영화_서울의 지붕밑>
ㄹ. 경찰: **<u>여보세요</u>** **<u>여보세요</u>** 위에 계신 두 분.
경찰: 제 말이 들립니까?
칠수: 저 사람 뭐 하는 거야? <1988영화_칠수와 만수>

'여보세요'는 화자가 낯선 사람뿐만 아니라, 친분이 있는 사람을 부를 때도 사용된다. (8ㄱ)은 연인 관계의 남녀 화자의 대화에서 여성이 남성을 부를 때 '여보세요'를 사용한다. (8ㄴ,ㄷ)과 같이 화자와 청자가 친분이 어느 정도 있는 관계에서도 '여보세요'를 사용한다.

(8) ㄱ. 한호: 여보 영애 모든 것을 용서해 주.
한호: 당신에게 이때껏 속여 왔던 이놈이 큰 죄인이오.
영애: **<u>여보세요</u>** 참말로 이 영애를 사랑해 주셨다면 인제 와서 그런

말씀은 말아 주세요.
영애: 인제 와서야 속았던들 어쩔 수 있으며
영애: 안 속았던들 별 도리가 있나요. <1930유성기연극>
ㄴ. 심재구: **여보세요** 저 어디 다녀오세요?
또순: 야학이요.
재구: 아버지한테 잘 좀 말씀해 주세요. <1963영화_또순이>
ㄷ. 영철: 저 여여 **여보세요** 강순자 씨 아니세요?
순자: 웬일이세요?
영찰: 저 학교 가는 길입니다. <1975영화_바보들의 행진>

'여보세요'는 불특정 대상인 사람을 부를 때도 사용된다. (9ㄱ)과 (9ㄴ)에 제시한 바와 같이, 화자가 특정한 사람에게 얘기하는 것이 아니라, 주로 어떤 장소를 방문하는 사람이 자신이 왔다는 것을 그곳에 있는 불특정 사람에게 알리기 위해 사용한다.

(9) ㄱ. 한중: **여보세요** 계십니까 계십니까?
여성1: 안 계신데요.
한중: 저 한이에요. <1946자유만세>
ㄴ. 단속원1: 거 이상한데 분명히 이 근방에서 없어졌는데.
단속원2: 아 여보십쇼.
단속원1: **여보세요**.
학규: 그 누구십니까?
단속원1: 저 시경 풍기단속반입니다. <1961영화_서울의 지붕밑>

마지막으로 '여보세요'는 화자가 전화 중에 상대를 부를 때 사용한다. 이와 같은 경우에 '여보세요'는 주로 화자가 전화를 걸거나 받을 때, 통화 상대를 부름으로 대화의 시작을 알리는 기능을 하는 것으로 볼 수 있다. 또한 통화를 하는 가운데 대화가 멈추거나 갑자기 종료되었을 때 화자가 상대를 부르는 말로 사용되기도 한다.

(10) ㄱ. 양희: **여보세요**?
양희: 거기 한수진 씨 댁이죠?
양희: 저 양희라고 하는데요.
양희: 수진씨 있나요?
양희: 죄송합니다만 좀 바꿔주시겠어요?
<1987TV드라마_사랑이꽃피는나무>

ㄴ. 재관: 네 송재관입니다 누구십니까?
남성: 열한 시 정각 대법원 앞을 지나 덕수초등학교 방향으로 달리는 사륜 세단 차를 추격하시오 중대한 정보를 독점할 수 있을게요.
남성: 아 문제의 차가 지금 막 뜨오 빨리 서두르시오.
재관: **여보세요**? **여보세요**?
주선생: 아니 왜 그러오? 또 무슨 중대 사건에 돌발이오?
재관: 아니올시다 사에서 좀 나와 달라는 연락입니다.
<1956영화_서울의 휴일>

[표 6]은 20세기 각 시기별 '여보세요'와 공기하는 주된 청자 대우법 화계의 실현 양상을 제시한 것이다. '여보세요'는 화자가 전화 중에 상대를 부를 때 주로 사용되는데, 상대편이 윗사람이거나 아랫사람이거나 관계없이 사용된다. 따라서 전화 중에 상대를 부를 때 '여보세요'와 공기하는 주된 청자 대우법 화계의 실현 양상은 살펴보지 않는다.

화자가 남성일 때, 청자가 낯선 사람이거나 불특정 대상일 경우에는 대체로 '여보세요'에 합쇼체가 공기하여 나타난다. 청자가 친분이 있는 사람의 경우는 해요체가 나타난다. 화자가 여성일 때는 청자에 상관없이 대체로 '여보세요'와 해요체가 공기하여 나타나는 특성을 보인다.

[표 6] '여보세요'와 공기하는 주된 청자 대우법 화계의 실현 양상(회)

화자	시기 / 청자	30년대	40년대	50년대	60년대	70년대	80년대	90년대
남성	낯선 사람	해요체 1	×	해요체1	합쇼체1	합쇼체 4 해요체 1	합쇼체4	×
	친분이 있는 사람	×	해요체2	×	해요체3	합쇼체 1 해요체 1	×	×
	불특정 대상	×	합쇼체1	×	합쇼체1	×	×	×
여성	낯선 사람	×	×	해요체3	하오체1 합쇼체1	해요체 1	×	×
	친분이 있는 사람	해요체 9 합쇼체 4	×	×	×	×	×	×
	불특정대상	×	해요체1	×	해요체1	×	×	△8)

3.3. 여보게

'여보게'는 주로 성인 남성 화자가 친분이 있는 사람을 부를 때 사용된다. [표 7]은 20세기에서 각 시기별 '여보게'의 사용 상황에 따른 출현 빈도이다.

[표 7] 시기별 '여보게'의 사용 상황에 따른 출현 빈도(회)

사용 상황	30년대	40년대	50년대	60년대	70년대	80년대	90년대	총합
친분이 있는 사람을 부를 때	18	3	14	8	4	0	0	47(100.0%)

'여보게'는 30년대에서 70년대까지 나타나는데, 남성인 화자가 남성인 친구나 직장 동료를 부를 때 주로 사용된다. (11ㄱ)은 화자가 친구에게

8) 90년대 드라마 자료에서 여성이 크게 다친 어떤 남성을 우연히 만나는데, 그때 여성이 다른 사람에게 도움을 요청하기 위해 '여보세요'라고 말한다. 그런데 그 이후에 이어지는 말이 없기 때문에 여기서 '여보세요'는 어떤 청자 대우법의 화계와 공기하는지 파악하기 어려웠다. 이와 같은 경우 △ 표기를 하였다.

고민을 얘기하고 있는 상황에서 친구인 청자를 부를 때 '여보게'를 사용한다. (11ㄴ,ㄷ)은 음반 회사 직원과 신문기자가 직장 동료를 부를 때 '여보게'를 사용한다. (11ㄹ)도 화자가 인접한 지역에서 오랜 시간을 같이 지낸 친구를 부를 때 '여보게'를 사용하고 있다.

(11) ㄱ. 원진: 점용이 나는 너무나 어리석인 놈일세.
점용: 원진이 왜 그러나?
원진: 영심이를 너무 사랑하기 때문에 자네까지도 속이게 되고.
원진: 스파이의 심부름꾼이 되고 말았네.
원진: **여보게** 나는 어떡하면 좋은가. <1938영화_군용열차>
ㄴ. 직원1: 이 곡을 이번 정희에게 취입시켜 보려는데 어떨까?
직원2: 정희더러?
직원2: 그 얼굴도 좋던데.
직원1: 노래도 곧잘 불러.
직원3: 그런데 **여보게** 요즘 부장이 또 정희에게 눈치가 다르대. <1941영화_반도의봄>
ㄷ. 기자1: 대 신문사 사회부 기자 나리님들이 오늘 같은 멀쩡한 휴일을 오죽 갈 데가 없어 요 모양으로 보내다니 좋은 기사 거릴세.
기자2: **여보게** 자네 수완 껏 매점에 가서 외상 술 좀 맡아오게.
기자3: 명동하곤 번지수가 다르다네. <1956영화_서울의 휴일>
ㄹ. 박주사: 거 **여보게** 장이.
박주사: 왜 저 자네 점례가 틀림없는 태산이라 켔다?
학규: 아 여부 있어?
학규: 틀림없는 태산이지. <1961영화_서울의 지붕밑>

'여보게'는 화자가 자신보다 나이, 서열, 사회적인 지위가 낮은 친분이 있는 사람을 부를 때도 사용된다. (12ㄱ)은 유일하게 여성 화자가 '여보게'를 사용한 경우로, 화자와 청자는 동네 주민인데 화자가 청자보다 나이가 많다. (12ㄴ,ㄷ)은 화자가 청자보다 서열이 높은 경우로, 손위처남

이 매제를 부르거나 장인이 사위를 부를 때 '여보게'를 사용하였다. (12ㄹ)은 화자가 청자보다 사회적인 지위가 높은 경우로 이 관계에서도 화자가 청자에게 '여보게'를 사용하였다.

(12) ㄱ. 계순모: **여보게** 성칠이.
성칠: 네.
계순모: 아 이리 와요 어서 좀 도와줘.
계순모: 우리 집 계순이가 곧 서울로 떠나야 할 테니까.
<1930유성기연극>
ㄴ. 성빈: 이젠 형님만 믿고 가겠습니다.
인규: 그래.
경찰: 안녕하십니까 이 구두가 댁의 것이 아닙니까?
인규: 아 **여보게** 이 자네 건가? <1941영화_집 없는 천사>
ㄷ. 명희: 형부?
승일: 그동안 안녕하셨습니까?
고박사: 어서 오게 언제 귀국했나?
안여사: 숙희도 이제 새삼스럽게 자네의 사과를 듣고 싶어 하지 않을 걸세.
고박사: 당신 왜 그러오?
고박사: **여보게** 오해 말게 너무 반가워서 그러는 걸세.
<1958영화_자유결혼>
ㄹ. 철호: 앉으시오 허회장.
허회장: 어 어떻게 우리 집에 찾아왔나?
허회장: **여보게** 철호 내가 사과하지. <1971영화_인간사표를 써라>

[표 8] '여보게'와 공기하는 주된 청자 대우법 화계의 실현 양상(회)

화자	시기 / 청자	30년대	40년대	50년대	60년대	70년대	80년대	90년대
남성	친분이 있는 사람	하게체 15 해체 2	하게체 3	하게체 12 해체 2	해체 5 하게체 3	해체 4	×	×
여성	친분이 있는 사람	해요체 1	×	×	×	×	×	×

[표 8]은 20세기 각 시기별 '여보게'와 공기하는 주된 청자 대우법 화계의 실현 양상을 제시한 것이다. 화자가 남성일 때 청자는 친구, 직장 동료이거나 화자보다 나이, 서열, 지위가 낮은 사람인데, 청자에 상관없이 '여보게'는 주로 하게체와 공기하여 실현되는 특성을 보인다. 출현 빈도가 낮지만 60년대 이후에 해체가 나타나기도 한다. 화자가 여성일 경우에 청자가 화자보다 나이가 어린 성인 남성이 나타나는데, 해요체가 실현된다.

3.4. 여보시오

'여보시오'는 남성 화자가 낯선 사람을 부를 때, 불특정한 대상을 부를 때, 전화 중에 상대를 부를 때 사용하였다. [표 9]는 20세기에서 각 시기별 '여보시오'의 사용 상황에 따른 출현 빈도이다.

[표 9] 시기별 '여보시오'의 사용 상황에 따른 출현 빈도(회)

사용 상황	30년대	40년대	50년대	60년대	70년대	80년대	90년대	총합
낯선 사람을 부를 때	3	0	3	2	3	0	0	11(84.6%)
불특정한 사람을 부를 때	0	1	0	0	0	0	0	1(7.7%)
전화 중에 상대를 부를 때	0	0	0	1	0	0	0	1(7.7%)
총합	3	1	3	3	3	0	0	13(100.0%)

'여보시오'는 자료에서 70년대까지 출현하는데, 성인 남성 화자가 낯선 사람을 부를 때 사용되었다. (13ㄱ)은 길에서 우연히 만난 노인이 왕자를 부를 때 '여보시오'를 사용한 사례이다. (13ㄴ)은 거리에서 자고 있는 낯선 남성을 부르는 상황이다. (13ㄷ)은 나이가 많은 남성 손님이 술집 주모를 부를 때 '여보시오'를 사용하였고 (13ㄹ)은 술집 직원이 손님을 부를 때 '여보시오'를 사용한 사례이다.

(13) ㄱ. 노인: **여보시오** 왕자님 당신은 무엇을 하러 어디를 가십니까?
왕자: 네 저는요 아버님 병환을 나으게 하려고 생명수라는 약물을 뜨러 청조산을 찾아서 가는 길입니다 그 산이 어디쯤 있습니까?
<1930김복진 동화 구연>

ㄴ. 남성: **여보시오** 점잖은 분이 지각이나 하고 젊은 사람들 앞에서 꾸지람을 들으면 모양 사납지 않소.
남성: 어서 일어나시오. <1956영화_서울의 휴일>

ㄷ. 박주사: **여보쇼** 여기 두 되지?
주모: 네.
박주사: 여기 반 되만 더 줘. <1961영화_서울의 지붕밑>

ㄹ. 직원: 아니 **여보쇼** **여보쇼** 끝났어요.
영철: 응 끝났다니 뭐가 끝나?
직원: 영업시간이 끝났습니다. <1975영화_바보들의 행진>

'여보시오'는 화자가 불특정한 대상을 부르는 상황이나, 화자가 전화 중에 상대를 부를 때에도 사용되는 사례가 각각 1회씩 나타났다. (14ㄱ)은 사람들이 방 안에서 이야기를 나누고 있는데, 방 밖에 있는 다른 사람이 방 안에 있는 사람들에게 불을 끄라고 긴급하게 말하고 있는 상황이다. (14ㄴ)은 화자가 전화를 받을 때 '여보시오'라고 말하면서 동화를 시작하고 있다.

(14) ㄱ. 한중: 오래간만에 장판 위에 누워보는군.
한중: 근이는 아깝게도 먼저 갔네.
동지1: 뭐? 창근이가?
한중: 남부란 놈이 우리들을 배반하고 앞잽이가 돼서 우리를 죽일려고 하고 있네.
한중: 이제 모든 것을 종합해서 난 감히 말한다 인젠 최후의 기회가 왔으니 민족의 이름으로서 그 놈을 처단해야 한다.
동지2: **여보시오** 불 끄시오. <1946영화_자유만세>

ㄴ. NA: 그 무렵 미국 워싱턴. (전화 벨소리)
루즈벨트: **여보시오**.

헐: 대통령. 지극히 중대한 사실을 보고해야겠습니다.
루즈벨트: 뭐요? 국무장관. <1967라디오드라마_태평양전쟁>

[표 10]은 20세기 각 시기별 '여보시오'와 공기하는 주된 청자 대우법 화계의 실현 양상이다. 여기서는 주로 하오체와 합쇼체가 실현되는데, 60년대 이후에 해요체와 해체가 나타난다.

[표 10] '여보시오'와 공기하는 주된 청자 대우법 화계의 실현 양상(회)

화자	시기 청자	30년대	40년대	50년대	60년대	70년대	80년대	90년대
남성	낯선 사람	합쇼체 1 하오체 1	×	하오체 3	합쇼체 1 해체 1	해요체 2 합쇼체 1	×	×
	불특정 대상	×	하오체 1	×	×	×	×	×

3.5. 여보십시오

'여보십시오'는 화자가 낯선 사람을 부를 때, 불특정한 대상을 부를 때, 전화 중에 상대를 부를 때 사용되었다. [표 11]은 20세기에서 각 시기별 '여보십시오'의 사용 상황에 따른 출현 빈도이다.

[표 11] 시기별 '여보십시오'의 사용 상황에 따른 출현 빈도(회)

사용 상황	30년대	40년대	50년대	60년대	70년대	80년대	90년대	총합
낯선 사람을 부를 때	4	0	0	3	0	0	0	7(77.8%)
불특정한 사람을 부를 때	0	0	1	0	0	0	0	1(11.1%)
전화 중에 상대를 부를 때	0	0	1	0	0	0	0	1(11.1%)
총합	4	0	2	3	0	0	0	9(100.0%)

'여보십시오'는 자료에서 60년대까지 출현하는데, 화자가 낯선 사람을 부를 때 주로 사용된다. (15ㄱ,ㄴ)은 화자가 낯선 상대에게 요청과 질문을 하고자 상대의 주목을 끌기 위해 '여보십시오'를 사용한 사례이다.

(15) ㄱ. 암탉: **여보십쇼** 아가씨 빨간 헝겊 하나만 주십시오.
여성: 오 헝겊 말이냐?
여성: 그럼 저기 가서 빨래 꽝주리를 가져 온 그럼 내 헝겊을 주지.
<1930김복진 동화 구연>
ㄴ. 안창호: 저 **여보십시오** 저게 뭐라는 단체입니까?
남성: 어 프리메이슨이라는 단체입니다.
<1963라디오드라마_여명80년>

또한 '여보십시오'는 불특정한 대상을 부를 때, 전화 중에 상대를 부를 때도 사용된다. (16ㄱ)은 남성이 어떤 집을 방문한 상황에서 '여보십시오'를 사용하고, (16ㄴ)은 남성이 전화를 하는 중에 대화가 잠시 멈춰지고 이어지는 상황에서 통화 상대를 부를 때 '여보십시오'를 사용한다.

(16) ㄱ. 재관: **여보십쇼**.
재관: 얘 아무도 안 계시냐?
아이: 엄마 누가 모르는 사람이 와서 찾어요.
<1956영화_서울의 휴일>
ㄴ. 고박사: 아 여보세요 시경 수사과죠? 밤늦게 미안합니다.
고박사: 급히 사람을 좀 찾아야 할 일이 생겼기에.
고박사: 네 네 여잡니다.
안여사: 문희야.
고박사: **여보십쇼** 저 지금 막 들어 왔습니다.
고박사: 아 네네 아이구 참 미안합니다. <1958영화_자유결혼>

[표 12]는 20세기 각 시기별 '여보십시오'와 공기하는 주된 청자 대우법 화계의 실현 양상이다. '여보십시오'는 전화 중 상대를 부를 때와 화자가 동물로 설정된 상황을 제외하고 20세기에서 주로 합쇼체와 공기하여 나타난다.

[표 12] '여보십시오'와 공기하는 주된 청자 대우법 화계의 실현 양상(회)

화자	시기 / 청자	30년대	40년대	50년대	60년대	70년대	80년대	90년대
남성	낯선 사람	해요체 1 합쇼체 1	×	×	합쇼체 3	×	×	×
	불특정 대상	×	×	×	×	×	×	×

4. '여보'류 사용 양상의 변화

지금까지 20세기 구어 자료에서 '여보'류가 화·청자 간의 관계에 따라 사용되는 상황과 청자 대우법의 화계와의 공기 관계에 대하여 살펴보았다. 4장에서는 3장에서 분석한 내용을 토대로 시기별 '여보'류 사용의 변화 양상에 대해 종합적으로 논의한다.

'여보'는 낯선 사람이나 친분이 있는 사람을 부르거나, 부부간에 서로를 부를 때 사용된다. 화자가 낯선 사람이나 친분이 있는 사람을 부를 때 '여보'를 사용하는 경우는 60년대까지 나타나고, 부부간에 서로를 부를 때는 20세기 전체 자료에서 나타난다. 30년대에는 부부간에 '여보'를 사용하는 것보다 낯선 사람이나 친분이 있는 사람을 부를 때 '여보'를 사용하는 경우가 더 높은 출현 빈도를 보인다. 그러나 40년대 이후부터는 부부간에 쓰이는 경우가 상대적으로 더 높은 출현 빈도를 보이고, 70년대 이후부터는 '여보'가 주로 부부 호칭어로 쓰이는 결과가 나타난다.

서정수(1979: 55)에서는 '여보'가 근래에 와서 부부 사이의 부름말로서 가장 보편적으로 쓰이는데 1950년대 말까지만 해도 부부 사이에 널리 쓰이지 않고 근래에 와서야 급속도로 널리 퍼진 것이라고 언급하고 있다. 여기서 근래라고 하는 시기는 1970년대로 판단되는데, 본고에서 20세기 구어 자료에서 실현된 현상을 볼 때 부부 사이에 사용되는 '여보'는 이미 20세기 초기인 30년대에도 쓰임이 있었고 그 이후인 40, 50년대에도 쓰임이 빈번하게 나타났다. 또한 (17)과 같이 1964년도 자료에서 화류계 여성이 손님인 남성에게 '여보'라면서 어떤 물건을 사달라고 요구하자, 그 남성이 여성에게 자신은 남편도 아닌데 왜 '여보'라는 호칭을 사용하느냐고 비꼬고 있다. 이를 통해 1960년대 이전부터 '여보'가 부부 호칭어로 자주 쓰였음을 짐작할 수 있다.

(17) 여성1: 이년들아 뭣들 하고 있어?
여성1: 빨리 들이기서 손님 받지 못 하구?
여성2: **여보-**. 나 이거 오십 원어치만 사줘요.
남성: **여보? 제 서방인가**?
여성2: 쪠쪠하게 누가 자기더러 사달랬나 너무 하잖아.
<1964영화_검은머리>

구현정(2016: 90~93)에서는 '여보'가 공간적으로 근칭의 거리에 있음을 전제로 하고 부르던 말로 이 가까운 거리 곧 친밀한 거리라는 친밀성(intimacy)을 불러일으키는 것이 부부 호칭어로 발전하게 된 요인으로 보았다. 또한 '여보'는 20세기 초기부터 부부간에 사용되다가 1950년대에 부부 호칭어로 자리 잡게 되어서 현재까지 두루 쓰이는 것으로 보았다.

'여보세요'는 화자가 낯선 사람을 부를 때, 친분이 있는 사람을 부를 때, 불특정한 사람을 부를 때, 전화 중에 상대를 부를 때 사용되었다. '여보세요'는 다른 '여보'류보다 화자가 다양하게 나타나고 쓰이는 상황도 폭넓게 나타난다. 화자가 '여보세요'를 사용하여 낯선 사람이나 친분이 있는 사람을 부르는 경우 70, 80년대까지 나타난다. 화자가 불특정한 대상을 부를 때 사용하는 경우는 90년대에 나타나지만 출현 빈도가 매우 낮고, 시기별로 지속적으로 실현되지 않는다. 화자가 전화 중에 상대를 부르는 말로 사용하는 '여보세요'는 30년대부터 90년대까지 지속적으로 나타난다. 특히 전화기가 보편적으로 사용되는 80년대부터는 전화 중에 상대를 부르는 말이 다른 쓰임에 비해서 고빈도로 실현되었다.

'여보게'는 주로 성인 남성 화자가 친분이 있는 사람인 친구, 직장 동료나 화자보다 나이, 서열, 지위가 낮은 사람을 부를 때 사용된다. '여보게'는 자료에서 70년대 이후에는 나타나지 않는다. '여보게'는 20세기에서 70년대까지 친분이 있는 사람을 부르는 말로 사용되다가 80년대부터는 쓰임이 점점 없어지면서 현재는 거의 쓰이지 않는다.

'여보시오'는 화자가 낯선 사람을 부를 때, 불특정한 사람을 부를 때, 전화 중에 상대를 부를 때 사용된다. '여보시오'는 화자가 주로 낯선 사람을 부를 때 사용되며 이와 같은 쓰임은 70년대까지 나타난다. 즉, '여보시오'는 20세기 현대국어에서 70년대까지 사용되다가 그 이후로 점점 사용이 줄어들고 현재 거의 사용되지 않는다.

'여보십시오'는 화자가 낯선 사람을 부를 때, 불특정한 사람을 부를 때, 전화 중에 상대를 부를 때 사용된다. '여보십시오'는 화자가 주로 낯선 사람을 부를 때 사용되며 그 쓰임은 자료에서 60년대까지 나타난다.

이처럼 '여보십시오'는 60년대까지 사용되다가 그 이후로 사용이 줄어들고 현재에는 거의 사용되지 않는다.

'여보'류 가운데서 '여보'와 '여보세요'는 낯선 사람이나 친분이 있는 사람을 부르는 기능이 60~70년대를 전후로 약화되고, 부부 사이라는 특정 관계와 전화 중이라는 특정 상황에서 주로 쓰이는 말로 변화하였다. 그리고 친분이 있는 사람을 부르는 말인 '여보게'와 낯선 사람을 부르는 말인 '여보시오, 여보십시오'는 60~70년대를 전후로 하여 사용이 줄어들고 현재에는 잘 사용되지 않게 되었다.[9]

다음으로 '여보'류와 공기하는 청자 대우법 화계의 남녀 화자별 실현 양상은 [표 13]과 같다.

[표 13] '여보'류와 공기하는 주된 청자 대우법 화계의 남녀 화자별 실현 양상

사용 상황	유형	실현 양상	
		남	여
낯선 사람을 부를 때	여보 여보세요 여보시오 여보십시오	하오체 합쇼체 하오체 합쇼체	해요체 해요체 × ×
친분이 있는 사람을 부를 때	여보 여보게 여보세요	하오체 → 해체(60년대) 하게체 → 해체(60년대) 해요체	해요체 해요체 해요체
부부간에 서로를 부를 때	여보	하오체 → 해체(70년대)	해요체, 하오체 → 해요체(60년대)

낯선 사람을 부르는 말로 '여보'류가 사용될 때, 남성의 경우 '여보',

9) '여보'류의 말이 면대면 상황에서 호출어로써의 사용이 약화된 것은 이 기능을 대체하는 다른 말의 쓰임이 확장된 것과 관련이 있을 것으로 예상된다. 즉, 청자의 주의를 집중하게 하는 담화표지 '저', '저기(요)' 등과 같은 말의 쓰임이 확장된 것과, 최근 들어 '이모, 언니' 등과 같은 친족어가 호출어로 광범위하게 사용되는 현상과 관련이 있을 것이다.

'여보시오'에 주로 하오체가 실현되고, '여보세요', '여보십시오'에 주로 합쇼체가 실현되었다. 여성의 경우 '여보, 여보세요'에 해요체가 실현되었다. 낯선 사람을 부를 때 남성은 격식적인 높임 화계를 사용하고, 여성은 비격식적인 높임 화계를 사용하였다.

친분이 있는 사람을 부르는 말로 '여보'류가 사용될 때, 남성의 경우 '여보'에 하오체(30년대)와 해체(60년대), '여보게'에 하게체(30~50년대)와 해체(60~70년대), '여보세요'에는 해요체가 나타났다. 여성의 경우 '여보, 여보게, 여보세요'에 해요체가 나타났다. 친분이 있는 사람을 부를 때 남성은 '여보'류의 유형에 따라 대우법의 화계가 실현되지만, 여성의 경우는 낯선 사람을 부를 때와 동일하게 비격식적인 높임 화계만을 사용하였다.

부부간에 부르는 말로 '여보'가 사용될 때, 남성의 경우 30~60년대에는 하오체가 주로 실현되었으나 70~90년대에는 주로 해체가 실현되었다. 여성의 경우 30~50년대에는 해요체와 하오체가 실현되었으나 60~90년대에는 해요체로만 실현되었다.

20세기 현대국어에서 '여보'류와 공기하는 청자 대우법 화계는 성별에 따른 차이와 시기별 변화 양상이 나타난다. 화자가 남성인 경우는 '여보'류에 주로 격식적인 청자 대우법이 실현된다. 화자가 친분이 있는 사람을 부를 때와 아내를 부를 때는 20세기 초기에 격식적인 청자 대우법 '하오체', '하게체'가 실현되다가 60~70년대 이후로는 비격식적인 해체가 주로 실현되는 변화 양상이 나타난다.

화자가 여성인 경우에는 대부분의 경우 비격식적인 해요체가 주로 실현되는 특성이 나타난다. 아내가 남편을 부를 때 50년대까지 하오체가 해요체와 함께 실현되기도 했으나 60년대 이후로는 주로 해요체가 실현되는 특성을 보인다.[10)]

5. 마무리

이 연구는 20세기 구어 자료에 나타나는 '여보'류가 사용 상황에 따라 시기별로 실현되는 양상과 청자 대우법 화계의 변화 양상을 파악하였다.

20세기 현대국어에서 '여보', '여보세요', '여보게', '여보시오', '여보십시오'와 같은 말은 주로 낯선 사람을 부를 때, 친분이 있는 사람을 부를 때, 부부간에 서로를 부를 때, 전화 중에 상대를 부를 때와 같은 상황에서 사용되었다. '여보'류는 60~70년대를 기점으로 화자와 청자가 면대면 상황에서 가까이 있는 사람을 부르는 말의 쓰임이 약화된다. '여보'류 가운데 '여보'와 '여보세요'는 부부 사이라는 특정 관계와 전화 중이라는 특정 상황에서 쓰이는 말로 주로 사용되어 현재까지 그 쓰임이 이어지고 있다.

'여보'류와 공기하는 청자 대우법의 화계를 분석한 결과, 남성은 주로 격식체의 화계를 사용하고, 여성은 비격식체의 화계를 사용하여 성별에 따라 다르게 나타났다. 또한 친분이 있는 사람과 부부간에 서로 부르는 경우에는 60~70년대 이후로 청자 대우법 화계가 격식에서 비격식 화계로 실현되는 것을 알 수 있었다.

이 연구에서는 '여보'류가 60~70년대 이후 면대면 상황에서 사람을 직접 부르는 호출어의 기능이 약화된 결과와 관련된 원인을 구체적으로 다루지 않았다. 또한 '여보'류와 유사한 특성을 지닌 '이봐', '이봐요', '이보세요' 등과 같은 '이봐'류의 말이 실현되는 양상을 살펴보지 않았다. 이와 같은 내용은 추후 과제로 삼는다.

---

10) 성기철(1999: 39~40)에서는 20세기 전기에서 해체와 해요체가 확산되어 20세기 후기인 60년대에 들어오면서 하오체와 하게체가 세력을 잃게 되었다고 하였다. 즉, 해체와 해요체의 발달로 격식성을 주요 특성으로 가지고 있는 네 개의 화계 체계가 유지되기 어렵게 되어 20세기 현대국어에서 상대 높임법의 큰 변화를 초래하게 되었다고 제시한다.

■ 참고 문헌

구현정(2016), 「대중매체로 본 광복 70년 부부 호칭 변화」, 『한국어 의미학』(한국어의미학회) 51, 85~110.

김혜숙(2004), 「한국인 부부의 관계 변화에 따른 호칭어 사용 변화」, 『사회언어학』(한국사회언어학회) 12(2), 131~156.

서정수(1979), 「존대말은 어떻게 달라지고 있는가?(1): 부름말과 가리킴말」, 『한글』(한글학회) 165, 33~71.

성기철(1999), 「20세기 청자 대우법의 변천: 화계의 사회언어학적 변천과 관련하여」, 『한국어교육』(국제한국어교육학회) 10(2), 17~45.

손춘섭(2010), 「현대국어 호칭어의 유형과 특성에 대한 연구」, 『한국어 의미학』 (한국어의미학회) 33, 95~129.

송인성(2016), 「20세기 음성 자료에서 나타나는 체언 말 자음의 교체 현상」, 『어문논집』(민족어문학회) 76, 207~232.

오재혁 외 (2014), 「20세기 초 구어 연구를 위한 음성 자료의 특징에 대한 고찰」, 『어문논집』(민족어문학회) 70, 225~258.

왕한석 외(2005), 『한국 사회와 호칭어』, 역락.

장혜진(2016), 「20세기 전기 구어에 나타난 정도부사의 실현 양상」, 『한국어학』(한국어학회) 70, 153~179.

조태린(2011), 「부부간 호칭어 및 높임법 사용의 양성 불평등 측면」, 『사회언어학』(한국사회언어학회) 19(1), 159~186.

홍민표(1999), 「한일 부부호칭의 대조언어학적 연구」, 『일본학보』(한국일본학회) 43, 301~317.

홍윤표(2009), 『살아있는 우리말의 역사』, 태학사

Braun, F.,(1988), *Terms of address: Problems of patterns and usage in various languages and cultures,* New York: Mouton de Gruyter.

Eggins, S.,(2004), *An Introduction to Systemic Functional Linguistics*, London: Printer Publishers.

Fasold, R.,(1999), *Sociolinguistics of Lagnuage*, Oxford: Basil Blackwell.

20세기 구어 자료에 나타난 하오체 어미 {-오}의 실현 양상 변화

정경재 · 정연주 · 홍종선

1. 머리말

하오체는 처음 형성된 이후 오늘날에 이르기까지 길지 않은 시간 동안 많은 변화를 겪어 왔다.[1] 현대국어에 들어 해체와 해요체와 쓰임이 크게

1) 하오체 어미 {-오}는 기행가사인 <日東壯遊歌>(1763)에서 처음 확인되므로, 하오체의 등장을 18C 중엽으로 보는 것이 일반적인 견해이다(이기갑1979, 이승희2007, 남미정2011 등). 그러나 현전하는 <일동장유가>는 후대 필사본으로, 淵民本은 필사기가 있어 1876~1877년 사이에 필사되었음을 알 수 있으며, 가람본은 정확한 필사 연대를 알 수 없으나 철자법, 지질, 먹색 등으로 보아 오래지 않은 것으로 보인다(이성후1991). 김현주(2010: 185-186)에서는 <일동장유가>의 언어 사실이 18C 동시대 문헌과 이질적이며 개항기 문헌에 가깝다는 점을 들어 {-오}의 등장을 18C로 보기 어렵다고 하였다. 淵民本의 필사 시기가 1876~1877년이라는 점, {-오}가 등장하는 또 다른 자료인 <한듕만록>의 필사 시기가 19C, <남원고ᄉᆞ>의 필사 시기가 1864년(권1~3)과 1869년(권4~5)이라는 점을 고려하면 하오체의 등장은 19C로 내려오게 된다. 현전하는 필사본 <일동장유가>에 나타난 {-오}가 18C의 것을 그대로 옮겨 적은 것인지 필사 과정에서 수정된 것인지 현재로서는 단정하기 어렵다. 다만 가사 작품은 글자 수에 따른 운율을 갖추고 있어 해당 어미를 다른 것으로 바꾸기 어려우므로 18C의 모습일 가능성이 높다고 생각된다. 따라서 본고에서는 <일동장

증가하였고 하게체의 쓰임이 크게 줄어들었지만 이들의 기능은 오늘날까지 큰 변화 없이 유지되고 있다. 그러나 하오체는 쓰임이 대폭 줄었을 뿐 아니라 대우 등급도 달라졌으며, 본래의 형태 '-오/소'와 모음 상승형 '-우/수' 간에 용법 분화가 발생하기도 하였다. 하오체가 그동안 여러 연구자에게 관심을 받아 온 이유가 여기에 있다.

본고는 {-오}의 변화를 이해하기 위해 그동안 국어사 연구에서 사용되어 온 문어 자료에 더하여, 20C 구어 자료를 전사한 '고려대 구어 말뭉치: 20세기 전기, 후기' 자료를 이용한다. 본고에서는 해당 자료 중 1930년대부터 1990년대 사이에 상영된 영화 자료를 주로 이용하였으나, 20C 전기는 하오체의 변화 과정을 관찰할 수 있는 주요 시기이므로 동화 구연이나 연설같이 대화의 주고받음이 없는 일방향적 자료도 보조 자료로 사용하였다.[2)]

영화의 대사는 대본을 기반으로 한 배우들의 연기라는 점에서 소설 속 대화문과 크게 다르지 않을 수 있으나, 배우가 대본을 낭독하는 것이 아니라 자신이 맡은 인물의 특성과 전달하고자 하는 메시지에 기반하여 자연스럽게 발화한다는 점에서 차이를 지닌다.[3)] 특히 어미는 연기를 하

유가>가 하오체 어미의 초기 모습을 잘 보여 주는 자료라고 해석한다.

2) 이 자료는 한국연구재단의 지원을 받아 수행하고 있는 과제(20세기 현대국어 구어의 형성과 변천)를 진행하면서 구축한 것이다. 본고에서 사용한 20C 전기 자료의 유형은 (ⅰ)과 같다.

(ⅰ) ㄱ. 전문적인 격식적 일방향 자료: 연설, 강의
ㄴ. 일반적인 격식적 일방향 자료: 소감
ㄷ. 일반적인 비격식적 일방향 자료: 동화 구연, 교과서 낭독, 영화 설명
ㄹ. 일반적인 비격식적 양방향 자료: 유성기 연극, 유성기 영화, 발성 영화

하오체의 용법 변화를 살피는 2장에서는 상기의 자료 모두를 대상으로 하였으나 {-오}의 음성 실현에 관심을 두는 3장에서는 대본의 영향이 적고 구어성이 강한 영화 자료만을 대상으로 하여 논의를 진행하였다. 이 중 1945년까지의 자료에 대한 자세한 소개는 오재혁 외(2014)에 제시되어 있다. 본고에서 사용한 1946년 이후의 자료 목록은 논문의 마지막에 부록으로 제시한다.

는 과정에서 대본에 기반하지 않고 배우 스스로 선택할 수 있다고 생각되므로, 영화 자료는 하오체 어미 {-오}가 지녔던 구어에서의 용법과 그 변화를 다른 자료보다 정확하게 보여 줄 것으로 기대된다.[4] 또한 {-오}가 모음 상승에 의해 '-우/수'로 쓰이는 모습을 관찰하기 위해서도 문어

---

3) 김미현(2005: 38-39)에서는 한국 영화사를 녹음의 현장성을 기준으로 세 단계로 구분하였다. 첫째는 초기 발성영화 시기로, 부분적인 동시녹음이 이루어졌다. 둘째는 1950년대 후반에서 1980년대 초까지로, 성우가 대사를 녹음하는 후시녹음이 이루어졌다. 셋째는 녹음의 현장성과 동시성이 문제가 되지 않는 1980년대 중반 이후로, 동시녹음과 후시녹음이 자연스럽게 혼용되었다.
이처럼 한국 영화는 1970년대까지 후시녹음이 주가 되었으므로 영화 대사를 자연스러운 구어와 동일시 할 수는 없다. 그러나 1950년대까지는 부분적인 동시녹음이 이루어졌으며, 1930년대에 무성 영화에서 발성 영화로 전환이 이루어지면서 배우들에게 일상적이고 사실적인 연기가 요구되었다는 점도 고려해야 한다. 서광제는 발성 영화에서 대사의 중요성을 강조하며 '일상생활의 회화'처럼 기능해야 함을 언급한 바 있으며(1935. 12. <신동아>), 이규환도 배우들이 일상적인 회화와 같은 표현을 자연스럽게 할 수 있게 되기를 바랐다(1937. 10. <조광> 24). 따라서 발성 영화에는 무성 영화에서 활약했던 배우들을 대신하는 여러 신인들이 등장하게 된다(김종국2000).
20C 전기 발성 영화의 대사를 일상 회화와 동일한 것으로 보기는 어려우나, 동시기 유성기 음반으로 녹음된 영화, 연극 자료보다는 훨씬 더 자연스러운 당대의 언어가 반영되어 있다. 유혜원(2015)에서는 주격 조사와 목적격 조사의 실현·비실현 비율에서 발성 영화가 일상 구어에 가장 가까움을 보였다. 정연주·정경재·홍종선(2015)에서는 단형 부정과 장형 부정에서 '아니'와 '안'이 사용되는 비율을 살펴, 유성기 연극과 유성기 영화 자료와는 달리 발성 영화에서는 '아니'형이 거의 사용되지 않음을 보였다. 그 외에도 고형을 반영하는 형태들, 관형사형 어미 '-난', 종결어미 '-셔요', '같다(<곧ᄒᆞ다)'의 활용형 '갇하야/갇하여' 등이 유성기 영화 자료에서는 확인되는 반면 발성 영화 자료에서는 거의 나타나지 않는다는 점이 이를 보여 준다.

4) 1941년에 상영된 영화 <집 없는 천사>는 시나리오 원본이 남아 있는데, 시나리오의 대사와 실제 배우의 대사 간에 많은 차이가 확인된다. {-오}의 사용도 그러하다. 다음의 예를 통해 시나리오에 적힌 {-오}가 다른 어미로 바뀌어 발화되기도 하였으며, 시나리오에 적힌 다른 어미가 배우의 연기에서 {-오}로 실현되기도 하였음을 알 수 있다.

(i) [시나리오]물은 다 吐했나? ⇒ [영화]그런데 대관절 물은 다 토했소?
(ii) [시나리오]허-. 이거 큰일낫다. 얼는 医師를 불러와야지-. 저 兄님을 좀 請해야겠오. ⇒ [영화]여보 열이 대단하구려. 아무래도 의사를 좀 불러야겠소. 여보 형님을 좀 부릅시다.

자료보다는 구어 자료가 더 적절하다. 다만 영화 자료는 영화 감독, 시나리오 작가, 출현하는 모든 배우가 중앙어 화자인 자료를 찾는 것이 거의 불가능하다는 점에서 한계를 지닌다. 이 문제를 완전히 해결할 수는 없지만 배경이 서울/경기이거나 주인공이 서울/경기 방언 화자인 경우를 우선 선정하였으며, 그 외의 지역을 배경으로 하거나 주인공이 다른 지역 방언 화자인 영화는 연구 대상에서 제하였다.

본고는 하오체 어미 중 {-오}를 대상으로 하여 이것이 겪은 다양한 사용 양상 변화를 살필 것이다. 오늘날에 이르기까지 하오체가 겪어온 변화를 정리하면 다음과 같다(성기철1999, 유필재2014).

(1) ㄱ. '-오/소'는 아랫사람이 윗사람에게 쓸 수 있는 예사높임의 어미였으나 오늘날에는 하위자가 상위자에게 쓸 수 없는 것으로 낮아졌다.
ㄴ. '-오/소'는 /ㅗ/>/ㅜ/ 모음 상승에 의해 '-우/수'로도 실현되었는데, 오늘날 '-오/소'와 '-우/수'는 서로 다른 특성을 보인다. '-오/소'는 주로 격식적인 맥락에서 남성이 자신보다 높지 않은 사람을 대접하여 말할 때 사용하는 반면, '-우/수'는 주로 비격식적인 맥락에서 여성이 손윗사람을 대할 때 사용한다.
ㄷ. 사용 빈도가 꽤 높았으나 오늘날에는 구어에서 거의 사용되지 않는다.
ㄹ. 연령층이나 계층의 구분 없이 모두 사용할 수 있었으나 오늘날에는 젊은 연령층에서 전혀 사용되지 않는다.
ㅁ. 청자의 연령에 제한이 없었으나 오늘날에는 어리거나 젊은 연령층의 청자에게 전혀 사용하지 않는다.

그동안의 연구에서는 (1)과 같이 {-오}가 겪은 변화 전반을 짚고 있지만, 이는 특정 시기의 모습을 오늘날의 모습과 비교한 결과일 뿐이며 변화 과정을 면밀하게 검토한 연구는 찾아보기 어렵다.[5] 따라서 (1)에 제시

5) 최전승(1990), 정준영(1995), 이경우(1998), 김수영(2012) 등에서는 19C 고전 소설을 대상

한 다섯 가지 변화 간 선후 관계 및 상관관계와 변화의 동인, 변화의 진행 시점 등 규명되어야 할 과제가 많이 남아 있다. 본고의 2장에서는 (1ㄱ)의 변화에 대해 살피며, 3장에서는 (1ㄴ)의 변화를, 4장에서는 (1ㄷ~ㅁ)의 변화를 살핀다.

{-오}는 (1)과 같은 기능 및 사용 양상의 변화 외에 기원과[6] 형태 변화에[7] 대한 문제도 많은 관심을 받아 왔다. 그러나 이 두 문제에 대해서는 그동안의 연구에서 대부분 밝혀졌다고 보아 본고에서는 논의 대상으로 삼지 않는다.

으로, 姜圭善(1989), 李敬雨(1990), 권소영(2004), 강지영(2007) 등에서는 20C 초 신소설을 대상으로, 김정호(2005), 박정임(2008) 등에서는 20C 전반 현대소설을 대상으로, 金景慧(2013)에서는 1930년대 유성기 음반을 대상으로 당시의 대우법을 연구하였으며 이 과정에서 해당 시기 하오체의 특성을 규명하려 하였다.

통시적인 변화를 살핀 연구도 일부 확인할 수 있다. 19C까지의 변화를 살핀 연구로 이승희(2007), 남미정(2011)이 있으며, 20C 내에서의 변화를 살핀 연구로 성기철(1999)가 있다. 金希貞(1987)과 유필재(2014)에서는 20C 초 신소설과 1930년대 소설을 비교하였으며, 김정호(2004, 2005)에서는 1920년대와 1970년대 소설을 비교하였고 이경우(2003)에서는 신소설과 2000년경 드라마를 비교하였다. 이들 역시 하오체가 겪은 변화의 선(先) 시기를 살피지 못하거나, 특정한 두 시기를 비교함으로써 변화의 과정에는 관심을 두지 못하였다.

6) {-오}가 선어말 어미 {-습-}을 포함한 어미 구성체에서 절단을 통해 형성되었다는 데에는 큰 이견이 없는 것으로 보인다. {-오}의 기원에 대한 그동안의 연구는 이승희(2007: 208-211)을 참고할 수 있다.

7) {-오}는 {-습-}을 포함한 구성에서 발달하였으므로 모음과 /ㄹ/ 뒤에서는 '-오'로, /ㄹ/ 외의 자음 뒤에서는 '-소'로 실현된다. 명령형의 경우 모음과 /ㄹ/ 뒤에 '-소'가 오는 경우가 있는데, 이는 하오체가 아닌 하소체(>하게체)의 명령형이므로 논의 대상에 포함하지 않는다. 한편 '-오/소'는 현대국어에 들어 /ㅗ/>/ㅜ/ 고모음화에 의해 '-우/수'로도 실현되며, 명령형을 중심으로 자음 뒤에서 '-으오/으우(>우)'로 실현되기도 한다. 이들은 하오체 '-오/소'에서 변화한 것이므로 모두 본고의 논의 대상에 포함된다.

본고에서는 '-오/소'와 '-우/수' 그리고 '-으오/으우(>우)'까지 모두 포함하는 의미로 '{-오}'를 사용한다. 고모음화 이전의 형태와 이후의 형태를 구분하여 지시하고자 할 때는 각각 '-오/소'와 '-우/수'로 명시한다. {-오}의 형태 변화에 대해서는 고광모(2001), 兪弼在(2009), 김현주(2012), 유필재(2014)를 참고할 수 있다.

2. {-오}의 대우 등급 하락

전기 근대국어 시기 'ᄒᆞ쇼셔체, ᄒᆞ소체, ᄒᆞ라체'라는 3분 체계를 갖추고 있던 한국어의 상대 높임법 체계는 후기 근대국어 시기 'ᄒᆞ오체'가 등장하며 4분 체계로 재편된다. ᄒᆞ오체는 ᄒᆞ쇼셔체보다는 낮고 ᄒᆞ소체보다는 높은 예사 높임으로 쓰이기 시작하였는데, 이는 {-오}가 등장하는 초기 문헌의 예를 통해 확인할 수 있다.

{-오}가 등장하는 초기의 자료로는 <日東壯遊歌>, <한듕만록>, <남원고ᄉᆞ> 등이 있다. 이 중 가장 이른 시기의 자료로 생각되는 <일동장유가>에서 {-오}는 자신보다 높은 관직의 사람에게 ᄒᆞ쇼셔체 어미와 함께 사용되고 있다.

(2) [ᄉᆞ샹]ᄉᆞ샹이 무ᄅᆞ시되 무ᄉᆞ 일노 그러ᄒᆞᆫ고 [김진ᄉᆞ]다른 일이 아니오라 원셔긔 일이올소이다 [ᄉᆞ샹]원봉ᄉᆞ 욕 본 일을 김진ᄉᆞ 가로맛하 부졀업시 싱셩ᄒᆞ야 과거ᄅᆞᆯ ᄒᆞ랴ᄂᆞᆫ고 [김진ᄉᆞ]ᄂᆡ 곳처 ᄒᆞ온 말이 그러치 아니ᄒᆞ오 (중략) 토교ᄅᆞᆯ ᄉᆞ랑ᄒᆞ고 션ᄇᆡᄅᆞᆯ 쳔ᄃᆡᄒᆞ면 청문이 엇더켓소 (중략) 뒷발 디딜 평지의셔 하딕ᄒᆞ고 가ᄂᆞ이다 [ᄉᆞ샹]ᄉᆞ샹이 ᄒᆞ오시ᄃᆡ 김진ᄉᆞ 이런 말은 진실노 의외로다 (중략) 나라일 그ᄅᆞᆺ 되면 김진ᄉᆞ 탓 아닌가 [김진ᄉᆞ]어져 그 말 마오 (중략) 다른 셔긔 일이라고 아니 도라 가게 되면 용녈ᄒᆞᆫ 이 션ᄇᆡᄅᆞᆯ 무어ᄉᆡ ᄡᅳ오릿가 <日東1:26b- 28a>[8)]

(2)에서 三房書記인 필자 金仁謙은 자신보다 높은 지위의 正使 趙曮에게 ᄒᆞ쇼셔체(예: 일이올소이다, 가ᄂᆞ이다, ᄡᅳ오릿가)와 함께 ᄒᆞ오체 {-오}를 사용하고 있다(예: 아니ᄒᆞ오, 엇더켓소, 마오). 이 시기 {-오}가 높임의 대상에게 사용하는 어미였음을 알 수 있다. 이는 {-오}가 {-숩-}을 포함한

8) 예문은 가람본을 따랐으나 어미 {-오}에 대해서는 淵民本도 차이가 없다. 예문의 화자 표시는 필자가 한 것이다.

구성에서 발달하였기 때문으로 생각되는데, 절단의 과정을 겪었다는 점을 고려하면 높임의 정도는 ᄒᆞ쇼셔체보다는 한 단계 낮았을 것이다.

19C 문헌인 <남원고ᄉᆞ>에서도 유사한 기능이 확인된다. 이 자료에서 {-오}는 신분이 낮은 마부가 이도령에게 사용하거나(3ㄱ) 춘향이가 어머니에게 사용하기도 하고(3ㄴ), 낭청 관직의 사람이 자신보다 직위가 높은 사또에게 사용하기도 한다(3ㄷ).

(3) ㄱ. 마부놈 달녀드러 도련님 어셔 나려나오 ᄃᆡ부인 마노라님이 압츰의셔 도련님을 ᄎᆞᄌᆞ신다 ᄒᆞ고 관노놈이 왓ᄉᆞ오니 어셔 밧비 나려나오 <남원2:38a>

ㄴ. 츈향이 〃말 듯고 옴즉 놀나 불 빗히 바라보니 팔도의 비치 못홀 상거어지가 완연ᄒᆞ다 ᄋᆡ고 어마니도 망녕이오 눈이 어두어도 마련이 업소 <남원5:05b>

ㄷ. 니낭청 ᄃᆡ답ᄒᆞᄃᆡ 글셰 그러ᄒᆞ외다 ᄉᆞ또게셔 (중략) 언제 평양셔윤 영변부ᄉᆞ 기셔 기싱 힝하를 그리 후히 ᄒᆞ얏쇼 <남원3:29ab>

예사 높임의 기능을 하는 어미는 (2), (3)과 같이 자신보다 조금 높은 사람에게 쓸 수 있을 뿐 아니라 존대 조선이 서로 잇갈리는 인물에게 사용할 수도 있는데, 이러한 예가 <한듕만록>에서 확인된다.[9] (4)의 예에서 혜경궁 홍씨는 아들이자 왕인 正祖에게 ᄒᆞ쇼셔체 어미와 함께 {-오}를 사용하고 있다.

(4) ㄱ. 과연 다힝ᄒᆞ오 우리 집의셔 식인 일노 죄명이 지듕ᄒᆞ기 그 집의셔 날을 원망을 오죽히 홀가 보오 ᄆᆞ음의 불안ᄒᆞ기 측냥 업더니 복관작

9) <한듕만록>은 1795년부터 1801, 1802, 1805년에 걸쳐 지어졌다. 한글 필사본으로는 가람本, 一簑本, 羅孫本이 전하는데 일사본은 1901년(辛丑), 나손본은 1919년(己未)에 필사된 것으로 보이며, 가람본은 필사기가 없으나 19C에 필사된 것으로 생각된다(金用淑1978: 15-23). 본고의 예문은 일사본을 따랐으나 어미 {-오}에 대해서는 가람본, 나손본도 차이가 없다.

ᄒᆞ야 주시다 ᄒᆞ니 실노 다힝ᄒᆞ오 <한중록3:9b>

ㄴ. 병환이 겨시오니잇가 아들 엇고 시븐 ᄆᆞ음은 노쇼와 귀쳔이 업ᄂᆞᆫ듸 마노라긔 죵샤 부탁이 엇더ᄒᆞ관듸 삼십이 되도록 아들이 업ᄂᆞᆫ 것도 쵸민ᄒᆞ거든 시방은 놈의 손의 휘이여 스ᄉᆞ로 아들 못 나키로 ᄌᆞ판ᄒᆞ시니 이 무ᄉᆞᆫ 일이오 <한중록3:27a>

(2)~(4)의 예에서 확인한 것처럼 후기 근대국어 시기 {-오}는 화자보다 높은 지위의 사람에게 혹은 화자와 존대 조건이 서로 엇갈리는 인물에게 사용할 수 있는 예사 높임의 어미였던 것으로 보인다.[10)]

그러나 오늘날 하오체의 기능은 이와는 사뭇 다르다. (4)는 오늘날에도 하오체를 사용할 수 있는 맥락으로 여겨지나 (2)와 (3)의 예 일부는 그렇지 않다. 이들은 다음과 같은 두 가지 점에서 오늘날 중앙어에서 사용되는 하오체의 기능과 부합하지 않는다. 첫째, 오늘날 하오체는 화자와 대등하거나 오히려 낮은 사람을 대접해 줄 때 사용하며 화자보다 높은 사람에게는 사용하기 어렵다. 둘째, 오늘날 하오체는 청자를 대접해 주는 용법을 지니지만 화자 스스로를 청자보다 낮추려는 의도가 드러나지 않으며, 오히려 화자의 권위가 드러난다.[11)]

---

10) (2)~(4)의 예를 통해 살핀 ᄒᆞ오체의 용법은 이미 이승희(2007)에서 정리된 바 있다.

11) 임동훈(2006)에서는 이러한 하오체의 특성을 [-청자하위], [-화자하위]로 포착하고 청자 자질과 화자 자질이 동일하여 화자가 청자를 거의 대등하게 대접하는 느낌을 주며, [-화자하위] 자질을 지녀 화자 스스로를 낮추지 않는다는 점에서 해요체와 차이를 지닌다고 하였다. 후기 근대국어 시기 (2), (3)의 예에서는 [-화자하위]의 특성이 포착되지 않으며, 화자와 청자가 대등하다고 볼 수도 없다는 점에서 오늘날의 하오체와 차이를 보인다. 임동훈(2006: 311)에서 제시한, 현대국어 상대 높임법 등급이 지닌 자질을 옮기면 다음과 같다.

해라체	[+청자하위]	[+화자상위]	[+격식]
반말체	[-청자상위]	[+화자상위]	[-격식]
하게체	[-청자상위]	[-화자하위]	[+격식]
하오체	[-청자하위]	[-화자하위]	[+격식]
해요체	[-청자하위]	[-화자상위]	[-격식]
합쇼체	[+청자상위]	[-화자상위]	[+격식]

즉 {-오}는 손윗사람에게 사용할 수 있는 예사높임의 화계에서 더 이상 화자보다 높은 사람에게 사용하기 어려운 것으로 화계가 낮아졌으며, 그와 함께 화자가 자신을 낮추지 않는 의미 특성을 지니게 되었다. 이러한 {-오}의 변화는 언제부터 어떻게 발생했을까. 본고에서 연구 대상으로 삼은 20C 구어 자료 중 가장 이른 시기의 자료를 대상으로 하여 그 기능 변화를 확인해 보자.

하오체의 예사 높임 기능은 20C 전반 구어 자료에서도 일부 이어지고 있다. 다음은 1930~40년대 영화와 유성기 연극 자료의 예이다. (5)는 어린 아이가 엄마나 할머니에게, (6)은 화자가 가까이 지내는 이웃의 윗사람에게 {-오}를 사용하는 것을 보여 준다.

(5) ㄱ. 딸: 어머니 어딜 가? (중략)
엄마: 내 양복 사러 가는 거야.
딸: 정말이오? <1936영화_미몽>
ㄴ. 영달: 나 내일부터 학교에 갈 테야. 이거 이 원이면 되우. 아이고 좋아라. 학교에 농원에 가면 오이 많이 딸 수 있수. 아이고 좋다 아이고 좋아라. 할머니 이젠 살았어. <1940영화_수업>

(6) ㄱ. 인순: 언니 참 미안하오.
옥분: 그렇지만 인순아 얘. 어쩌면 철수하고 한 데 있으면서 여태까지 날 찾아볼 생각도 안 했니. <1938영화_어화>
ㄴ. 금녀: 순돌아 잘 가거라. 응?
순돌: 할머니 누나 잘 있수. <1931유성연극_빵보>

존대 조건이 엇갈려 아주 높이기엔 불편한 인물에게도 역시 {-오}가 사용되고 있다. (7ㄱ)은 식모가 나이 어린 주인집 아이에게, (7ㄴ)은 노년인 마름의 어머니가 지주의 여동생에게, (7ㄷ, ㄹ)은 지위가 높은 젊은 사람이 나이 많은 아랫사람에게 {-오}를 사용하는 것을 보여 준다. 이 예에서 {-오}는 높임법을 결정하는 '나이'와 '지위' 조건이 엇갈릴 때에 상대를 가볍게 높이기 위해 사용된 것으로 이해된다.

(7) ㄱ. 가정부: 아가씬 왜 울우. 응? 아가씨 왜 울어? 응? 누구허고 싸웠수? <1936영화_미몽>

ㄴ. 영애: 댁에 어떻게 되는 이에요?
춘호모: 우리 아들하고 혼인할 색시라오. <1941영화_지원병>

ㄷ. 옥임: (상략) 노대감이신들 견디겠소?
할멈: 그래도 설마 하니 찾는 날이 계시겠죠. <1939유성연극_어머니>

ㄹ. 인순모: 어유 은제 오셨어요?
철수: 음 어제 왔소. <1938영화_어화>

또한 (8)과 같이 화자와의 상대적 지위를 판단하기 어렵고 친분이 없는 초면의 사람에게나 불특정 다수에게 이야기할 때도 {-오}가 사용되었다. 이 역시 예사 높임의 어미가 담당하는 기능으로 생각된다.

(8) ㄱ. 스파이: 경치가 좋아서 저.
점용: 여기 어딘 줄 알고 사진을 찍소. <1938영화_군용>

ㄴ. 순사: 아무도 없소? 호구조사 왔소. <1935-7유성연극_순사>

ㄷ. 순동: 자 군밤이요. 설설이 끓었소. <193-유성연극_순동>

ㄹ. 엿장수: 자 누구든지 오시오. 자.
용길: 엿 십 전어치만 주세요. <1941영화_집>

(5)~(8)에 제시한 1930년대와 1940년대 초 구어 자료의 예를 보면 {-오}가 이 시기에도 후기 근대국어 시기에 지녔던 예사 높임의 기능을 유지하고 있는 것으로 생각된다. 그러나 20C 전반 구어 자료에서는 <일동장유가>의 예 (2)와 <남원고사>의 예 (3ㄷ)에서 확인한 것처럼, 사회적 지위가 있는 성인 남성이 공적인 맥락에서 본인보다 높은 지위의 사람에

게 발화할 때 {-오}를 사용한 예는 거의 확인되지 않는다. 사회적 지위가 있는 성인 남성이 이러한 맥락에서 {-오}를 사용할 경우, 청자는 화자와 대등한 지위의 사람이거나 오히려 낮은 지위의 사람임을 확인할 수 있다. (9)는 대등한 지위의 사람들이 상호 하오체를 사용하는 예이며, (10)은 화자보다 지위가 낮은 청자에게 {-오}를 사용한 예이다. (10)에서는 청자가 화자에게 응답할 때 하십시오체를 사용하는 것을 볼 수 있다.

(9) ㄱ. 점용: 수고들 하시오.
동료1: 수고들 하십니다.
동료2: 인제 오시오? 점용 씨 큰일 났소. 순희가 다쳤어요.
<1938영화_군용>

ㄴ. 동지1: 최형. 오늘 회합은 어떻게 됐소?
한승: 모두들 거시히기로 맹서해 놓고 오늘은 모두들 목숨이 아까운지 주저들 합니다. 그러나 우리는 예정대로 폭동을 일으킬 만반 준비를 계속해야 하오.
동지1: 그래 그 중 누가 말썽이 많소?
동지2: 우리가 그건 알아 뭘 하오. <1946영화_만세>

(10) ㄱ. 그때 양, 양나라 양혜(?)왕이라는 이가 맹자에게 이 세상은 언제쯤이나 정허겠소 허고 물으니까 맹자 말씀이 어느 때고 다 모두 통일해야 정합니다 그랬어. 그럼 통일되기를 누가 통일허것소 하니께. 아무 사람이라도 사람 죽이기 좋아하는 사람이래야지 세상을 통일합니다 그랬어. <1926이상재>

ㄴ. 구장님: 우리들의 싸움은 생산 확충에 있소. 요런 일쯤이야 황군의 괴로움에 비하면 아무것도 아니오.
마을 주민: 잘 알아들었습니다. 이건 즈희들의 경작지니까 어떻게 든지 즈희들의 힘으로 흐겠습니다. <1939영화_국기>

ㄷ. 감독: 한 선생님. 미안한 청을 하러 왔습니다.
부장: 아 또 돈 얘기요?
감독: 잘 아십니다그려. 이번만은 꼭 주서야겠습니다. (중략)
부장: 아니 애당초 당신이 뭐라 그랬소? <1941영화_반도>

이러한 상황은 20C 전반기 구어 자료에 나타난 {-오}의 예를 화청자 간의 관계를 기준으로 분류한 후, 화자보다 청자가 윗사람일 때 화자의 나이와 성별이 어떠한지 확인하면 잘 드러난다. {-오}가 사용된 대화를 화자가 청자보다 낮을 때, 화자와 청자가 대등한 지위에 있을 때, 화자가 청자보다 높을 때로 구분하여 화청자 관계의 수를 제시하면 아래의 [표 1]과 같다.[12] 이때 화청자의 높낮이는 영화에서의 역할이라는 언어 외적인 기준과 화자가 {-오}를 사용할 때 청자가 어떤 어미를 사용하여 대답하는가 하는 언어 내적인 기준으로 판단하였다. (7)과 같이 화청자 간의 존대 조건이 엇갈리는 경우와 (8)과 같이 화청자가 초면이거나 불특정 다수에게 이야기할 때는 화청자 간의 높낮이를 결정하기 어려워, 별도로 분류한 후 각각 '엇갈림'과 '낯섦'으로 명시하였다.

부부나 연인 관계는, 남성이 여성에게 하오체를 쓰는 경우 여성은 남성에게 주로 해요체를 쓰고 여성이 남성에게 하오체를 쓰는 경우 남성은 여성에게 하오체나 해체, 해라체를 쓰는 것이 일반적이다. 즉 부부/연인 관계의 '남(화자)→여(청자)'는 '화자>청자'에, '여(화자)→남(청자)'은 '화자<청자'에 포함할 수 있다. 이 경우 [표 2]와 함께 이어질 본고의 논의가 더 분명해진다. 그러나 부부나 연인 관계는 단순히 높고 낮음으로 구분하기 어려운 유대 관계가 있다고 보아 일단 별도로 구분해 두었다.

12) [표 1]의 수치는 {-오}가 등장한 출현 빈도가 아니라, {-오}를 사용한 대화쌍의 수를 의미한다. 노랫말이나 시조, 필자를 알 수 없는 쪽지에 적혀 있는 {-오}는 포함하지 않았으며, '-어 다오' 구성의 '-오'는 언제나 윗사람이 아랫사람에게 쓰는 표현이므로 하오체로 보기 어려워(金明芸1996: 38-39) 역시 포함하지 않았다.
'화자<청자'로 분류된 관계로는 자녀→부모, 남동생→누나, 이웃의 아랫사람→이웃의 윗사람 등이 있으며, '화자>청자'로 분류된 관계로는 왕→신하, 집주인→세입자, 구장→마을 주민, 순사→살인범, 고객→점원 등이 있다. 직장 동료 간, 독립투사 간, 친밀도가 떨어지는 이웃의 성인 간에 상호 하오체를 사용하는 경우는 '화자≒청자'로 분류하였다.

[표 1] {-오}가 사용된 대화에서 화자와 청자의 관계: 20세기 전반

화자<청자	화자≒청자	화자>청자	엇갈림	낯섦	부부/연인		?[13]	계
					남→여	여→남		
27	47	25	11	22	26	9	14	181

이 중 청자가 화자보다 손윗사람인 것으로 분석된 대화쌍 27개를 화자의 나이와 성별에 따라 구분하면 다음과 같다.

[표 2] '화자<청자' 관계에서 화자의 성별·나이: 20세기 전반

남성	여성	어린아이	도깨비	계
5 (18.5%)	10 (37.0%)	11 (40.8%)	1 (3.7%)	27 (100.0%)

[표 2]와 같이 성인 여성이 화자인 경우가 10개, 어린아이가 화자인 경우가 11개, 성별을 판단할 수 없는 도깨비가 화자인 경우가 1개이며, 성인 남성이 화자인 경우는 5개에 그친다.[14] 그나마 한 가지는 지위가 높은 화자가, 지위가 낮은 청자가 과거에 자신에게 했던 말을 인용하는 것이며(11ㄱ), 또 다른 한 가지는 영화 속에서 연극으로 펼쳐지는 춘향전에서 방자가 이도령에서 하는 말이다(11ㄴ). 20C 전반 영화 자료에서 {-오}를 사용한 화자 중 성인 남성의 비율이 70%가 넘는다는 것을 고려하면, {-오}를 손윗사람에게 사용하는 용법은 여성과 어린아이가 화자인 경우 더 오래 고수되었음을 알 수 있다.

13) 화청자 간의 대화가 일방향적으로 한 번밖에 이루어지지 않아 둘 사이의 관계를 파악하기 어려운 경우이다.

14) [표 1]에서 따로 구분했던 '부부/연인' 관계의 '여→남'을 '화자<청자'에 포함한다면, [표 2]의 수치는 '남성(13.9%), 여성(52.8%), 어린아이(30.5%), 도깨비(2.8%)'로 달라져 남성 화자의 비율이 더 낮아진다.

(11) ㄱ. 부장: 아니 애당초 당신이 뭐라 그랬소? 우리는 예술가요. 그러니 작품만 제작해 주시오. 그러지 않았소? <1941영화_반도>
ㄴ. 방자: 도련님-. 아 도련님. 아 여태 뭘 하구 계슈. <1941 영화_반도>

성인 남성이 화자인 나머지 세 가지도 주체와 청자가 같은 경우에는 모두 '-시-'가 결합되어 있다. 이는 화자가 여성이나 어린아이인 경우, 주체와 청자가 동일할 때에도 '-시-'를 결합하지 않은 예가 많다는 사실과 비교된다. 주체와 청자가 동일한 문장에 사용된 주체 높임의 '-시-'는 청자 높임법의 등급을 세분화하는 역할을 한다(이익섭1993). 즉 이는 {-오}가 여성과 어린아이에게는 그 자체로 예사 높임의 기능을 수행하는 반면, 성인 남성에게는 높은 사람에게 사용하기 어려운 어미가 되었음을 보여 준다.[15)]

[표 3] '화자<청자' 대화 중 '주체=청자'일 때 '-시-'가 결합한 발화의 수

화자	{-오} 사용 대화쌍 수	{-오} 사용 발화 수	{-오} 사용 발화 중 주체=청자 수	주체=청자 발화 중 {-시-} 결합 수
남성	5	7	5	5 (100%)
여성	10	23	14	5 (35.7%)
어린아이	11	21	14	0 (0%)

(12ㄱ~ㄴ)은 '-시-'가 결합한 남성 화자의 발화이며, (12ㄷ~ㅂ)은 '-시-'가 결합하지 않은 여성 화자, 어린아이의 발화이다.

(12) ㄱ. 와시카: 대장 놈들이 뭘 압니까? 한 번만 용서하시오. <1945?유성영화_볼카>
ㄴ. 옥란: 이것 봐 송. 어디서 저 둘을 끌어 왔어?

15) 이는 화자와 청자 간의 친밀도와 관련된 문제로 볼 수도 있다. 친밀한 손윗사람에게는 주체 높임법은 생략한 채로 [+높임]의 상대 높임법만을 사용할 수 있다.

송: 아 저것들이 도적들이에요. (중략) 어떻게 그렇게 잘 아시오? 하긴 그야 아버지 민가를 찾아서 오 년 동안이나 갖은 고생을 하여 오신 옥란 씨니까.[16] <1948영화_독립>

ㄷ. 인순: 웬 걸 이렇게 사 왔수?
옥분: 오늘이 월급날이야. <1938영화_어화>

ㄹ. 유란: 언니- 나 불렀수?
미향: 계집애두. 또 잤어? <1946영화_만세>

ㅁ. 영구: 엄마 울지 말우 응? <1939유성연극_어머니>

ㅂ. 영달: 할머니 혼자서 심심하지 않았수? <1940영화_수업>

즉 {-오}의 대우 등급 하락은 모든 화맥에서 동시에 발생한 것이 아니라 일부 화맥에서 먼저 시작되었으며, 그 변화는 1920년대 이전에 이미 이루어졌음을 알 수 있다. 이러한 현상은 19C 문헌인 <남원고ᄉᆞ>에서 그 단초가 확인된다.[17] 이 자료에서 {-오}는 (3)에서 본 것처럼 높임 표현으로 쓰였다. 그러나 양반이 다른 양반에게 이야기하는 경우에도 사용되어 동등한 지위의 사람들이 상호 하오체를 사용하는 모습도 볼 수 있다. 양반층에서는 (13)과 같이 대등한 관계에서 사용하는 것이 일반적이며 (3ㄷ)과 같은 예는 오히려 보조적으로 나타난다(정준영1995: 189).

(13) ㄱ. 본관이 취흥을 못 니긔여 쥬담으로 ᄒᆞᄂᆞᆫ 말이 여보 임실 나ᄂᆞᆫ 묘리 잇ᄂᆞᆫ 일이 잇소 <남원5:22b>

ㄴ. 운봉이 눈치 알고 본관의게 통ᄒᆞᄃᆡ 나ᄂᆞᆫ ᄇᆡᆨ셩 환ᄌᆞ 쥬기 밧바 몬져 도라가오 젼쥐 판관 ᄯᅩ 통ᄒᆞᄃᆡ 나ᄂᆞᆫ 미진 공ᄉᆞ 잇셔 몬져 가오 고부 군슈 ᄒᆞᄂᆞᆫ 말이 나ᄂᆞᆫ 하로거리로 졔 ᄶᅵ가 되면 못 견ᄃᆡ여 몬져 가오 <남원5:24a>

---

16) 영화의 맥락상 '아버질 죽인 민가를 찾아서'라는 발화가 기대되는데, 실제로는 '아버지 민가를 찾아서'로 들린다.

17) <남원고ᄉᆞ>에서 사용된 {-오}의 용법에 대한 해석은 정준영(1995), 이승희(2007)에 크게 기대었다.

정준영(1995)에서는 이러한 사실을 통해, 19C에는 양반과 평민이라는 신분에 따라 서로 다른 두 개의 상대 높임법 체계가 존재한다고 보았다. 양반들의 상대 높임법 체계에서 ᄒᆞ오체는 '예사높임/평대'의 지위를 차지하는 반면, 평민들의 상대 높임법 체계에서 ᄒᆞ오체는 '높임'의 기능만을 수행한다. 평민이 평민에게 ᄒᆞ오체를 사용한 경우 그 응답은 ᄒᆞ라체로 이루어지는 경우가 가장 많으나, 양반이 양반에게 ᄒᆞ오체를 사용한 경우에는 ᄒᆞ라체로 응답한 사례가 전혀 없고 ᄒᆞ오체 응답이 가장 많다는 사실도 이를 뒷받침한다.[18]

즉 ᄒᆞ오체는 19C부터 양반 집단을 중심으로 하여 대등한 지위의 사람에게 사용하는 것으로 굳어져 가고 있었음을 알 수 있다. 이러한 변화는 자연스러운 것이다. 화자가 높은 사회적 지위를 지닌 경우, 화자와 비슷한 지위를 가진 청자 역시 당연히 높은 지위를 지니므로 화자는 청자를 가벼운 높임 표현으로 대우해 줄 필요가 있다. 이와 같이 상호간에 ᄒᆞ오체로 예사높임을 하는 상황에 늘 노출되어 있는 화자는 더 이상 자신보다 높은 청자에게 ᄒᆞ오체를 사용할 수 없게 된다. 그 결과 ᄒᆞ오체는 '자신보다 높은 사람'에게 사용하는 것이 아니라 '가볍게 대우해 줄 필요가 있는 사람'에게 사용하는 것으로 변화하며, 대등한 지위의 사람뿐 아니라 자신보다 낮은 사람에게도 사용할 수 있는 것으로 변화할 수 있었던 것으로 보인다.[19]

---

18) 정준영(1995: 191)에서 제시한 수치를 표로 정리하면 다음과 같다.

화청자 \ 응답		ᄒᆞ쇼셔체	ᄒᆞ오체	ᄒᆞ게체	ᄒᆞ라체	해요체	해체
ᄒᆞ오체	양반 간	4	6	3	0	3	4
	평민 간	1	1	3	12	2	6

19) 청자를 대우해 주고자 하는 화자의 노력은 덜 높여도 될 사람에게 한 단계 높은 표현을 사용함으로써 역설적으로 청자 대우 표현의 가치를 하락시키는 결과를 가져온다. Rudi Keller(1990)에서는 이러한 예로 독일어의 사례를 들고 있다. 독일어에서는 여성을 지칭하

<남원고ᄉᆞ>의 양반 간 대화에서는 그러한 변화의 초기 예로, 화자보다 더 낮은 지위에 있거나 더 어린 사람에게도 {-오}를 쓴 예를 확인할 수 있다. (14ㄱ)은 운봉이 퇴락한 양반으로 보이는 거지꼴의 이도령에게, (14ㄴ)은 동일한 상황의 이도령이 나이 어린 선비에게 {-오}를 사용한 예이다. 정준영(1995: 188), 이승희(2007: 278)에서는 (14ㄱ)의 예를 들어 {-오}가 화자보다 사회적 지위가 낮은 사람에게 사용된 것으로 볼 수 있다 하였다.

(14) ㄱ. 운봉이 민망ᄒᆞ여 바닷든 상 물녀 노코 권ᄒᆞ거늘 어ᄉᆡ ᄒᆞᄂᆞᆫ 말이 〃 거시 웬일이오 운봉이 ᄒᆞᄂᆞᆫ 말이 념녜 말고 어셔 ᄌᆞ시오
<남원5:20a>

ㄴ. 소년 션ᄇᆡ 공부ᄀᆡᆨ드리 어ᄉᆞ 보고 박장ᄃᆡ소 온가지로 보ᄎᆡ거늘 어ᄉᆡ 정ᄉᆡᆨᄒᆞ고 니른 말이 샹 업시들 구지 마오 션ᄇᆡ 도리 희연ᄒᆞ오
<남원4:23a>

(13), (14)와 같은 19C 양반층의 용법은 상대방을 가볍게 대접해 주면서 화자 자신은 낮주지 않는다는 점에서 오늘날의 하오체 용법과 유사하다. 현대국어 하오체의 제약적 용법은, 이처럼 사회적 지위가 있는 성인 남성이 공적인 맥락에서 상호간에 하오체를 사용하는 데에서 굳어져 간 것으로 보인다.

는 표현들이 계속적으로 의미 악화를 겪어 왔는데, Weib와 Frauenzimmer가 그 예에 속한다. 이는 여성을 지시하는 표현을 부정적으로 사용하려는 여성 혐오에서 기인한 것이 아니다. 오히려 여성을 한 단계 더 높여 칭함으로써 고상한 단어가 무표적인 일상 표현이 되어버리고, 시간이 흘러 더 고상한 단어가 무표적인 표현이 되면 일상적이었던 단어가 의미 악화를 겪게 되는 것이다. 영어 2인칭 대명사의 변화도 유사하다. 존칭 의미가 없는 2인칭 단수 thou와 본래 2인칭 복수를 지시하다 존칭의 2인칭 단수를 지시하게 된 you의 구분이 사라지고 you만 남게 되는 것은, 가능한 한 공손한 형태의 말을 고르려는 일반적 경향에서 비롯된 결과로 볼 수 있다(Rudi Keller2004).

그에 더하여 현대 사회로 넘어오며 이루어진 신분제의 폐지는 하오체의 변화를 양반 계층에서 일반 민중들에게로 확산시키는 데 영향을 미치게 된다. 신분제가 폐지된 이후에도 지역사회에서는 종래의 신분질서가 어느 정도 유지되었지만, 지역사회를 넘어서면 개인이 지닌 사회적 지위를 알 수 있는 단서가 없으며 낯선 개인과 개인은 서로를 가볍게 대우하게 된다.[20] (15)와 같이 20C 초 신소설에서 초면의 낯선 사람 간에 하오체가 사용된다는 보고는 이러한 상황을 잘 보여 준다(李敬雨1990, 권소영2004, 강지영2007, 유필재2014 등). 앞서 살핀 (8ㄱ, ㄴ)도 그러한 예이다.

(15) ㄱ. (부인) 여보 왼 사ᄅᆞᆷ이오 여보 ᄃᆡ답 좀 ᄒᆞ오 여보 남을 붓들고 썰기ᄂᆞᆫ 우ᄋᆡ 그리 써오 여보 벙어리오 도적놈이오 (중략)
(남ᄌᆞ) 여보 왼 녜펀네가 이 밤 중에 여긔 와 셔 잇소 <혈의루5-6>

ㄴ. (노인) 여보 말 좀 무러 봅시다 저 집이 김관일 김초시 집이오
(이웃 ᄉᆞᄅᆞᆷ) 녜 그 집이오 그러ᄂᆞ 그 집에 아무도 업나 보오 <혈의루22>

ㄷ. (왕) 자 어셔 걸어 안즈시오 로형이 강익슈 씨라지오 예 셩화는 닉히 드럿소 <두견성下13>

사회 변화에 따라 상호 하오체를 사용하는 상황에 놓이는 사람들이 많아지고 그 사례도 빈번해진다. 신분제 사회에서 대화 참여자가 상호 하오체를 사용하는 경우는 높은 신분을 지닌 양반에 국한되는 것이었다면, 신분제가 폐지된 이후에는 낯설거나 친분이 없는 개인과 개인은 누구라도 상호 하오체를 사용할 수 있게 되는 것이다. 이는 {-오}를 자신보다 높은 사람에게 사용하기 어려워지는 사람들이 늘어나며, 하오체를 '높임'보다 자신과 대등하거나 낮은 지위의 상대를 격식적으로 대접해 주는 용

20) 임동훈(2006: 312)에서는 상대방을 낮춘다는 뉘앙스를 풍기지 않으면서 자신 역시 낮추기 싫을 때, 낯선 사람에게 하오체를 쓰게 된다고 보았다.

법으로 사용하는 사람들이 늘어남을 의미한다. 20C 초 문법서인 周時經(1910: 99)에서 하오체를 '갈음'으로, 朴勝彬(1935: 343)에서 하오체를 '平凡'으로 해석한 것도 이러한 상황을 반영한 것으로 보인다. 이러한 변화에서 멀리 떨어져 있었던 것은, 사회 활동을 하지 않으며 지역사회에 머물러 있었던 여성과 아이들이었고 [표 2]를 통해 본 것처럼 이들의 발화에서 하오체 어미 {-오}가 가장 늦게까지 높임의 기능을 유지할 수 있었다.

이익섭·채완(1999), 권소영(2004), 유필재(2014) 등 기존의 연구에서는 하오체의 등급 하락을 해요체의 확산과 관련지어 이해해 왔다. 그러나 특정 화맥에서 시작된 하오체의 용법 변화는 19C부터 시작되어 20C 초에는 이미 어느 정도 진행되어 있었으므로 이 둘을 직접적으로 연관지어 이해하기 어렵다. <남원고ᄉᆞ>를 비롯한 19C 문헌에서 해요체는 오늘날처럼 활발히 사용되지는 않았기 때문이다.[21] 20C 초 문법서인 金熙祥(1911: 68-76)에서는 상대 높임법 체계에 해요체를 제시하지 않았는데, 해요체가 해체보다 늦게 발달한 상황을 반영한 것으로 보인다. 또한 19C에 해요체를 사용한 주된 화자는 하층민이었으므로[22] 하오체의 용법 변화를 주도하는 집단과 해요체를 사용하는 집단이 불일치한다. 마지막으로 해요체가 하오체를 대체함에 따라 하오체가 점차 쓰이지 않게 되는 것은 자연스러운 변화로 생각되지만, 해요체가 확산되어서 하오체의 등급이 하락하였다는 것은 필연적인 인과 관계를 지녔다고 보기 어렵다. 이러한 주장이 설득력을 얻으려면 해요체의 확산과 하오체의 기능 변화 방향 간의 관계에 대한 더 깊이 있는 논증이 필요

21) 李敬雨(1990)에서는 이러한 상황이 20C 초 신소설까지 이어지는 것으로 보았다. 그러나 20C 전반 현대소설에서는 해요체가 활발하게 사용되므로, 신소설에 해요체가 활발히 쓰이지 않는 것은 신소설이 보수적인 문체를 반영하고 있기 때문으로 보아야 할 것이다.

22) 이승희(2007: 203-205)에서는 해요체의 화자로 춘향, 월매, 농부, 평민인 노인과 하급 관리인 패두를 들고 있다. 그 외에 낭청이 사용한 예도 있으나 소수에 그친다.

하다. 다만 19C부터 하오체를 동일 신분 간 평대처럼 이용하던 양반층과는 달리 예사 높임으로 이용하던 평민층이 양반층의 용법을 쉽게 받아들일 수 있었던 것은, 이들이 19C부터 해요체를 사용하게 되었고 하오체가 아니더라도 이를 통해 예사 높임을 표현할 수 있었기에 가능했을 것이다.

3. '-오/소'와 '-우/수'의 분화

2장에서 살핀 것처럼 20C 전반 하오체 어미 {-오}는 일부 화맥에서는 여전히 예사 높임의 기능을 유지하며 일부 화맥에서는 더 이상 손윗사람에게 쓰이지 못하고 화자와 대등하거나 더 낮은 지위의 사람을 존중해 주는 용법으로 사용된다. {-오}는 이와 같이 기능의 분화를 겪을 뿐 아니라 18C 후반부터 나타나는 2음절 이하 /ㅗ/>/ㅜ/ 고모음화 현상의 영향으로 '-오/소'와 '-우/수'라는 형태의 분화도 겪게 된다.

{-오}가 지니게 된 분화된 기능과 분화된 형태는 서로 긴밀한 관련을 지닌 것으로 보인다. 金明芸(1996: 67-69, 104-105)에서는 1978~1994년 드라마 대본을 대상으로 하여, '-오/소'와 '-우/수'가 지니는 차이를 다음과 같이 보고하였다. 첫째, '-오/소'를 포함한 하오체 어미는 현대국어로 오면서 아랫사람이나 친구를 대접하는 경어법이 되었는데 그와 달리 '-우/수'는 주로 손윗사람에게 쓰인다. 둘째, '-오/소'는 주로 남성 화자에 의해 사용되어, '-오/소'를 여성 화자가 사용한 경우는 33 문장 중 아내가 남편에게 쓴 단 한 문장뿐이었다. 그러나 '-우/수'는 주로 여성에 의해 발화된다. 셋째, '-오/소'는 권위적인 성격을 지닌다. 반면 '-우/수'는 비격

식성을 지닌다(유필재2014: 60).

金明芸(1996) 이후의 연구에서도 이러한 관찰은 지속되었다. 宋喆儀·兪弼在(2000: 35)에서는 서울 방언의 '-우/수'를 허우체로 설정하여 "일반적으로 우리에게 익숙한 '하오체'보다는 좀더 높은 등급"이라고 하였다. 1930년대 간행된 현대소설 <천변풍경>을 대상으로 한 박정임(2008)에서도 허우체를 허오체보다 높은 등급으로 인정하고 있다. 金景慧(2013: 42)에서는 1930년대 유성기 음반 자료를 대상으로 한 연구에서 '-오/소'와 '-우/수'의 선택에 [성별], [연령], [격식] 자질이 개입되어 남성보다는 여성이, 연장자보다는 연소자가, [+격식]보다는 [-격식]의 상황에서 '-우/수'가 더 많이 사용된다고 보았다. 이렇게 '-오/소'와 '-우/수'를 단순히 음운론적인 변이형으로 보지 않는 인식은 유필재(2014)로도 이어진다.

'-우/수'는 현대국어에 들어 등장하는데, 본고에서 연구 대상으로 삼은 구어 자료에서는 1930년대 영화 자료에서부터 확인된다.[23] 1930년대에 집필된 현대소설 중 서울 방언이 반영된 것으로 평가되는 염상섭의 <삼대>와 박태원의 <천변풍경>에서도 '-우/수'형이 활발하게 나타나므로(유필재2014) 이 시기에는 이미 이 형태가 일상적으로 사용되고 있었던 것으로 보인다.

그렇다면 현재 영상이 남아 있는 가장 이른 시기의 자료인, 1930~1940년대에 상영된 영화에서 '-오/소'와 '-우/수'가 오늘날과 같이 변별적으로 사용되고 있는지 혹은 비변별적으로 사용되고 있는지 확인해 보자. [표 4]는 20C 영화 자료를 대상으로 한 명의 화자가 동일한 청자에게 '-오/소'

23) 1920년대 자료에서는 나타나지 않는데, 이는 이 시기 자료가 '월남 이상재 선생의 연설 자료', '김복진 동화 구연 자료'와 같이 문자로 적힌 대본에 의지한 발화였기 때문으로 생각된다.

만 사용하는 경우, '-우/수'만 사용하는 경우, 두 형태를 섞어서 사용하는 경우를 구분하여 화청자 관계의 수를 제시한 것이다. 대부분의 시기에 '-오/소'형만 사용되는 사례가 60%를 웃도는 것을 확인할 수 있다.[24)]

[표 4] '-오/소'형과 '-오/수'형의 실현 양상: 20세기 영화 자료

	30년대	40년대	50년대	60년대	70년대	80년대	90년대	계
-오/소	27 (64.3%)	45 (71.4%)	43 (58.9%)	43 (64.2%)	35 (81.4%)	9 (56.3%)	8 (66.7%)	210 (66.5%)
-우/수	9 (21.4%)	10 (15.9%)	15 (20.5%)	15 (22.4%)	5 (11.6%)	5 (31.2%)	3 (25.0%)	62 (19.6%)
혼용	6 (14.3%)	8 (12.7%)	15 (20.5%)	9 (13.4%)	3 (7.0%)	2 (12.5%)	1 (8.3%)	44 (13.9%)
계	42	63	73	67	43	16	12	316

그러나 1930년대와 1940년대 {-오}가 사용된 대화쌍 105개 중, '화자<청자'의 관계에 있다고 판단된 16개의 대화쌍을 대상으로 실현 형태를 확인해 보면 사뭇 다른 결과가 확인된다. '화자<청자'의 관계만을 대상으로 한 [표 5]에서 왼쪽 표는 대화쌍의 수, 즉 {-오}를 사용한 화청자 관계의 수를 표시한 것이며, 오른쪽 표는 {-오}의 발화 수, 즉 출현 빈도를 표시한 것이다. {-오}는 모든 시기에 걸쳐 60% 이상이 '-오/소'의 형태로 나타났지만 '화자<청자'의 관계에서 사용된 경우에는 '-오/소'의 비율이 30%대로 낮아진다.[25)]

---

24) '-오/소'형이 사용된 발화수와 '-우/수'형이 사용된 발화수 하나하나의 출현 빈도를 계산하면, 대부분의 시기에서 '-오/소'형이 70%를 웃도는 것을 확인할 수 있다. 이러한 경향은 <천변풍경>에서 '-우/수'가 더 빈번하게 실현된다고 정리한 박정임(2008)의 결과와 다르다. 이는 <천변풍경>이 서울 방언을 반영하고 있는 반면, 본고의 연구 자료는 영화 촬영이라는, 자유발화보다는 상대적으로 격식적인 상황에서 발화된 것이어서 더 규범적이라고 생각되는 형태를 지향한 결과일 수도 있다. 다른 현대소설 자료들에 대한 분석이 더 이루어져야 '-우/수'가 어느 정도로 활발하고 빈번하게 사용되었는지 알 수 있을 것이다.

25) [표 1]에서 따로 구분했던 '부부/연인' 관계의 '여→남'을 '화자<청자'에 포함한다면, [표

[표 5] '화자<청자' 관계 {-오}의 형태 실현 양상: 20세기 전반 영화 자료

	30년대	40년대	계
-오/소	1 (33.3%)	5 (38.5%)	6 (37.5%)
-우/수	1 (33.3%)	5 (38.5%)	6 (37.5%)
혼합	1 (33.3%)	3 (23.1%)	4 (25.0%)
계	3	13	16

	30년대	40년대	계
-오/소	2 (22.2%)	10 (34.5%)	12 (31.6%)
-우/수	7 (77.8%)	19 (65.5%)	26 (68.4%)
계	9	29	38

즉 '-오/소'형은 화자보다 높지 않은 청자에게 사용한 예가 대부분인 반면, '-우/수'형은 후기 근대국어 시기에 {-오}가 지니고 있었던 예사 높임의 기능을 간직한 채로 사용되는 경향을 보인다. 그러나 이러한 형태와 기능 간의 분화는 경향일 뿐 절대적인 것은 아니다. [표 4]에서 확인할 수 있듯이 한 명의 화자가 동일한 청자에게 '-오/소'형과 '-우/수'형을 함께 사용하는 사례가 꾸준히 나타나며, [표 5]에서 확인할 수 있듯이 '-오/소'형도 청자가 화자보다 높을 때 여전히 사용되고 있기 때문이다.

(16)의 예는 화청자와 대화 장면이 고정된 상황에서 '-오/소'형과 '-우/수'형이 함께 사용된 예이다. (16ㄱ)은 어린 여자아이인 화자가 성인인 오빠의 연인에게 하는 발화로 본고에서 '화자<청자'로 분류된 예이며, (16ㄴ)은 노년인 마름의 어머니가 젊은 여성인 지주의 여동생에게 하는 발화로 '나이'와 '지위' 조건이 엇갈려 '엇갈림'으로 분류된 예이다. (16ㄷ)은 어머니가 절에 버리고 가 동자승이 된 도성이를 돌봐 주는 성인 남성인 진수 아버지가 오랜만에 절을 찾아온 도성이의 어머니에게 하는 발화로 '화자≒청자'로 분류된 예이다. 모든 유형의 예에서 '-오/소'형과

5]의 출현 빈도는 '-오/소'(16, 36.4%), '-우/수'(28, 63.6%)가 된다. '-오/소'형의 비율 높아지는 것은, 영화 <반도의 봄> 속 연극으로 펼쳐지는 춘향전에서 춘향이가 이도령에서 하는 말이 '-오/소'형으로만 나오기 때문이다.

'-우/수'형이 함께 사용되는 것을 볼 수 있다.

(16) ㄱ. 춘호여동생: 언니 왔수? (중략) 언니 이따 또 오?
<1941영화_지원병>
ㄴ. 춘호모: 좀 올라앉으슈. (중략) 우리 아들하고 혼인할 색시라오. (중략) 아주 맘이 퍽 착하다오. <1941영화_지원병>
ㄷ. 진수부: 도성이도 서울로 간다우. (중략) 그런 데로 가면 호강이야 하겠지만 그래도 제 어머니 같겠소.. <1949영화_마음>

즉 20C 전반에는 '-오/소'와 '-우/수'의 기능이 명확하게 분화된 것은 아니었지만, 화자보다 높은 사람에게 발화할 때는 '-우/수'형이 선택되는 비중이 높아 형태와 기능 간에 강한 경향성을 형성하고 있었음을 확인할 수 있다.

지금까지 살핀 것처럼 20C 전반기에 '-오/소'와 '-우/수'는 완전히 변별되어 사용되지는 않지만 사용되는 주된 화맥에 차이가 존재했음을 알 수 있다. '-우/수'는 단순히 '-오/소'에 고모음화가 적용된 음운론적 변이형으로 발생하였는데, 이들의 형태와 기능 간의 관련성은 어떻게 발생한 것일까. 이는 객관적으로 검증하기 어려운 문제이나 본고는 2장에서 살펴본 {-오}의 기능 변화와 관련지어 다음과 같은 가능성을 제시해 본다.

우선 {-오}의 기능이 변화하게 된 과정을 상기해 보자. 본래 예사 높임이었던 {-오}는 사회적 지위가 높은 양반 계층 내에서 화청자 상호간에 서로를 가볍게 대우해 주기 위한 목적으로 사용되었다. 이러한 용법이 보편화됨에 따라 양반 계층에서는 점차 화자보다 높은 사람에게는 {-오}를 사용하기 어려운 상태가 발생한다. 또한 화청자가 서로를 존중해 주며 상호 하오체를 사용하는 상황은 하오체가 청자뿐 아니라 화자 자신도 낮추지 않는 용법을 지니게 하는데, 이 역시 하오체가 손윗사람에게 사용되지 못하는 데 영향을 미친다. 사회 신분 제도가 사라진 이후에는 낯선 사람 간에, 일상적인 친분이 없던 사회적 관계의 사람들 간에 상호 하오체를 사용하게 되었고, 이는 높은 대상에게 {-오}를 사용하지 못하는 용법이 일반 민중들에게로 확산되는 계기가 된다. 이렇게 {-오}는 상호 존대가 필요한 화맥에서 기능 변화가 시작되었는데, 이러한 화맥은 격식적인 경우가 많아 언어가 보수적인 형태를 유지하기 쉽다. 따라서 고모음화라는 음운론적 변화를 더 늦게, 더 천천히 받아들이거나 의도적으로 거부하였을 것으로 생각된다.

이는 [표 1]에서 '낯섦'으로 분류된 22쌍의 대화에서는 '-우/수'의 형태가 단 한 번도 등장하지 않았다는 점을 통해 간접적으로 확인된다. 그 예는 (8)에 제시되었으며 (17)과 같은 예도 추가할 수 있다. '낯섦'으로 분류된 사례는 화자가 청자가 어떤 사람인지 잘 모르거나 불특정 다수에게 말하는 경우로, 화자와 청자 간에 친밀도가 전혀 없고 격식성이 높아지는 맥락이다.

(17) ㄱ. (노크 소리) 불륜남: 들어오. <1936영화_미몽>
ㄴ. 집주인: 여 감독하시는 분 계시오? <1941영화_반도>

반면 {-오}는 19C에 평민 계층에서 높임의 기능을 유지하였으며, 신분제가 철폐된 이후에는 지역사회 안에서 생활하는 부녀자나 어린아이, 하층민의 발화에서 본래의 높임 기능이 유지되어 왔다. 이들은 하오체의 화계가 낮아지게 된 화맥에 거의 노출되지 않아 기능적으로는 보수성을 유지할 수 있었으나 동일한 이유로 격식적인 화맥에서 {-오}를 사용하는 일이 적어 구어에서 발생한 음운변화인 고모음화를 아무런 거부감 없이 쉽게 받아들였을 것으로 보인다.

이처럼 모음 상승이라는 음운론적 변화와 기능적 변화가 서로 다른 화맥에서 다른 집단이 중심이 되어 발생하면서 {-오}는 형태에 따라 높임 등급이 달라지는 모습을 보이게 된다. 기능 변화를 야기한 화맥과 음운론적 변화를 거부한 화맥이 일치하고, 기능 변화를 야기한 화맥에 노출되지 않았던 집단이 음운론적 변화를 받아들였기 때문이다. 그러나 '-오/소'와 '-오/수'의 분화는 선호 경향으로 나타날 뿐 언제나 변별적으로 사용되는 완벽한 형태소 분화로 이어지지는 않은 것으로 보인다. 이 두 형태는 분화가 채 완성되기 전에 하오체의 사용이 위축되며 사라져 가는 위기에 놓인 채로 오늘날에 이른다.

4. {-오} 사용의 위축

하오체 어미 {-오}가 겪은 여러 변화 중 대우 등급이 하락되는 첫 번째 변화(1ㄱ)와 '-오/소'와 '-우/수'형이 변별적으로 사용되는 두 번째 변화(1ㄴ)는 1920년대, 1930년대 구어 자료에서 이미 확인됨을 2장과 3장에서 살펴보았다. 오늘날 {-오}는 청자가 화자보다 높은 사람이든 낮은 사람이든, 형태가 '-오/소'이든 '-우/수'이든 관계없이 전체적으로 사용이 위축되었다. {-오}의 쇠퇴와 관련된 (1ㄷ~ㅁ)의 변화는 20C에 들어선 이후에 발생하였다.

1930년대부터 1990년대 사이의 영화 자료를 10년씩 나누어 전체 발화수에서 {-오}로 종결되는 발화가 차지하는 비중을 확인하면 [표 6]과 같다.[26] 발화의 수는 명사나 명사구로 이루어진 경우, '네' 같은 독립어로

26) 20C 후반 자료와의 동질성을 위해 영화 자료만을 대상으로 하여 사용 비중 변화를 확인하였다.

이루어진 경우, 연결어미로 문장이 종결된 경우가 모두 포함되므로, 종결어미가 실현된 문장 안에서 {-오}가 사용된 비율은 이보다 훨씬 높아지게 된다.27) [표 6]을 통해, 1930년대 자료에서 7%에 가까웠던 것이 4~50년대에는 약 5%로 감소하고 6~70년대에는 약 3%로 감소하며 8~90년대에는 거의 쓰이지 않게 되는 것을 확인할 수 있다.28)

[표 6] 전체 발화 중 {-오}가 사용된 발화의 비율

시대	30년대	40년대	50년대	60년대	70년대	80년대	90년대
비율(%)	6.82	4.48	5.09	2.67	2.94	0.60	0.29

{-오}의 빈도 감소는 화청자 제약의 발생과 맞물려 이루어진다. 오늘날 {-오}는 화자와 청자가 모두 성인인 경우에만 사용되며, 특히 중년 이상인 경우에 더 자연스럽게 여겨진다. 그러나 20C 전반 구어 자료에서는 화자와 청자가 20대 성년인 경우는 물론이고 어린아이인 경우도 확인할 수 있다. (18)은 20C 전반기 자료에 나타나는 젊은 연인 관계의 대화이다. 주로 남성이 여성에게 발화할 때 {-오}를 사용하며 여성은 남성에게 해요체를 사용한다. 화자가 어린아이인 1930년대의 예는 (5)와 (6ㄴ)에 제시하였고 청자가 어린아이인 1930년대의 예는 (7ㄱ)에 제시하였다. 화자가 어린아

27) 오재혁·장혜진·홍종선(2015)에서는 20C 전기 영화, 유성기 영화, 유성기 연극 자료를 대상으로 하여 발화의 종결형이 실현되는 양상을 정리한 바 있는데, 연구 결과에 의하면 종결어미를 갖춘 발화가 전체 발화의 69.0%를 차지하였다. 이를 바탕으로 1930년대 영화 자료의 전체 종결어미에서 {-오}가 차지하는 비중을 계산하면 약 10%에 이르며, {-오}를 포함한 하오체 어미 전체의 비중은 그보다도 많아진다.

28) 비슷한 시기에 상영된 영화라 하더라도 등장하는 배역들 간의 관계가 다르므로 {-오}의 사용 비중은 다를 수밖에 없다. 그럼에도 불구하고 {-오}의 사용 빈도가 점차 줄어들어 거의 사용되지 않는 수준에 이르는 것을 관찰하는 데에는 어려움이 없다. 본고에서는 전체 발화에서 {-오}가 사용된 발화의 비율 변화만을 확인하였지만, 화자의 성별과 나이를 고려하여 사용 비율 변화를 정리해 볼 필요도 있을 것이다. 이는 추후 과제로 남겨 둔다.

이인 예는 1940년대 자료에서도 확인된다. (19)는 청자가 가족인 경우이며, (20)은 가족은 아니지만 가까이 지내는 윗사람이 청자인 경우이다.

(18) ㄱ. 애순: 부잣집 아드님이시라면 세탁집 모퉁이에 하숙하고 있을 리야 없겠죠.
불륜남: 용서해 주. 당신을 사랑하고 있기 때문에 본 수 없이 호텔에서 버티고 있었소. <1936영화_미몽>
ㄴ. 춘호: 그게 무슨 말이오? 내가 잘 되는 날은 당신도 잘 되는 날이 아니겠소?
분옥: 아무렇든지 잘 되세요. 제겐 그게 소원이에요. <1941영화_지원병>
(19) 진수: 아부진 주지 스님이 그렇게두 무서우? <1949영화_마음>
(20) ㄱ. 춘호 여동생: 언니 왔수?
분옥: 응. <1941영화_지원병>
ㄴ. 도성: 털부채는 뭐로 만들우?
공양주스님: 글쎄. <1949영화_마음>

어린아이가 하오체 어미 {-오}의 화자나 청자인 예는 20C 후반 자료에서는 확인되지 않는다. 본고에서 연구 대상으로 삼은 20C 후반의 영화 자료에 어린아이가 나오지 않는 경우가 많아, 화청자에 제약이 발생한 정확한 시기는 알기 어렵다. 다만 1978년에 상영된 영화 <족보>에서는 어린아이와 어머니, 할아버지 간의 대화가 나오는데 아이들이 하오체를 사용한 예는 없으며 대부분 해체를 사용하고 있어(21), 1940년에 상영된 영화 <수업료>에서 할머니에게 하는 발화 중 10%에 {-오}가 사용된 것과 비교된다(5ㄴ). 그러나 이는 한 작품에 국한된 것이어서 일반화할 수 없다. 앞으로 더 많은 자료를 검토해야 할 것이다.

(21) ㄱ. 손자: 할아부지 일본 이름 언제 가질 거야?
손녀: 학교에서 선생님이 갈라 놓구 아직 일본 이름 안 가진 아이들

은 공부 안 가르쳐 준댄단 말야. <1978영화_족보>
ㄴ. 손자·손녀: 야- 신난다 엄마.
손자: 우리두 일본 이름으루 간대.
며느리: 조용히들 해. 가자. <1978영화_족보>

젊은 연인 관계에서 하오체를 사용하는 예는 1964년에 상영된 영화 <맨발의 청춘>에도 나타나지만(22), 20C 후반 영화자료에서는 이것이 유일하다. 이미 1950년대에 상영된 영화들에서 젊은 연인 관계에 해체와 해요체가 사용되며 하오체는 전혀 사용되지 않는 것을 확인할 수 있다(23). 역시 20C 중엽을 넘어서며 화자의 나이에 제약이 발생하는 것으로 이해된다.

(22) 두수: 나한텐 당신 하나 멕여 살릴 만한 힘도 없구 재주도 없소.
요안나: 두수 씨 진정이세요? 진심을 말씀해 주세요. <1964영화_맨발>
(23) ㄱ. 문희: 그리고 오늘밤 아버지께 결혼 신청을 해야겠어요. 어머닌 벌써 우리가 좋아하는 눈칠 채고 벌써 정하고 있는 데가 있어요. (중략)
준철: 난 일가친척도 없는 고독한 몸이고 보니 용기가 안 나는군요. <1958영화_자유>
ㄴ. 영호: 옥경이는 그렇게 돈이 필요해?
옥경: 영호 씨는 돈이 필요치 않으세요? <1958영화_돈>

이와 같이 하오체가 쇠퇴하며 화청자에 제약이 생기는 현상은 해요체의 확산에 원인이 있는 것으로 설명되어 왔다(李敬雨1990, 성기철1999, 이익섭·채완1999, 권소영2004, 이승희2007, 유필재2014 등).[29] 본고도 이러한 견해에 동의하며 그에 더하여 화자가 성인으로 제약되는 현상에는 해체의 확산도 영향을 미친 것으로 본다. 어린아이가 가족 혹은 가까운 이웃의

29) 다만 김정호(2004, 2005)에서는 해요체의 사용 빈도 증가가 하오체의 사용 빈도 감소에 따른 것이라고 보아 영향 관계를 반대로 이해하였다.

윗사람에게 발화할 때는 (21)에서 보듯이 해체를 사용하는 예가 더 빈번하게 확인된다.[30] (23ㄴ)의 예처럼 젊은 연인 관계에서도 해체가 사용된다.

화청자가 어린아이인 경우는 해체로 대체되는 경향을 보이지만, 그 외의 경우는 해요체가 하오체의 역할을 대신하게 된다. (6ㄱ)과 같이 친밀도가 높은 윗사람, (7ㄷ)과 같이 존대 조건이 엇갈리는 연상자, (8ㄱ)과 같이 처음 만난 사이, (9)와 같이 대등한 지위를 지니거나 (10)과 같이 본인보다 낮은 지위를 지녔으나 격식을 갖추어 상대를 대우해 주어야 하는 경우 모두 해요체가 확산된다.

해체와 해요체가 확산되는 것은 그동안의 연구에서 논의되어 온 것처럼 신분제도의 소멸에 따른 계층 의식의 붕괴와 관련된 것으로 이해된다. 이로써 18C 중엽 등장한 것으로 보이는 {-오}는 대우 등급 하락과 고모음화에 따른 형태 분화를 겪으며 2세기 가량 지속되어 왔으며, 20C 후반부터는 구어에서는 거의 사용되지 않는 어미가 되고 말았다.[31] 상대 높임법의 한 등급을 차지했던 어미로서는 상대적으로 짧은 시기 동안 많은 변화를 겪으며 결국 역사의 뒤안길로 사라져 가고 있는 것이다.

---

30) 어린아이가 하오체의 청자인 사례는 (7ㄱ)과 같이 화청자 간 존대 조건이 엇갈리는 경우에 확인되었는데, 종래의 신분 질서가 무너진 후로는 어린아이가 절대적인 존대 대상이 되는 상황이 사라지게 되었으므로 자연스레 하오체의 청자에 제약이 생긴 것으로 생각된다. 20C 후반 자료에서는 (ⅰ)과 같이 가정부가 주인집 어린 딸에게 해체를 사용하는 예가 나타난다. 그러나 1970년대의 가정부는 신분 질서가 남아 있던 시기 집안의 하인과는 지위가 다르므로 이를 하오체가 해체로 대체된 것으로 보기는 어렵다.

(ⅰ) 청주댁: 여기서 불어. 딴 데 가지 말구.
명혜: 응. 알았어. <1974영화_별들>

31) 그러나 오늘날에도 문어 자료에서는 '물음에 답하시오', '답을 쓰시오'와 같이 예사 높임 표현으로 지속되고 있다.

5. 마무리

본고에서는 하오체 어미 {-오}가 발생부터 오늘날에 이르기까지 겪은 변화를 검토하고 변화 시기와 과정, 동인을 밝히고자 하였다. 지금까지의 논의를 간략하게 표와 도식으로 정리하여 결론을 대신한다.

[표 7] {-오}의 변화 개관

변화 내용	변화 시기	변화 요인
(1ㄱ)대우 등급 하락	19C~20C 초	상호 하오체를 사용하는 화맥의 발생과 확산
(1ㄴ)형태-기능 분화	20C 초	대우 등급 하락을 주도한 집단과 모음 상승을 받아들이는 집단의 불일치
(1ㄷ)빈도 감소	20C 전반~중엽	해체, 해요체의 확산
(1ㄹ)화자 제약		
(1ㅁ)청사 제약		

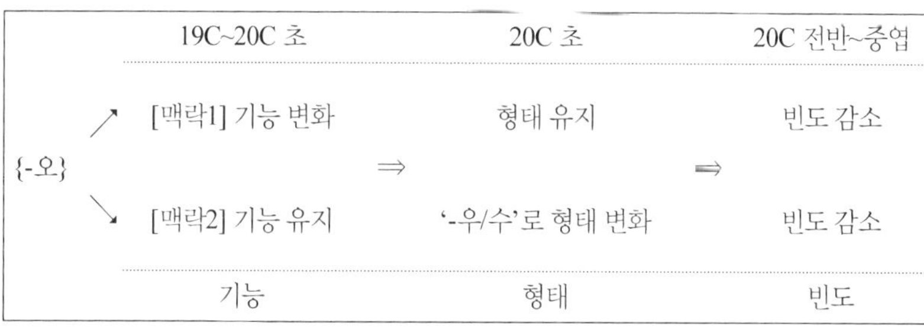

[그림 1] {-오}의 기능·형태·빈도 변화 개관

하오체의 실현 양상은 연구 대상 자료에 따라 조금씩 차이가 난다. 본고에서는 20C 구어 자료를 중심으로 하여 하오체 어미 {-오}의 실현 양상을 살펴보았다. 역시 특정한 성격의 자료를 대상으로 한 것이어서 {-오}의 모습 전체를 꿰뚫어 보았다고 단언하기는 어렵다. 그러나 여러 성격의 자료에 대한 분석이 조금씩 모여야 {-오}에 대한 깊이 있는 이해에

다가설 수 있을 것이며 본고도 그러한 노력의 일부로서 가치를 지닌다.

한편 하오체의 위축 과정은 하게체의 변화와 동일한 모습을 보인다. 하오체의 변화를 하게체의 변화 및 상대 높임법 체계 전체의 변화와 관련지어 살피는 것은 이후의 과제로 남겨 둔다.

■ 참고 문헌

姜圭善(1989),『20世紀 初期 國語의 敬語法 硏究: 「新小說」을 중심으로』, 성균관대학교 박사학위논문.

강지영(2007),『20세기 초기 국어 상대경어법의 등급과 실현 양상 연구』, 울산대학교 석사학위논문.

고광모(2001),「중부방언과 남부방언의 '-소/오'계 어미들의 역사: 명령법을 중심으로」,『한글』(한글학회) 253, 135~167.

권소영(2004),『개화기 신소설 경어법 연구: 「옥매화」와 「련광젼」을 중심으로』, 안동대학교 석사학위논문.

金景慧(2013),『1930년대 청자높임법 연구: 유성기 음반 극·영화 자료를 대상으로』, 인하대학교 석사학위논문.

金明芸(1996),『現代국어 廳者待遇法에 대한 社會言語學的 硏究: 드라마 대본(1978-1994)을 대상으로』, 서울대학교 석사학위논문.

김미현(2005),「한국영화의 사운드 재현방식과 동시녹음 담론 연구」,『영상예술연구』(영상예술학회) 7, 37~62.

김수영(2012),『19세기 상대 높임법의 사회언어학적 연구: '심청전'과 '춘향전'을 중심으로』, 한국교원대학교 석사학위논문.

金用淑(1978),『「한중록」 異本攷』, 보성문화사.

김정호(2004),『20세기 전·후반기 국어 청자 높임법의 비교 연구: 1920년대와 1970년대의 소설 자료를 중심으로』, 건국대학교 박사학위논문.

김정호(2005),「국어 청자 높임의 변화에 관한 사회언어학적 연구」,『한말연구』(한말연구학회) 16, 43~74.

김종국(2000), 「해방전 한국영화 기술사 고찰: 발성영화 <춘향전>(1935)의 출현을 중심으로」, 『씨네포럼』(동국대 영상미디어센터) 3, 98~126.

김현주(2010), 『국어 대우법 어미의 형태화 연구』, 고려대학교 박사학위논문.

김현주(2012), 「종결어미 {-으세요}의 형성과 화행의 편향적 관련」, 『형태론』(형태론 편집위원회) 14(2), 184~207.

金熙祥(1911), 『朝鮮語典』, 普及書館.

金希貞(1987), 『相對敬語法의 變遷樣相 硏究: 開化期와 現代의 대표적 小說을 중심으로』, 고려대학교 석사학위논문.

남미정(2011), 『근대국어 청자경어법 연구』, 태학사.

朴勝彬(1935), 『朝鮮語學』, 朝鮮語學硏究會.

朴榮順(1988), 「社會變動과 言語」, 『한국학연구』(고려대학교 한국학연구소) 1, 59~89.

박정임(2008), 『≪천변풍경≫ 에 나타난 서울방언의 상대경어법 연구』, 울산대학교 석사학위논문.

성기철(1999), 「20세기 청자 대우법의 변천: 화계의 사회언어학적 변천과 관련하여」, 『한국어교육』(국제한국어교육학회) 10(2), 17~45.

宋喆儀·兪弼在(2000), 「서울 방언의 국어학적 연구」, 『서울학연구』(서울시립대학교 서울학연구소) 15, 5~53.

오재혁 외(2014), 「20세기 초 구어 연구를 위한 음성 자료의 특징에 대한 고찰」, 『어문논집』(민족어문학회) 70, 225~258.

오재혁·장혜진·홍종선(2015), 「20세기 전기 구어 자료에 나타난 종결형 양상: 대화 음성 자료를 대상으로」, 『어문논집』(민족어문학회) 73, 183~221.

兪弼在(2009), 「現代國語 하오체 語尾의 異形態와 交替 條件」, 『語文硏究』(한국어문교육연구회) 37(4), 117~136.

유필재(2014), 「현대국어 하오체의 변화에 대하여」, 『國語學』(국어학회) 70, 59~83.

유혜원(2015), 「20세기 전기 구어 자료의 격조사 실현 양상에 대한 연구」, 『우리어문연구』(우리어문학회) 53, 399~429.

李敬雨(1990), 『最近世 國語에 나타난 敬語法 硏究: 開化期 新小說 資料를 中心으로』, 이화여자대학교 박사학위논문.

이경우(1998), 「19세기 후기 경어법 연구: 춘향전을 중심으로」, 『국어교육』(한국국어교육연구회) 96, 239~271.

이경우(2003), 「국어 경어법 변화에 대한 연구(1)」, 『국어교육』(한국어교육학회) 110, 269~300.

이기갑(1979), 『우리말 상대높임 등급 체계의 변천연구』, 서울대학교 석사학위논문.

이성후(1991), 「日東壯遊歌의 異本 硏究」, 『論文集』(金烏工科大學校) 12, 329~339.

이승희(2007), 『국어 청자높임법의 역사적 변화』, 태학사.

이익섭(1993), 「국어 경어법 등급의 再分 體系」, 『해양문학과 국어국문학』, 형설출판사.

이익섭·채완(1999), 『국어문법론강의』, 학연사.

임동훈(2006), 「현대국어 경어법의 체계」, 『국어학』(국어학회) 47, 287~319.

정연주·정경재·홍종선(2015), 「20세기 전기 구어 자료에서의 '안' 부정법」, 『어문논집』(민족어문학회) 75, 109~145.

정준영(1995), 「<春香傳>에 나타난 19세기 청자존대법」, 『한국학보』(일지사) 80, 160~206.

周時經(1910), 『국어문법』, 박문서관.

최전승(1990), 「판소리 사설에 반영된 19세기 후기 전라 방언의 특질: 경어법 체계를 중심으로」, 『한글』(한글학회) 210, 123~177.

Keller, Rudi. 1990. *Sprachwandel: Von der unsichtbaren Hand in der Sprache*. Stuttgart: UTB. [이기숙 역(1994), 『언어 변화』, 서광학술자료사.]

Keller, Rudi. 2004. Rules and Tools.

■ [부록] 20세기 후기 구어 자료의 목록과 약호

연도	제목	약호	상영시간	감독
1946	자유 만세	만세	60분	최인규
1948	독립전야	독립	50분	최인규
1949	마음의 고향	마음	76분	윤용규
1954	운명의 손	운명	85분	한형모
1956	서울의 휴일	휴일	90분	이용민
1958	그대와 영원히	그대	109분	유현목
1958	돈	돈	123분	김소동
1958	자유결혼	자유	93분	이병일
1961	서울의 지붕 밑	지붕	123분	이형표
1964	검은 머리	검은	105분	이만희
1964	맨발의 청춘	맨발	116분	김기덕
1967	일월	일월	100분	이성구
1971	인간 사표를 써라	사표	96분	박노식
1974	별들의 고향	별들	105분	이장호
1975	바보들의 행진	행진	117분	하길종
1975	영자의 전성시대	영자	103분	김호선
1978	속보	족보	110분	임권태
1981	난장이가 쏘아올린 작은 공	난쏘공	100분	이원세
1985	깊고 푸른 밤	밤	110분	배창호
1986	겨울 나그네	나그네	120분	곽지균
1988	개그맨	개그맨	127분	이명세
1988	칠수와 만수	칠수	108분	박광수
1992	결혼이야기	결혼	95분	김의석
1992	아래층 여자와 윗층 남자	아래위	102분	신승수
1993	투캅스	투캅스	110분	강우석
1996	돼지가 우물에 빠진 날	돼지	113분	홍상수
1997	접속	접속	104분	장윤현

20세기 구어 자료에 나타난 명령형 어미의 실현 양상 변화

정경재

1. 머리말

21세기에 접어들면서 현대국어는 이제 1세기가 넘는 시간을 포괄하는 개념이 되었다. 따라서 자연스레 100년이 넘는 시간 동안 현대국어 안에서 발생했고 또 발생하고 있는 변화에 대해 기술하고 설명하는 것이 중요한 과제로 떠올랐다. 더구나 현대국어는 앞선 시기와 달리 부분적이나마 구어 자료에 접근할 수 있다는 점에서, 과거의 언어와 그것의 변화 과정을 선명하게 들여다볼 수 있는 매력적인 연구 대상이라 할 수 있다.

본고는 현대국어 안에서 발생한 명령형 어미의 변화를 살피는 데 목적이 있다. 한글 자료가 남아 있는 시기인 15세기 중엽 이후, 명령형 어미는 매우 많은 변화를 겪었다. 후기 중세국어 시기에 {-어쎠}가 소멸하였고 오늘날 {-소서}(<-쇼셔)가 소멸 단계에 놓여 있으며, {-게}, {-오}, {-ㅂ시

오}, {-어}, {-어요} 등 명령의 기능을 수행하는 여러 어미가 새로 등장하였다. 15세기부터 그 형태를 유지하고 있는 명령형 어미인 {-라}는 오늘날 간접 명령문에만 사용되는 것으로 기능이 변화하였다. 이러한 다양한 변화는 모두 현대국어 이전에 발생한 것으로, 현대국어 안에서 발생한 명령형 어미의 구체적인 변화 양상은 그동안 큰 주목을 받지 않았다. 이 시기에 명령형 어미의 목록이나 체계 내의 큰 틀에서 변화가 발생하지 않은 것은 사실이나, 면밀히 들여다보면 그 안에서 흥미로운 변화 몇 가지를 살필 수 있다.

명령문은 화자와 청자가 모두 존재하는 상황에서 사용되므로, 명령형 어미의 변화를 관찰하기 위해서는 대화 상황이 포함된 자료의 존재가 필수적으로 요구된다.[1] 본고는 명령형 어미의 실현 양상 변화를 살피기 위해 20세기 구어 자료를 전사한 '고려대 구어 말뭉치: 20세기 전기, 후기' 자료를 이용한다.[2] 이 자료는 연설, 강의와 같은 일방향 자료와 영화, 토론, 인터뷰 같은 양방향 자료로 구성되어 있는데, 본고에서는 양방향 자료, 그 중에서도 자연스러운 대화를 반영한 영화, 연극, 드라마, 만화 자료를 주로 이용하였으며[3] 그 외의 것은 보조 자료로만 사용하였다.

---

1) 배진영 외(2013: 7장)에서는 대화, 소설, 신문, 학술이라는 4가지 사용역에서 어미가 사용되는 양상을 살폈다. 이에 따르면 전체 어미 중 종결어미의 사용 비율이 가장 높은 사용역은 '대화'였으며, 가장 다양한 종결어미가 사용된 것 역시 '대화'에서였다. 신문이나 학술 같은 문어 사용역에서는 문장이 주로 '해라체'의 '평서문'으로 이루어지지만 대화에서는 평서, 의문, 청유, 명령 등 다양한 화행 의미가 나타나고 화청자 간의 관계에 따라 상대높임법도 다양하게 나타나기 때문이다(267쪽).

2) 이 자료는 한국연구재단의 지원을 받아 수행하고 있는 과제(20세기 현대국어 구어의 형성과 변천)를 진행하면서 구축한 것이다. 이 중 20세기 전기(~1945년) 자료에 대한 자세한 소개는 오재혁 외(2014)에 제시되어 있다. 본고에서 사용한 20세기 후기 자료의 목록과 규모는 논문의 마지막에 부록으로 제시한다.

3) 오재혁 외(2014)에서는 이 유형을 '일반적인 비격식적 양방향' 자료로 분류하였다. '일반적'은 '전문적'과, '비격식적'은 '격식적'과 '양방향'은 '일방향'과 대응되는 개념이다.

또한 필요에 따라 구어성이 담긴 문어 자료인 신소설과 현대소설 자료도 참고하였다.

2. 20세기에 발생한 명령형 어미의 변화 개관

20세기 명령형 어미에 대한 관찰은 주로 상대높임법에 대한 연구의 일부로 이루어져 왔다. 姜圭善(1989), 李敬雨(1990), 권소영(2004), 강지영(2007) 등에서는 20C 초 신소설을 대상으로, 김정호(2005), 박정임(2008) 등에서는 20C 전반 현대소설을 대상으로, 金景慧(2013)에서는 1930년대 유성기 음반을 대상으로 당시의 상대높임법을 연구하였으며, 이 과정에서 명령형 어미의 특성도 함께 다루었다.

한국어의 각 시기별 종결 어미의 목록과 특징을 살핀 연구들에서도 명령형 어미가 함께 다루어졌다. 특히 박진완(2000)에서는 평서형, 의문형, 명령형, 청유형 종결 어미를 각각 대우법에 따라 구분하여, 20세기 안에서의 변화를 살핀 바 있어 참고할 만하다.

이 연구들은 당시 사용된 어미의 목록과 특징을 전반적으로 살피고 있으나, 대부분 문어 자료를 대상으로 하고 있으며 구체적인 실현 빈도를 제시한 연구가 드물어 현대국어 안에서의 변화를 살피고자 하는 본고의 기준점으로 삼기에 어려움이 있다. 다만 오재혁 외(2015)에서는 20세기 전기 구어 자료에 나타난 종결어미의 목록과 빈도를 구체적으로 제시하면서 명령형 어미에 대해서도 함께 다룬 바 있다. 따라서 본고에서는 오재혁 외(2015: 200)에서 제시한 명령형 어미를 대상으로 하여, 고려대 구어 말뭉치의 20세기 전기(~1945년) 자료와 1990년대 자료에서 해당 어미들이 어떻게 실현되는지 비교함으로써 현대국어 구어에서 명령형 어미가 실현되는 양상과 그 변화를 개관하고자 한다.

아래의 표는 오재혁 외(2015: 200, 표 7)에서 제시한 명령형 어미의 목록 중 빈도가 5 이상인 어미만을 화계별로 재정리한 것이다.[4] 또한 본고에서는 해당 명령형 어미가 실현될 때 주체 높임의 {-시-}가 함께 사용되었는지를 확인하여 별도로 출현 빈도를 제시하였다. 명령문의 경우 주체와 청자가 동일하므로 {-시-}의 결합에 따라 높임의 정도가 달라질 수 있기 때문이다.[5] 이를 통해 명령형 어미가 {-시-}와 함께 쓰이는 비율이 어미에 따라, 시대에 따라 달라지는 모습도 확인하고자 한다.[6]

[표 1] 명령형 어미의 출현 빈도: 20세기 구어 말뭉치

	형태	빈도			
		20C 전기		1990년대	
해라체	-아라	102	234	91	180
	-어라	53		46	
	-여라	21		25	

4) 오재혁 외(2015: 200)에 포함되어 있으나 출현 빈도가 5를 넘지 않는 어미로는 '-라(4), -유(2), -라니까요(1), -라니깐(1), -으소서(1), -으슈(1)'가 있다. 이 중 '-유, -으슈', '-으소서'는 각각 빈도가 5를 넘는 어미 '-오(53), -우(6)', '-옵소서(6)'와 함께 묶여 본고의 [표 1]에 포함되었으며, '-라, -라니까요, -라니깐'은 논의에서 제외되었다. 오재혁 외(2015)가 발표된 이후 고려대 구어 말뭉치가 보완되고 새로운 자료가 추가되었으므로, 이 연구와 본고에서 제시한 수치에는 차이가 있다.

5) 이익섭(1993)에서는 주체와 청자가 동일한 문장에 사용된 주체 높임의 {-시-}는 청자 높임법의 등급을 세분화하는 역할을 한다고 보았다.

6) [표 1]에 제시한 수치는 고려대 구어 말뭉치의 일반적인 비격식적 양방향 자료(영화, 연극, 드라마, 만화)를 대상으로 한 것이다. 이 중 20C 전기 자료인 유성기 연극, 유성기 영화 자료에서 배경 음악으로 나오는 노랫말은 제하였으나 등장인물의 입을 통해 실현되는 경우 독백, 편지 낭독, 시조 낭독 등도 모두 포함하였다. 그러나 이들을 모두 포함하거나 모두 제한다고 해도 연구의 결과는 크게 달라지지 않는다. 한편 명령형 어미가 사용되었지만 감탄사로 굳어진 '여보게, 여보세요, 아서라' 등은 포함하지 않았다.

	-거라	46		13	
	-너라	12		5	
	-렴	6	7	2	2
	-으렴	1		0	
	-려무나	4	4	1	1
	계	245		183	
해체	-아	98	200	449	914
	-어	81		331	
	-여	21		134	
	-셔	1	1	1	1
	계	201		915	
하게체	-게	62	62	6	6
	-시게	0	0	1	1
	계	62		7	
하오체	-오	29	44	1	1
	-소	2		0	
	-우	12		0	
	-수	1		0	
	-시오	36	50	5	9
	-으시오	4		0	
	-쇼	1		3	
	-으쇼	1		0	
	-시우	5		0	
	-슈	2		1	
	-으슈	1		0	
	계	94		10	
해요체	-아요	30	54	59	125
	-어요	20		47	
	-여요	4		19	
	-셔요	11	255	1	205
	-세요	233		197	
	-으세요	11		7	

	-지요	0	0	0	1
	-죠	0		1	
	-시지요	8	16	1	28
	-시죠	8		27	
	계	325		359	
합쇼체	-ㅂ시오	2	4	0	0
	-ㅂ쇼	2		0	
	-십시오	52	68	58	69
	-으십시오	4		1	
	-십쇼	12		10	
	-소서	6	12	0	0
	-으소서	1		0	
	-옵소서	5		0	
	-시옵소서	2	2	1	1
	계	86		70	
계		1,013		1,544	

20C 전기와 1990년대 구어 말뭉치는 자료의 규모가 다르고 등장하는 인물들 간의 관계도 다르므로 각 어미가 출현한 절대 빈도를 비교하는 것은 큰 의미가 없을 것이다. 그러나 [표 1]의 내용을 통해, 20C 전기에서 1990년대에 이르는 동안 명령형 어미에 다음과 같은 변화가 발생하였음을 알 수 있다.

첫째, 하게체의 명령형 {-게}와 하오체의 명령형 {-오}는 사용이 위축되어 오늘날에는 거의 쓰이지 않는 상황이 되었다. 이를 명확히 확인하고자 명령형 어미의 전체 사용 예에 대해 각 화계별 비율을 정리해 보면 [표 2], [표 3]과 같다. 20C 전기 자료에서는 하게체와 하오체 명령형이 적지 않은 비율로 사용됨을 확인할 수 있다. 하오체 명령형은 합쇼체 명령형보다도 빈번하게 사용되었다.7) 그러나 1990년대 자료에서 이들은 각각 전체 명령형 어미의 예 중 1%도 안 되는 비중을 차지하고 있으며, 하오체와 합쇼체의 사용 비중도 큰 차이를 보이는 것으로 변화하였다.

[표 2] 명령형 어미의 화계별 출현 빈도: 20C 전기

	안 높임				높임			
화계	해라체	해체	하게체	계	하오체	해요체	합쇼체	계
출현빈도	245	201	62	508	94	325	86	505
비율(%)	48.2	39.6	12.2	100.0	18.6	64.4	17.0	100.0

[표 3] 명령형 어미의 화계별 출현 빈도: 1990년대

	안 높임				높임			
화계	해라체	해체	하게체	계	하오체	해요체	합쇼체	계
출현빈도	183	915	7	1,105	10	359	70	439
비율(%)	16.6	82.8	0.6	100.0	2.3	81.8	15.9	100.0

둘째, 해체와 해요체의 사용 비중이 높아졌다. 높이지 않는 청자에게 사용할 수 있는 해라체와 해체의 경우, 20C 전기에는 '해라체'가 '해체'보다 더 빈번하게 사용된 반면 1990년대에는 해체의 비중이 압도적으로 늘어난다. 높여야 하는 청자에게 사용하는 합쇼체와 해요체의 경우 20C 전기에도 이미 해요체가 더 빈번하게 사용되었지만, 1990년대에는 해요체의 사용 비중이 더 증가하였다.[8)]

---

7) 李敬雨(1990: 65)에서는 신소설 8편을 대상으로 하여 명령법에 나타나는 어미들의 비율을 화계별로 정리한 바 있다. 이를 옮겨 오면 아래와 같다. [표 2], [표 3]의 수치와 비교하면 변화의 연속성을 확인할 수 있다.

	하소서체	합쇼체	하오체	(해요체)	하게체	해라체	(해체)
백분율(%)	3	11	23	1	14	46	2

8) '하오체, 해요체, 합쇼체' 안에서 각 화계의 비중 변화를 살펴보면, 합쇼체의 비중은 크게 달라지지 않은 반면 하오체와 해요체는 큰 변화를 겪었다. 이는 하오체의 위축과 해요체의 확산이 직접적으로 관련됨을 보여준다. 이에 대해서는 3장에서 다룰 것이다.

상기의 두 가지 변화, 즉 '하게체, 하오체의 위축'과 '해체, 해요체의 사용 증가'는 상대높임법 체계의 변화를 다루는 연구들에서 빈번하게 언급되어 오던 것이며, 명령문에만 국한된 현상이 아니다. 따라서 현대국어 안에서 발생한 명령형 어미의 변화를 다루는 본고에서는 이를 더 깊이 논의하지 않는다.

셋째, 해요체의 명령형 어미 {-어요}가 {-시-}와 함께 사용되는 비중이 감소하였다. 명령문은 청자와 주체가 동일하므로 주체 높임법 선어말 어미 {-시-}는 청자가 화자보다 높지 않은 해라체, 해체, 하게체 어미와는 거의 함께 쓰이지 않는다. [표 1]에서도 이를 확인할 수 있다. 반면 높여야 하는 청자에게 사용되는 하오체, 해요체, 합쇼체 어미는 많은 경우 {-시-}와 함께 쓰인다. 하오체, 해요체, 합쇼체 어미가 {-시-}와 함께 사용된 비율을 시기별로 정리하면 다음과 같다.

[표 4] 명령형 어미와 {-시-}의 결합 비율

	20세기 전기			1990년대		
	하오체	해요체	합쇼체	하오체	해요체	합쇼체
{-시-} 결합	50	271	70	9	233	70
{-시-} 비결합	44	54	9[9]	1	126	0
계	94	325	79	10	359	70
{-시-} 결합비율	53.2%	83.4%	88.6%	90.0%	64.9%	100.0%

[표 4]를 통해, 20C 전기에 해요체와 합쇼체 명령형 어미는 대부분 {-시-}와 함께 사용된 반면 하오체 명령형 어미는 {-시-}와의 결합이 압도

9) 합쇼체 명령형 어미 중 하나인 '-소서'는 기원적으로 {-시-}를 포함하고 있는 것으로 추정되는데, 그 때문인지 {-시-}와 직접 결합할 수 없다. 따라서 이 표에서는 '-소서'의 예는 제하였다. 그러나 '-옵소서'는 '-시옵소서'가 가능하므로 포함하였다.

적이지 않았음을 알 수 있다. 흥미로운 것은 1990년대에 오면, 합쇼체 명령형 어미는 모든 예가 {-시-}와 함께 쓰이게 되나 해요체 명령형 어미는 {-시-}와 함께 쓰인 비율이 약 65%로 떨어진다.[10] 명령형으로 쓰인 해요체 어미 {-어요}와 {-시-}의 관계 변화에 대해서는 본고의 3장에서 자세히 다루도록 한다.

넷째, [표 1] ~ [표 3]을 통해 확인한 것처럼 20C 전기에 비해 1990년대에 오면 해라체 명령형의 사용 비중이 감소하며, '-거라'와 '-너라'는 거의 사용되지 않는 상태가 된다. 또한 표에 드러나지는 않지만 이형태였던 '-아라/어라/여라'와 '-거라', '-너라'가 지녔던 상보적인 분포도 현대국어 안에서 사라지게 되었다. 해라체 명령형 안에서 발생한 변화, 특히 '오너라'가 사라지는 과정에 대해 본고의 4장에서 자세히 다루도록 한다.

지금까지 20C 전기 구어 자료와 1990년대 구어 자료에 나타난 명령형 어미를 비교하여, 현대국어 안에서도 명령형 어미에 여러 변화가 발생하였음을 확인하였다. 그 중 일부는 상대높임법 체계의 변화에 따른 것으로 명령형 어미에 국한된 현상이 아닌 것도 있었으며, 일부는 명령형 어미에서만 확인되는 흥미로운 현상이었다. 본고의 3장과 4장에서는 후자의 현상 두 가지에 대해 더 깊이 있게 살펴보도록 하겠다.

3. 명령형 어미와 {-시-}의 결합 비율 변화

명령문은 화자가 청자에게 행동을 요구하는 문장으로, 청자와 문장의 주체가 동일하다. 따라서 청자가 화자보다 높지 않은 상황에서 쓰이는

10) 하오체는 1990년대에 빈도가 매우 낮으므로 {-시-} 결합 비율의 증가를 유의미하게 해석하기 어렵다.

해라체, 해체, 하게체 명령형 어미는 {-시-}와 함께 쓰이는 경우가 많지 않으며[11], 반대로 화자가 청자를 높이는 상황에서 쓰이는 하오체, 해요체, 합쇼체 명령형 어미는 빈번하게 {-시-}와 함께 쓰인다.

{-시-}는 문장의 주체를 높이는 것이고 어말 어미는 청자를 높이는 것으로 그 기능이 서로 다르나, 주체와 청자가 동일한 문장에서 {-시-}와 어말어미가 함께 쓰였을 때 화자가 두 형태소의 기능을 구분하여 각각 주체와 청자를 위해 따로따로 사용하였다고 생각하기 어렵다. (1)과 같은 예에서 '-세요'와 '-아요'의 선택은, 화자가 주체를 높였느냐 안 높였느냐의 차이가 아니라 화자가 청자를 얼마나 더 높였느냐의 차이이다(한길 2002: 231-238, 홍종선2009, 김서형·홍종선2015). 즉 (1ㄱ)과 (1ㄴ)은 화자가 청자를 대우하는 정도를 전략적으로 조절한 결과라고 생각해야 할 것이다.[12]

(1) ㄱ. 이리 오세요.
ㄴ. 이리 와요. [한길(2002: 235)에서 인용]

2장의 [표 4]를 통해 살핀 것처럼, 합쇼체의 경우 20C 전기부터 {-시-}와의 결합이 거의 필수적이었다. '-옵소서'의 예를 제한다면 {-시-}와 함께 쓰인 비율이 약 94%에 이른다. 해요체에 비해 합쇼체가 {-시-}와 함께

11) 하게체와 해체의 명령형은 드물게나마 {-시-}와 함께 쓰이지만, 해라체의 명령형은 {-시-}와 함께 사용되지 않는다(한길2002: 235-238).

(i) ㄱ. 이리 {앉게/앉으시게}.
ㄴ. 이리 {앉아/(*)앉으셔}.
ㄷ. 이리 {앉아라/*앉으시어라}. [한길(2002: 235-238)에서 인용]

12) 명령문은 청자를 직접 대하는 언어 표현이므로 다른 화행 표현보다 상대방에 대한 대우 정도가 세밀하게 나타날 수 있으며, 청자에 대해 예우와 친근성을 적절하게 조절하는 화자의 발화 전략이 활발하게 나타난다(홍종선2009: 26).

쓰인 비율이 높은 것은, 합쇼체가 청자를 격식적으로 가장 대우하는 화계이기 때문일 것이다. 그러나 20C 전기에는 (2)와 같이 {-시-}가 결합하지 않은 채로 쓰인 예도 존재한다.

(2) ㄱ. 할멈: 그것 봅쇼. 제 말이 옳지 않습니까? <1939유성연극_어머니의 힘>
ㄴ. 영희: 애경 씨 원수가 여기 있습니다. 잠깐만 기다려 줍시오. <1945?유성영화_종소리>

1990년대 구어 말뭉치에는 합쇼체 명령형 어미가 출현한 모든 예에서 {-시-}가 함께 나타나, 20C 전기부터 드러난 경향이 더욱 강해졌음을 알 수 있다. 해당 화계의 명칭이 '합쇼체'에서 '하십시오체'로 변화한 것도 이러한 상황이 반영된 결과이다.[13] 오늘날 {-시-} 없이 '-ㅂ쇼'가 단독으로 쓰인 (3)과 같은 예는 상인이나 걸인 등 특정 집단에서만 사용되는 사회 방언처럼 생각된다.

(3) ㄱ. 어서 옵쇼.
ㄴ. 한 푼만 줍쇼.

20C 전기에는, 합쇼체에 미치지는 못했지만 해요체 역시 {-시-}와 함께 쓰이는 비율이 높아 83.4%나 되었다. 반면 하오체는 합쇼체, 해요체와는 달리 {-시-}가 결합하지 않은 예가 46.8%나 되었다. 즉 20C 전기 명령문에서 {-시-}의 결합 여부로 청자에 대한 대우 정도를 조절하는 데 활발히 사용된 화계는 하오체였음을 알 수 있다.[14] 그러나 하오체는 오늘날

13) 본고에서는 20C 전기, 후기를 모두 다루고 있으므로 해당 화계를 일관되게 '합쇼체'라 칭할 것이다.

14) 하오체는 20C 전기에 '예사 높임'에서 '화자와 대등하거나 낮은 지위의 상대를 격식적으로 대접해 주는 용법'으로 대우 등급이 하락하는 변화가 발생하고 있었으므로(정경재 외

거의 사용되지 않아, 20C 후기로 오면서 {-시-}와 함께 쓰이는 비율이 증가했는지 여부를 단언하기 어렵다.

흥미로운 것은 해요체이다. [표 4]에 드러난 것처럼 해요체는 20C 전기에는 약 83.4%의 예가 {-시-}와 함께 쓰여 '-세요', '-셔요', '-시지요' 형태로 나타났으나, 1990년대에는 64.9%의 예에서만 {-시-}가 함께 쓰여 그 비율이 18.5% 정도 감소하였다. 이러한 변화는 특히 {-어요}에서 나타난다.15) {-어요}만을 대상으로 한다면 {-시-}와 함께 쓰인 비율이 82.5%에서 62.1%로, 20.4% 감소하였다.

명령형으로 쓰인 해요체의 어미 {-어요}가 {-시-}와 함께 쓰인 비율이 낮아진 것이 1990년대 자료에 나타난 우연적인 현상인지 확인하기 위해, 고려대 구어 말뭉치의 1945~1989년 사이 일반적인 비격식적 양방향 자료에서 명령문에 쓰인 {-어요}의 예를 모두 모아 {-시-}와 함께 쓰인 비율을 확인하였다. 그 결과는 [표 5]와 같다.

[표 5] 명령문에 쓰인 {-어요}와 {-시-}의 결합 비율 변화

	~1945	1946~	1950~	1960~	1970~	1980~	1990~	계
{-시-} 결합	271	31	111	179	209	169	205	1,175
{-시-} 비결합	54	9	46	85	98	105	125	522
계	325	40	157	264	307	274	330	1,697
{-시-} 결합비율	83.4%	77.5%	70.7%	67.8%	68.1%	61.7%	62.1%	69.2%

위의 표를 통해, 명령문에서 {-어요}와 {-시-}가 함께 쓰인 비율이 20C

2015), {-시-}와 함께 쓰이는 비율이 낮은 것은 이와 관련된 현상일 수도 있다.

15) [표 1]에서 볼 수 있듯이 명령의 화행을 지닌 {-지요}는 오늘날에도 대부분 {-시-}와 함께 나타난다. 李翊燮·任洪彬(1983: 233)에서는 합쇼체 명령형 어미 '-십시오'가 '-시지요'로 대치될 수 있는데, 이는 명령은 아무리 정중하게 말하여도 일단 명령이므로 이를 권유로 바꾸어 표현하기 위함이라 하였다. 명령문에 쓰인 {-지요}가 나타내는 화계가 합쇼체에 대응할 만하다면, 그것이 대부분 {-시-}와 함께 나타나는 현상을 이해할 수 있다.

안에서 점진적으로 꾸준하게 감소하여 왔음을 알 수 있다. 20C 전기에는 80%가 넘던 것이, 50년대에는 약 71%로, 6~70년대에는 약 68%로, 8~90년대에는 약 62%로 감소한다. 따라서 이는 우연적인 것이라 하기 어렵다. 해요체는 청자가 화자보다 높을 때 사용하는 화계이며 명령문은 청자와 주체가 동일하므로 해요체 명령문의 주체 역시 화자보다 높은 인물이다. 곧 해요체가 쓰인 명령문에는 주체를 높이기 위한 {-시-}가 사용될 것이 기대된다. 그런데 {-시-}가 결합한 '-세요' 대신 '-어요'를 사용한 비율이 증가한 것은, 화자가 해요체를 대상으로 하여 {-시-} 결합 여부로 청자 대우의 정도를 조절하게 되었음을 의미한다.

예문 (4)는 영희라는 인물이 청자와 상황에 따라 명령문에 '-어요'를 쓰기도 하고 '-세요'를 쓰기도 함을 보여 준다. (4ㄱ)에서는 남편에게 '-어요'를 쓴 반면, (4ㄷ, ㄹ)에서는 시어머니와 택시 기사에게 '-세요'를 사용하였다. 또한 (4ㄴ)에는 이혼한 남편에게 '-어요'와 '-세요'를 함께 사용하고 있는데, 전 남편을 '위층 아저씨'라 부르며 '남'임을 강조할 때 '-세요'를 사용하는 것을 확인할 수 있다.

(4) ㄱ. 영희: 것 봐요. 자기는 그 칭얼거리는 버릇 좀 고쳐야 해요.
ㄴ. 영희: 이봐요. 빨리 문 열어요. (중략) 욕실 바닥 고치라 그랬잖아요? (중략) 전문가를 불러다 빨리 좀 고쳐 주세요. (중략) 다음주까지 안 고치면 고발하겠어요? (중략) 착각하지 마세요. 위층 아저씨.
ㄷ. 영희: 어머니 이왕 오신 김에 한강 유람선도 타 보시고 육삼 빌딩도 가 보시구 며칠 계시다 가세요.
ㄹ. 영희: 아저씨 여의도로 가 주세요.
<1992영화_아래층 여자와 위층 남자>

(5)는 일제 강점기를 배경으로 한 영화로, 창씨개명을 권유하는 젊은 일본인과 이를 거부하는 지역 유지 간의 대화이다. 설진영은 아내와 일본인 다니에게 '-어요'를 사용하는 반면, 설진영의 아내는 다니에게 '-세요'를 사용하는 것을 볼 수 있다.

(5) 설진영: 여보 한 잔 권해요.
설진영 처: 네. 자 드세요.
다니: 감사합니다.
설진영: 자 들어요.
아이들: 할아버지 학교 다녀왔습니다.
설진영: 오. 동운이냐? 너희들 들어오너라. (중략) 거 너희들 저 손님께 인사드려라. (중략) 내 손자요.

<1978영화_족보>

20C 전기에 {-시-} 결합 여부로 대우 등급을 조절하는 현상이 하오체에서 나타났다는 것을 고려하면, 해요체 명령문에 {-시-}가 결합하지 않는 비율이 증가하는 것이 하오체의 소멸과 관련될 것임을 짐작할 수 있다. 실제로 해요체 명령문의 {-시-} 결합 비율 감소 시기와 하오체의 위축 시기가 거의 일치함을 확인할 수 있다.

정경재 외(2015)에서는 고려대 구어 말뭉치의 양방향 자료, 주로 영화 자료를 이용하여, 전체 발화의 수 중 하오체 어미 {-오}가 사용된 발화의 비율을 정리한 바 있다. 이 연구에서 제시한 표를 옮기면 [표 6]과 같다. [표 6]을 통해 1930년대 자료에서 7%에 가까웠던 하오체의 비율이 4~50년대에는 약 5%로 감소하고 6~70년대에는 약 3%로 감소하며 8~90년대에는 거의 쓰이지 않게 되는 것을 확인할 수 있다(정경재 외2015: 302-303).

[표 6] 전체 발화 중 {-오}가 사용된 발화의 비율

시대	30년대	40년대	50년대	60년대	70년대	80년대	90년대
비율(%)	6.82	4.48	5.09	2.67	2.94	0.60	0.29

하오체가 쇠퇴하는 현상은 해요체의 확산에 원인이 있는 것으로 설명되어 왔다(李敬雨1990, 성기철1999, 이익섭·채완1999, 이승희2007, 유필재2014 등). 이 두 화계의 역사적인 관계를 고려하면, 해요체의 명령형에 '-세요' 대신 '-어요'가 사용되는 비율이 증가하는 원인을 이해할 수 있다.

하오체는 18C에 '예사 높임'의 화계로 등장하였으나 19C부터 부분적으로 대우 등급이 하락하여 '화자와 대등하거나 낮은 지위의 상대를 격식적으로 대접해 주는 용법'을 지니게 되었다(정경재 외2015). 해요체가 이를 대체하게 되는 시기에는 하오체의 대우 등급이 낮아진 상태였으므로, 화자들은 '-세요'가 아닌 '-어요'를 사용하여 하오체의 명령형 '-오'를 대체하게 되었을 것이다. 즉 명령문에 쓰인 '하세요'는 본디 해요체에서 주로 사용되던 형태이며, '해요'는 하오체를 대체하면서 새롭게 증가한 형태로 볼 수 있다. 따라서 오늘날 명령문의 '해요'와 '하세요'는 서로 다른 등급으로 여겨질 정도로 대우 정도에 차이를 지닌다.

앞서 예문 (5)에 제시한 영화에서 지역 유지인 설진영은 일본인 다니에게 하오체를 빈번하게 사용하고 있는데, 그에게 명령할 때는 '-어요'만 나타날 뿐 '-세요'는 나타나지 않는다. 명령문에서 {-시-}가 결합하지 않은 '-어요'가 하오체에 비견하는 화계임을 보여준다. 아래의 (6) 역시 '-세요'가 아닌 '-어요'로 명령하는 청자에게 하오체를 함께 사용하는 것을 보여주는 예이다.

(6) ㄱ. 베르티: 걱정할 거 없어요 선생님. 아무리 많은 선수들이 슛돌이를 마크한다 해두 슛돌일 당해낼 녀석은 하나두 없을 거예요.

알버트 선생님: 잘 봐요. 공격은 아직두 계속 되고 있소.

<199-만화_축구왕 슛돌이>

ㄴ. 철수: 인천으로 가시오. 어서요. 아 어서 꺾어요.

<1992영화_아래층 여자와 위층 남자>

李周行(1994)에서는 '해요체'와 '하세요체'를 구분할 것을 주장하면서, 구형의 으뜸높임인 '하십시오체'의 쇠퇴로 생기게 된 빈 공간을 신형의 으뜸높임인 '하세요체'가 채운다고 보았다. 이러한 주장이 설득력을 얻으려면 20C 안에서 명령문에 쓰인 '-십시오'가 감소하고 '-세요'는 증가하는 모습이 나타나야 한다. 그러나 [표 1] ~ [표 3]을 통해 알 수 있듯이, 합쇼체 명령형은 20C 동안 사용 비율에 큰 변화가 없었으며 명령문에 쓰인 해요체 안에서 '-세요'의 비중은 오히려 감소하였다. 반면 하오체는 20C 안에서 사용 비율이 크게 줄었고 명령문에 쓰인 해요체 안에서 '-어요'의 비중이 꾸준히 증가하였으므로, '-세요'와 '-어요'의 비중 변화는 합쇼체와의 관계가 아닌 하오체와의 관계에서 원인을 찾아야 한다.

李周行(1994) 외에도 명령문에서 '해요'와 '하세요'가 지니는 대우 등급 차이에 주목하여 이 둘을 별개의 화계로 구분해야 한다고 본 선행연구들이 있다(朴榮順1976, 서덕현1998, 嚴敬鈺2004, 홍종선2009, 김서형·홍종선2015 등). 명령문에서 '하세요'가 아닌 '해요'가 사용된 비율이 증가한 것이 하오체를 대체하는 과정에서 발생한 것이라면, '하세요체'와 '해요체'를 별개의 화계로 구분하고자 한 이들의 논의에 힘을 실어 주게 된다.[16)]

16) 김서형·홍종선(2015: 19)에서는 오늘날 구어에서 하게체와 하오체가 거의 사용되지 않으므

하세요체를 해요체와 구분되는 별개의 화계로 정립해야 하는지는, 명령형 어미만을 논의하는 본고에서는 판단하기 어려운 문제이다. 다만 언제나 {-시-}와 함께 쓰이는 합쇼체와 거의 대부분 {-시-}와 함께 쓰이지 않는 하게체, 해체, 해라체와는 달리 해요체는 '-세요'와 '-어요'를 이용하여 청자 대우 등급을 변별하려는 화자의 의도가 있음이 분명하며, 이러한 구분은 20C 후기에 들어서며 뚜렷해졌다. 하세요체를 독립된 화계로 설정한다면, 그것은 20C 후기에 이르러 정립된 것으로 보아야 할 것이다.

4. 해라체 명령형 어미의 변화

3장에서는 해요체 명령형에서 {-시-}가 쓰이는 비중의 변화를 관찰하고 이 현상과 하오체의 위축 사이의 관계에 대해 살펴보았다. 이 장에서는 해라체 명령형 어미에서 발생한 결합 분포 변화를 정리하고 이 현상과 해체의 확산 사이의 관계를 살펴볼 것이다.

오늘날 한국어에서 동사의 해라체 직접 명령형은, 모든 동사에 결합하는 '-아라/어라/여라'와 '-거라'[17], 그리고 '오다'에만 결합하는 어미 '-너

로 이를 화계에서 제하고 하세요체를 추가할 것을 제안하였다. 또한 명령형 외에 평서, 의문, 청유, 감탄형의 경우 종래에 하오체나 하게체에 해당한다고 본 것을 이웃하는 다른 화계에 소속시킬 수 있다고 하였다. 아마도 종래의 하게체에 속하던 어미들을 해체에, 하오체에 속하던 어미들을 해요체에, 해요체에 속하던 어미들을 하세요체에 포함할 수 있을 것인데, 명령형 '해요'가 하오체를 대체하기 위해 사용되었다는 것을 고려하면 이러한 소속 변동은 타당한 것이라 할 수 있다.

17) 국립국어원 홈페이지에서 제공되는 <표준국어대사전>에서는 '-거라01'을 (i)과 같이 풀이하여 '오거라'를 인정하지 않은 반면, <고려대한국어대사전>에서는 (ii)와 같이 '오거라'를 인정하였다. 송창선(2011), 최성규(2014)에서는 현대국어 말뭉치에 나타나는 '오거라'의 예를 제시한 바 있다. 필자의 직관으로는 '오거라'가 불가능하지 않으나 실제 언어생활에서 활발하게 사용된다고 생각되지는 않는다.

라'에 의해 실현된다. 즉 모든 동사는 (7)과 같이 해라체 직접 명령형으로 두 개 이상의 형태를 지닌다. 또한 해라체 간접 명령형은 (8)과 같이 동사에 {-라}가 결합한 형태로 실현된다.[18)]

(7) ㄱ. 먹어라, 있어라, 가라, 와라
ㄴ. 먹거라, 있거라, 가거라, 오거라
ㄷ. 오너라
(8) 먹으라, 있으라, 가라, 오라

'-아라/어라/여라', '-거라', '-너라'는 모두 기원적으로 명령형 어미 {-라}에 선어말어미가 결합하여 형성된 것으로, 후기 중세국어 시기에 '-너

(i) -거라01 「어미」 ((‘오다’를 제외한 동사 어간 뒤에 붙어)) 해라할 자리에 쓰여, 명령의 뜻을 나타내는 종결 어미. '-어라01'보다 예스러운 느낌을 준다. ¶어서 가거라./그만 물러가거라./가만히 있거라./빨리 먹거라.

(ii) -거라 끝종 동사의 어간 뒤에 붙어, 상대에게 명령의 뜻을 나타내는 말. 해라체에 쓰인다. ¶어서 집으로 가거라. / 인제 네 방으로 건너가거라. / 얘야, 그것만 먹지 말고 이것도 좀 먹거라.

18) 현대국어에서는 {-라}가 간접 명령문, {-어라}가 직접 명령문에 쓰이는 것으로 구분되나, 후기 중세국어에서는 그러한 구분이 없어 (i)에서 볼 수 있듯이 {-라}가 결합한 '지스라, 맛보라, 가라(LH), 오라'와 같은 형태가 직접 명령문에 사용되었으며 (ii)와 같이 한 화자의 발화 안에서 두 형태가 연이어 나타나기도 하였다(박영준1994: 68-75, 장윤희2002: 232-235, 고은숙2010: 33 등). 그러나 출현 빈도는 {-라}가 훨씬 높았다. 이 두 어미의 관계와 역사적인 변화는 현대국어 안에서 발생한 것이 아니므로 더 이상 논의하지 않으며, 후고를 기약한다.

(i) ㄱ. 네 쌜리 다숫 사르미 밥 지스라 (你疾快做着五箇人的飯着) <飜老上20b>
ㄴ. 이 고기 닉거다 네 맛보라 빤녀 슴거우녀 엇더호고 (這肉熟了 你嘗看 鹹淡如何) <飜老上22a>
ㄷ. 너 쥬인하 즉재 날 위호야 사라 가라 호 근 고기를 사딕 구장 솔지니란 말오 녑발치 조츤 고기를 사다가 편 굵게 사호라 봇가 오라 (你主人家 就與我買去 買一斤肉着 休要十分肥的 帶肋條的肉買着 大片兒切着 炒將來着) <飜老上21a>
(ii) 오나라 오나라 안직 가디 말라 (來來 且休去) <飜老上26a>

라'는 '오다'와만, '-거라'는 '니다, 가다, 잇다' 등 일부 자동사와만 결합하는 것으로 상보적 분포를 유지하고 있었다(高永根1980). (9)는 후기 중세국어 시기의 예이다.

(9) ㄱ. 네 글월 벗겨든 릐실 우리 햐츄로 보내여라 (你稅了契時 到明日我下處送來) <飜老下20b>

ㄴ. 네 됴히 니거라 내 이 싄숌 모시뵈 풀면 아모 나리라 업시 모로매 너를 기들워사 우리 도라갈 황호 사기를 의론호리니 네 모로매 일즈시 오나라 (你好去着 我賣了這人蔘毛施布時 不揀幾日 好歹等你來 咱商量買迴去的貨物 你是必早來) <飜老下56ab>

그러나 오늘날에는 (7)처럼 이들이 상보적 분포를 유지하지 못한다. '오다'에는 세 형태의 어미가 모두 결합될 수 있어 '와라, 오거라, 오너라'로 실현되며, 본래적 형태인 '오너라'는 출현 빈도가 급감하여 고어투의 어감을 지니게 되었다. 후기 중세국어 시기와 근대국이 시기 문헌에서 '오거라'와 '와라'는 찾아볼 수 없으므로[19], 이 변화는 모두 현대국어 안에서 발생한 것임을 알 수 있다.

후기 중세국어 시기부터 후기 근대국어 시기까지 변함없이 사용되던 '오너라'는 왜 현대국어에 들어와 점차 사용되지 않게 되었을까. 언뜻 생각하였을 때 이러한 변화의 원인은 '와라'의 등장에 있는 것으로 보인다. '-너라'는 '오다'라는 단 하나의 용언에만 결합하므로 분포가 좁고 상대적으로 빈도가 낮은 반면, '-아라'는 여러 용언에 두루 결합하므로

---

19) 최성규(2014: 74)에서는 '오거라'의 이른 시기 예로 (ⅰ)을 제시하고 있는데, 해당 자료의 간행 시기가 불분명하다. 또한 이 예는 바로 뒤에 오는 '가거라'에 영향을 받은 것으로 생각된다. 후기 근대국어 시기의 예로 볼 만한 것은 이 예 하나뿐이다.

(ⅰ) 삼인이 다시 알외되 조히 잇는 수름을 잡아다가 오거라 가거라 흐니 응당 그 갑시 이슬지라 <삼설기 권지상 17장본 02b>

유형 빈도와 출현 빈도가 모두 상대적으로 높다. 즉 변칙적인 교체형이었던 '-너라'가 '-아라'에 밀려 사라져 가고 해라체 명령형 어미가 '-아라/어라/여라'로 평준화되어 가는 변화가 현대국어에서 진행되고 있다고 생각할 수 있다.

그러나 현대국어 구어 자료에서 해당 어미들이 '오다'와 함께 사용되는 양상을 살펴보면 위와 같은 가설을 지지하기 어려움을 알 수 있다. 첫째, 변화의 동인이 해라체 명령형 어미 내적인 것이라면, 15C 중엽부터 19C 말에 이르기까지 '오너라(<오나라)'가 유지되며 단 한번도 '와라'가 나타나지 않은 것을 설명하기 어렵다. '오너라'의 위축과 '와라'의 등장이 현대국어에 들어서야 발생한, 시기적인 이유를 설명해야 할 것이다.

둘째, '-너라'는 '오다'라는 용언 하나에만 결합하므로 '-아라'에 비해서는 결합 분포도 좁고 출현 빈도도 낮지만, '오다'가 고빈도 기본 어휘이므로 활용형 '오너라'는 평준화의 대상이 될 만큼 출현 빈도가 낮지 않다.[20] '오너라/오나라'는 20C 초 신소설 자료에서만 196회 등장한다.[21]

셋째, '와라'는 '오너라'가 이미 위축되기 시작한 이후에 등장한다. '와라'는 20C 전기 고려대 구어 말뭉치에서 확인되지 않으며, 1950년대 구어 자료에서 처음 확인된다. (10)이 그 예이다. '와라'는 후기 근대국어 시기 자료는 물론, 신소설과 20C 전반기 현대소설에서도 나타나지 않으므로 20C 전기 구어 자료에서 '와라'가 확인되지 않는 것을 우연한 공백

20) 'ᄀᆞᆮᄒᆞ다'에서 변화한 '같다'가 'ᄒᆞ다'의 활용형을 이어 받아 오늘날에도 '가태'로 실현되는 것 역시, 평준화를 야기하는 자음 어미 결합형(같다, 같고, 같지 등)과 매개모음 어미 결합형(같으니, 같으며, 같은 등)의 상대적인 빈도가 더 높음에도 불구하고 모음 어미 결합형 '가태'의 절대 빈도가 높기 때문이다(정경재2015: 321).

21) 후기 중세국어 시기와 근대국어 시기에는 ᄒᆞ라체 명령형 어미 {-라}도 직접 명령문에 쓰였으므로, '오라'의 존재에 의해 '오너라'의 빈도는 그리 높지 않았다. 그러나 {-라}가 간접 명령문에만 쓰이게 되면서 현대국어 초 '오너라'의 빈도는 오히려 증가하게 된다.

으로 볼 수는 없다.[22] '와라'는 1950년대 이후의 구어 자료에서는 (11)과 같이 지속적으로 확인되므로, 20C 후기부터 오늘날과 같이 쓰이기 시작한 것으로 생각할 수 있다. 한편 (12ㄴ)은 1954년 漢城圖書에서 간행된 이광수 <흙>의 일부분인데, 여기에서의 '나와라'는 1932년 동아일보에 연재되던 당시에는 '나라'로 쓰였음을 확인할 수 있다.

(10) 고박사: 8일 정오 서울 도착 마중 나와라. <1958영화_자유 결혼>

(11) ㄱ. 쪽지를 가져간 자가 요구하는 액수를 보수로 만들어서 니가 택하는 장소로 가져와라. 아니면 밀고한다. <1964영화_검은 머리>

ㄴ. 철호: 알았으면은 지금 곧 그 여인을 모시고 광릉으로 나와라. <1971영화_인간 사표를 써라>

(12) ㄱ. 또 그놈의 신작노는 웬걸 그리 만이 닦는지, 부역을 나라, 조약돌을 져 오너라, 밭 갈때나 김맬때나 나라면 나야지 아니 낫다가는 큰 일 아닌가. <1932.07.30. 동아일보_흙>

ㄴ. 또 그 놈의 신작로는 웬걸 그리많이 닦는지, 부역을 나와라, 조약돌을 저 오너라, 밭 갈때나 김 맬때나 나라면 나야지 아니 났다가는 큰 일 아닌가. <1954 흙 137>

이처럼 '와라'가 1950년대부터 지속적으로 등장하는 반면, '오너라'는 그보다 앞서 20C에 들어 점차적으로 출현 빈도가 줄어드는 모습을 보인다. 즉 '와라'의 등장이 '오너라' 위축의 직접적인 원인이 되었다고 보기 어렵다. 아래 [표 7]은 문어 자료인 신소설, 현대소설과 구어 자료인 고려대 구어 말뭉치 20C 전기, 후기 자료에서 해라체 명령형 '오너라, 와라' 및 해체 명령형 '와'가 출현한 빈도를 정리한 것이다.[23]

---

22) '와라'의 경우 등장 시기를 확인하기 위해 영화, 연극, 드라마, 만화뿐 아니라 '고려대 구어 말뭉치: 20세기 전기, 후기' 전체를 검토하였으나 역시 1940년대까지는 '와라'가 확인되지 않았다.

23) [표 7]에 제시한 수치는 (ⅰ)과 같이 관용적인 표현으로 사용된 '이리 오너라'의 예는 제외한 것이다. 이는 굳어진 표현으로, '와라'나 '와'로 대체될 수 없으므로 '오너라'의 위축

[표 7] 20C '오다'의 비존대 명령형 빈도 [단위: 개(%)]

	문어		구어						
	신소설	현대소설	1930	1940	1950	1960	1970	1980	1990
오너라	196 (92.5)	54 (53.5)	5 (33.3)	8 (27.6)	1 (5.0)	7 (18.4)	5 (6.3)	3 (4.5)	5 (5.3)
와라	0 (0.0)	0 (0.0)	0 (0.0)	0 (0.0)	1 (5.0)	1 (2.6)	7 (8.7)	6 (9.1)	10 (10.6)
와	16 (7.5)	47 (46.5)	10 (66.7)	21 (72.4)	18 (90.0)	30 (79.0)	68 (85.0)	57 (86.4)	79 (84.1)
계	212 (100.0)	101 (100.0)	15 (100.0)	29 (100.0)	20 (100.0)	38 (100.0)	80 (100.0)	66 (100.0)	94 (100.0)

[표 7]을 통해 다음과 같은 사실을 알 수 있다. 첫째, 앞서 언급한 것처럼 '와라'는 20C 전기에는 그 예가 확인되지 않으며 1950년대부터 지속적으로 등장한다. 둘째, 해체의 '와'는 신소설에서는 빈도가 매우 낮지만 구어 자료에서는 1930년대에 이미 '오다'의 비존대 명령형들 중에서 가장 높은 비중을 차지하고 있다. 구어 자료에서는 비존대 명령형 세 가지 중[24] '와'가 전(全) 시기에 걸쳐 가장 지배적인 형태로 쓰이고 있으며, 그 비율은 50년대 이후에 더욱 증가한다. 셋째, 현대소설까지는 비존대 명령형 중 '오너라'가 가장 지배적인 형태로 쓰였으나 이는 '신소설 >

양상을 보여 주기에 적합하지 않다고 보았다. 동일한 구성이지만 관용적 표현이 아닌 (ii)는 포함하였다. 앞서 [표 1]에는 관용적인 표현도 포함하였으므로 [표 7]과 수치에 차이가 있다. (i)의 예를 모두 포함한다면 '오너라'의 빈도는 '신소설(216, 93.1%), 현대소설(66, 58.4%), 1930년대 구어(10, 50.0%)'로 달라진다. [표 7]에 비해 자료별 차이가 덜 선명해지지만 전반적인 경향에는 차이가 없다.

(i) 월초: 이리 오너라.
오빠: 누구십니까? 들어오십시오. <193-유성기연극_사랑에 속고 돈에 울고>

(ii) (녀인) 갑동아 이리 오너라 알수업는 일도만타 나는 너를추자간줄로만 알엇고나 <고목화48>

24) '오거라'는 본고에서 검토한 문헌에서는 확인되지 않았다.

현대소설 > 1930년대 구어 > 1940년대 구어 > 1950년대 이후 구어' 순으로 출현 비율이 점차 낮아져 오늘날에 이른다.[25)]

즉 '오너라'의 위축은 해체의 확산과 함께 '와'가 비존대의 명령형에서 지배적인 형태로 사용되기 시작하면서 발생한 것임을 알 수 있다. '와'가 빈번하게 쓰임에 따라 '오너라'의 출현 빈도가 급감하게 되었고 그에 따라 '-아라'의 결합 환경이 확산되어 '오다'와도 결합할 수 있게 된 것이다. 즉 '와라'의 등장은, '오너라' 위축의 원인이 아니라 결과라 할 수 있다.

그렇다면 '오너라'는 처음엔 '와'에 밀려, 그 다음엔 '와라, 오거라'에 밀려 사용 빈도가 줄어드는 변화만을 겪었을까. 박미영(2012)에서는 (13)과 같이 오늘날 '-아라/어라/여라'는 화청자 간의 높낮이가 중요하지 않지만 '-거라'는 화자가 청자보다 상위자일 때만 사용할 수 있으므로 이들이 이제는 별개의 형태소가 되었다고 주장하였다.

(13) ㄱ. (엄마가 아들에게) 오늘은 일찍 자라. / 오늘은 일찍 자거라.
ㄴ. (친구에게) 오늘은 일찍 자라. / !!오늘은 일찍 자거라.
ㄷ. (동생이 언니에게) 오늘은 일찍 자라. / !!오늘은 일찍 자거라.
[박미영(2012:140)에서 인용]

'-너라' 역시 오늘날 화자가 청자보다 상위자일 때만 사용되며, 화청자가 대등한 관계에 있거나 화자가 청자보다 낮을 때에는 사용되지 않는다. 그렇다면 이러한 의미 축소는 왜 발생하였으며, 언제 발생한 것일까.

우선 신소설과 현대소설에서는 (14), (15)와 같이 화청자가 대등한 관계에 있을 때에도 '오너라'가 사용되는 것을 확인할 수 있다. (14)는 신소

25) 이를 통해, 거의 동일한 시기의 자료임에도 불구하고 문어 자료인 신소설과 현대소설 속 대화 지문이 실제 구어 자료보다는 더 보수적인 용법을 고수하고 있음을 확인할 수 있다.

설, (15)는 현대소설의 예이다. (14ㄱ)과 (15ㄱ)은 젊은 여성들 사이의 대화이며, (14ㄴ)은 어린 남녀 간의 대화, (15ㄴ)은 어린 남학생 간의 대화이다. 서로 반말을 사용하는 젊은 화자들이 '오너라'를 사용하는 것을 확인할 수 있다.

(14) ㄱ. 영「네 그ᄉᆡᆨ시 ᄉᆞᆯ좀구경ᄒᆞ랸
봉「아 그ᄉᆡᆨ시가 여긔왓늬
영「아 션보라 왓단말듯지도못ᄒᆞ니
봉「아 그런ᄃᆡ ᄉᆡᆨ시션을 공원으로 보러오니
영「나도 모르깃다 이리좀오나라 <안의성35>
ㄴ. (영챵) 이ᄋᆡ 졍임아 나ᄂᆞᆫ너ᄒᆞᆫ테로장가가고 너ᄂᆞᆫ나ᄒᆞᆫ테로 ᄉᆡ집온다더라
(졍임) 장가ᄂᆞᆫ 무엇ᄒᆞᄂᆞᆫ것이오 ᄉᆡ집은 무엇ᄒᆞᄂᆞᆫ것이냐
(영) 장가ᄂᆞᆫ ᄂᆡ가너ᄒᆞ고 졀ᄒᆞᄂᆞᆫ것이오 ᄉᆡ집은네가 우리집에 와셔 사ᄂᆞᆫ것이라더라
(졍) 이ᄋᆡ 누가그ᄅᆡ더냐
(영) 우리 어마니가 말슴ᄒᆞ시ᄂᆞᆫᄃᆡ 너의아바지ᄒᆞ고 우리아바지ᄒᆞ고 그럿케 이약이ᄒᆞ셧다더라
(졍) 이ᄋᆡ 나ᄂᆞᆫ너의집에가셔 살기실타 네가우리집으로 ᄉᆡ집오너라
<추월색15>

(15) ㄱ. 어제도 카페서 나오다가 골목에서 영애를 꾹 찌르고「얘! 너 오늘 어디서 자구오너라」하고 귓속을 하니까「또? 얘 너는 좋구나!」「좋긴 뭐가 좋아? 얘두!」 <1937.02. 朝光_따라지305>
ㄴ. 그랬더니 황철이가 불끈 일어스며 내 어깨를잡고「이리좀 나오너라」이렇게 급히 잡아끈다. 그리고 아무도 없는 변소로 끌고 와 세놓더니「너 누굴 응원하러 왔니?」(중략)「너 왜 그렇게 성을 내니?」「아니, 너 뭐허러 예 왔냐 말이야?」「응원하러 왔지!」
<1936.04. 中央_이런음악회297>

그러나 20C 구어 자료에서는 화청자가 대등할 때 '오너라'가 사용된

예를 확인하기 어렵다. (16)과 같이 서로 반말을 사용하는 노년층의 대화에서 한 예가 확인될 뿐이다. 그 외에는 (17)과 같이 '와'가 사용되는 것을 볼 수 있다.[26] (17ㄱ)은 초등학교에 다니는 동급생 남녀 간의 대화이며 (17ㄴ)은 성빈이 돌보는 고아 중 한 명인 남수가 새로 온 고아인 용길이에게 하는 말이다.

(16) 김학규: 야 박가야 요놈 나오너라 요놈아. 요놈아 지옥이 만원이 돼서 염라대왕께서 집행유예 했다 이놈아.
박주사: 야 그 돈 만 원 얻어먹기 참 힘들다. 아 염통이 달음박질쳐요.
김학규: 너 이젠 으르신네한테 술 한 잔 사야지.
박주사: 아니 공돈을 처먹고도 머가 모자라서 또 술타령이야?
김학규: 요놈아 내가 내가 뭘 먹었냐?
<1961영화_서울의 지붕 밑>

(17) ㄱ. 영달: 난 그까짓 학교 어떻게 되든지 좋아.
정희: 수업료 때문에 그러는 거 아냐? 그러지 말고 학교에 나와.
<1940영화_수업료>
ㄴ. 남수: 야 들어와. 밥 먹어. <1941영화_집 없는 천사>

앞서 [표 7]에서 신소설, 현대소설은 '오너라'가 가장 지배적인 형태로 쓰이는 반면, 구어 자료에서는 '와'가 가장 지배적인 형태로 나타나는 것을 확인하였다. 또한 (14) ~ (17)의 예를 통해서는 신소설, 현대소설이 '오너라'의 이전 시기 용법을 고수하고 있는 반면 구어 자료에서는 화청자 관계에 제약이 발생하였음을 알 수 있었다. 즉 오늘날 '오너라'가 지니는 화청자 관계의 제약 역시 '-너라'와 '-아라'가 기능을 분담한 결과로

26) 구어 말뭉치에서 화청자가 대등한 지위일 때 '오너라'를 사용한 예가 나타나지 않는 것은 구어 말뭉치의 규모가 작은 데에서 오는 우연한 공백일 수 있다. 그러나 (17)과 같이 화청자가 대등한 지위이며 특히 젊은 층일 때에 '와'가 사용된 예가 확인되는 것을 보아, 구어에서는 이 경우 '오너라'보다 '와'가 선호되었음을 알 수 있다.

볼 수 없으며, '와'가 분포를 넓혀 감에 따라 '오너라'가 점차 고어적인 용법만 남긴 채 굳어져 간 결과라고 이해할 수 있다.[27]

지금까지 살핀 내용을 통해, 해라체 명령형 어미 안에서 생긴 결합 분포의 변화는 해라체 어미들 간의 경쟁을 통해 발생한 것이 아니라, 해체 명령형의 확산에 의해 발생한 것임을 알 수 있었다. 이형태가 별개의 형태소로 분화하거나 별개의 형태소가 한 형태소의 이형태로 합류하는 과정에서, 해당 형태소 외의 주변적인 언어 요소가 영향을 미치는 과정을 보여 주는 변화 사례라 하겠다.

5. 마무리

명령형 어미는 역사적으로 많은 변화를 겪어 왔으나 현대국어 안에서의 변화는 그동안 크게 주목을 받지 못하였다. 그러나 구어 자료를 자세히 들여다 본 결과 20C 안에서도 명령형 어미에 여러 변화가 발생하였음을 확인할 수 있었다.

우선 현대국어 안에서 상대높임법 체계는 하오체와 하게체가 위축되고 해체와 해요체 사용이 증가하는 큰 변화를 겪었는데, 명령형에서도 동일한 변화가 발생하였다. 2장에서 20C 전기와 1990년대 구어 말뭉치에 출현한 명령형 어미를 비교한 결과 이러한 사실을 확인할 수 있었다.

명령형에서만 발생한 특징적인 현상도 두 가지 확인되었다. 3장에서는

27) 해체의 확산에도 불구하고 여전히 해라체가 고유의 영역을 지키고 있으므로, 해체 '와'의 확산에 의해 해라체 '오너라'의 용법에 제약이 생겼다고 단정하기는 어렵다. '와'에 의해 '오너라'의 빈도가 감소하면서 이내 '와라'가 등장할 수 있었고 이것이 해라체 명령형을 담당하게 되면서 '오너라'는 제약적인 용법으로 굳어져 가게 된 것으로 보인다.

해요체의 명령형에 {-시-}가 결합하는 비중이 20C에 들어 점차 감소해 왔음을 확인하였다. 그 결과 오늘날에는 '하세요'와 '해요'가 대우 등급에 차이를 보이며 사용되고 있다. 이는 하오체에 의해 표현되던 명령형을 {-시-}가 결합하지 않은 '해요'가 담당하게 되면서 발생한 현상으로 이해할 수 있었다.

4장에서는 해라체에서 발생한 현상으로, '-아라/어라/여라'와 이형태 관계를 유지하고 있었던 '-거라'와 '-너라'가 상보적 분포를 잃고 별개의 형태소로 분화되는 과정을 살펴보았다. 본래적 형태 '오너라' 외에 '와라'와 '오거라'가 사용되게 된 것은, '와라'가 독자적으로 분포를 확장한 것이 아니라 해체의 확산에 의해 '와'의 빈도가 증가함에 따라 '오너라'의 빈도가 급감하면서 발생한 결과임을 확인하였다.

본고의 3장과 4장에서 다룬, 현대국어 명령형 어미에서 발생한 두 가지 변화는 '-세요'와 '-어요', '-아라/어라/여라'와 '-거라, -너라' 간에 발생한 형태소 내적인 변화가 아니다. 이 변화는 현대국어 안에서 발생한 하게체와 하오체의 위축, 해체와 해요체의 증가에 따라 종속적으로 발생한 현상으로, 상대높임법 체계 전체의 변화 속에서 해당 현상을 바라보아야 변화의 본질을 이해할 수 있는 것이었다. 이는 역으로 문법의 큰 틀의 변화가 그 안에 속한 언어 요소에 어떤 영향을 미치는지 보여 주는 흥미로운 사례이기도 하였다.

■ 참고 문헌

姜圭善(1989), 『20世紀 初期 國語의 敬語法 研究: 「新小說」을 중심으로』, 성균관대학교 박사학위논문.

강지영(2007),『20세기 초기 국어 상대경어법의 등급과 실현 양상 연구』, 울산대학교 석사학위논문.

고려대학교 민족문화연구원 국어사전편찬실 편(2009),『고려대 한국어대사전』, 고려대학교 민족문화연구원.

高永根(1980),「中世語의 語尾活用에 나타나는 '거/어'의 交替에 대하여」,『國語學』(국어학회) 9, 55~99.

고은숙(2010),「국어의 문장 종류에 관한 역사적 고찰: 평서문, 의문문, 명령문을 중심으로」,『한국어학』(한국어학회) 46, 1~45.

국립국어연구원(1999),「표준국어대사전」 서울: 두산동아.

권소영(2004),『개화기 신소설 경어법 연구:「옥매화」와「련광젼」을 중심으로』, 안동대학교 석사학위논문.

金景慧(2013),『1930년대 청자높임법 연구: 유성기 음반 극·영화 자료를 대상으로』, 인하대학교 석사학위논문.

김서형·홍종선(2015),「사용자 문법으로 본 구어 중심의 한국어의 상대 높임 표현과 그 교육」,『문법 교육』(한국문법교육학회) 25, 1~23.

김정호(2004),『20세기 전·후반기 국어 청자 높임법의 비교 연구: 1920년대와 1970년대의 소설 자료를 중심으로』, 건국대학교 박사학위논문.

김정호(2005ㄱ),「국어 청자 높임의 변화에 관한 사회언어학적 연구」,『한말연구』(한말연구학회) 16, 43~74.

김정호(2005ㄴ),「1920년대 청자 높임법의 사회언어학적 연구」,『우리말글』(우리말글학회) 34, 69~98.

金希貞(1987),『相對敬語法의 變遷樣相 硏究: 開化期와 現代의 대표적 小說을 중심으로』, 고려대학교 석사학위논문.

박미영(2012),「명령법 어미 '-아/어라', '-거라'에 대하여」,『언어와 정보 사회』(서강대학교 언어정보연구소) 18, 133~146.

朴榮順(1976),「國語敬語法의 社會言語學的 硏究」,『국어국문학』(국어국문학회) 72·73, 47~65.

박영준(1994),『명령문의 국어사적 연구』, 국학자료원.

박정임(2008),『≪천변풍경≫에 나타난 서울방언의 상대경어법 연구』, 울산대학교 석사학위논문.

박진완(2000), 「현대 국어 종결 어미의 변천」, 『현대 국어의 형성과 변천』, 박이정, 237~308.

배진영·최정도·김민국(2013), 『말뭉치 기반 구어 문어 통합 문법 기술 1: 어휘 부류』, 박이정.

서덕현(1998), 「'-세요'에 대한 소고」, 『국어교육학연구』(국어교육학회) 8, 267~288.

성기철(1999), 「20세기 청자 대우법의 변천: 화계의 사회언어학적 변천과 관련하여」, 『한국어교육』(국제한국어교육학회) 10(2), 17~45.

송창선(2007), 「현행 학교문법의 몇 가지 문제점」, 『국어교육연구』(국어교육학회) 41, 77~102.

송창선(2011), 「국어 형태소와 관련된 몇 가지 문제」, 『언어과학연구』(언어과학회) 57, 175~196.

嚴敬鈺(2004), 「'-세요'체에 대한 考察」, 『語文論集』(중앙어문학회) 32, 63~74.

오재혁 외(2014), 「20세기 초 구어 연구를 위한 음성 자료의 특징에 대한 고찰」, 『어문논집』(민족어문학회) 70, 225~258.

오재혁·장혜진·홍종선(2015), 「20세기 전기 구어 자료에 나타난 종결형 양상: 대화 음성 자료를 대상으로」, 『어문논집』(민족어문학회) 73, 183~221.

유필재(2014), 「현대국어 하오체의 변화에 대하여」, 『國語學』(국어학회) 70, 59~83.

李敬雨(1990), 『最近世 國語에 나타난 敬語法 硏究: 開化期 新小說 資料를 中心으로』, 이화여자대학교 박사학위논문.

이승희(2007), 『국어 청자높임법의 역사적 변화』, 태학사.

이승희(2012), 「명령형 종결어미의 역사적 변화」, 『국어사 연구』(국어사학회) 14, 7~28.

이익섭(1993), 「국어 경어법 등급의 再分 體系」, 『해양문학과 국어국문학』, 형설출판사.

李翊燮·任洪彬(1983), 『國語文法論』, 學硏社.

이익섭·채완(1999), 『국어문법론강의』, 학연사.

李周行(1994), 「現代國語 聽者待遇法의 話階 區分」, 『先淸語文』(서울대 국어교육과) 22, 597~614.

정경재(2015), 『한국어 용언 활용 체계의 통시적 변화』, 고려대학교 박사학위논문.

정경재·정연주·홍종선(2015), 「20세기 구어 자료에 나타난 하오체 어미 {-오}의 실현 양상 변화」, 『한국어학』(한국어학회) 69, 277~311.

장윤희(2002), 『중세국어 종결어미 연구』, 태학사.

최성규(2014), 「명령형 어미 '-거라'의 통시적 연구: '거라 불규칙' 다시 보기」, 『형태론』(형태론 편집위원회) 16(1), 67~88.

한길(2002), 『현대 우리말의 높임법 연구』, 역락.

홍종선(2009), 「현대 국어의 상대 높임 체계」, 『국어 높임법 표현의 발달』, 박문사, 9~30.

■ 20세기 후기 구어 자료의 목록

분류	연도	제목	분량	연도	제목	분량
영화	1946	자유 만세	60분	1975	바보들의 행진	117분
	1948	독립전야	50분	1975	영자의 전성시대	103분
	1949	마음의 고향	76분	1978	족보	110분
	1954	운명의 손	85분	1981	난장이가 쏘아올린 작은 공	100분
	1956	서울의 휴일	90분	1985	깊고 푸른 밤	110분
	1958	그대와 영원히	109분	1986	겨울 나그네	120분
	1958	돈	123분	1988	개그맨	127분
	1958	자유결혼	93분	1988	칠수와 만수	108분
	1961	서울의 지붕 밑	123분	1992	결혼이야기	95분
	1964	검은 머리	105분	1992	아래층 여자와 위층 남자	102분
	1964	맨발의 청춘	116분	1993	투캅스	110분
	1967	일월	100분	1996	돼지가 우물에 빠진 날	113분
	1971	인간 사표를 써라	96분	1997	접속	104분
	1974	별들의 고향	105분			
만화	196-	우주의 왕자 황금철인	60분	198-	달려라 하니	105분
	197-	미래소년 코난	105분	199-	영심이	75분
	197-	빨간머리 앤	70분	199-	배추도사 무도사	45분
	197-	이상한 나라의 폴	60분	199-	축구왕 슛돌이	80분
	198-	아기공룡 둘리	145분			
드라마	1963	여명 80년	160분	198-	전원일기	45분
	196-	태평양전쟁	110분	198-	사랑이 꽃피는 나무	140분
	196-	이 사람을	160분	1985	초원에 뜨는 별	43분
	196-	향토무대	86분	1993	파일럿	120분
	1972	여로	20분	1994	마지막 승부	160분
	197-	수사반장	190분	1995	창공	145분
	198-	수사반장	285분	1995	바람의 아들	120분

사용자 문법으로 본 구어 중심의 한국어의 상대 높임 표현과 그 교육

김서형 · 홍종선

1. 머리말

언어는 시대가 바뀌면서 끊임없이 변화한다. 이러한 변화는 어휘, 음운, 형태, 통사, 의미, 담화 구조 등 모든 부분에서 일어나는데, 그 중에서 통사 부문의 변화는 비교적 적은 것으로 알려져 있다. 그러나 그 변화의 속도나 양에서 차이가 있기는 하더라도 통사 구조와 체계도 통시적인 변화는 지속적으로 일어난다. 한 예로 중세 국어에서 복잡한 분화를 가졌던 의문문 표현은 근대 국어를 지나면서 많은 변화를 겪어 오늘날에는 훨씬 단순한 체계를 보인다. 높임 표현도 꾸준히 변화해 오는 대표적인 문법적인 범주 가운데 하나이다. 특히 현대 국어에 들어 높임 표현은 통사 범주 가운데 가장 변화가 심하다고 할 수 있다.

언어는 내적인 요인에 의해 변화가 나타날 수 있지만, 사회 속에서 운용되면서 복잡하고 다양한 사회적 변인들과 어우러지면서 형태나 체계에 변화가 나타나기도 한다. 언어는 주어진 대상이라기보다 사회 속에서 일상생활과 함께 살아가는 개체로, 운용되는 과정에서 그만큼 변화할 수밖에 없는 것이다. 한국어의 높임법은 사회가 변함에 따라 그 변화가 잘 반영되는 문법 범주이다. '높임'이라는 것이 사회생활 속에서 화자와 청자, 화제 등 간에 형성되는 상대적인 대우 관계를 언어에 반영하는 것이므로, 사회적 관계나 대인 관계에 대한 언중의 인식에 변화가 생기면 그대로 높임 표현에도 그 변화가 나타나게 마련인 것이다.

현대사회는 거의 모든 면에서 변화의 속도와 폭이 과거 그 어느 시대보다 커서, 대인 관계에 대한 인식에도 변화가 크게 나타난다. 이는 곧 언어의 표현이 반영되어 현대 국어에서 높임 표현의 체계에 변화가 많이 나타나게 되는데, 문어에 비해 구어는 그 변화가 앞서는 것이 일반적이다. 이 글에서는 오늘날 한국어의 구어를 중심으로 높임 표현의 변화 실상을 고찰하기로 한다. 이는 현재 한국어학 문법책이나 한국어 교육 교재에서 설정하고 있는 국어 높임 표현들의 실제성을 확인하는 의미도 갖는다.

문법에는 언어학적 이론에 철저하게 따름으로써 언어학자들이 인정하는 합리성을 근거로 하는 이론적인 학문 문법도 필요하지만, 그 언어를 사용하는 언중들이 쉽게 접근하여 이해할 수 있도록 체계화한 실용 문법도 있어야 한다. 전자가 '이론 문법' 또는 '언어학자를 위한 문법'이라면, 후자는 '사용자 문법', '사용자를 위한 문법', '사용자 중심의 문법' 등으로 이름할 수 있다. 한국어학을 포함하여 언어학계는 이제까지 너무 이론 문법에만 치중해 왔는데, 사용자 문법도 적극적으로 개발해야 할 것이다. 이 연구에서는 오늘날 대다수의 한국인 언중들이 살아가며 실질적으로 인식하는 사용자 문법의 시각으로 오늘날 한국어의 상대 높임 표현을 다시 살피기로 한다. 오늘날 한국어 가운데에서도 변화의 생동감이 그대로 드러나는 구어를 중심으로 고찰한다.

이러한 고찰의 결과는 내국인의 국어 교육에도 중요하게 참고할 수 있으며, 외국인을 위한 한국어 교육에서는 적극적으로 활용하여야 할 것이다. 언어생활은 문어보다도 구어를 1차적으로 꼽아야 한다. 일상생활에서 문어에 비해 구어의 비중은 비교가 되지 않을 만큼 크고, 오늘날에 사이버 매체를 통한 소통에서는 문어에도 구어적 성격이 이전 시기보다 훨씬 더 많아졌기 때문이다. 따라서 국어 교육이나 한국어 교육에서도 구어에 대한 교육의 중요성이 더욱 높아지고 있다. 일반적으로 언어 교육에서는 구어와 문어를 크게 구분하지 않고 포괄하는 교육을 하지만, 영역에 따라서는 구어나 문어 가운데 어느 것을 중심으로 하는 교육이 필요할 수도 있다. 그 대표적인 대상 가운데 하나가 상대 높임이라고 할 만한데, 상대 높임은 구어와 문어에서 나타나는 양상과 체계가 다소 다른 점에서 그러하다. 구어 중심의 한국어를 교육할 때에는 문어적 표현에 대해서는 '이해' 차원의 간략한 보충 교육을 동반할 수 있을 것이다.

2. 사용자 중심 문법과 구어 중심 문법

문법 기술은 크게 둘로 나눌 수 있다. 언어학 원리와 이론에 충실히 근거하는 학문적이고 이론적인 문법과, 그 문법을 현실 언어 속에서 사용하는 사용자들의 편의성을 충분히 고려하여 대중적 인식에 기반하는 사용자 문법이 그것이다. 전자는 언어학자 중심의 문법이라면 후자는 사용자 중심의 문법이다. 이제까지의 문법은 언어학 이론에 어긋남이 없는 언어학자 중심의 문법이 대다수를 이루었지만 일상 언어생활에 실제로 적용되어 설명에 편의성을 높인 사용자 중심의 문법도 필요하다. 사용자 중심의 문법에서는, 사용자가 인식하는 개념이나 체계가 그 나름의 타당성이 있다면 이를 그대로 인정해 준다.

사용자 중심의 문법은 비단 일반 대중의 문법만을 의미하지 않는다. 응용 한국어학의 특수한 분야에서는 그 특수성에 적합하게 적용될 문법을 설정할 수 있는데, 이것 역시 사용자 문법이라고 할 수 있다. 그 분야에서 대상으로 하거나 다루는 대상체에게 잘 활용될 수 있는 문법인 것이다. 예를 들어 한국어 교육학에서는 한국어 학습자들에게 한국어를 잘 이해시키기 위한 연구를 하므로 한국어 학습자가 한국어 문법의 사용자가 된다. 그러므로 여기에서는 한국어 학습자 중심의 한국어 문법이 마련되어야 한다. 제2 이상의 언어로서 한국어를 배우는 학습자의 시각과 눈높이 및 학습 목표를 고려하는 문법인 것이다.

한국어 정보학(전산 한국어학)에서는 한국어를 전산 처리하는 방법론을 연구하므로, 전산을 처리하는 컴퓨터 등 전산 기기가 한국어 사용자이다. 여기에서는 컴퓨터의 운용 원리(매커니즘)에 따라 최대의 성과를 낼 수 있는 한국어 문법 체계를 세워야 한다. 이를 위하여 때로는 규칙을, 때로는 빈도 통계값 등을 근거로 삼아 크고 작은 문법을 세운다. 이는, 종종 그 분야에서 인식하는 한국어에 대한 시각을 반영하여 학문적인 이론 문법과 달리 체계화한 문법일 수도 있다.

가령 한국어 정보학에서 한국어를 전산 처리하고자 할 때 전산화의 편의성을 위하여 전산 문법을 달리 세울 수도 있다. 예를 들어 자동 기계 번역을 할 때 '아름다운 꽃이 피었다.'라는 문장에서 '아름다운'을 관형사형이 아닌 관형사처럼 처리하는 프로그램도 있다. 병리 한국어학이나 아동 한국어 연구에선, 등위 접속은 두 개의 문장으로 분석하지만 종속 접속이나 내포문 구성은 두 개의 문장으로 분석하지 않는 방식이 일반적이다. 한국어 교육에서는 보격과 보격 조사를 설정하지 아니하고 '~이/가 되다, ~이/가 아니다'를 덩어리 표현으로 다루기도 한다. 이 모두가 사용자 중심의 문법에서 가능한 해석이다. (홍종선 2015 참조)

이러한 문법 체계는 때로는 일반적인 문법 이론에 어긋나거나 적용해야 할 문법 규칙을 건너뛰기도 하지만 그렇게 처리함으로써 그 분야에서는 더 많은 장점을 갖는다면 의미 있는 어긋남과 건너뜀이 될 것이다. 이처럼 분야에 따라 편의성과 특수성을 고려하여 일반적인 문법과 다른 문법 체계를 갖기도 하는데, 이것은 그 분야의 사용자 중심 문법의 특징이라고 할 것이다. 그렇다면 사용자 중심의 문법 체계와 내용은 그 문법의 사용자나 분야에 따라 각기 달리 설정될 수 있을 것이다. 이와 같은 사용자 문법은 어느 언어에서나 있을 수 있듯이 한국어에서도 요구된다.

내국인을 위한 초·중등 국어 교육이나 외국인을 위한 한국어 교육에서도 사용자 중심의 문법은 필요하다. 한 예로 시제 체계를 들 수 있다. 한국어학에서는 '과거 시제, 현재 시제, 미래 시제'라는 3분 체계를 반드시 지지하지는 않지만,[1] (한)국어 교육에서는 거의 3분 체계로 일관하고 있다. 이때에는 미래 시제를 나타낸다는 '-겠-'과 '-을 것이-'가 갖는 의지나 추측 기능의 용법이 문제가 될 수 있는데, 이를 간단히 설명하자면 미래 시제가 갖는 속성으로 미봉해야 한다. 더구나 '-었겠-, -었을 것이-'나 미래의 일을 표현하는 '-는-'에 이르면 설명이 더 어려워진다. 그럼에도 불구하고 적어도 초급 단계에서는 쉽고 많이 사용하는 표현을 위주로

1) 한국어학에서는 한국어의 시제 체계를 '과거'와 '비과거' 또는 '과거'와 '현재'라는 2분 체계로 세우거나, '현재, 과거, 미래'라는 3분 체계로 세우는 등 여러 견해가 있다.

학습하므로 3분 시제 체계를 선택하게 된다. 그리하여 (한)국어 교육에서는 초급에서 설명하던 체계 내용이 중고급으로 올라가면서, 또는 학습자의 성향에 따라서 달라지는 수도 있다. 그 문법을 적용하여 사용하는 (한)국어 학습자의 학습 성취 수준이나 학습 목적에 따라 문법 체계와 내용을 조정하는 것이다. 시제 범주의 경우 서법이나 동작상 등의 문법 범주가 필요에 따라 도입될 수도 있다. 이처럼 사용자 중심의 문법은 사용자에 따라서 가장 적절하게 설정함으로써 최대의 효과를 얻도록 하는 것이다.

앞에서 보격 조사가 들어간 구문을 덩어리 표현으로 교육하는 사용자 중심 문법의 예를 들었는데, 이러한 덩어리 표현으로 학습하는 구 구조는 매우 많다. 학습자들에게는 '-기 마련이다, 쥐도 새도 모르게, 발 없는 말이 천 리 간다' 등과 같은 관용적인 표현은 물론이며 연어구나 의존 명사의 공기 관계, 보조 용언 등도 일정 단계까지는 덩어리 표현으로 교육 받아 이해하는 것이 좋을 것이다. 이는 구절이나 문장뿐만 아니라 단어에서도 광범위하게 나타난다. '안녕?'이나 '안녕하세요?'의 의미는 'Good Morning.', 'How are you?'와 같이 더 이상 분석할 필요가 없이 '인사말'로 교육하고, 다만 전자는 후자와 달리 하루 중 어느 때에 사용해도 좋다는 용법만 더할 수 있을 것이다. 이는 학문 문법에서도 수용한 사용자 중심 문법의 한 예이다.

그런데 이러한 사용자 중심의 문법이 종종 이론적인 언어학자 중심의 문법과 다르다고 하여 잘못되었다거나 틀린 문법이라고 말할 수는 없다. 이론 문법에서도 언어의 현실성은 인정되어, '문 닫고 들어와.'라든가 'It's me.'와 같은 표현을 인정하고 있다. 이론 문법에서도 어느 정도의 사용자 중심 문법적인 내용을 수용하는 것이다. 더구나 한국어학에서도 학설에 따라 견해들을 달리하거나 명쾌한 해석을 내리지 못하는 문제에 관해서는 한국어 학습자들에게 쉽게 이해하여 받아들일 수 있는 설명 내용을 확보하는 것이 필요하다. 예를 들어, 이중 주어나 이중 목적어 구문에 대해서, 서술격 조사에 대하여 쉽게 이해할 수 있는 설명이 필요하다. '~에게 ~을 주다'와 같은 구문에서 '~에게'는 간접 목적어로 설명하는 것이 나을 수도 있다. 전 세계에서 가장 널리 익숙해 있는 언어인 영어에서 이를 간접 목적어로 보는 견해가 많으므로 한국어 학습자에게도 한국어에서 여기에 해당하는 '~에게'를 간접 목적어로 해석하여 교육하는 것이다. 이러한 논리를 확대한다면, 경우에 따라서는 한국어 교육에서 사용자 중심의 문법은 학습자들의 모국어 문법 체계나 범어적인 문법을 고려하면서 이해하기 쉬운 문법 체계와 설명을 채택할 수도 있다.

경음화 현상의 조건은 거의 언급할 필요가 없이 경음화가 일어나는 예들을 거듭 연습하는 것이 나을 수도 있다. '당하다, 입다, 되다' 등의 표현이 피동의 의미 기능을 할 때 그것이 피동문인가 여부를 문법적으로 따지거나, '시키다, 만들다' 등이 쓰여 사동의 의미를 가질 때 사동법인가 여부를 판정하려 하는 것은 큰 의미를 갖지 못하며, 그냥 피동이나 사동의 의미를 가진 표현으로 교육하는 것이 좋을 것이다. '~이 되다'와 '~로 되다'에서는 문장 성분에 차이를 둘 필요가 없을 것이다. '-에 가다'와 '-를 가다'라는 표현에는 의미상 아주 작지만 미묘한 차이가 있을 수 있겠지만, 사용에서 배타적인 분포가 아니라면 이를 분석하거나 깊게 논의하지 않아도 좋다고 본다.

사용자 중심의 문법에서는 언어의 현실성을 매우 중시하지만, 사용자 중심이라고 해도 언어 현실이 모두 그대로 올바른 문법으로 수용될 수는 없다. 가령 "손님, 커피 나오셨습니다."라든가 "예, 계산을 도와 드리겠습니다."라는 말을 요즈음 매장에서 판매원이 아주 흔하게 사용하는데, 이

것이 언어 현실이라고 해서 그대로 사용자 중심의 문법에 들어올 수는 없다. '커피 나오셨습니다.'는 '옷이 좀 크십니다.'나 '이 옷이 잘 어울리십니다.' 등과 같이 높임을 받을 상대방에 속하거나 관련되는 대상에 높임을 주는 간접 높임 방식이 지나치게 확대된 표현이다.[2] 판매원이 '계산을 도와 드린다'라고 하는 말은 고객이 머릿속으로 총계를 계산하는 것을 도와 드린다는 의도라고 생각할 수도 있지만, 판매원이 받을 돈을 계산하면서 그와 같이 말하는 것은 자신을 위한 행위를 손님을 위한 것처럼 바꾸어 말하는 잘못이 있다. 따라서 현재 이들은 이론 중심 문법은 물론 사용자 중심 문법에서도 받아들일 수 없다.

그럼에도 불구하고 이러한 표현들이 지속적으로 더욱 폭넓게 사용되어 상당히 굳어졌다면 사용자 문법은 이론 문법보다 먼저 이를 수용하게 되고, 더욱 일반적인 용법으로 굳어지면 이론 문법에서도 이를 받아들여야 할 것이다. 마치 위에서 본 '문 닫고 들어와.'와 같은 차원이다. 이때 어느 정도의 폭을 가지며 굳어졌는가를 판단하는 것은 쉽지 않겠지만, 적어도 이론적으로는 이러한 성격을 갖는다고 말할 수 있다. 정도성의 판단은 어떠한 형태의 문법에서도 수시로 나타나는 문제이므로, 이것이 사용자 중심 문법의 큰 흠이 되지는 못할 것이다. 다만 여기에서는 언어 사용의 현실성을 매우 중시하므로 정도성을 판정해야 하는 경우가 좀 더 많을 것이다.

이상에서 보듯 사용자 중심 문법은 두 가지 점에서 커다란 특징을 갖는다. 첫째는 이론적으로 이해하기 쉽게 체계화를 하고 설명하는 것이다. 사용자가 그러한 문법을 쉽게 이해하며 실제 언어 수행에서도 쉽게 잘 활용할 수 있도록 하는 것이다. 둘째는 언어 현실에 가급적 충실하고자

2) 김서형(2013ㄴ)에서는 이를 '높임'보다는 '공손성'으로 이해하려 하였다.

하는 것이다. 사용자가 곧바로 실제 언어 현장에서 괴리감 없이 언어 수행을 할 수 있는 문법 내용을 갖추는 것이다. 언어 현실은 문어와 구어를 모두 포함하지만 아무래도 구어를 위주로 하는 현실 언어가 더욱 중요시된다. 이들은 이론 중심의 문법에서도 어느 정도 지향하거나 참고하는 것이지만 사용자 중심 문법에서는 좀더 이에 적극적이라고 할 것이다.

위에서 몇 가지 든 예는 대개 초·중급용 (한)국어 교육에서 교육하는 사용자 중심의 문법 체계나 내용들이다. 이러한 문법 체계 항목들은, 연구 성과가 축적되면서 더욱 늘어나고 정밀해질 것이다. 그에 근거하여 중·고급용 (한)국어 교육의 사용자 중심 문법도 만들어 갈 수 있으며, 학습 목적에 따라 또는 학습자의 모어나 연령에 따라 섬세하게 다른 문법 내용을 가진 사용자 중심 문법의 개발도 가능하다고 본다. 그렇게 함으로써 더욱 효율적으로 한국어 교육을 할 수 있을 것이나.

사용자 중심의 한국어 문법이 특히 필요한 문법 범주에 상대 높임 표현이 있다. 높임 표현은 한국어로 발화할 때마다 표시해야 할 매우 중요한 문법적 절차이지만, 대부분의 외국어에서는 이에 대응되는 문법 범주를 설정하기가 어려워 한국어 학습자들이 배워서 활용하기 힘들어 하는 항목이다. 그러나 현재 이론 문법에서의 상대 높임 표현 체계는 학습자들은 물론 내국인들에게도 설명력을 갖기 어렵고 현실성을 제대로 반영하지 못하고 있다. 사용자를 위한 상대 높임 표현의 체계를 설정할 필요가 있는 것이다. 이는 한국어 교육의 학습자들에게 뿐만 아니라 내국인의 일반 언중들에게도 적용되는 내용이다. 따라서 국어 교육과 한국어 교육 모두에서 의미를 가지는 문법 사항이 될 것이다.

그런데 오늘날 상대 높임 표현은 구어와 문어에서 적잖이 다른 모습을 보이고 있다. 일부 높임의 화계가 문어에서는 아직 얼마간 세력을 갖지만 구어에서는 거의 사라진 상태이거나, 일부의 높임 표현 종결 어미는 엄청나게 큰 세력을 갖지만 이러한 정도가 구어와 문어에서 크게 차이가 나기도 한다. 명령형 어미는 다른 어미들에 비해 구어와 문어에서 출현 빈도 등에서 차이를 많이 갖기도 한다.

언어 교육은 물론 구어와 문어를 모두 감당해야 하며, 이들 간에 차이가 있는 표현에서는 이를 분별하는 교육도 이루어져야 한다. 언어 학습자는 교육 결과를 표현과 이해에 모두 활용할 수 있어야 하기 때문이다. 그러나 구어와 문어에서 차이가 크게 난다면 이 가운데 어느 것에 중점을 두어 교육하는 것이 필요할 수도 있다. 가령 산업 현장을 전제로 하는 외국인 노동자나 초·중급 한국어 교육에서는 구어를 중심으로 교육하는 것으로 끝낼 수도 있고, 여기에 문어적 표현을 약간 가미하는 정도로 더할 수도 있다. 언어 능력을 문식력(literacy)과 구술력(oracy)으로 나눈다면, 주로 구술력를 높이는 교육을 가리키는 것이다.[3)]

이런 점에서 구어 중심의 문법 또는 구어 중심의 한국어 교육 문법은 그 나름의 필요성이 있고 연구의 대상이 되어야 한다. 이것이 문어 문법과 다른 체계임을 미리 선언할 필요는 없다. 그저 구어 표현들에 충실한 문법 내용을 서술하면서 체계화할 따름이다. 한국어 학습자들은 한국어의 구어와 문어를 모두 알아야 하지만, 적지 않은 학습자들이 한국어의 문어에 접할 기회가 거의 없이 구어 정도로 충분하다고 할 때, 교육 경제성을 생각한다면 문어를 도외시하지 않는 정도에서 구어 중심의 문법과 구어 중심의 한국어 교육도 필요하다고 할 것이다. 이 연구에서는 상대 높임 표현을 대상으로 이러한 문제들을 생각해 보기로 한다.

---

3) 여기서 '구술력'이란, Wilinson(1965)에서 말한 'oracy'를 가리킨다.

3. 한국어 상대 높임 표현의 오늘

현대 한국어의 시기를 언제부터로 설정하는가에 대해선 한국어학계에서 여러 가지 견해가 있다. 대체로 1894년 갑오경장 이후로 잡거나 그냥 20세기부터라고 막연히 말하기도 한다. 이 글에서는 오늘의 한국어를 고찰하는 것이므로 굳이 말하자면 '현대 한국어'가 아닌 '현재 한국어'가 된다.[4] 한국어의 오늘을 언급하는 것은, 높임 표현이 통시적인 변화가 많아 20세기 초·중반 시기와 20세기 말에서 21세기 오늘에 이르는 시기에 표현 양상이 달라지기 때문이다. 본고에서는 21세기의 한국어 상대 높임 표현을 대상으로 한다.

한국어의 높임 표현은 크게 세 영역에서 나타나는데, 주체 높임과 상대 높임 그리고 객체 높임이 그것이다. 주체 높임은 문장에서 대개 주어로 표현되는 주체에 대한 높임으로 서술어에 선어말 어미 '-시-'로 표시된다. 객체 높임은 주어가 아닌 목적어나 부사어에 조사 '께서'나 서술어 어휘 '드리다, 뵙다' 등으로 나타내고, 상대 높임은 청자에 대한 화자의 높임으로 다양한 층위(화계)를 갖는다.

이러한 분류는 매우 체계적인 듯하나 문장의 주어가 청자일 때에는 문제가 될 수 있다. 즉 2인칭 주어를 갖는 명령문에서 주어에 대한 높임과 청자에 대한 높임은 결과적으로 같은 대상에 대한 문법 절차가 된다. 그러나 현재 학교 문법을 포함하는 학문 문법 등 이론적인 문법에서는 이러한 현실적인 발화 상황은 도외시하고 형태소만을 기준으로 주체 높임과 상대 높임을 분별하고 있다. 이는, 상대 높임의 화계를 대개 명령형에서 설

---

4) '현대 한국어'가 'Modern Korean'이라면 '현재 한국어'는 'Contemporary Korean'으로 분간될 것이다. 그러나 이후에서 언급하는 '현대 한국어'는 본고에서 고찰하는 대상 시기인 Contemporary Korean을 가리킨다.

정하고 있으므로,[5] 화계의 종류나 체계에 그대로 영향을 주게 된다.

이러한 문제점을 인식하고 홍종선(2009)에서는 명령형 표현에서 나타나는 '-시-'가 상대 높임으로 간주될 수 있음과, 오늘날 실제로 통용되는 명령형 어미들을 재검토해야 함을 논의하였다. 본고에서는 이들 논의에 기대어 오늘날 언어 현실을 사용자 중심 문법의 관점에서, 그리고 (한)국어 교육과 관련하여 좀더 살피기로 한다.

상대 높임은 화자가 청자에 대해 나타내는 높임 표현으로, 상호 관계에 따라 여러 층위로 나뉜다. 현대 한국어의 상대 높임 화계에 대해 최현배(1937, 1961)에서는 '아주 높임(합쇼), 예사 높임(하오), 예사 낮춤(하게), 아주 낮춤(해라)'와 '해라'와 '하게'의 중간에 반말 '해'를 들었다. 김민수(1971)에서는 '극칭(하나이다), 상칭(합니다), 중칭(하오), 평칭(하게), 반칭(해), 하칭(해라)'라는 6등분을, 이익섭(1974)에선 '합쇼체, 해요체, 하오체, 하게체, 해체, 해라체'의 6등급 체계를 세웠다. 이들은 모두 1원적 체계이다.

고영근(1974)는 최현배와 같은 4등급에, 반말 '해, 해요'를 설정하여 2원적 체계를 보였다. 서정수(1984)에서도 최현배의 4등급을 격식체로, 해요체와 해체를 비격식체로 설정하였고, 이는 성기철(1985)와 남기심·고영근(1993), 고영근·구본관(2008)에서 지지되어 오늘날 학교 문법의 4등급 격식체와 2등급 비격식체라는 2원적 체계를 이루고 있다.[6] 한편 남기심(2001)에서는 이들 외에 '하라체'를 더 설정하였다.

---

5) 학자들에 따라 화계의 이름을 명령형으로 하거나 평서형으로 하고 있는데, 명령형이 대다수이다. 상대 높임의 정도성이 가장 뚜렷하게 분별되는 명령형을 기준하는 것이 좋다고 본다.

6) 학교 문법의 근거는 현행 고등학교 문법 교과서로 한다. 현행 문법 교과서 「독서와 문법」은 6종이 나와 있는데, 이들에서 보이는 상대 높임의 화계 분류는 모두 같다. 이는 교육부에서 제시한 집필 지침에 따른 것이다.

오늘날 학교 문법은 최현배(1937)에서 설정한 높임 표현의 체계가 거의 그대로 2010년대에서도 답습되고 있는 것이다. 높임법은 한국어의 문법 체계에서 역사적으로 변화가 매우 커다란 대표적인 문법 범주인데, 사회 변화가 빠르고 큰 현대에서 거의 1세기 전에 세운 높임법 체계가 오늘날 그대로 적용된다면 오히려 이상하다고 할 것이다. 실제로 이로 인한 문제점은 여러 면에서 나타나고 있다.

학교 문법의 높임 표현 체계는 내국인 초·중·고교 학생들의 국어 교육은 물론 외국인의 한국어 교육에서도 그대로 적용되고 있다. 이와 같이 한국어의 문법으로 대표되고 있는 학교 문법은 오늘날 한국어의 현실을 올바르게 나타내야 할 것이다. 그런 점에서 오늘날 상대 높임 표현을 점검해 볼 필요가 있다. 이러한 상대 높임 체계가 현실적으로 일상생활에서 얼마나 잘 실현되고 있을까? 필자의 조사에 의하면, 이와 같은 높임 체계는 언어 현실과 너무나 거리가 있다. 우선 학교 문법에서 설정한 각 화계에 대해 검토한 후, 우리의 논의가 타당한가를 다음 장에서 조사 결과를 통해 검증하기로 한다.

가장 높은 화계인 '하십시오체'는 현재 구어와 문어에서 모두 많이 쓰이고 있으므로 하나의 높임 층위로 설정하는 것이 타당하다. '하십시오'보다 조금 낮은 화계에 '하오체'를 설정해 놓았다. 그러나 '하오'는 현실 구어에서 거의 실현되지 않는다. 매우 연령이 높은 노년층에서 간혹 쓰이거나 남부 지방에서 약간의 사용 분포를 가지는데, 남부 지방에서도 중년 이하에서는 하오체를 거의 사용하지 않는 것이 현실이다. 결국 노년층에서도 극히 일부가 특별한 환경에서 사용하고 있을 뿐이다.

'하오'는 문어에서 종종 쓰이지만 그것도 '하시오' 형태이다. '-시-'가 없는 '하오'는 문어에서도 거의 보이지 않는다. 현대 한국어라 하여도 일제강점기 이전에는 수필이나 논설문 등에서 하오체가 적잖이 나온다. 이 시기의 영화에서도 연만한 등장인물이 하오체를 쓰는 장면이 있기는 하지만 이미 이 시기에도 구어로서 하오체는 위축 단계에 들어선 것으로 보인다. 이러한 위축 변화는 광복 이후에 더욱 진행되어 21세기 오늘날엔 거의 예스러운 표현으로 인식되고 있다. 문어에서 쓰이는 '하시오'는 예의를 갖춘 명령 표현으로, 거의 관용적인 투식 표현으로 쓰이고 있는데 그것도 젊은 계층에서는 표현 언어로는 별로 많이 사용하지 않는다. 그래도 '하오'보다는 '하시오'가 더 널리 쓰이므로, 만약 이 화계를 설정해야 한다면 '하오체'가 아닌 '하시오체'가 선택되어야 한다.[7]

이에 반해 '하세요/하셔요'는 연령에 상관없이 구어에서 매우 폭넓게 자주 사용한다. '하셔요'는 '하시어요'의 축약형으로 주로 남부 지방에서 많이 쓰고, 중부 지방에서는 대부분 '하세요'형으로 사용하여, 규범으로도 두 가지 형태를 모두 표준어로 인정하고 있다. '하세요/하셔요'는 문어에서도 많이 쓰이고 있어, 구어나 문어 모두에서 매우 중요한 화계로 인정되어야 한다.

그러나 학계에서는 일반적으로 '하세요체'를 하나의 화계로 인정하지 않는다.[8] '하세요'는 주체 높임의 '-시-'가 들어 있어 이것을 제외해야 상대 높임의 화계 목록이 되고, 그러면 '해요체'가 된다는 것이다. 하지만 이는 문법을 현실이 아닌 언어학 지식 이론으로 가름하는 생각이다. 일반

---

7) '하시오'에서 주체 높임 '-시-'가 들어있는 문제에 관해선 아래의 '하세요'에서 논의하기로 한다.

8) '하세요'와 '하셔요' 가운데 중부 지방에서 주로 사용하는 '하세요'를 대표형으로 보아 '하세요체'로 이름한다. 화자의 폭과 수가 훨씬 더 많고, 표준어 사정 원칙에도 부합한다고 하겠다. '하시어요'의 축약은 그대로 '하셔요'이므로 이 형태가 더 문법적이고 '하세요'는 그렇지 못하다는 견해도 있으나, 이는 너무 규범적인 해석이라고 하겠다. '하셔요'에서 단모음화를 더 경험하여 '하세요'가 되는 것이 비문법적이 될 수는 없다.

언중들에게 '해요'와 '하세요'는 분명히 다른 상대 높임 화계로 인식된다. 여기에 들어간 '-시-'는 주체 높임이라 하여도, 주어가 2인칭인 명령문에서 '-시-'는 그대로 상대 높임의 기능으로 이해되는 것이다. 따라서 '해요' 보다 높은 '하세요'를 하나의 화계로 인정해야 하는 것이다. 이는 사용자 중심의 문법에서는 더욱 그러하다.

'하오'보다 조금 낮고 '해라'보다는 조금 높은 화계에 '하게체'를 놓았다. 그런데 하게체 역시 오늘날 그리 많이 쓰이는 표현이 아니다. '하오'와 비슷하게 노년층에서 일부 사용하기는 하나 중년층 이하에서는 거의 사용이 없는 화계이다. 필자의 직관으로는 '하오'보다는 다소 사용이 있다고 생각되지만, 이 표현 역시 그리 흔하게 들리지 않는다. 다만 하게체의 평서형으로 '하네'는 조금은 더 많이 사용되는 듯하나, 이 역시도 중년층 이하에선 일반적으로 별로 사용하지 않는다.

(1) 그러면 자네가/*선생님께서/*네가 한번 해 보게.
(2) ㄱ. 자네가 하도 원하니까 내가 가 보겠네.
    ㄴ. 아이구, 벌써 떠났네.

(1)과 (2)는 젊은 사람들도 다 알아듣는 말이고, 이 말의 화계가 어느 정도인지 대부분 짐작을 한다. 그렇다면 (1)과 (2)는 현실어로서 충분하지 않을까? 그러나 이 말을 이해하는 중년층에게 이러한 말을 실제로 하는가 질문하면, 거의 사용하지 않고 (2ㄴ) 정도를 놀람 또는 아쉬움의 표현으로 사용할 수 있다고 답변할 것이다. 이처럼 하게체도 하나의 독립된 화계로 설정하기에 그리 충분하지 못한 표현이라고 하겠다. 만약 하게체를 인정하지 않는다면 '하네'형은 바로 이웃하는 화계 '해'로 소속시켜도 문제가 없을 것이다.

'해라체'는 높임이 전혀 없는 표현으로, 친한 관계의 사이나 아랫사람에게 하는 말투이다. 이 표현은 한정적이지만 많이 쓰이고 있으므로 하나의 화계를 부여해야 한다. 다만 해라체를 낮춤이라고 해석하는 것보다는 높이지 않는 표현이라고 보는 것이 나을 것이다. 친근감이 높은 친구에게 많이 사용하는 이 표현을 [+낮춤]으로 해석하는 것은 타당하지 않다.

학교 문법에서는 이상 4가지 층위의 높임법을 격식체라 하고, 비격식체로는 '해체'와 '해요체'를 배정하였다. '해'와 '해요'는 일상생활에서 가장 폭넓게 많이 사용하므로 각각 하나의 화계로 설정하는 것이 당연하다. 그러나 이들을 비격식체로, '하십시요체, 하오체, 하게체, 해라체'를 격식체로 나누는 것은 곤란하다.

상대 높임의 표현을 격식체와 비격식체의 2원 체계로 나눈 것은 그리 큰 근거를 갖지 못 한다. 이러한 분류는 실제 언어 현실을 파악하는 데에 별 도움을 주지 못하고, 또 현실 언어와 유리되어 있는 논리적 분류의 성격이 짙다. 남기심 · 고영근(1993: 334)에서는 격식체는 의례적 용법으로, 비격식체는 정감적 용법으로 구분하였으나, 홍종선(2009)에선 이는 비현실적인 설명임을 밝혔다. 고영근 · 구본관(2008:450-453)에서는 '해체'는 '형태적으로는 말끝이 분명치 않고 기능적으로는 높이고 낮추는 뜻을 드러냄이 없이 어물거리는 말씨'로, 해라체로부터 하오체까지 보충한다고 하였다. '해요체'는 대체로 하오체와 합쇼체가 나타나는 상황에서 보충적으로 쓰인다고 하였다. 이러한 설명은 원천적으로 문제를 안고 있다. 한국어의 높임 표현은 어느 화계의 표현이든 화행 중에 위나 아래에 이웃하는 화계를 넘기도 하는 넘나듦(switching)이 자주 일어나고 있다. 이러한 넘나듦을 '해'와 '해요'가 가지는 특성으로 보고, '보충법'이나 '반말' 등으로 표현하는 것은 이들의 기원적 역사성에 함몰된 설명으로[9], 오늘날 이들의 용법을 도외시한 것이라고 할 것이다.

'격식체'와 '비격식체'는 우선 용어부터 적절하지 못하다. 손쉽게 받아들여서 격식체는 격식적인 자리에서 사용하는 예의바른 말투이고, 비격식체는 격식이 없이 자유스럽게 주고받는 말투로 이해가 된다. 이것이 상대 높임 항에서 운위되는 용어이므로 '격식적 상대 높임'과 '비격식적 상대 높임'은 자연스럽게 이와 같이 이해될 것이다. 그런데 내용상으로 이러한 분류는 적절하다고 할 수 없다. 격식적인 자리에서 '하게'는 그리 잘 어울리지 않으며, 더구나 '해라'를 격식적으로 사용하는 일은 없다. 격식적인 자리에서는 대개 듣는 상대가 아랫사람이라 하더라도 어느 정도는 높이거나 예우하는 말투를 하게 되는데, 해라체를 쓸 수가 없다. 격식적인 자리에서는 오늘날 하게체나 하오체보다는 해체가 더 자연스럽고, 그보다는 해요체나 하십시오체가 더욱 많이 쓰인다. 발화 상황이 격식적일 때에는 아랫사람에게도 대부분 해요체 정도의 높임 표현 수준을 보임으로써 형식성과 예의를 갖추는 것이다.

따라서 학교 문법에서와 같은 2원적 체계는 실제의 언어 현실과 잘 맞지 않으므로 각 화계들을 1원적으로 층위를 세우는 것이 좋다고 본다. 존칭의 '-요'와 결합할 수 있는가 여부는 화계 설정에서 별 의미를 갖는다고 말하기 어렵다. 다만 종결형에 '-요'가 자연스럽게 결합할 수 있는 어미와 그렇지 못한 어미들 사이엔 생성 과정이나 사용상에 차이를 가질 수 있어, 분류상 그 유형을 달리할 수는 있다고 본다.

---

9) '해'와 '해요'는 일반적으로 19세기 말 ~ 20세기 초에 4등급 체계에 보충법 성격으로 발달한 것으로 알려져 있다.

4. 상대 높임 표현의 실태와 교육

상대 높임 표현이 일상생활에서 어떻게 실현되고 있는가를 실제 발화 자료에서 살피는 것은 앞에서 논의한 상대 높임 체계의 현실성을 확인하는 절차가 될 것이다. 여기에서는 세종 균형 코퍼스와 요즘의 텔레비전 방송 드라마의 대화문에서 종결형을 조사해 보기로 한다.

세종 말뭉치에 나타난 명령형 종결 어미 가운데 '하-'와 '-하-'형의 출현 횟수는 아래 [표 1]과 같다.[10] 높임 표현 화계의 종류는 학교 문법에 따랐고, 여기에 필자가 주장하는 '하세요'를 하나 보태었다.

[표 1] '하-'와 '-하-'의 출현 빈도

	하십시오	하오	하게	해라	해	해요	하세요
하-/-하-	28/60	8/18	15/15	97/69	336/368	260/275	71/121

[표 1]을 보면, '하십시오, 해라, 해, 해요'는 '하-'형과 '-하-'형 모두 화계 체계에서 목록이 되기에 충분한 출현 빈도를 보이지만, '하오'와 '하게'의 빈도는 너무나 빈약하다. 그나마 이 말뭉치가 광복 이후부터의 한국어 그것도 대부분 문어를 대상으로 구축한 것이어서 이 정도로 나온 것으로 보인다. 2,000년 이후만을 본다면 '하오'와 '하게'는 훨씬 더 위축되어 있고, 요즘의 구어에서는 거의 용례를 찾기 어려울 것이다. 이에 반해 '하세요'는 위의 [표 1]에서도 이미 무척 많이 쓰인 표현으로 나타나는데, 요즈음 구어라면 더 많은 사용 양상을 보일 것이다. 실태가 이러하

10) 세종 말뭉치는 국립국어원이 2007년 배포한 약 1,200만 어절 규모의 '현대 문어 형태 분석 말뭉치'이다. 구어로만 된 균형 말뭉치는 아직 구축된 것이 없어, 문어로 전사해 놓은 구어가 약 10% 정도 포함된 이 세종 말뭉치를 이용한다. 명령형의 서술어 동사는 '하-' 외에도 매우 많지만, 이들을 다 조사하는 것이 너무 방대하므로 이 연구에서는 동사 '하-'와 '-하-'가 접미한 동사에 한정하여 조사하였다. 이것만으로도 어느 정도 실태를 가늠할 수는 있을 것이다.

다면 한국어 높임 표현의 화계 목록, 특히 구어를 중심으로 하는 화계에 어떠한 것을 빼고 어떠한 것을 더 넣을 것인가는 확연해진다.

구어에서의 사용 실태를 조사하기 위해 텔레비전 드라마를 선택할 수도 있을 것이다. 드라마는 작가에 의해 만들어진 가상의 세계이지만 현실 언어생활을 매우 잘 반영하므로, 가정과 사회의 일상적인 생활을 그린 드라마라면 오늘날 한국어 생활이 비교적 잘 드러나 있다고 볼 수 있다. 이 연구에서는 오늘날 언어를 살피기 위해, 2010년을 전후하여 방영된 아래와 같은 드라마에서 한 회분씩 대화문을 조사하였다.

(3)

드라마 제목	회차	방송국	방영 연도	약호
내 이름은 김삼순	3	MBC	2005	A
너는 내 운명	11	KBS1	2008	B
온에어	21	SBS	2008	C
불굴의 며느리	2	MBC	2011	D
반짝반짝 빛나는	22	MBC	2011	E
왓츠업	10	MBN	2011	F
내 딸 서영이	4	KBS2	2012	G

각 드라마에서 나타난 종결형 어미의 화계별 출현은 아래 [표 2]와 같다.

[표 2] 드라마에 나타난 화계별 종결형 빈도

	A	B	C	D	E	F	G
하십시오	43	15	34	10	65	21	38
하오	0	0	0	1	0	0	3
하게	7	0	0	0	1	1	4
해라	40	26	28	34	33	50	9
해	314	149	177	191	180	397	306
해요	123	112	243	51	85	103	86
하세요	12	21	36	19	22	7	18

위의 드라마들은 대개 젊은이들의 일상생활이 내용의 대부분을 이루고 있으므로, '하세요' 형이 상대적으로 적게 나타나기는 하였지만 화계로 설정하기에는 모자람이 없다. 이에 반해 '하오'와 '하게'는 거의 없다시피 하다. '내 이름은 김삼순'에서 하게체가 7번 나온 것은 모두 등장인물이 '-나?'형으로 물어보는 말투 때문이다. '내 딸 서영이'에서 하게체 역시 마찬가지이며, 하오체 3번은 '마쇼, 있수, 괜찮소'로, 하게체를 설정하지 않는다면 하세요체에 넣을 수가 있다. 마찬가지로 '-나?'형도 하게체가 설정되지 않는다면, '-나' 아래에 '-요'가 접미할 수도 있는 등 얼마든지 해체에 넣을 수가 있을 것이다. 사실 언어 직관으로 '-나?'는 하게체보다 해체에 더 가깝다고 느낄 수도 있다. 중부 방언에서 거의 사라진 '-소'는, 하오체와의 거리가 하세요체보다 더 가깝다고 보기도 어렵다. '해'와 '해요'형이 매우 많이 나오는 것은 김서형(2013ㄱ)에서의 지적과 마찬가지이다. '하라'형은 일상적인 구어로 사용되는 일이 거의 없으므로 논의하지 않기로 한다.

결국 위의 [표 1]과 [표 2]에서 보듯이, '하오'와 '하게'는 오늘날 일상생활에서 거의 사용하지 않는 이전 시대의 높임 화계이므로 오늘날의 높임법 화계에서 제외해도 좋다고 할 것이다. 반면 '하세요'는 다른 화계 못지않게 많은 출현을 보이므로 높임법 화계 가운데 하나로 넣는 것이 필요하다고 할 수 있다. 이로 인해 재편되는 한국어 높임법 화계에서는 명령형 외의 평서, 의문, 청유, 감탄형 종결 어미들 가운데, 종래에 하오체나 하게체에 해당한다고 본 종결형들을 이웃하는 다른 화계에 적절하게 소속시킬 수 있을 것이다. 물론 이에 따르는 무리함이 거의 없음은 위에서 입증된 바와 같다.

이제 현행 한국어 교육 교재의 높임 표현 사용 양상을 살펴보기로 한다. 비교적 여러 교육 기관에서 사용하고 있는 교재들 가운데 4가지, 『서강한국어』(3A, 3B, 4A, 4B, 5A, 5B), 『연세한국어』(4, 5, 6), 『이화한국어』(4, 5), 『재미있는 한국어』(4, 5, 6)에서 모범 대화문에 나타나는 종결형 어미의 높임법 화계를 조사하였다. 내국인의 일상어와 비교적 가까운 수준의 언어 모습을 보기 위하여 상급반의 교재만을 대상으로 하였다.

[표 3] 한국어 교재 대화문에 나타난 종결형의 높임법 화계

	서강한국어	연세한국어	이화한국어	재미있는 한국어
하십시오체	72	112	39	192
해요체	298	401	229	379
해체	83	117	37	200
하세요체	76	36	13	35

위의 <표 3>을 보면 하게체, 하오체, 해라체의 칸이 없는데, 이들이 아예 나타나지 않기 때문이다. 다만 『연세한국어』에서는 '-더라'형이 4번 나오는데, 이는 일반적으로 해라체로 해석되는 것이지만 <표 3>에서 빠져 있다. 그 외에는 해라체 표현이 다른 책 모두에서 없어, 위 표에서 항목을 설정하지 않았다. 각 한국어 교육 기관의 교재 가운데 가장 높은 등급의 4～6권에서 하게체와 하오체가 하나도 나타나지 않은 것은 언어 현실상 당연한 것으로, 교재 편찬자들도 이를 인식하고 있다는 증거이다. 그러나 해라체 표현이 안 보이는 것은 시정되어야 할 것이다. 일상적인 대화에서 해라체가 많이 쓰이지는 않지만, 그래도 종종 쓰이고 있음은 위의 <표 1>과 <표 2>에서 보는 바와 같다. 더구나 문어의 평서형으로 가장 많이 쓰이는 '-다'형이 해라체라고 한다면, 이와 평행하는 구어의 평서형으로서 쓰임이 적지 않은 '-다'형도 가끔 사용되도록 해야 좋을 것이다. 현재 한국어 교육에서는 이 '-다'를 간편체라고 하여 문어체로 가르치고 마는 경우가

많은데, 이는 거의 잘못된 것이라고 하겠다. 문어체와 구어체에서 높임 표현의 화계 체계나 목록을 따로 설정하는 문제도 연구해 볼 수 있다.

오늘날 한국어에서 높임 표현의 실태가 이렇다면 국어 교육이나 한국어 교육에서 '(한)국어의 높임법 체계'를 어떻게 설정하여 교육할 것인가를 다시 생각해 보아야 한다. 학문적으로 크게 양보하여 현재의 규범 문법을 학문적인 문법으로 당분간 더 유지한다고 해도, 교육 문법에서는 현재의 학교 문법을 고치는 것이 현실성을 높이는 방안이 될 것이다. 교육 문법은 교육 결과의 효율성을 고려할 때 좀 더 언어 사용자 중심의 문법에 충실해야 하기 때문이다.

앞 장에서 논의한 바와 같이, '하세요'에서 나타나는 주체 높임의 '-시-'는 일반적인 언어 사용자들에게 상대 높임으로 인식되고, 그것이 틀렸다고 볼 수도 없다. 명령문은 대부분 2인칭 주어가 생략된 구조이지만[11] 이 문장에서 주체 높임은 2인칭 청자에 대한 높임 즉 상대 높임에 다름이 아닌 것이다. 따라서 하세요체를 화계 층위 가운데 하나로 설정할 만하며, 그것이 일반인들이나 초·중급 내국인 학습자는 물론이고 외국인 학습자들에게는 매우 유용하게 이해되고 활용할 수 있는 한국어 높임법 체계가 될 것이다.

여기에 더하여, 오늘날 일상생활에서 거의 사용되지 않는 하게체와 하오체는 높임법 화계에서 제외하는 것이 현실적이다.[12] 교육 문법은 가능

---

11) 한국어에서는 명령문의 주어가 2인칭 외에도 나타날 수 있다.

(i) 김 선생님이 가세요.
(ii) 김 선생이 가지.

위의 (i)과 (ii)는 직·간접적인 3인칭 주어 명령문이지만 '김 선생(님)'이 화용상 청자를 가리키는 2인칭화된 표현이므로 여기에서 서술어에 나타나는 주체 높임 '-시-' 역시 상대 높임으로 이해되기에 장애가 없다.

하면 간명한 것이 좋으므로 이들 둘은 1차적인 교육 대상에서는 제외하되, 내국인이나 외국인 학습자의 고급반에서 필요에 따라 하게체와 하오체가 극히 일부에서 쓰이고 있음을 이해 차원으로 교육할 수는 있다고 본다.

5. 마무리

한국어의 높임 표현은 20세기 이후 현대 국어에 들어와서도 변화가 비교적 큰 문법 범주이다. 현행 학교 문법에서 설정한 상대 높임의 체계도 오늘날의 언어 현실과 어긋나는 내용이 많이 있다. 격식체 4등급과 비격식체 2등급의 2원적 화계를 설정한 것은 현실성이 적다. 이는 세종 균형 말뭉치나 텔레비선 드라마의 대회문에서도 확연하게 드러난다. 하오체와 하게체는 거의 사라져 가므로 화계 체계에서 제외하고, 사용 빈도가 높은 하세요체를 설정할 필요가 있다. 또한 2원적 체계 역시 현실적이지 못하다. 이에 따라 '하십시오, 하세요, 해요, 해, 해라'의 1원적 체계가 된다.

이론 문법도 그러하지만 교육 문법에서는 더욱 사용자 중심의 문법을 지향해야 한다. 내국인을 위한 초·중급 국어 문법이나 외국인 한국어 학습자를 위한 한국어 문법에서는 적어도 위의 1원적 5체계의 상대 높임 화계를 설정하는 것이 실제적이다. 다만 고급 수준의 국어 문법이나 한국어 문법에서는 하오체와 하게체를 이해 차원에서 다룰 수는 있을 것이다. 현재 각 기관에서 사용하고 있는 한국어 교육 교재의 모범 대화문에도

12) 오늘날 사회 각 영역에서 쓰이고 있는 한국어의 종결 어미에는 이 밖에도 문어, 특수한 집단이나 상황 또는 지역어 등에서 '하시옵소서, 하옵소서, 하소서, 하소, 하라' 등의 명령형을 쓰고 있지만, 이들은 그 쓰임이 너무 적거나 한정적이어서 한국어 높임법의 화계에 넣지 않는 것이 일반적이다.

하게체와 하오체가 없는 것은 당연하지만, 해라체 역시 거의 없는 것은 재고해야 할 것이다. 이처럼 사용자 중심의 문법은 한국어 교육뿐만 아니라 여러 응용 국어학 분야에서 사용자를 위한 효율적인 문법 체계와 내용을 갖는다.

이 연구에서는 각 상대 높임 화계에서 나타나는 명령형 외의 다른 종결형에 대해서는 거의 언급하지 못하였다. 이 연구에서 주장하는 새로운 화계 체계를 설정할 때에는 기존 연구에서 분배해 놓았던 각 종결형의 화계 체계에 변화가 불가피하다. 사실상 기존의 분배가 언어 직관에 잘 맞지 않은 경우도 있으며, 학자들에 따라 분배가 다르기도 하다. 이에 대해서는 분량상 다음 연구로 발표할 예정이다.

■ 참고 문헌

고영근(1974), 「현대국어의 존비법에 대한 연구」, 『어학연구』(서울대 어학연구소) 10(2), 66~91.

고영근 · 구본관(2008), 『우리말 문법론』, 집문당.

김민수(1973), 『국어문법론』, 일조각.

김서형(2013ㄱ), 「한국어 대화문 종결 형태의 실현 양상 연구」, 『문법교육』(한국문법교육학회) 19, 183~205.

김서형(2013ㄴ), 「한국어 화행에서 공손성의 실현 양상」, 『한국어학』(한국어학회) 61, 123~143.

김영희(1996), 「문법론에서 본 상대 높임법의 문제」, 『한글』(한글학회) 233, 161~186.

김정숙 외(2005), 『외국인을 위한 한국어 문법』, 커뮤니케이션북스.

남기심(2001), 『현대국어 통사론』, 태학사.

남기심 · 고영근(1985), 『표준 국어문법론』, 탑출판사.

서정수(1984), 『존대법의 연구』, 한신문화사.

성기철(1985), 『현대국어 대우법 연구』, 개문사.

성기철(1999), 「20세기 청자 대우법의 변천」, 『한국어교육』(국제한국어교육학회) 10(2), 17~45.

엄경옥(2003), 『현대국어 청자대우법 화계에 대한 고찰』, 중앙대학교 박사학위논문.

이관규(2002), 『학교문법론』, 월인.

최석재(2008), 『국어 대우법 체계의 정보화 연구』, 박이정.

최현배(1937/1961), 『우리말본』, 정음사.

홍종선(2009), 「현대 국어의 상대 높임 체계」, 『국어 높임법 표현의 발달』(국어 문법의 탐구 2), 9~30.

홍종선(2015), 「광복 70년, 국어학의 여정과 통일 좌표」, 『국어국문학』(국어국문학회) 172, 5~29.

Hannay, M. & Bolkestein, M.(1998), *Functional grammar and verbal interaction,* Amsterdam: John Benjamin Publishing Co.

Wilkinson(1965), "The concept of oracy." *English in Education 2*, Wiley-Blackwell; Oxford.

국어과 교재의 상대 높임 화계 설정과, 구어 현실

홍종선 · 김서형

1. 머리말

높임 표현은 한국어에서 보이는 언어적 특징으로 대표적인 것이며, 특히 상대 높임은 화자(/필자)와 청자(/독자) 등의 관계에 따라 세밀하게 분별되어 나타나는 문법 범주이다. 따라서 화자는 청자와의 높임이나 친밀성 등의 정도를 가늠하여 적절하게 화계를 선정하고 이에 따라 상대 높임의 표현 형태를 결정하여 발화한다. 이 때 상대방(청자)이 높임의 정도가 적절하지 못하다고 판단되면 화행에 문제가 생기기 쉬우며, 발화 내용에 대한 해석이나 수용 정도에 영향을 미치기도 하고, 심지어 대화가 오해를 만들거나 파국의 상황으로 변하기도 한다.

한국인은 대부분 이러한 상대 높임의 표현을 상황에 맞게 잘 수행하지만, 간혹 화자와 청자 사이에 그 적절성에 차이를 보이기도 한다. 더구나 국어 학습 단계에 있는 초·중·고 학생들이나 한국어를 공부하는 외국인 학습자들은 상대 높임에 대하여 따로 학습해야 할 정도로, 일상생활에서 상대 높임 표현을 올바르게 실현하는 것이 쉽지만은 않다. 그것은 높임법이 문법 범주로 존재하지 않는 대다수의 외국어권 학습자들에게는 더욱 어려운 과제이다. 그만큼 상대 높임의 화계는 여러 층위로 나뉘어 있어 그 인식 양상이 섬세하게 작용하는 것이다.

이들에게 국어의 상대 높임 체계를 현실감 있게 가르치기 위해서는 실제로 우리말 언중들이 일상생활에서 사용하고 인식하는 상대 높임의 화계를 설정하고 이를 국어 교육에 적용해야 할 것이다. 그러나 국어 교육을 위한 이러한 상대 높임의 화계 설정은 비단 교육용으로 그치지 않는다. 국어학의 문법 체계에서도 현재 내국인들이 실제로 사용하고 인식하는 상대 높임의 화계가 수용되어야 할 것이다. 언어학 이론에 충실한 문법 체계도 의미가 있지만 언어 현실에 충실한 문법 체계 역시 학문적으로도 그 이상의 의미를 갖는다. 결국 언어학이나 언어 교육 모두 언어 사용자를 중심으로 하는 문법 체계가 우선해야 하는 것이다.

이 때 문어보다도 구어가 좀더 커다란 비중을 갖는다고 하겠다. 일상적인 언어생활에서 구어가 차지하는 비중이 그러하지만 오늘날 일상화되어 있는 인터넷 등에서 사용되는 언어는 문어에서도 구어적인 요소가 다분히 개입되어 있다는 점에서도 더욱 그러하다. 이러한 점을 고려하여 본고에서도 주로 구어 위주로 국어의 상대 높임 실태를 고찰하지만, 그 결과 양상은 문어에서도 크게 다르지 않다고 생각된다. 다만 대체로 구어는 문어보다 통시적인 변화가 앞서는 것으로 알려져 있어, 변화의 양이나 속도가 다른 문법 범주보다 커다란 상대 높임은 그만큼 구어와 문어와의 차이도 많으리라 예상된다.

이 글에서는 현대 국어의 상대 높임 표현에 나타나는 화계를 사용자 중심으로 인식하여 체계화하고 이를 국어과 교재에 적용하는 문제를 논의한다. 이를 위해 기존의 국어학 연구에서의 견해와 국어 교육 교재에서 보이는 상대 높임 표현의 화계 체계를 고찰하면서 그 성과의 문제점들을 검토한다. 언어 현실과 괴리되지 않는 진정성 있는 국어학의 문법 체계를 세우고 교육하기 위해서는 여러 부문에서 이와 같은 재인식이 요구되겠지만, 이 글에서는 우선 상대 높임에 한정하여 논의하기로 한다. 필자는 이미 김서형·홍종선(2015)에서 명령형으로 대표되는 상대 높임 체계를 사용자 중심의 관점에서 살핀 바가 있는데, 여기에서는 이를 바탕으로, 다양한 종결법의 용언 서술어에 나타나는 상대 높임 표지들을 종합적으로 논의하기로 한다.

2. 상대 높임의 화계 설정 실태와 구어 현실

국어의 상대 높임으로 나타나는 화계에 대해 일찍이 최현배(1937)에서 '합쇼(아주 높임), 하오(예사 높임), 하게(예사 낮춤), 해라(이주 낮춤)'와 '해(반말)'를 들고, 이익섭(1974)에서 여기에 '해요'를 더한 6등급 체계를 보였으며, 고영근(1974)에선 최현배(1937)의 4등급 체계와 '반말'에 '해요'를 더하여 2원적 체계를 세웠다. 이후 서정수(1984), 성기철(1985), 남기심·고영근(1993) 등에서도 격식체 4등급과 비격식체 2등급을 세워 학계의 일반적인 견해로 굳어졌고, 오늘날 이관규(2016)이나 학교 문법도 이를 그대로 따르고 있다.

이러한 상대 높임의 화계 체계는 학교 규범 문법이라고 할 수 있는 중학교 '국어' 과목의 교재와 고등학교 현행 문법 교과서인 '독서와 문법'에서도 그대로 나타난다. 예를 들어 민현식 외(2013), 윤여탁 외(2013), 이삼형 외(2013) 등의 「중학교 국어 5」에서는 모두 격식체의 '하십시오체, 하오체, 하게체, 해라체'와 비격식체의 '해요체, 해체'를 똑같이 설정해 놓았다. 이는 고등학교 문법서에서도 마찬가지여서, 서울대 국어교육연구소(2002)의 「고등학교 문법」이나 현행 문법 교과서인 윤여탁 외(2014), 이관규 외(2014), 이도영 외(2014), 이삼형 외(2014), 한철우 외(2014) 등의 「고등학교 독서와 문법」 교재에서도 똑같은 상대 문법의 화계 체계를 보이고 있다. 이들 교재는 서울대 국어교육연구소(2002: 173)의 아래 <표 1>을 모태로 하도록, 교육부는 지침을 내리고 있다. 따라서 <표 1>의 체계는 이후의 중·고교 문법 교재와 학교 문법의 기준이 되고 있다.

[표 1] 상대 높임법

		평서법	의문법	명령법	청유법	감탄법
격식체	하십시오체	가십니다	가십니까?	가십시오	(가시지요)	–
	하오체	가(시)오	가(시)오?	가(시)오, 가구려	갑시다	가는구려
	하게체	가네, 감세	가는가? 가나?	가게	가세	가는구먼
	해라체	간다	가냐? 가니?	가(거)라, 가렴, 가려무나	가자	가는구나
비격식체	해요체	가요	가요?	가(세/셔)요	가(세/셔)요	가(세/셔)요
	해체 (반말)	가, 가지	가? 가지?	가, 가지	가, 가지	가, 가지

위의 표를 보면 국어 표현의 상대 높임을 종결형에 따라 매우 정연하게 정리해 놓은 것을 알 수 있다. 그러나 이러한 상대 높임법 체계는 이미 최현배(1937)에서 나타나는데, 다만 여기에 '-요'를 어미 체계 안에 도입한 것이다. 그런데 이러한 화계의 설정들에는 몇 가지 문제가 있다. 전체 체계에서는 물론 개별적인 화계 항목에서도 언어 현실과 어긋나는 문제들이 많이 보인다.

우선, 각 화계의 특성에서 '아주낮춤'이라는 화계 설명은 오늘날 매우 적절하지 않다고 하겠다. 이는 봉건 시대에 하인에 대한 주인의 관계 정도에서나 적용될 만한 설명이다. '아주높임'에 대한 상대적인 체계성을 고려하는 표현이라 하더라도 이렇게 현실성이 없는 용어 설정은 올바르지 못하다. 언어 체계에는 반드시 대응 짝이 존재하는 것이 아니다. 그러므로 '높임'을 설정하였다고 하여 그와 상대되는 '낮춤'을 드는 것조차 정당한 것이 아닐 수 있다. 친한 사람끼리는 해라체를 많이 사용하는데 그것은 상대방을 아주 낮추는 표현이라기보다 서로 간에 격식을 없애고 가깝게 표현하는 것이다. 따라서 해라체를 격식체로 보는 것도 어색한 분류이다.

국어에서 '높임법'에 관여하는 주요 자질로 [respect]와 [intimate]를 들 수 있다. 높임법 자질에 관해 이미 학계에서는 다양한 견해들이 나왔고, 최근에는 [power] 이론이 많은 지지를 받는 듯하다.[1)] [respect]와 [intimate]은 모두 [power]에 관여하는 구체적인 요인이므로, 이들이

1) 이제까지의 연구들에서는 [respect], [intimate], [formal], [distance], [solidarity], [power] 등 여러 가지 자질들이 제시되었는데, 대부분 하나의 자질로 전체를 설명하려 하였다. 그러나 국어 높임법 범주에는 [respect]과 [intimate]가 함께 적용되며, 이전의 이른바 '높임'에는 [respect]가, '낮춤'에는 [intimate]가 더 크게 작용하는 것으로 보인다. 이에 대한 좀더 자세한 논의는 이 글의 3장에서 할 것이다.

[power]로 귀결될 수 있다고 본다. 다만 이전 연구에서의 '높임' 영역에는 [respect]가 주로 작용하고, '낮춤' 영역에서는 [intimate]가 주로 적용되어 이들이 각각 [power]에 기여한다고 볼 수 있다. 하지만 여기에서 [-respect]나 [+intimate]를 '낮춤'의 자질로 해석하기보다는 '안 높임'으로 해석하는 것이 나을 것이다.

위에서 잠깐 언급하였듯이 오늘날 국어의 높임법 체계를 격식체와 비격식체로 나누는 것이나, 그 각각에 해당 화계들을 나열하는 것이 모두 실제의 언어 현실과 거리가 있다. '해라'는 격식적인 표현이고 '해요'는 비격식적인 표현이라는 것은 너무 도식적으로 나눈 결과이다. 물론 '해, 해요'가 다른 화계 표현에 비해 다소 친근감을 주는 경우가 많기는 하지만, 그렇다고 격식과 비격식으로 나눌 정도는 아니다. 오히려 격식적인 자리에서는 '해라'를 쓰는 경우가 별로 없지만 '해요'는 상당히 많이 쓰고 있다. 비격식체 어미에만 '-요'를 붙일 수 있다는 특징이 화계 등급화에까지 적용할 근거는 없다고 본다. 상대 높임의 화계 체계는 오로지 높임 정도에 따른 등급화에 충실하는 것이 좋을 것이다.

위 표에서 각 화계에 해당하는 활용 어미들을 항목마다 넣어 놓았는데, 이들 어미가 꼭 그러한 화계를 가졌다는 보장은 없다. 즉 <표 1>에서 각 어미 형태는 횡적으로 같은 화계를 실현해야 하는데 이들이 똑같은 높임의 정도를 갖지 못한 경우도 있으며 적절하지 않은 형태를 제시한 항목도 보인다. 몇 개만 들기로 한다.

하십시오체의 청유형에 '가시지요'를 넣었다. 그러나 '가시지요'는 위 체계에 따르면 비격식체 반말(해체)에 '-요'가 결합한 해요체 '가지요'에 다시 '-시-'가 더한 구성이다. 위 표에서는 하오체 '가오'와 '가시오', '가요'와 '가세요'에서 보듯이, 주체 높임의 '-시-'가 결합하더라도 화계에 변화가 없다. 그렇다면 '가시지요'는 해요체 '가지요'와 똑같은 화계를 가져야 한다. 체계를 갖추려면 차라리 한철우 외(2014)에서처럼 '하십시다'를 넣어야 한다. 임지룡(2015)나 이관규(2016)에서는 '하십시다'에 아주 높임 의미가 파악되지 않는다고 하였지만, 실제로 가장 높은 청유 표현으로 이 형태를 일반적으로 쓰고 있다고 필자는 생각된다.

하오체의 명령법 안에 '가오'와 '가시오'를 함께 넣었고, 해요체 안에 '가요'와 '가세요'를 같이 다루었다. '가시오'와 '가세요' 안에 포함되어 있는 '-시-'는 주체 높임이므로 상대 높임의 화계 분화에는 관여할 수 없다는 해석이다. 그러나 일반 언중들 가운데 명령형으로 '가요'와 '가세요'를 같은 높임 층위라고 받아들이는 사람은 없을 것이다. 이렇듯 현재의 국어학이나 국어 교육(학)에서 세운 높임법 체계는 언어 현실성이나 언중들의 인식과 커다란 괴리를 가지고 있다. 명령형에서 주체 높임은 명령문의 주어인 청자에 대한 높임이므로 곧 상대 높임으로 작동되는 사실을 외면하는 것이다.[2)] 이 때 평서법이나 의문법에서는 어떠한가? 이에 대해선 다음 장에서 설명하기로 한다.

격식체의 가장 높은 이른바 '아주 높임'에서는 평서법에 '가십니다', 의문법에 '가십니까'를 넣었다. 이 체계는 상대 높임을 말하는 것인데 주체 높임의 '-시-'가 모두 들어가 있다. 아래의 예문을 보자.

(1) ㄱ. 선생님께서 산에 가십니다.
ㄴ. 선생님께서 산에 가십니까?
(2) ㄱ. 제 동생이 산에 갑니다.
ㄴ. 제 동생이 산에 갑니까?

---

2) 국어에서는 명령문의 주어로 2인칭 외에 3인칭이 가능하며 특별한 상황에서는 1인칭인 경우도 있지만, 일반적으로 2인칭 주어 형태를 상정하는 것이다.

예문 (1)은 국어학이나 국어 교육에서 세운 체계에 의해 '아주 높임'의 하십시오체가 확실하다. 그런데 (2) 역시 청자에 대해 화자는 가장 높은 화계로 말하는 것이므로 '아주 높임'의 하십시오체가 되어야 한다. 그런데 <표 1>에 의하면 (2)에서도 '가십니다, 가십니까?'가 되어야 하는 문제점이 있다. 명령법에서는 2인칭의 주체 높임이 상대 높임으로 작동하지만 평서법이나 의문법은 그러하지 않은 것이다. 그렇다면 주체 높임이 들어간 '가십니다, 가십니까?'가 아닌 '갑니다, 갑니까?'가 되어야 한다.[3] 구태여 명령법의 '가십시오' 형태와 궤를 맞추기 위해 다른 종결법(평서법, 의문법)에서도 불필요하게 '-시-'가 들어간 형태를 제시할 필요가 없다.

하오체의 평서법과 의문법에서도 주체 높임을 넣은 '가(시)오'와 '가(시)오?'로 할 필요가 없이 '가오'와 '가오?'면 충분하며, 오히려 '가시오'와 '가오'를 하나의 화계에 넣은 것은 잘못이다. 하오체의 명령법에서도 '가(시)오'라 하여 '가오'와 '가시오'를 같은 화계로 보았는데, 이 둘의 높임 정도는 매우 달라서 하나의 화계로 다룰 수가 없다. 이는 하게체에서 '가는가'와 '가나?'를 '가(시)는가'와 '가(시)나?'로 들지 않은 것과 마찬가지이다.

또한, 명령법에서도 주체 높임의 '-시-'를 상대 높임으로 인정하지 않는 현행 높임법 체계에서, 하오체의 '가시오'와 달리 하십시오체의 '가십시오'를 제시한 것은 자기모순이다. 하오체의 '가시오'에 주체 높임의 '-시-'를 더한 '가십시오'를 하십시오체로 제시한 것은 '-시-'가 상대 높임으로 작용함을 인정하는 것이다. 이처럼 각 화계에서 실례 형태 제시에 일관성이 크게 어그러져 있다.

---

3) 중·고교 교재 가운데 민현식 외(2013)에서만 '갑니다'와 '갑니까?'라는 형태를 제시하고 있다.

애초에 '하오체'를 설정하는 것 자체가 얼마나 정당한 것인지도 재고해 보아야 한다. 흔히 '현대 국어의 높임법'이라는 말을 하지만 이는 실제로는 '오늘날 국어의 높임법'을 의미한다. '현대 국어'라 하면 국어사에서의 시대 구분에 따라 통상 19세기 말이나 20세기 초부터 오늘날까지를 그 범위로 하여야 하고, 그렇다면 20세기 초의 국어 높임법을 포괄해야 한다. 그러나 적어도 높임법 체계와 내용은 오늘날과 적잖이 다른 100여 년 전의 국어 높임법은 똑같은 체계로 함께 다룰 수가 없다. 다른 분야보다 통시적으로나 공시적으로 변화가 많은 높임법 범주의 표현은 그 동안 적잖은 변화를 겪은 것이다. 따라서 100여 년 전에 설정한 '하오체'가 오늘날에도 그대로 통용된다는 보장이 너무나 없다. 실제로 '하오' 형은 20세기 전반기까지의 문헌에서는 많이 쓰였지만 오늘날엔 극히 일부의 노년층에서 사용하고 있을 뿐이다.

그러한 정황은 '하게체'에서도 엇비슷하게 나타난다. 위의 <표 1>에 나오는 하게체의 어미들 가운데 일부만 비교적 노년층에서 간혹 사용하고 있을 뿐 대부분의 언중들은 하게체 표현을 별로 사용하지 않는다. 더구나 하게체는 높임 층위의 성격상 문어에서도 거의 사용하지 않는다. 그렇다면 오늘날 국어에서 사용이 극히 제한적인 하게체도 기본적인 국어 화계 체계에서 제외될 가능성이 있다.

3. 사용자 중심 교재의 상대 높임 화계

언어학 연구에는 언어 연구자 중심의 이론과 논리도 있고 언어 사용자 즉 언중 중심의 시각도 있다. 이제까지의 언어학에서는 대체로 연구자 중심의 이론에 바탕하는 연구를 주로 해 왔는데, 그 나름대로의 타당성도 있다고 하겠다. 그러나 언어 교육학이나 언어 교육은 언어학적인 이론에 기반하여 이루어지지만 여기에 언어 사용자에 대한 배려가 적극적으로 도입되어야 한다. 언어 사용자에게 설득력이 적고 그들이 이해하기 어려운 내용이라면 이를 해결하기 위해 상당한 모색이 필요할 것이다. 국어 교육(학)의 체계나 내용도 국어 사용자들의 인식 양상을 고려하는 배려가 반드시 필요하다. 가령 명령문의 서술어에서 나타나는 '-시-'를 주체 높임이라고 하여 상대 높임의 기능을 인정하지 않는 것은 언어학적 이론 체계에만 충실할 뿐 일반 언중들의 언어적 인식이나 직관은 도외시한 해석인 것이다.

앞에서 언급하였듯이 국어의 높임법 체계와 구성은 국어학 이론을 바탕으로 하면서도 국어 사용자의 인식을 충분히 배려하여야 한다. 더구나 국어 교육을 위한 높임법 체계는 국어의 일반 사용자에게 설명력을 제대로 갖추고 국어 학습자들도 가급적 쉽게 이해할 수 있도록 연구해야 한다. 이는 오늘날 일상생활에서 실제로 통용되는 현실 언어와 괴리되지 않는 내용을 가지는 데에서부터 출발할 수 있다. 그러나 국어학 이론이나 국어 교육 교재에 나타난 국어 상대 높임의 화계 체계와 내용은 언어 현실과 거리가 있고 국어 사용자들의 인식과도 어긋나 있다.

이제 국어 현실을 제대로 반영하고 사용자들의 인식에 충실하면서도 국어학 이론에 어긋남이 없는 상대 높임 체계와 내용을 논의한다. 이는 중·고교의 국어과 교재 등 학교 문법의 체계와 내용이 되는 것이다. 앞 장에서 언급한 내용은 편의상 반복 서술하지 아니 하고 간략히 줄이거나 보완 설명을 덧붙이기도 할 것이다.

먼저, 상대 높임의 기본적인 화계는 1원적인 체계로 한다. 앞에서 보았듯이 격식체와 비격식체의 구분이 별 의의를 갖지 못하기 때문이다. 비격식체라 불리는 '해, 해요'는 격식체에 비해 다소 공손성이나 친근성을 더 갖는 경우가 많은데 이를 높임법 체계의 분별 요인으로 환원하는 것은 적절하지 못하다. 실제 구어에서 어떤 발화가 얼마나 격식성을 갖는가는 주로 음성·음운론적인 어조에 의해 결정되며 이 밖에도 몸짓, 표정 등 다양한 발화 태도 개입 요소들도 종결 어미의 형태 차이보다 크게 작용한다.

화계의 등급은 국어학이나 국어 교육학에서의 기존 연구 내용을 재조정하여, 가장 높은 등급부터 '하십시오체, 하세요체, 해요체, 해체, 해라체'라는 5등급을 기본으로 한다. 중·고교 국어과 교육에서는 현실에서 많이 사용하는 중요한 높임 표현을 체계화하여 기본 화계로 교육하는 것이다. 이에 따르면 그 사용이 매우 적고 극히 일부에 국한되어 있는 '하오체'와 '하게체'는 제외되는데, 이들은 기본 체계에서 배제되지만 심화 학습으로 다룰 수 있다. 이들은 표현 언어보다 이해 언어로서 값을 가지는 것이다. 심화 학습에서는 '하라체'도 언급할 수 있다.

'하십시오체'는 기존 체계와 같다. 다만 평서법과 의문법의 형태는 '갑니다'와 '갑니까?'이다. 물론 '가십니다'나 '가십니까?'도 하십시오체에 속하지만 교재에서 보이는 대표적인 형태로 놓지는 않는다. '가십니다, 가십니까?'에는 주체 높임의 '-시-'가 결합되어 있기 때문이다. 청유법은 앞에서 한 설명대로 '가시지요'가 아니라 '가십시다'이다. 청유형의 주어는 비록 1인칭 '우리'이지만 여기에는 청자도 포함되므로 주체 높임의 '-시-'를 넣어 상대 높임의 효과를 얻는 것이다.

기존 체계에서는 '가세요/가셔요'의 화계를 따로 설정되어 있지 않고 해요체 안에서 '가요'와 한꺼번에 다루었다. 그러나 앞서 언급하였듯이 명령문에서 '가세요'의 높임 정도에는 큰 차이가 있어서 이들을 한 화계 안에 함께 넣을 수가 없으므로 하세요체를 별도로 설정할 필요가 있다. 또한 상대 높임의 새로운 화계 설정에서 빠진 하오체와 하게체 표현 가운데 아직 조금은 사용되고 있는 일부의 표현 형태를 수용하기 위한 역할로서도, 이들과 높임의 정도가 엇비슷한 하세요체의 설정은 의의가 있다고 하겠다.

하세요체의 평서법 형태는 '가세요/가셔요'이다. 이 형태는 의문법에서와 같지만 어조에 따라 평서법과 의문법으로 달리 실현되고 해석하는 것이다. 하세요체의 의문법에선 '가세요?/가셔요?'가 일부 가능하다. 의문문에서도 주어를 제2인칭으로 할 경우에 주체 높임이 곧 상대 높임으로 기능하는데, 청자에 관해서 물어보는 표현이 그러하다. 이 때 '가세요?' 형태는 곧 하세요체인 것이다. <표 1>에서 하십시오체의 청유형으로 든 '가시지요'는 하십시오체에 근접하지만 정확하게 적용되는 형태라고 보기 어려웠는데, 하세요체를 설정할 경우 여기에 확실하게 해당된다. 이상의 발화 양상을 종합할 때 하세요체를 상대 높임에서 기본적인 화계 체계에 넣은 것은 타당성이 높다고 할 것이다.

<표 1>에서는 감탄법의 '가는구려'는 하오체, '가는구먼'은 하게체로 보았다. 이러한 배당은 대체로 적절하지만 이는 언어 직관에 따른 상대적인 배분일 뿐 이것이 고정적인 것은 아니다. 그것은 형태 구조적인 면이나 실제 언어생활 면에서 똑 들어맞는다기보다 인정할 만하다고 할 것이다. 더구나 구어 위주로 체계화를 할 때에 '가는구려'보다는 감탄 어조의 '가세요'가 더 적절하다고 할 수도 있지만, 형태면에서 차별성을 드러내기 위하여, 그리고 이해 언어로서의 기능을 고려하여 '가는구려, 가는구

면'을 설정하는 것이다.[4)]

하오체와 하게체가 제외되는 새로운 체계에서는 제외된 체계에 있는 종결 형태 가운데 오늘날 다소 그 사용이 남아 있는 표현은 그 높임의 정도에 따라 각각 하세요체와 해요체에 넣는다고 하더라도 별 문제가 없을 것이다. 이에 따라 하게체의 여러 표현 가운데 오늘날 일부에서 사용되고 있는 '가게'는 새로운 화계 체계에서 해요체에 넣을 만하다고 생각된다. 국어 교육 교재에서 '가게'는 사용 언어라기보다 이해 언어의 성격을 좀더 가질 것이다. 그러나 하오체에서는 기본적인 새 화계 체계에 넣을 만한 종결형을 찾기가 어렵다. '가요' 정도면 해요체의 청유법에 보탤 수 있을 것이다.

이 밖에 하십시오체의 명령법이 가능한가를 문제삼을 수도 있다. 즉 매우 높임의 명령문은 대개 권유나 제안 등의 성격을 가지므로 명령법으로 분류하는 것이 무리함에 없지는 않지만 여기에서는 문법론적 질서를 근거로 삼아, 모든 화계에서 명령법이나 청유법을 설정하였다. 또한 상대 높임의 표현은 현실적으로 한두 등급 정도의 화계 간에 넘나듦(switching)이 화행 중에 자주 나타나므로, 상하로 이웃하는 화계의 형태가 넘어와 얼마든지 자연스럽게 쓰일 수 있음도 미리 고려해야 한다.

지금까지 논의한 내용에 따라 새로 설정한 국어 상대 높임법의 화계 체계와 체계별 대표적인 형태를 보이면 아래의 <표 2>가 된다.

---

4) 실제로 감탄법을 종결법 형태 가운데 하나로 설정할 만한가 하는 문제도 있다. 감탄 표현은 평서법 등의 종결형이 화맥상 감탄의 어조를 갖는 정도에 지나지 않는 것이다.

[표 2] 현대 국어의 상대 높임법 체계와 형태

	평서법	의문법	명령법	청유법	감탄법
하십시오체	갑니다	갑니까?	가십시오	가십시다	–
하세요체	가세요/ 가셔요	(가세요?/ 가셔요?)	가세요/ 가셔요	가시지요, 갑시다	가는구려
해요체	가요, 가지요, 가네요	가요? 가지요? 가나요?	가요, (가게)	가지요 (가요)	가는구먼, 가요, 가네요
해체	가, 가지, 가네	가? 가지? 가네? 가나?	가, 가지	가지	가, 가지, 가네
해라체	간다	가냐? 가니?	가(거)라	가자	간다, 가는구나

위에서 논의한 내용을 실제 언어에서 확인하기 위해서는 오늘날 사용되는 국어의 코퍼스 특히 구어 코퍼스를 조사할 필요가 있다. 이를 위해 최근에 방영된 영화나 방송 드라마에서 나타나는 언어를 점검하고, 균형 말뭉치에서 출현하는 용언 활용형의 빈도 등을 조사하여 오늘날 일상생활에서 나타나는 상대 높임 표현의 실태를 파악할 수 있을 것이다. 구어와 문어 코퍼스를 각각 조사하여 이들 간에 나타나는 차이를 비교하는 것도 국어 사용의 실태 파악을 위해 필요하다.

김서형·홍종선(2015)에서는, 국립국어원이 2007년 배포한 약 1,200만 어절 규모의 '현대 문어 형태 분석 말뭉치' 가운데 약 10%를 차지하는 구어만을 대상으로 용언 '하-'와 접미사 '-하-'가 포함된 용언의 빈도를 살피고,[5] <표 3>과 같이 2010년을 전후하여 방영된 텔레비전 드라마에서 한 회분씩 뽑아 대화문의 종결형 화계를 조사하였다. 위의 세종 구어 말뭉치에서도 '하게'와 '하오'는 다른 형태에 비교할 수가 없을 정도로

5) 이는 이른바 '세종 말뭉치'인데, 현재 구어만으로 된 상당한 규모의 적절한 균형 말뭉치가 없어서 우선 이를 대상으로 조사한 것이다.

매우 적게 출현하였다. 조사 대상 드라마는 각각 A("내 이름은 김삼순" 3회, 2005, MBC), B("너는 내 운명" 11회, 2008, KBS1), C("온에어" 21회, 2008, SBS), D("불굴의 며느리" 2회, 2008, MBC), E("반짝반짝 빛나는" 22회, 2011, MBC), F("왓츠업" 10회, 2011, MBN), G("내 딸 서영이" 4회, 2012, KBS2)였다.

[표 3] 텔레비전 드라마 대화문에 나타난 종결형의 화계

	A	B	C	D	E	F	G
하십시오	43	15	34	10	65	21	38
하오	0	0	0	1	0	0	3
하게	7	0	0	0	1	1	4
해라	40	26	28	34	33	50	9
해	314	149	177	191	180	397	306
해요	123	112	243	51	85	103	86
하세요	12	21	36	19	22	7	18

<표 3>을 보면, '하오'와 '하게'는 거의 나타나지 않는다. A나 G에서 조금 보이는 하오체와 하게체는 등장 인물의 개인적인 말투 때문인데, 가령 드라마 A의 하게체 7번은 모두 인물이 '하나?'형 의문문이다. '하나?'를 <표 2>에선 '해체'에 넣었지만, <표 1>에서 하게체에 넣은 것보다 문제될 것이 없다.

이상에서 보듯이 국어의 표현, 특히 구어 표현에서는 하오체와 하게체를 무시해도 될 정도이다. 따라서 이들은 이해 언어로서는 어느 정도 의미를 가질 수도 있지만 표현 언어로서는 교육 대상에서 제외해도 좋을 것이다. 이는 국어 교재에서도 본문이 아닌 심화 학습에서 다룰 수 있는 내용인 것이다.

이에 따라 한국어 교재는 물론 국어 교재에서도 오늘날 현실적인 구어에 좀더 충실할 것을 요구할 수 있다. 교재에는 현재 구어와 문어를 구분하고 있지 않으면서, 이 둘을 포괄하든가 아니면 이들 둘 사이의 언어적 차이를 거의 인정하지 않는 태도를 보이고 있다. 그러나 적지않은 곳에서 구어와 문어는 차이를 가지고 있는 것이 현실이므로, 국어 교재에서도 이러한 문제에 무심할 수는 없는 것이다. 아직 한국어학에서 구어와 문어에 대하여 대비적인 연구가 많이 진척되어 있지 못하지만, 그래도 국어 교재에서는 구어와 문어의 차이가 커다란 항목 등에서는 가능한 정도라도 이와 관련하는 내용을 언급하는 것이 필요하다고 하겠다. 이때에 교재에서 설명하는 내용의 기반은 구어가 되어야 할 것이다.

4. 마무리

국어의 높임 표현은 통시적으로 그리고 공시적으로 변화가 비교적 많은 문법 범주이다. 그 가운데에서도 상대 높임 표현은 근·현대를 지나 오늘날에 이르면서 체계상의 변화를 더욱 많이 겪었다. 그러나 국어학에서 설정한 상대 높임 화계는 20세기 전반기에 이미 체계화를 한 후 별다른 수정이 없이 지금까지 답습되고 있어 오늘날의 일상적인 언어 현실과 거리가 적지 않다. 오늘날 국어학은 물론 국어 교육(학)에서도 이러한 언어 현실의 반영에 매우 소극적이고, 그것은 국어 문법 교재에서 그대로 나타나고 있는 것이다. 언어학이나 언어 교육에서 언어 이론은 중요하지만 사용자를 중심으로 하는 실제의 언어 현실과 사용자의 인식을 충실히 반영하는 것은 더욱 큰 의미를 가질 수 있을 것이다. 이처럼 사용자 중심의 문법은 한국어 교육뿐만 아니라 여러 응용 국어학 분야에서 사용자를 위한 효율적인 문법 체계와 내용을 갖는다.

지금까지 일반화되어 있는 4등급의 격식체와 2등급의 비격식체라는 2원적 높임 체계는 오늘날 비현실적이므로 필자들은 이러한 구분이 없이 명령법에서 '하십시오체, 하세요체, 해요체, 해체, 해라체'를 기본으로 하는 1원적 5등급의 화계를 제안한 바 있는데, 본고에서는 이에 근거하면서 각 종결법에서도 이러한 체계가 타당함을 충분히 확인할 수 있었다. 특히 (한)국어를 학습하는 학생들에게는 그들이 자주 접하는 일상적인 언어 체계를 위주로 교육하는 것이 필요하므로 학습 교재에서 이를 기본적인 상대 높임 화계로 설정하고, 그 쓰임이 아주 한정적인 하오체나 하게체, 하라체 등은 심화 학습에서 다룰 수 있다고 본다.

이러한 상대 높임의 실태는 구어 코퍼스 등의 언어 자료를 통해 좀더 구체적으로 확인할 수 있을 것이나. 아직 국어학계는 어느 정도 규모를 갖춘 일반적인 일상 대화문 등의 균형 구어 코퍼스를 갖추지 못하여 우선 본고에서는 방송 드라마 등에서 소극적으로 살피었지만, 이는 곧 보완되어야 할 사항이다.

■ 참고 문헌

[논저]

고영근(1974), 「현대국어의 존비법에 대한 연구」, 『어학연구』(서울대학교 어학연구소) 10(2), 66~91.

고영근·구본관(2008), 『우리말 문법론』, 집문당.

국립국어원(2005), 『한국어문법 1』, 커뮤니케이션북스.

김서형·홍종선(2015), 「사용자 중심의 한국어 상대 높임 표현의 체계와 교육」, 『문법 교육』(한국문법교육학회) 25, 1~25.
남기심·고영근(1993), 『표준국어문법론』, 탑출판사.
박지순(2014), 「상대높임법 교육 관점 비교 연구」, 『문법 교육을 위한 학문간 접근 방법 모색』(한국문법교육학회 제20차 전국학술대회), 128~143.
서정수(1984), 『존대법의 연구』, 한신문화사.
성기철(1985), 『현대국어 대우법 연구』, 개문사.
성기철(1999), 「20세기 청자 대우법의 변천」, 『한국어 교육』(국제한국어교육학회) 10(2), 17~45.
신호철(2012), 「맥락 중심의 문법 교육 내용 기술 방안 연구 —높임 표현을 중심으로」, 『국어교육학연구』(국어교육학회) 43, 323~348.
양영희(2010), 「국어 높임법의 올바른 교육을 위한 몇 가지 제언」, 『학습자중심교과교육연구』(학습자중심교과교육학회) 10, 239~259.
유송영(1994), 「국어 청자 대우법에서의 힘(power)과 유대(solidarity)(1)」, 『국어학』(국어학회) 24, 291~317.
이관규(2016), 『국어교육을 위한 국어문법론』, 역락.
이은희(2010), 「한국어 높임법 교육 내용 연구」, 『문법 교육』(한국문법교육학회) 13, 281~315.
이익섭(1974), 「국어 경어법의 체계화 문제」, 『국어학』(국어학회) 2, 39~64.
임지룡(2015), 「학교문법 상대 높임법의 새로운 이해」, 『한민족어문학』(한민족어문학회) 69, 359~398.
최현배(1937), 『우리말본』, 정음사.
Martin, S.(1954). *Korean Morphophonemics*, Baltimore: Linguistic Society of America. (『역대문법대계』 2-79.)
Sohn, Homin(1981). Power and solidarity in the Korean language, *Research on Language & Social Interaction* 14(3), 431~452.

[교재]
고려대학교 한국어문화교육센터(2009), 『재미있는 한국어 2』, 교보문고.
민현식 외(2013), 『중학교 국어 5』, 좋은책신사고.
서울대학교 국어교육연구소(2002), 『고등학교 문법』, 두산동아(주).
윤여탁 외(2013), 『중학교 국어 5』, ㈜미래엔.
윤여탁 외(2014), 『고등학교 독서와 문법』, ㈜미래엔.

이관규 외(2014), 『고등학교 독서와 문법』, 비상교육.

이도영 외(2014), 『고등학교 독서와 문법』, ㈜창비.

이삼형 외(2013), 『중학교 국어 5』, 두산동아.

이삼형 외(2014), 『고등학교 독서와 문법』, ㈜지학사.

한철우 외(2014), 『고등학교 독서와 문법』, ㈜교학사.

유길준의 국문 인식과 근대 전환기 언문일치의 실현 문제

홍종선

1. 머리말

19세기 말 근대 전환기를 맞아 정치 사회면에서 새로운 변화와 함께 어문에 대한 인식에서도 변화가 나타났다. 특히 개화 지식인들은 문어 생활에서 전통적으로 지켜오던 한문 대신에 국문으로 표현해야 한다는 인식이 싹트기 시작하였다. 그러나 그들 대부분은 한문을 중심으로 하는 유학 사대부 출신이었기 때문에 문자생활에서 어렸을 때부터 학습한 한문이 국문보다 더 익숙한 어문적 기반을 가진 지식인이었다.

이와 같은 신분이나 성장 배경을 가진 지식인들은 근대 전환기에 근대화한 외래 문물을 접하면서 자신들에게는 내면적으로 새로운 인식이나 의식을 키우고 나아가 일반 대중들을 계몽하는 몫을 감당해 나갔던 것이다. 이러한 과정에서 인식과 실천 사이에 개인적인 갈등이나 괴리도 있었고 자신의 이상에 철저하지 못한 부진함이 있기도 하였다. 또한 시대 제약으로 인하여 시류적인 요구에 적절하게 타협하여야 하는 고충도 적지 않았을 것이다.

본고에서는 근대화의 격변기를 살면서 변화의 새로운 가치를 앞서 인식하고 백성을 계몽하려 하였던 대표적인 지식인이었던 유길준에 대하여 그가 가졌던 국문 인식과 실천 양상을 고찰하기로 한다. 이를 위하여 당시 어문과 관련하는 시대적 배경 가운데 언문일치 운동을 개관하고 이러한 환경 조건에서 그가 시대 환경에 대응하며 자신의 이상을 표출한 행적과 글들을 살펴본다.

근대 전환기는 학자들에 따라 그 시기의 범위 설정에 차이가 많이 있지만, 여기에서는 1900년을 전후하는 시기 즉 1880년대부터 1910년에 이르는 30년 정도를 대상으로 한다. 이 시기는 근대화 과정 중에서도 특히 어문과 관련하여 변화가 비교적 많이 나타났던 전환기인 것이다. 또한 이 기간은 유길준이 처음 「서유견문」을 발간하고 이후 많지는 않지만 그의 논설을 발표하면서 국어 문법서들을 간행한 시기이기도 하다. '근대 전환기'는 '근대 계몽기' 또는 '개화기' 등으로 사용되는 용어와 큰 차이가 없지만, 이들 다른 용어가 이 시기 이전을 너무 낮추어 평가하는 가치 개념이 들어있다고 보아 '근대 전환기'로 일관한다.

2. 언문일치와 국문, 구어체

언어는 말과 글로써 나타난다. 말은 음성 언어 곧 구어(口語: spoken language)이며 글은 문자 언어 곧 문어(文語: written language)이다. 그러나 구어는 모두 구어체이고 문어는 모두 문어체라 말하기 어렵다. 구어는 모두 구어체라고 하면 '구어체'가 갖는 용어적 기능이 거의 없다. 구어체는 구어적 특성을 가진 문체이고 문어체는 문어적 특성을 보이는 문체라고 보는 것이다. '구어적 특성'이라고 하면 다만 음성으로 말하는 것이라기보다, 문어와 구분되어 일상적으로 자연스럽게 말하는 형태를 갖출 것을 요구하게 된다. 그러므로 문어라고 해도 구어적 특성을 많이 가지고 있으면 구어체에 가까운 글이라고 말할 수 있다. 가령 대화문을 그대로 글로 쓰면 구어체의 문어가 되는데, 오늘날 일반적으로 대화문 외의 지문이나 설명의 문장이라 하더라도 구어와 너무 거리를 갖는 것을 지양하게 된다.

말과 글은 각각 고유한 언어적 체계를 가지므로 이들 사이에 차이가 있을 수밖에 없을 것이다. 그러나 말과 글의 표현을 일치시키고자 하는 인식과 노력은 동서양에서 근대화 과정 중에 있어 왔고 현재도 진행형이다. 특히 자신의 글자가 있으면서도 구어와 전혀 다른 언어 질서인 한문을 주로 사용해 온 우리나라나 일본에서는, 한문에서 벗어나 자신의 문자를 살려 씀으로써 자신의 문어가 구어를 그대로 반영할 수 있다는 점에서 언문일치 운동 초기에 무엇보다도 국문 글쓰기 의식이 먼저 나타났다.

19세기 후반 우리나라에 근대화의 영향을 많이 주던 중국이나 일본에서는 어문생활에 관하여 새로운 물결이 일어났다. 이름하여 '언어 개혁 운동' 또는 '언문일치 운동'인데, 근대 민족국가로 전환하는 과정에서 언어 개혁이 인식되었다. 원래 서구에서의 '언문일치'는 르네상스를 겪으며 라틴어로부터 해방되어 자국어 사용 의식과 더불어 일상어로 글을 쓰려고 하는 '말과 글의 일치'를 의미하여, 글이 말과 괴리되는 것을 가능하면 줄이는 노력이었다. 중국이나 일본에서는 종래에 써 오던 한문이 현실의 구어와 심각한 차이가 있기 때문에 근대화를 위해선 문자생활에서도 새로운 변혁이 필요함을 역설하게 되었다. 이는 문자를 바꾼다든지 표현 방식을 개혁하는 데에 이르기까지 다양하게 전개되었고, 우리나라에도 크게 영향을 주었다.

일본에서는 명치유신 이후 국자·국어 개량 운동이 일어나면서 언문일치에 관심을 갖게 되었다. 중국과 달리 일본에서는 고유 문자가 있으므로 한문 한자를 탈피하여 가나로 표기할 것을 주장하였다. 1880년대 「명륙잡지」(明六雜誌)는 서구적인 문물과 사상을 전하면서 적극적으로 국민 계몽에 나섰고, 신전효평(神田孝平) 등은 '언문일치'를 제시하였다. 일상생활에서 사용하는 속어(일본어)로 문장을 쓰자는 주장이었다. 언문일치를 위해 로마자 도입 등이 주장되기도 하였지만 주로 '화한혼효문'(和漢混淆文) 즉 가나와 한자의 혼합 사용 방식이 논의되었고, 이 과정에서 우리나라에도 영향을 준 '후리가나'라는 부속 문체가 나타나기도 하였다. 1890년대에 들어서는 국수 보존 사조 분위기가 나타나 구어체 일본어를 초등학교부터 교육해 나갔다. 이제 언문일치는 새로운 단계에 접어들어 '구어체'라는 명칭을 내세우게 되었다.(김채수 2002 참조)

중국에서는 특히 1894년 청일 전쟁에서 패배 이후 문물과 제도를 서구적으로 개혁해야 한다는 인식이 높아져, 글에서도 언문일치를 지향하면서 종래 써 오던 한문의 표현 방식도 백화문처럼 일상적 구어에 가까운 표현으로 개선하는가, 더 나아가 새로운 문자로 바꾸는가 등 심각한 논쟁이 이어졌다. 여기에는 일본의 서구 문물 수용과 언문일치 운동에 자극받은 바가 많다. 19세기 말에 국어 운동으로 시작한 중국의 개혁 운동은 1910년대 후반부터는 신문학 운동으로 번졌다. 20세기 중반까지 이어진 언어·문자·문학 개혁 운동은 결과적으로 간자와 병음부호를 낳았고, 백화문을 부흥시켰으며, 보통화라는 표준어를 제정하게 되었다. '언문일치'와 '국어통일'이 주된 구호가 된 것이다.

근대 전환기 우리나라에서 '언문일치'는 전통적으로 써 오던 한문에서 벗어나 국문으로 글을 쓰고자 하는 노력으로 출발하였다. 이는 일본이나 중국에서 일어난 언문일치 운동과 민족주의의 영향으로 나타난 민족 및 국문 의식에서 비롯하는 것이었다. 이 때 국문 문장은 개화 지식인들에 따라 한글 전용을 뜻하기도 하였고, 국한 혼용문을 가리키기도 하였다. 소설 등 일부 서사적 표현에서 보이는 순한글 표기를 제외하고는 대부분 국한 혼용문으로 우리글 쓰기 체계가 자리를 잡으면서, 1920년대 이후 언문일치는 구어체를 지향하는 글쓰기로 발전해 나갔다. 이는 일본에서의 언문일치 운동의 진행과 비슷한 양상이라고 하겠다.

백채원(2014)에서는 우리나라 20세기 초반 '언문일치'에 대한 의미를 4가지로 유형으로 나누었다. I류는 우리말의 국문 표기, II류는 구어의 문장 반영, III류는 발음의 표기 반영, IV류는 규범에 맞는 올바른 문장이다. 이 가운데 제II류 이하는 1920년대 이후부터이고 20세기 초 즉 1910년대까지는 제I류의 시기로, 이전까지 써 오던 한문에서 벗어나 우리말에 적합한 국문을 사용해야 한다는 주장을 문일평이나 유길준의 글에서 보여주었다고 하였다.

그러나 1900년대에도 구어와 문어의 일치를 인식하는 논지들은 나타나고 있다. 아래의 예문 (1)은 법어학교 이능화 선생이 학부에 제출한 「국문일정의견」의 일부이다.

(1) 唯我國文國語之組成 幸與日文日語 大體相似而但國漢文混用之法 止於語尾 遂使俗者 仍然不能讀書 何不效附書假名之例 務使言文一致 雅俗共讀乎 今擧其例 開列于左

<'국문일정의견' 「황성신문」 제2195호(1906.6.1.)>

(2) 一 學而時習之 不亦說乎

三 學ᄒᆞ야 此를 時로 習ᄒᆞ면 ᄯᅩᄒᆞᆫ 說치 아니ᄒᆞᆫ가

四 學(ᄇᆡ)와셔 此(이)를 時(ᄣᆡ)로 習(익)키면 亦(ᄯᅩ)ᄒᆞᆫ 說(깃브)지 不(아)니ᄒᆞᆫ가

五, ᄇᆡ와셔 이것을 ᄣᆡ마다 익키면 ᄯᅩᄒᆞᆫ 깃브지 아니ᄒᆞᆫ가.

今에 右에 對ᄒᆞ야 更論ᄒᆞ면 一은 漢文이오 三은 新文體이요 五□ 諺文이며 (중략) 通俗으로□ 此를 區別ᄒᆞ기 爲ᄒᆞ야 二□ 此를 漢文懸吐文이라 ᄒᆞ고 四□ 諺文傍註文 又□ 言文一致體라 ᄒᆞᆷ니라

<「실용작문법」(1917)>

(1)에서 '국어'와 '국문'을 구분하고 양자의 일치를 '언문일치'로 보았는데, 허재영(2011: 444)은 여기에서 '국어'와 '국문'의 구분은 각기 '구어'와 '문어'를 의미하며 이 때 언문일치는 구어와 문어의 일치를 의미한다고 하였다.

구어와 문어의 일치로 보는 견해는 (2)의 이각종 「실용작문법」에서도 보인다. 순국문으로 쓴 5번 문장은 그냥 '언문'이라 하고, 한자에 한글 부속문이 들어간 4번 문장을 '언문일치체'라 하였다. 실제로 4번 문장에 나오는 한자는 음으로 읽지 않고 훈으로 읽어야만 동사의 어미에 그대로 연결되는데, 그렇다면 표기에 한자를 넣는 것과 상관 없이 음성 언어를 그대로 문자 언어로 쓴 것을 언문일치로 보는 것이다.

백채원(2014)에서 I류의 예로 든 아래 예문 (3)의 내용도 사실상 '우리말의 국문 표기'가 아니라 '구어'와 '문어'를 말하는 것이다.

(3) ㄱ. 一日國文을 不學ᄒᆞ고 但히 漢文을 學ᄒᆞᆷ으로 <u>言文이 不能一致</u>하야 用工이 甚難이라 <「대한매일신보」(1907. 5. 14.)>

ㄴ. 盖漢文은 言文相離의 苦難이 有ᄒᆞᆫ 故로 普通教育에 不合ᄒᆞ고 國文은 <u>言文一致</u>의 便易가 有ᄒᆞᆫ 故로 普通教育에 適合ᄒᆞᆷ니

<「황성신문」(1909. 2. 16.)>

(3ㄱ)과 (3ㄴ)에서는 모두 말하는 것이 그대로 글로 일치되어 쓰이는가의 문제를 말하고 있어, 여기에서의 '언문일치'는 국문 표기라기보다 바로 구어와 문어의 일치성을 말하는 것이라 하겠다. 물론 이것이 문어가 구어체를 갖는다는 것을 의미하지는 않으며, 말소리를 그대로 전사하여 나타냄을 가리킨다. 이는 한문으로서는 불가능하지만 반드시 한글만이 아닌, 한글문 속에 한자를 함께 섞어 표기하여도 얼마든지 가능한 것이다. 다만 1910년 이전 시기에도 (3)에서와 같이 말과 글이 일치하는 것의 가치를 인식하기도 하였음을 알 수 있다.

그러나 아래 (4)와 같이 당시에 허다한 글에서 국문으로 표기했는가의 여부를 곧 '언문일치'의 판단 근거로 삼았으므로 이 시기의 '언문일치'를 '우리말의 국문 표기'를 가리키는 것으로 해석할 만하다.

> (4) 本報ᄂᆞᆫ 國漢文을 交用ᄒᆞ되 漢字傍에 國文을 附ᄒᆞ야 國文만 知ᄒᆞᄂᆞᆫ 者도 漢文의 意義ᄭᆞ지 解得ᄒᆞ도록 <u>言文一致</u>의 文法을 專用
>
> <「황성신문」(1907. 7. 16.)의 광고>

(4)는 <황성신문>에 실린 <대한신문>의 광고인데, 여기에서 '언문일치'는 국문으로 표기하는 것을 말한다.

이로 볼 때 근대 전환기 초기부터 우리나라에서 '언문일치'는 '구어와 문어의 일치', 또는 '국문 표기'라는 개념이 공존하였지만 주로 후자의 의미를 가졌다고 하겠다. 이전 시대까지는 우리말 구어와 전혀 형태와 구조가 다른 한문의 문자생활을 하다가, 여기에서 벗어나 한글로 문자언어를 표현하는 것이 곧 우리말 구어를 반영하는 것이라는 점에서 이 두 가지가 같은 개념으로 쓰인 것으로 보인다.

한글 표현이 구어를 반영한 표기 체계라면 한글로 쓰인 글은 곧 구어체가 되어야 하지만 실제적으로 그러하지는 않다. 한글은 표음 문자이므로 한글로 된 글은 기본적으로 우리말 구어를 그대로 반영할 수 있지만, 글에는 그 나름대로의 문어적인 요소가 있고 필자나 시대, 표현 내용, 장르 등에 따라 구어적 요소의 반영에 차이가 있다.

그렇다면 구어체 표현이 이인직의 「혈의루」에서 처음 실현되었다는 견해는 매우 한정적으로 받아들여야 한다. 한글로 된 글이라면 이미 구어체가 상당히 반영되어 있지만, 주로 문어에서 쓰이고 구어에서는 잘 쓰이지 않는 용언의 일부 활용 어미나 문어적 단어들이 사용되었을 때에 구어와 거리가 있는 문어체가 된다. 특히 용언의 종결형 어미에서 두드러지는데, 근대 전환기의 글에서도 많이 보이는 '-이라, -더라' 형을 대표적인 문어체로, 이에 반해 '-이다, -었다' 형을 구어체로 꼽는 견해가 많았다. 하지만 '-다'형도 충실한 구어체가 아님은 이미 여러 연구에서 지적되었다. 실제 구어에서는 '-다, -었다'형을 별로 많이 사용하지 않는 것이다.[1)]

전통적인 국한문체의 글에 등장하는 거의 모든 단어와 구절 등의 표현은 우리말 그대로이므로, 한자어가 한자로 표기된다고 하더라도 구어체 표현이 얼마든지 가능하다. 하지만 당시에 실제로 구어체 표현은 국한혼용문 표기의 글에서는 잘 나타나지 않았다. 구어체가 비교적 많이 나타나는 표현은 소설과 같은 서사적 글쓰기에서 실현되는데, 이들은 거의가 한글 전용으로 쓰였다. 소설은 일반 대중들을 독자로 하기 때문에 순한글로 쓴 것으로 알려져 있다.

(5) ㄱ. **音의 發源** 物振이니라
음의 퍼짐 氣波니라
音性 發體의 性을 隨하여 相異한 바니라
<「조선어문법」(1913) 1>

1) 이에 대한 자세한 내용은 홍종선(2015)를 참고할 수 있다.

ㄴ. **소리의 남** 몬의 움즉임이니라
소리의 펴어짐 노의 결이니라
소리의 빗 그 소리가 나는 몬의 바탕을 따르어 서로 다름이니라
<「말의소리」(1914) 7>

(5ㄱ)과 (5ㄴ)은 모두 주시경이 1년 간격으로 나온 발간한 문법서에 실린 글이다. 두 글은 한 사람의 저자이고 출간 시기와 서술하는 내용이 거의 같은데, 한자가 들어간 국한 혼용문체과 한글로만 된 순한글체에는 등장하는 어휘가 무척 다르다. '몬'은 의도적으로 만든 말이고 종결형은 아직 이전 말투를 그대로 사용한 것이므로 논외로 하더라도, (5ㄱ)에는 일상어가 별로 없지만 (5ㄴ)에는 대부분 일상 구어이다.

순한글 문장과 국한 혼용문에서 실현되는 구어성의 차이는 위에 든 예문 (2)에서 '四'와 '五'의 문장에서도 드러난다. 국한 혼용문인 '四'에서는 부속 국문으로 읽는다고 하여도 '이를 씨로 익키면'이지만, 순한글로 된 '五'에서는 '이것을 씨마다 익키면'으로 더욱 자연스러운 구어체를 보인다. 당시에 이처럼 같은 내용의 말을 하더라도 한자 표기가 섞인 글과 순한글로 쓴 글은 구어성에서 커다란 차이를 가졌음을 알 수 있다.

순한글 표기와 구어체 표현은 어떠한 것이 유인 동기가 되는지는 단정적으로 말하기 어려워도, 이 둘은 서로 상승적인 호응 효과를 갖는다고 할 것이다. 따라서 당시에 다른 논설문이나 설명문 등보다 대중소설이 순한글로 구어체를 더 많이 실현하였다고 하는 것은 여러 면에서 당연한 귀결인 것이다.

3. 유길준의 국문 인식과 실천

근대 개화기에 지식인들의 어문 인식은 여러 모습으로 나뉜다. 전통적

으로 생활해 오던 한문을 계속 유지하려는 보수적인 계층의 지식인들이 있고, 우리의 글인 한글로 문자생활을 해야 한다는 선진 지식인도 있으며, 이들 인식의 중간의 생각을 가진 지식인들도 있었다.[2] 어문 생활에 대해 이렇게 다양한 스펙트럼을 보이는 이 시대에, 주위의 동양 각국에서도 이미 언문일치 운동 등 어문생활에 대해 새로운 분위기가 일어나고 있었다. 우리나라에서 나타난 새로운 인식도 이러한 이웃 나라에서 영향받은 바가 많은 것이다. 이제 당시의 대표적인 개화 지식인이었던 유길준이 가졌던 어문에 대한 인식과 어문생활을 살펴본다.

근대 전환기의 어문과 관련하여 동시대와 후대에 영향을 크게 준 지식인으로 흔히 유길준을 첫손에 꼽는다. 근대 한국 최초로 일본과 미국에 유학하였던 유길준은 1894년 갑오경장 때에 학부 대신으로 고종의 국문 사용 칙령을 주도하였고, 최초의 근대적 국어 문법서인 「조선문전」(1895)과 이를 증보한 「대한문전」(1909)을 출간하였다. 더구나 일본과 서양 등을 두루 견문하면서 터득한 개화 문화를 계몽하는 데에 앞장선 유길준은 근대 전환기 초창기에 국한 혼용문체로 「서유견문」(1895)을 저술하였다.[3] 서문에서도 한글 전용으로 쉽게 쓰는 것을 우위로 내세웠고 이 책에서도 이를 일정 부분 반영하여, 이후의 신소설 등 문학 작품이나 신문 논설 등의 문체에 큰 영향을 주었다.

그러나 유길준의 주장과 그 실천에는 괴리가 있어 보인다. (6)은 그의 「대한문전」의 서문에, (7)은 그의 「서유견문」의 서문에 나오는 글이다.

---

2) 이상혁(2000:115)은 애국계몽기 초기의 국어관은 문자 중심의 국어관으로 요약된다고 하였다.

3) 이미 <한성주보> 등에 국한문체가 쓰였기 때문에 「서유견문」이 근대 국한문체의 효시라고 하는 견해는 임형택(1999)에 의해 수정되었다. 그러나 유길준은 이보다 앞서 <한성순보>의 미발표 창간사도 국한문으로 써 놓았듯이, 근대 전환기에 새롭게 확대된 국한문체를 개발하였다고 볼 수 있다.

(6) 我文은 卽我 先王朝의 創造ᄒᆞ신 人文이오 漢字ᄂᆞᆫ 中國과 通用ᄒᆞᄂᆞᆫ 者라 余ᄂᆞᆫ 猶且我文을 純用ᄒᆞ기 不能홈을 是歉ᄒᆞ노니

<「대한문전」 서8>

(7) 書 旣成有日에 友人에게 示ᄒᆞ고 其批評을 乞ᄒᆞ니 友人이 日 子의 志ᄂᆞᆫ 良苦ᄒᆞ나 我文과 漢字의 混用홈이 文家의 軌度ᄅᆞᆯ 越ᄒᆞ야 具 眼者의 譏笑ᄅᆞᆯ 未免ᄒᆞ리로다

<「서유견문」 서5>

(6)에서 그는 우리의 글자(한글)만을 순수하게 쓰지 못함을 불만해 한다고 하였다. 한글만이 아닌 한자를 혼용한 것은 당시 한문을 더 숭상하는 사대부 지식인들이 대다수이므로 국한문을 혼용함으로써 수구적인 그들과의 거리를 너무 두지 않으면서 우리글을 쓰려는 의도로 해석되는 면이 있다. 이러한 국한 혼용문체의 글을 놓고서도 그의 친구는 (7)에서와 같은 힐난의 말을 하였다는 사실을 그의 「서유견문」의 서문에서 읽을 수 있다.

이러한 시대 분위기 속에서 한학 출신인 유길준이 한문이 아닌 국한 혼용문의 글을 쓴다는 것은 매우 획기적인 일이고 개인적으로 커다란 개화적인 결단이다. 그것은 문자 체계의 변화 즉 한자가 한글로 바뀐 것을 넘어 문장의 표현이 한문에서 우리글, 즉 국문으로 바뀐 것이다. 이것은 언어가 바뀐 것을 의미하며, 바뀐 언어로 생각하고 표현하여야 하는 사유 방식의 변화를 요구하는 것으로, 개인적으로도 엄청난 혁명을 뜻한다.

그럼에도 불구하고 그의 글 속에 우리말이 아닌 한문어를 그토록 많이 드러내고 있는 것은 한문만을 숭상하는 수구적인 사대부 지식인들의 반발을 누그러뜨리고 그들에게 읽혀 계몽하기 위함이라고 해석할 수만은 없다.[4] 한영균(2011)은 「서유견문」이 그 서문 '文字ᄅᆞᆯ 略解ᄒᆞᄂᆞᆫ 者'

에 있듯이 어느 정도 한문/한자의 문식력이 있는 독자를 대상으로 하였다는 데에서 이 책의 문체가 갖는 근거를 찾기도 하였다. 물론 그의 글은 이 책 외에도 대부분이 한문/한자 문식력이 있는 독자를 대상으로 하고 있다. 그러나 문식력 있는 독자이므로 그의 글에 한자어가 아닌 한문어를 다량으로 넣어도 좋다는 생각을 하였고 그러한 글을 이후에도 계속 유지하였다면, 우리말에 대한 그의 인식에는 한계가 있는 것이다. 그에 못지않게 커다란 요인을 내적인 데에서 찾을 수도 있다. 그는 「서유견문」뿐만 아니라 그로부터 10년이 지나서 나온 「조선문전」(1905)이나 「대한문전」(1909)에서도 한문어를 많이 사용하였다. 이러한 우리말 문법서에서라면 책의 성격상 순한글을 써도 좋고 적어도 우리말이 아닌 한문어는 사용하지 않아야 할 것이다. 우리말 문법서에 나온 글조차 한문 사대부들을 의식하면서 한문어를 쓸 필요는 없다고 본다. 이보다 조금(5년) 늦게 나왔지만 위의 (5ㄴ)에서 인용된 주시경의 「말의 소리」는 한글 전용의 문법서이다. 더욱 이봉운의 문법 연구서 「국문정리」(1897)는 이들보다 10여 년 전에 이미 한글 전용으로 나왔다.

이왕 우리말을 우리글로 표현하기 위하여 한문에서 벗어났다면 그 표현은 우리말이어야 한다. 그러나 (6)과 (7)은 제대로 된 우리말이라고 할 수가 없다. 문어가 구어와 차이를 갖는다고 하더라도 문어에 나오는 단어나 용법이 우리말에 있는 것이어야 하는데 (6)과 (7)에서는 우리말이 아닌 단어나 구절이 너무나 많다.

이러한 변화의 과정에서 개화 지식인이라 하더라도 내적인 갈등이나 혼란이 없을 수 없고, 또 변화의 완전성을 한꺼번에 기대하기도 어려울

---

4) 많은 연구자들이 이러한 요인을 말하였고, 김영민(2009) 등은 이를 거의 전적인 요인으로 보았다.

것이다. 그것은 정서적으로나 지식 능력 면의 활용에서도 그러하다. 시대를 앞서 이끌어 가는 유길준의 글에서도 이러한 아쉬움은 있다. 계속 (6), (7)과 같은 표현을 해 온 그의 글은 한문에서는 벗어났지만 자연스러운 우리말에는 제대로 이르지 못하였다. 그것을 결정적으로 보여주는 것이 그의 글 속에 많이 들어있는, 한자어가 아닌 한문구나 한문어이다.[5] 위의 (5)와 (6)에서 '猶且, 是歟, 書 旣成有日'은 한문구이며, '我文, 卽我, 余, 示, 其, 乞, 日, 子, 志, 越'은 한문어에 속한다. 국한 혼용문의 글이라도 '創造'나 '批評' 등은 한자어이지만 이미 우리말이 된 것이므로 우리글에서 얼마든지 사용할 수 있다. 그러나 위의 한문구나 한문어는 우리글에서 사용할 수 없는 한문의 작은 조각일 뿐이다.

고영근(2004)에서는 한문을 버리지만 한자는 이용하는 국한문 혼용체를 이상으로 삼았다는 유길준의 국문관을 긍정적으로 평가하였지만, 여기에는 제한성을 가셔야 한다. 유길준의 '한자 이용'에는 우리말에서 수용할 수 없는 한문어 성격의 단어가 많고 한자의 훈을 이용토록 하는, 우리글 표현에 이용될 수 없는 용법까지 포함되어 있다. 물론 이 역시도 한문에 더 익숙한 식자들이 이해하기 쉽도록 한문식 표현을 일부 사용한 것이라고 말할 수도 있겠지만, 결과적으로 불구적인 국한문 표현을 하고 말았다. 더구나 이러한 문체는 이후 수많은 지식인들의 국한문체 전범으로서 영향을 주었다.

만약 「서유견문」이 자연스러운 우리말 국한문체로 쓰였다면 이후에 다른 지식인들의 글 역시 이를 많이 본받을 수 있었을 것이다. 한문에서 국한문으로 전환하는 초기에 한꺼번에 그러한 성과를 기대하는 것이 무

---

5) 여기에서 '한문구'와 '한문어'란 국문 표현 속에 있지만 우리말이라고 할 수 없는 한문식 구절이나 단어를 가리킨다. 이러한 표현은 거의가 근대 전환기의 국한 혼용문 표기 가운데에서 나타난다. 이에 대한 자세한 내용은 홍종선(1996)을 참조할 수 있다.

리라고 생각할 수도 있다. 그러나 자연스러운 국한 혼용문은 이미 15세기에 「용비어천가」나 「석보상절」을 비롯하여 거의 모든 언해서에서 언해문의 대부분을 이루고, 이는 근대 국어 후기에 이르기까지 국한 혼용문의 주류로서 지속되어 오고 있었으므로, 이러한 국한 혼용문을 채택하는 것은 크게 어려운 선택이 아니었다. 하지만 유길준은 전통적으로 오히려 전혀 일반적이지 않은 국한문체를 택하였다.

(8) 三은 我邦 七書諺解의 法을 大略 倣則ᄒᆞ야 詳明홈을 爲홈이라
<「서유견문」 서6>

(9) ㄱ. 子ㅣ ᄀᆞᆯᄋᆞ샤ᄃᆡ 學ᄒᆞ고 時로 習ᄒᆞ면 ᄯᅩᄒᆞᆫ 깃브디 아니ᄒᆞ랴
<「논어언해」(1590) 1.1a>

ㄴ. 眞實ㅅ 根源이 뷔여 괴외ᄒᆞ고 性智 ᄆᆞᆰ고 괴외ᄒᆞ며: 夫眞源이 廓寥ᄒᆞ고 性智湛寂ᄒᆞ며
<「월인석보」 서1a>

유길준이 (8)과 같이 이 문체를 사용한 것을 칠서 언해를 모방하였다고 서문에서 밝힌 것은 이러한 표현 방식에 고전적 권위를 빌리기 위한 때문일 것이다. 칠서 언해인 (9ㄱ)과 「서유견문」 (8)은 표현 방식이 비슷하지만, 위의 (8)과 (9ㄱ)을 보더라도 사실상 「서유견문」이 칠서 언해보다 한문어를 훨씬 더 많이 사용하고 있다. 칠서 언해는 어느 시대에도 일상어로 존재하지 않았던, 한문 경서를 쉽게 익히기 위해 현토에 가까울 만큼 편법적으로 직역을 한 특수한 문어 표현이었다. 이미 15세기 불경 언해 등에서 (9ㄴ)과 같이 자연스러운 우리말 번역체 글들이 나타나 수백 년을 이어왔음을 유길준이 모를 리가 없었을 텐데, 우리글로서는 너무나 어색한 16세기 경서 언해의 문체에 의지하는 것은 이해하기 어렵다. 더구나 「서유견문」은 경서 언해보다도 한문어가 많아 자연스러운 우리말에서 더 먼 형태를 보인다.

이러한 의문에 대한 답은 유길준이 쓴 아래의 글에서 찾을 수 있을 듯하다.

(10) 一은 語意의 平順홈을 取ᄒᆞ야 文字ᄅᆞᆯ 略解ᄒᆞᄂᆞᆫ 者라도 易知ᄒᆞ기ᄅᆞᆯ 爲홈이오 <「서유견문」 서5-6>

(11) 曰 漢字ᄅᆞᆯ 連綴ᄒᆞ야 句讀을 成ᄒᆞᆫ 然後에 始可曰 文이니 字字別用홈이 豈可曰 漢文이리오 且夫吾人이 漢字ᄅᆞᆯ 借用홈이 已久ᄒᆞ야 其同化ᄒᆞᆫ 習慣이 國語의 一部를 成ᄒᆞ야시니 苟其 訓讀ᄒᆞ는 法을 用ᄒᆞᆫ則 其形이 雖曰 漢字이나 卽 吾國文의 附屬品이며 補助物이라 <'소학교육에 대ᄒᆞᄂᆞᆫ 의견' 「황성신문」 1908.6.10.>

(10)과 (11)은 한자를 훈독하여 우리말을 표현할 수 있다고 본 유길준의 국문 표기 의식을 보여준다. 즉 한국어로 인정되는 단어나 표현 가운데 한자어로 된 것은 한자로 쓴다는 것이 전통적인 국한 혼용문이라면, 유길준의 국한 혼용문은 한자의 뜻을 새기는 것('訓讀ᄒᆞ는 法을 用ᄒᆞᆫ則')으로도 우리말을 나타낼 수 있다고 본 것이다. 그는 이를 우리말 표현의 새로운 방식으로 제시하였고, 그의 글 대부분을 이러한 방식으로 썼다. (11)에서 보듯이 그토록 한문, 한자, 국어, 국문을 정확하게 구분하였던 유길준은 낱글자로 된 한자는 거의 모두가 음독이나 훈독을 하여 우리말이 될 수 있다고 말하고 있다.

그러나 이는 유길준이 개화 지식인이었지만 우리말과 글에 대해 가진 인식의 한계였다. 한문어와 한자어가 우리글을 쓰는 데에서 별 차이가 없다고 보았거나, 이 두 가지에 대한 분별 의식이 별로 없었던 결과인 것이다. 그에게는 우리말 한자어와, 우리말이 아닌 한문의 낱한자가 별 구분이 없이 그의 언술 내용으로 쓰일 수 있는 것이다. 심지어 문해력이 아주 약한 노동자가 학습하는 교재에서도 그리 어렵지 않은 단어조차

한글로만 쓰기보다 한자에 한글 부속문을 달아야 의미 파악이 잘 된다고 생각하였다.6)

(12) ㄱ. 人(사람)은 天(하날)과 地(ᄯᅡ) 사이에 가장 靈(신령)ᄒᆞ니라 <「노동야학독본」 1.1>

ㄴ. 그러ᄒᆞᆫ고로 가ᄌᆞᆨ의 륜긔가 亂(어지러)운즉 그 家(집)이 敗(패)ᄒᆞ고

<「노동야학독본」 1.3>

(13) 나라라 ᄒᆞᆷ은 여러 사ᄅᆞᆷ이 合(합)ᄒᆞ야 된 것이니 나의 一身(일신)이 비록 적으나

<「유년필독」 1.1>

(12)는 그의 저서 「노동야학독본」(1908)에 있는 예문이다. 노동자 교육을 위해 초급을 간신히 넘는 수준으로 만든 독본 교재인데 제1과부터 끝까지 거의가 한글 부속문체로 되어 있다. '사람, 하날, ᄯᅡ'라는 기초적인 단어에도 '人, 天, 地'라는 한자가 있어야 좋다고 본 것이다. 그러나 이는 당시 한문 중심의 지식인 사회를 근거하는 인식이다. 한자를 병행해야 이해가 빠르다고 하면 초급용 교재에서는, 한자어는 한자 표기를 본문에서 드러낸다고 하더라도 한자어가 아닌 한문어의 경우에 한글을 본문으로 놓고 한자를 부속문으로 덧붙이는 것이 마땅하다.

당시의 교재에는 이러한 한글 부속문이 많았는데, (13)은 같은 시기에 나온 현채의 「유년필독」(1907)이다. 이 책에서도 한글 부속문체를 보이지만 (12)와는 성격이 다르다. (12)는 한자를 훈독하고 (13)은 음독하는 것으로, 이는 커다란 차이이다. (13)에서 '合, 一身'은 우리말이지만 (12)의 '人, 天, 地, 靈'은 우리말이 아니다. (13)에서 '사ᄅᆞᆷ'은 본문이고, (12)에서 '사람'은 부속문이다. (13)은 거의 언문일치라는 말을 해도 될 만큼

6) 이러한 한글 부속문체의 주장은 이능화의 「국문일정법의견서」에서도 나타난다. 이능화 역시 한문 기반의 지식인으로서 우리말과 글의 인식에 대한 수용의 한계라고 할 것이다.

우리말을 사용한 글이다. (13)은 다만 이해를 높이기 위해 한자어는 한자로 쓰고 한글 독음을 더 달아 놓은 것으로 부속 글자가 없이도 우리말이 되지만, 한자를 훈독해야 하는 (12)의 본문은 결코 우리말이 아니다. 당시에 한자와 한문이 널리 쓰였으므로 (12)와 같이 표기하면 이해에 도움이 없을 리는 없다.

김영민(2009)는 (12ㄴ)에서 '어지러운즉, 집이'처럼 한글 부속문으로 읽어야 뒤에 오는 어미나 조사 등의 말과 잘 이어지므로 (12)의 본문은 국한문 혼용이 아니라 한글체라고 하였다. 하지만 표기상 한자가 주된 위치에 놓인 이러한 표기를 한글체라 하기 어려우며, 본문과 부속문이 이와 같이 표기된 방식은 우리글 교육에서 적절하지 못하다고 하겠다. 더구나 우리글에서는 한자를 음독할 뿐 훈독하지 않기 때문에, 위 (11)의 서술 내용은 올바른 견해라고 볼 수 없다.[7)]

이와 같이 우리말이 아닌 한자이나 한문어, 한문구를 사용하고 한글 부속문을 쓰는 유길준의 어문 인식은 아직 언문일치와 거리가 있다. 문어는 구어와 얼마든지 달라도 이해가 쉽도록 표현하는 것이 좋다는 인식인 것이다. 이는 당시의 문어가 구어체로의 지향을 의식하지 않았다고 하더라도 한문어를 많이 쓰는 것은 한문에서 진정으로 벗어난 것이 아님을 생각하지 못한 때문이다.

그러나 임상석(2008: 128-130)의 지적대로, 그의 글에는 한문 접속사 '而'나 한문 종결사 '也, 焉, 矣' 등이 전혀 없는데 이들은 우리말 표현에서 필요하지 않으므로 그의 글 속에는 일체 나타나지 않은 것이다. 이런 점은 그가 당시 다른 지식인들보다 우리말과 글에 대한 인식에서 크게

7) 이두, 향찰, 구결 등 고려 시대 이전의 차자 표기에서는 한자의 음독과 훈독이 함께 사용되었지만, 훈민정음 사용 이후에는 한자가 거의 음독으로만 쓰였다.

앞선 것이라고 말할 수 있다.[8] 그것은 우리글을 쓸 때에 한문에 익숙한 대로 한문구나 한문식 어조사까지도 습관적으로 사용하던 다른 문사들과 달리, 그는 비록 어휘 사용에서는 그러하지 못하였지만 한국어의 통사 구조와 특성을 잘 알고 그에 충실한 글을 쓰고자 한 것이다.

유길준도 우리말을 순한글로 써야 한다는 대전제 인식은 있었다.

(14) ㄱ. 日 小學 教科書ᄂᆞᆫ 國語를 專用치 아님이 可치 안타 ᄒᆞ노라
<'소학교육에 대하는 의견' 「황성신문」(1908.6.10)>
ㄴ. 余ᄂᆞᆫ 猶且 我文을 純用ᄒᆞ기 不能홈을 是歉ᄒᆞ노니
<「서유견문」 서6>

(14)에서 그는 한글을 전용/순용하는 것에 큰 의미를 두고, 「서유견문」이 그렇지 못함을 아쉬워하고 있다. 서구 문물을 오래 경험한 지식인으로서 당연한 인식이다. 그러나 이는 선진 지식인으로서 기본적인 인식일 뿐 그것의 현실화나 자기 실천 의지는 약하였다.

그러한 그가 한문어 특히 1음절이지만 우리말이 아닌 한자를 무척 많이 섞어서 쓴 것은 아직은 한글만으로는 의사 표현과 전달이 제대로 이루어지기 어렵다는 생각에서 나온 것이다. 이미 <독립신문>을 비롯하여 여러 신문이나 성경책, 「유서필지」 등이 한글 전용으로 나와 지식 전달의 글에서도 순한글 표기가 크게 문제되지 않음이 입증되었지만, 국문에 대한 그의 인식은 한계가 있었다. 더구나 국문 사용이 민족주의적 애국이라는 신념이 강했던 신채호, 장지영 등과 달리, 그는 민족주의보다는 신문화 계몽 의식이 강하였다. 한문어를 많이 사용하더라도 신문화 계몽 내용이 독자들에게 충실히 잘 전달되는 것에 더 많은 가치를 둔 것이다.

---

8) 당시 다른 지식인들 가운데에는 '也, 矣' 등을 그의 글 속에서 종종 보이는 경우가 많았다.

그러나 그는 글이 구어체에 가까워질 필요성에 대해서는 거의 인식하지 못한 것으로 보인다.

그가 생각하는 '언문일치'는 우리말과 우리글의 일치이고,[9] 이 때 우리글은 한문이 아니면 충분하였다. 우리말 통사 구조를 한글로 쓰되 훈으로 새겨야 할 한자가 섞이는 것은 큰 문제가 아니고 오히려 의사 전달의 효과를 높일 수 있다고 본 것이다. 즉 그는 우리말 한자어와 우리말이 아닌 한자어에 대한 구분 인식을 하지 않은 채 글의 전달 기능만을 생각하였는데, 이는 기본적으로 한학 출신인 그가 가지는 인식의 한계였던 것으로 보인다. 워낙 한문이 우리말 구어와 전혀 다른 언어 체계였으므로 구어와 문어에서 나타나는 차이를 당연하게 받아들이고, 문어가 구어에 가까워질 필요성을 생각하지 못하였을 것이다.

또한 그가 일본 유학을 하고 이후에도 일본에 자주 드나들던 시기가 1880년대 이후 1900년대보다 이전이었는데, 당시 일본의 언문일치 운동은 문어에서 한문을 벗어나 가나를 중심으로 일본 문장을 이루는 데에 주력하고, 아직 문어에서 구어체로의 지향 인식이 거의 나타나지 않은 상태였음도 주목된다. 이러한 일본 문화계의 인식은, 단순히 한문에서 벗어나는 문어 표현으로 만족하는 유길준의 언어관에 영향을 주었을 수도 있다.

역시 한학 출신인 주시경도 논설문이나 설명문에서는 한문어가 포함

---

9) 그는 「대한문전」의 서문에서 아래와 같이 '언문일치'라는 말을 사용하였다.

(i) 읽을지어다, 우리 大韓文典을 읽을지어다, 우리 大韓同胞여, 우리 民族이 檀君의 靈秀흔 後裔로, 固有흔 言語가 有ᄒᆞ며, 特有흔 文字가 有ᄒᆞ야, 其思想과 意志『發音으로 發表ᄒᆞ고 記錄으로 展示ᄒᆞ매, 言文一致의 精神이, 四天餘의 星霜을 貫ᄒᆞ야, 歷史의 眞面을 保ᄒᆞ고, 習慣의 實情을 証ᄒᆞ도다.

최경봉(2014: 86)에서는 「대한문전」에서 '언문일치 실현의 절박함'을 보인다고 하였다. 그것은 한문이 아닌 국문 표현일텐데, 그의 '국문' 안에는 한문어가 배제되어야 한다는 어떠한 인식이나 언급도 없다.

되어 있는 국한문 혼용을 하고, 그의 초기 국어 문법서에서도 그러한 표현을 하였다. 그러나 주시경은 자기 극복 과정을 겪으면서 후기에는 순한글로 문법서를 저술하는 등 표기와 표현에서 커다란 변혁을 보였다.[10] 개화 지식인 가운데에는 이인직, 이광수 등과 같이 초기에는 한문어 국한문체를 쓰다가 점차 한문어가 사라지고 한자어만 남는 국한문체 글쓰기로 발전하는 경우도 있다. 이에 비해 유길준은 「서유견문」 발간 후 10여 년이 지난 후에도 「서유견문」보다 한문구나 한문어가 더 많은 한문 현토 수준의 글로 된 「英法露土諸國哥利米亞戰史」(1908) 등을 발표하였다. 같은 시대를 산 주시경은 순한글로 저서를 내었지만, 유길준은 한글체로의 발전보다는 지식 전달과 계몽이 앞선 것이다. 국문에 대한 기본적인 인식과 현실적인 실천과의 거리를 좁히는 변화 의지나 자기 극복이 별로 없었던 것으로 보인다.

한글 문장보다 한문이 더 익숙한 그는 실상 우리말로 글을 쓰기보다는 한문으로 쓰는 것이 더 쉬웠을 것이다. 실제로 그는 자신의 한문어 국한 혼용문의 글에 대해 실토를 하였다.

(15) 二ㄴ 余가 書를 讀홈이 少ᄒᆞ야 作文ᄒᆞᄂᆞᆫ 法에 未熟ᄒᆞᆫ 故로 記寫의 便易홈을 爲홈이오 <「서유견문」 서6>

자신의 저서 「서유견문」의 표기가 순한글이 되지 못한 이유 가운데 두 번째로 그는 (13)에서와 같은 고백을 하였다. '책을 읽은 것이 적어서 글쓰

10) 1896년 <독립신문>의 표기를 순한글로 할 것을 주도하였고, 이 신문에 1897년 4차례에 걸쳐 순한글로 '국문론' 등을 쓴 주시경이 이후 국한문으로 글을 발표한 것은 발표지의 표기 원칙에 따른 것이라 해도, 국한 혼용의 글에 한문어가 섞여 있다든가 자신의 초기 문법서에서도 국한문을 사용하다가 후기의 저서에서는 순한글로 쓴 것 등을 고려할 때, 자기 극복 과정을 겪은 것으로 이해된다.

는 법에 미숙한 까닭으로'라는 구절은 '한글로 된 책을 많이 읽지 않아서 한글로 글을 쓰기에 익숙하지 못하여' 정도로 해석할 수 있다. 그리하여 우리말 글쓰기에 서툰 그로서는 1음절로 나타난, 우리말이 아닌 한문 단어를 무수히 많이 동원할 수밖에 없었다. 그와 같은 국한문체는 한문 문장을 해체하여 우리말 통사 구조로 재배치한 후에 조사나 어미 정도만 붙이면 되므로, 유길준으로서는 한자어 국한 혼용문체보다 한문어 국한문체가 글쓰기에 훨씬 쉬웠던 것으로 해석된다. 이는 실사는 거의 한문어나 한자어이고 한글은 조사와 어미에나 나타나는 불구적인 국한문체이다. 그러나 당시 개화 지식인들도 대다수가 원래 국문보다 한문 문장에 더 익숙하였으므로 이러한 한문어 국한문체를 즐겨 사용하게 되었다.

글쓰기에서 위의 이인직이나 이광수에서와 같은 발전, 더욱이 주시경과 같은 자기 변혁은 당시에 매우 드물고 특이하다고 할 정도이다. 아직 한문에 더 큰 가치를 두는 지식인들이 많았고, 개화 지식인이라 하여도 대부분 한문 현토 수준의 글이나 한문어가 많이 포함된 국한 혼용문을 쓰던 시대였다. 그러나 이문 인식에서 앞서가며 후대에 많은 영향을 주었고 우리말 문법서를 저술한 유길준이기에 그의 글에 대한 오늘날의 기대도 매우 크다. 유길준의 글은 이전의 한문에서 벗어나 국한문체로서도 훌륭한 저술이 나올 수 있음을 선도적으로 인식하고 실천해 보였지만, 자연스러운 우리말 국한문체에까지는 이르지 못하였다. 또한 이후에도 더 이상의 진정한 우리글로의 발전을 이루지는 못하였다고 하겠다. 우리말 통사 구조의 실현에는 남달리 앞섰지만 어휘 사용에서는 한문 해체 수준을 크게 벗어나지 못하였다.

이상과 같이 여러 요인을 가진 「서유견문」식 국한 혼용문체는 그 형태가 불구적임에도 불구하고 이후 그의 글은 물론, 한문을 탈피한 새로운 글쓰기의 전범으로 1920년대까지도 설명문이나 논설문 등에서 널리 쓰이는 등 그 영향력이 막대하였다. 물론 이러한 과정 중에서도 한문어가 없는 정상적인 국한문체의 글이 한켠에서는 쓰이기 시작하여 1920년대 후반에는 대다수에 이르렀다. 이는 중세 국어의 언해문에서 보여 준 전통적인 국한문체를 회복한 것이다.

4. 마무리

근대 전환기에 전통적으로 사대부들이 사용해 오던 한문에서 벗어나 우리말 글쓰기를 주도하였던 개화 지식인들은 한글 전용에서 한자어 국한문체, 한문어 국한문체, 한문구 국한문체 등에 이르는 여러 유형의 글을 썼다. 근대 국한문체 사용의 초기에 유길준은 한문어가 매우 많은 국한문체를 개발하여 후대의 문필가들에게 많은 영향을 주었다. 그러나 한문어는 한문의 일부일 뿐 한국어라고 할 수 없으므로 그의 국한문체는 진정한 한국어 표현이라고 하기 어렵고 그만큼 구어체와는 거리가 멀었다.

한문을 숭상하는 당시 대다수의 지식인들과 한문을 잘 모르는 일반 대중들을 함께 배려하여 「서유견문」을 비롯해 그의 저술들은 한문어 국한문체를 사용하였다고 하나, 한학 출신인 그 자신이 한글 글쓰기는 물론 한자어 국한문체보다 한문어 국한문체가 훨씬 쓰기에 쉬웠을 것이다. 더구나 한문에서 국문으로 가는 중간 과정으로 한자의 훈독을 우리글에서 사용하는 것이 필요하다고 생각하였다.

일본이나 우리나라 모두 초기의 언문일치 운동은 한문에서 벗어나 자국어로 글을 쓰려는 민족주의적인 국자-국문 운동인데, 우리나라의 개화 지식인들 대부분은 국문에 이처럼 한문어를 대거 사용하여 자국어 표현에 충분히 다가가지 못하고 말았다. 일부 지식인들은 한문어 국한문체를 쓰다가 한자어 국한문체나 한글체로 자기 극복을 하기도 하였지만, 유길준의 글에서는 이후에도 그러한 극복을 위한 노력이나 실천이 보이지 않는다. 우리말은 한글로 써야 좋다는 기본적인 인식이 있었음에도 계몽적인 내용을 효과적으로 표현하기 위해 한문어를 많이 사용한 그는, 한자어만을 포함한 자연스러운 우리글을 써야 한다는 인식에는 미치지 못하여 이를 실현하지 못하였던 것이다.

■ 참고 문헌

고영근(2004), 「유길준의 국문관과 사회사상」, 『어문연구』(한국어문교육연구회) 32(1), 405~426.

김병문(2014), 「근대계몽기 한자 훈독식 표기에 대한 연구」, 『동방학지』 연세대학교 국학연구원) 165. 101~128.

김영민(2009), 「근대계몽기 문체 연구: 유길준을 중심으로」, 『동방학지』(연세대학교 국학연구원) 148. 391~428.

김재수(2002), 「한국과 일본에서의 언문일치 운동의 실상과 그 의미」, 『일본연구』(고려대 일본학연구센터) 1. 9~54.

백채원(2014), 「20세기 초기 자료에 나타난 '언문일치'의 사용 양상과 그 의미」, 『국어국문학』(국어국문학회) 166. 78~108.

이상혁(2000), 「애국계몽기의 국어 의식」, 『어문논집』(안암어문학회) 41. 105~139.

이연숙(2005), 「일본에서의 언문일치」, 『역사비평』(역사비평사) 70. 323~345.

임상석(2008), 『20세기 국한문체의 형성과정』, 지식산업사.

임상석(2012), 「유길준의 국한문체 기획과 문화의 전환」, 『우리어문연구』(우리어문학회) 43. 441~466.

임형택(1999), 「근대계몽기 국한문체의 발전과 한문의 위상」, 『민족문학사연구』(민족문학사학회) 14. 8~43.

조성산(2009), 「18세기 후반~19세기 전반 조선 지식인의 어문 인식 경향」, 『한국문화』(서울대 규장각한국학연구원) 47. 177~202.

최경봉(2014), 「근대 학문 형성기, 구어(口語)의 발견과 문법학적 모색」, 『우리어문연구』(우리어문학회) 49. 81~122.

한영균.(2011), 『서유견문』 문체 연구의 현황과 과제」, 『국어학』(국어학회) 62. 225~269.

허재영(2011), 「근대 계몽기 언문일치의 본질과 국한문체의 유형」, 『어문학』(한국어문학회) 114. 441~467.

홍종선(1996), 「개화기 시대 문장의 문체 연구」, 『국어국문학』(국어국문학회) 117. 33~58.

홍종선(2015), 「현대국어 초기 구어체의 실현과 문학적 수용」, 『한국언어문학』(한국언어문학회) 92. 33~61.

■ 출처

1. 홍종선. 2014.「구어와 문어를 아우르는 사용자 중심의 한국어 문법」.『어문연구』(한국어문교육연구회) 42. 7-35.
2. 도원영. 2017.「20세기 전기 구어 말뭉치에 나타난 감탄사에 대한 어휘론적 고찰」.『Journal of Korean Culture』(한국어문학국제학술포럼) 36. 1-26.
3. 차재은·홍종선. 2016.「20세기 초 베를린 한인 음원의 음운과 형태」.『한국어학』(한국어학회) 72. 257-282.
4. 장혜진. 2016.「20세기 현대국어 구어자료에 나타난 정도부사의 변화 양상」.『한국어학』(한국어학회) 73. 135-157.
5. 정연주·정경재·홍종선. 2015.「20세기 전기 구어 자료에서의 '안' 부정법」.『어문논집』(민족어문학회) 75. 109-145.
6. 유혜원. 2016.「20세기 구어자료에 나타난 '요'의 분포와 기능의 변화」.『한국어학』(한국어학회) 71. 181-210.
7. 송인성. 2016.「20세기 구어 자료에 나타나는 '여보'류의 사용 양상 변화」.『우리어문연구』(우리어문학회) 56. 203-233.
8. 정경재·정연주·홍종선. 2015.「20세기 구어 자료에 나타난 하오체 어미 {-오}의 실현 양상 변화」.『한국어학』(한국어학회) 69. 277-311.
9. 정경재. 2016.「20세기 구어 자료에 나타난 명령형 어미의 실현 양상 변화」.『한국어학』(한국어학회) 72. 227-255.
10. 김서형·홍종선. 2015.「사용자 문법으로 본 구어 중심의 한국어 상대높임 표현과 그 교육」.『문법교육』(한국문법교육학회) 25. 1-25.

11. 홍종선·김서형. 2016. 「국어과 교재의 상대 높임 화계 설정과, 구어 현실」. 『국어교육학연구』(국어교육학회) 51. 47-68.

12. 홍종선. 2016. 「유길준의 국문 인식과 근대 전환기 언문일치의 실현 문제」. 『한국어학』(한국어학회) 70. 211-234.